日清・日露戦争と法律学

白 羽 祐 三 著

日 本 比 較 法
研究所研究叢書
(58)

日本比較法研究所

はしがき

明治以降における日本の戦争と法律学が天皇制軍国主義を軸としていかなる展開をしたか解明しようとしたものである。そこで本書ははじめ

第一章　序論——天皇制軍国主義
第二章　日清戦争と法律学
第三章　日露戦争と法律学
第四章　第一次世界大戦と法律学
第五章　「満州事変」と法律学
第六章　日中戦争（「支那事変」）と法律学
第七章　第二次世界大戦・太平洋戦争（「大東亜戦争」）と法律学
第八章　東 京 裁 判
第九章　総括と展望

という構想をえがいていたのである。ところが筆者自身が相次ぐがん（一九九八年八月に癌研究会附属病院に肺がんで入院・大手術で九死に一生、一九九九年一二月には大腸がんでまた入院・手術、目下療養中）に追われ、さらに歳が喜寿を迎え

るようになり、気力も衰えてきたので上記のような構想を一挙に全部実現することが不可能となった。そこで執筆ができた部分だけでも独立本として漸次上梓することに変更した。これが第一巻ともいうべきもので「日清・日露戦争と法律学」でありこれを今回出版することにしたものである。その際、若干の追加・修正をした部分もある。しかしそれは殆ど形式的・部分的なもので、もとの論文の内容を変えるようなものではない。本書に収めたもとの論文の雑誌名をあげると次の通りである。「戦争と法律学(一)――(四)」――『法学新報』一〇四巻二・三号(一九九七年一一月論文(一))、同一〇四号四・五号(一九九八年一〇月論文(二))、同一〇四巻一二号(一九九八年九月論文(三))、同一〇六巻三・四号(二〇〇〇年三月論文(四))

なおまた筆者の余力があれば、用意した資料の制約からではあるが第三巻ともいうべきものとして、「第二次大戦と法律学(民刑事法学)」という課題を心中に予定している。

ともあれ、本書が日の目をみるに至ったのは、中央大学日本比較法研究所の研究叢書の企画によるもので、記して謝意を表したい。なお本書に収録されている論文の執筆に際して山梨学院大学山田創一助教授(中央大学兼任講師)から資料の蒐集など多大の援助を受け、心から感謝する次第である。また中央大学出版部矢崎英明副部長、比較法研究所宮下隆三郎副課長に一方ならぬお世話になった。ここに記して厚く感謝する。

日清・日露戦争と法律学　目　次

はしがき

第一章　序論――天皇制軍国主義

第一節　日本の軍事的冒険と人権論

一　本書の目的

(1)　本論文は、日本の明治以降における戦争と法律学との関係を解明することを目的としたものである。戦争という以上、近隣諸国との戦争だけでなく、第一次、第二次、世界大戦もとりあげることになる。勿論この際の視点はあくまでも日本におくことはいうまでもない。つまり重点は日本がおこなった戦争と法律学との関係である。したがって法律学そのものも戦争との関係でとらえるので私法学に限らず、公法学も問題としなければならない。また戦争と国際法との関係も不可欠の課題となっていくであろう。

(2)　ところで法律学といっても日清戦争（明治二七年、一八九四年）では戦争と法律学との直接の関係は余り重要な問題とならなかったといってよかろう。けだしこの時期の前後は法律学上重要な問題としては次のようなものがあったからである。

その一は、明治二二年（一八八九年）公布の「大日本帝国憲法」で確立された絶対主義的天皇制を法的にどのように構成するかにあったからである。伊藤博文・井上毅に推挙された穂積八束の憲法学説（家族主義的絶対主義天皇制国家論）

の形成・確立がそれである（穂積八束『憲法大意』（明治二九年）の如きはその生涯で二〇万部販売されたという）。その二は、条約改正との関係で問題となった明治二五年の旧民法をめぐる「民法典論争」である。そして論争決着後の法典編纂事業（西欧近代法典の移植事業・その学理の模倣）がそれである。ここでいう民法典論争とはいわゆる延期派と断行派との対決である。この点に関しては、白羽祐三「民法典論争の理論的性格」（法学新報一〇〇巻一号一頁以下）で詳細に論じたところである。なお後述の如く明治政府によると、民法典論争（つまり（「条約改正」）と日清戦争とは一体不可分であるという。ではまず序論として日本の軍事的冒険である一連の戦争から明らかにしておこう。

二　日本の軍事的冒険

(1)　日本の天皇制国家は、明治・大正・昭和にかけて戦争に戦争を重ねて膨張してきたといっても過言ではない。明治二七年の日清戦争、明治三七年の日露戦争、また昭和天皇の時代には昭和六年の「清州事変」、昭和一二年の「支那事変」（日中戦争）、昭和一六年の「大東亜戦争」（太平洋戦争）、そして昭和二〇年の日本の敗戦までがそれである。このうち日清戦争は約一年、日露戦争は約一年半で終了したが、日本と中国との戦争は一九三一年（昭和六年）から一九四五年（昭和二〇年）まで続き、約丸一四年、足掛け一五年の長きにわたる。

とにかくこのように長期にわたる一連の戦争（対外的膨張政策）は、後に詳論する如く日本の軍事的冒険を意味するものであり、日本の軍国主義・帝国主義の表現である。

(2)　日本と中国との戦争　この長期にわたる日本と中国との戦争は、一連不可分なものであるから、これを「一五年戦争」と呼ぶべきであるという意見が強いようである。たとえば「十五年戦争史」と題した本によると、「十五年戦争という呼び名は、上述した満州事変、日中戦争、太平洋戦争を、一連の戦争と考えて名付けたものである。これらの戦争の呼び名については、必要なかぎり後述することにするが……十五年戦争という呼び名を初めて使ったのは、鶴見俊輔『知識人の戦争責任』(『中央公論』一九五六年一月号)である。そこでは、満州事変、日中戦争、太平洋戦争を別々の三つの戦争と考える見方に反対して、これらを一つの戦争としてとらえようという立場からこの呼び名が用いられた。こうした立場についていちはやく詳述したのは、書名には十五年戦争という言葉は使ってはいないが、家永三郎『太平洋戦争』で、その序文は、これらの戦争が『すべて切り離すことのできない一連不可分の連続行為』であって、日本の満蒙侵略が日中戦争、さらに対米英蘭戦争の発端をなすことを力説している」(1)という。もっとも、「研究者の間にも十五年戦争という呼び名に批判的な意見があるが、その主なものはそれぞれの戦争の不可分性をどう考えるかということと関連している。一つの批判は、おもに日中関係の研究者から出されているもので、満州事変によって日本が中国東北を占領したのちも、一応は塘沽停戦協定も結ばれたのであって、日中全面戦争への道が必然的となったわけではない、そこに困難はあるにもせよ戦争を避けうる道もあったのではないかと主張する。そしてこうした考え方から一九三一年以降の戦争を十五年戦争としてすべて一色にくくってしまうことに反対している。もう一つの批判は、おもに国際関係の研究者からのもので、ヨーロッパのファシズム諸国とくにナチス・ドイツの侵略戦争との関連を抜きにしては、日本の対米英戦争への突入は考えられないとする。そして十五年戦争という呼び名がもっぱら日本と中国の問題に重点をおいていることを批判し、この戦争は第二次世界大戦の一局面でもあるのであって、こうした要因を考慮にいれて考える必要があると主張する。……」(2)ともいわれている。

このように他の科学では一五年戦争の規定をめぐって若干の論争があるが、一五年戦争という呼び名が最近ではかなり一般化していることも事実である。しかし本稿の法学的分析からは、後述の如く勿論一五年戦争という用語も使用するが、ファシズム戦争という視点に重要をおく。

(3)　戦争と事変　ところでなお明らかにしておかなければならないことは、戦争と「事変」との関係である。この点についてはその結論だけでもあらかじめ指摘しておく必要があろう。

当時の日本政府（天皇制国家）は、日本の中国への侵略戦争を「満州事変」、「支那事変」と呼んで、戦争とはいわなかった。もっとも昭和一六年（一九四一年）の対米英戦争（太平洋戦争）に関しては、昭和天皇出席の御前会議で正式に開戦を決定したので、政府は「対米英戦争及び今後情勢の推移に伴い生起することあるべき戦争は支那事変を含め大東亜戦争と呼称す」と決定した。

では、当初の日中戦争を日本政府が戦争といわずに何故「事変」と呼んだのか。それは日本の侵略戦争をごまかすためであった。つまり国際法に違反している事実を隠蔽するためであった。その一つは一九一九年（大正八年）署名、一九二〇年発効の「国際連盟規約」前文で「締約国ハ戦争ニ訴ヘサル義務ヲ受諾」と宣言しているからである。日本国はこの規約に一九一九年六月二八日に署名（一一月七日批准）していたのである。いま一つは一九二八年（昭和三年）署名、一九二九年発効の不戦条約（戦争抛棄ニ関スル条約）があったからである。戦争といわずに「事変」であるといえばこれらの規約や条約に違反していないという口実をつくることができるからであった。つまり実態は日本の侵略戦争なのに「事変」だから戦争ではないとごまかすためであった。したがって本稿ではこの虚構を暴くためにも「事変」もとりあげることになる。

(4)　一五年戦争と第二次大戦との関係　　さらにもう一歩踏み込んで明らかにしておくほうがよいのは、前掲の一五年戦争と第二次大戦との関係である。つまり何故本論文では後章の題名の如く一五年戦争といわずに第二次大戦と称するのかを明らかにしておく必要があろう。

その理由は結論的にいえば、本論文ではファシズム法および法学との関係で、戦争をとらえたからである。第二次大戦は一九三九年（昭和一四年）にドイツのポーランド侵入によって開始され、日本が一九四一年（昭和一六年）一二月八日に太平洋戦争（「大東亜戦争」）に突入することによって第二次大戦は本格化した。昭和一六年一二月八日午前七時の臨時ニュースで「大本営陸海軍部六時発表、帝国陸海軍は本八日未明西太平洋において米英軍と戦闘状態に入る」との報道がなされた。朝日新聞（昭和一六年一二月九日）は、太平洋戦争の開戦をもって「一億国民が一切を国家の難に捧ぐべき日は来た」と主張した。そして一二月一〇日には東京の新聞社・通信社は、「米英撃滅国民大会」を開催し、日本軍の「正義の矢放たれり」（朝日新聞一二月一一日）と激励している。

しかし日本のアメリカへの宣戦布告（最後通牒）は真珠湾攻撃開始より一時間後であったので、国際法違反の「だまし討ちの攻撃」となった（しかもその前に日本軍はイギリス領マレー半島に上陸していた）。一九九一年一二月八日の朝日新聞の社説（「真珠湾五〇年」）の冒頭の一文を引用しておこう。「五十年前のきょう十二月八日の早暁、日本軍は当時イギリス領だったマレー半島に上陸を開始した。そして約一時間後、日本海軍の機動部隊がハワイ真珠湾の米軍基地に殺到した。三年九カ月におよぶ太平洋戦争の始まりである。いずれも**宣戦布告なしの開戦**であった。経緯はどうあれ、これが**『だまし討ちの日本』『ずるい日本』**というイメージを世界にあたえることになった」[3]（ゴシック著者）。

この第二次大戦においては、一方では日独伊三国同盟（一九四〇年・昭和一五年）、日独伊軍事協定（一九四二年・昭和一七年）の調印がなされる。他方では米英ソ中の四カ国が一九四二年（昭和一七年）に連合国共同宣言に署名した。この宣言では、「大西洋憲章」[4]（一九四一年・昭和一六年）の原則を確認するとともに、「人命、独立、宗教的自由を防衛し、自国のみならず他国においても人権及び正義を保持」すること、つまり民主主義擁護を目的として、ファシズム国（反民主主義国）を打倒することを誓約した（この宣言には、翌日二二カ国、その後五二カ国が参加している）。これによって文字通り反ファッショ連合戦線が結成されることになった。かくてこの第二次大戦は、ファシズム枢軸国（日独伊）対反ファッショ連合国（米英ソ中など）との戦争という性格をもつことになった。したがってまた日本も枢軸国の一員として第二次大戦に突入するとともに、法形式の上でもファシズム法（昭和一三年の国家総動員法が典型）が明確な姿をもって展開することになる。このような意味で、一五年戦争や太平洋戦争という用語をさけてあえて「第二次大戦」（つまり反ファシズム戦争・民主主義擁護戦争）としたのである。

三　人権無視の軍国主義

(1)　天皇の軍隊　前述の如く日本の一連の戦争は軍国主義・帝国主義の所産であるが、同じ軍国主義でも日本型天皇制軍国主義は人権無視の点で先進資本主義国と比較して苛酷、熾烈、残忍なものがある。つまり日本の軍隊は、フランス軍の如くフランス革命の成果を守るために国民が自発的に徴兵に応じた「国民軍」とは全く異なる「天皇の軍隊」（皇軍）なのである。天皇「**家**」のための軍隊なのである。つまり天皇の家来としての軍隊なのである。それを最もよく象徴するものが、明治一五年（一八八二年）の「軍人勅諭」（「陸海軍人ニ下シ給ヘル勅諭」）である。この軍人勅諭によると、「夫兵馬の大権は朕（天皇は自分のことを朕という）が統《す》ぶる」、したがって「朕は汝等軍人の大元帥なるぞされば汝等を股肱（つまり手足）と……」し、汝等兵士の「死は鴻毛（つまり鳥の羽）より軽しと覚悟せよ」という。つまり天皇のためにいつでもいとも簡単に肉弾として死ななければならない家来（というよりは奴隷）なのである。

この軍人勅諭に関しては後にまた触れるが、ここでは軍人勅諭全文を引用しておくにとどめる。なお、軍人勅諭は最大の権威をもたせるために、明治天皇自身の署名で直接に陸海軍卿を宮中に召して「下賜」されたものである。つまり軍隊は天皇の軍隊であることを示す体裁をとっている（もっとも海軍卿川村純義不在のための陸軍卿大山巌が受領し海軍に渡された）。

軍人勅諭（全文）(5)

「　勅　諭　十五年一月四日

我国《わがくに》の軍隊《ぐんたい》は、世々《よゝ》天皇《てんわう》の統率《とうそつ》し給《たま》ふ所《ところ》にぞある。昔神武天皇《むかしじんむてんわう》躬《み》づから大伴物部《おほともものゝべ》の兵《つはもの》どもを率《ひき》ゐ、中国《なかつくに》のまつろはぬものどもを討《う》ち平《たひら》げ給《たま》ひ、高御座《たかみくら》に即《つ》かせられて、天下《あめのした》しろしめし参《たま》ひしより、二千五百有余年《いうよねん》を経《へ》ぬ。此間世《このあひだよ》の様《さま》の移《うつ》り換《かは》るに随《したが》ひて、兵制《へいせい》の沿革《えんかく》も亦《また》屢《しば〴〵》なりき。古《いにしへ》は天皇《てんわう》躬《み》づから軍隊《ぐんたい》を率《ひき》ゐ給《たま》ふ御《おん》制《おきて》にて、時《とき》ありては皇后《くわうごう》皇太子《くわうたいし》の代《かは》らせ給《たま》ふこともありつれど、大凡《おほよそ》兵権《へいけん》を臣下《しんか》に委《ゆだ》ね給《たま》ふことはなかりき。中世《なかつよ》に至《いた》りて、文武《ぶんぶ》の制度《せいど》皆唐《みなから》国風《くにぶり》に傚《なら》はせ給《たま》ひ、六衛府《ろくゑふ》を置《お》き、左右馬寮《さうめりやう》を建て、防人《さきもり》など設《まう》けられしかば、兵制《へいせい》は整《とゝの》ひたれども、打続《うちつゞ》ける昇平《しようへい》に狃《な》れて、朝廷《てうてい》の政務《せいむ》も漸《やうやく》文弱《ぶんじやく》に流《なが》れければ、兵農《へいのう》おのづから二《ふたつ》に分《わか》れ、古《いにしへ》の徴兵《ちようへい》はいつとなく壮兵《さうへい》の姿《すがた》に変《かは》り、遂《つひ》に武士《ぶし》となり、兵馬《へいば》の権《けん》は、一向《ひたすら》に其武士《そのぶし》どもの棟梁《とうりやう》たる者《もの》に帰《き》し、世《よ》の乱《みだれ》と共《とも》に政治《せいぢ》の大権《たいけん》も亦其手《またそのて》に落《お》ち、凡《およそ》七百年の間《あひだ》武家《ぶけ》の政治《せいぢ》とはなりぬ。世《よ》の様《さま》の移《うつ》り換《かは》りて斯《かく》なれるは、人力《ひとのちから》もて挽回《ひきかへ》すべきにあらずとはいひながら、且《かつ》は我国体《わがこくたい》に戻《もと》り、且《かつ》は我祖宗《わがそそう》の御《おん》制《おきて》に背《そむ》き奉《たてまつ》り、浅間《あさま》しき次第《しだい》なりき。降《くだ》りて弘化嘉永《こうくわかえい》の頃《ころ》より、徳川《とくがは》の幕府《ばくふ》其政《そのまつりごと》衰《おとろ》へ、剰《あまつさへ》外国《ぐわいこく》の事《こと》ども起《おこ》りて、其侮《そのあなどり》をも受《う》けぬべき勢《いきほい》に迫《せま》りければ、朕《ちん》が皇祖《おほぢのみこと》仁孝天皇《にんかうてんわう》、皇考《ちゝのみこと》孝明天皇《かうめいてんわう》、いたく宸襟《しんきん》を悩《なやま》し給《たま》ひしこそ、忝《かたじけな》くも又惶《またかしこ》けれ。然《しか》るに、朕《ちん》幼《いとけな》くして天津日嗣《あまつひつぎ》を受《う》けし初《はじめ》、征夷大将軍《せいいたいしやうぐん》其政権《そのせいけん》を返上《へんじやう》し、大名小名《だいみやうせうみやう》其版籍《そのはんせき》を奉還《ほうくわん》し、年《とし》を経《へ》ずして海内一統《かいだいいつとう》の世《よ》となり、古《いにしへ》の制度《せいど》に復《ふく》しぬ。是文武《これぶんぶ》の忠臣良弼《ちゆうしんりやうひつ》ありて、朕《ちん》を輔翼《ほよく》せる功績《いさを》なり。歴世祖宗《れきせいそそう》の専《もつぱら》蒼生《さうせい》を憐《あはれ》み給《たま》ひし御遺沢《ごゐたく》なりといへども、併《しかしながら》我臣民《わがしんみん》の其心《そのこゝろ》に順逆《じゆんぎやく》の理《ことわり》を弁《わきま》へ、大義《たいぎ》の重《おも》きを知《し》れるが故《ゆゑ》にこそあれ。されば此時《このとき》に於《おい》て、兵制《へいせい》を更《あらた》め我国《わがくに》の光《ひかり》を耀《かゞや》かさんと思《おも》ひ、此《この》十五年が程《ほど》に、陸海軍《りくかいぐん》の制《せい》をば、今《いま》の様《さま》に建定《たてさだ》めぬ。夫兵馬《それへいば》の大権《たいけん》は、朕《ちん》が統《す》ぶる所《ところ》なれば、其司々《そのつかさ〴〵》をこそ臣下《しんか》には任《まか》すなれ、其大《そのたい》綱《かう》は朕《ちん》親《みづから》之《これ》を攬《と》り、肯《あへ》て臣下《しんか》に委《ゆだ》ぬべきものにあらず。子々孫々《しゝそん〴〵》に至《いた》るまで篤《あつ》く斯旨《このむね》を伝《つた》へ、天子《てんし》は文武《ぶんぶ》の大権《たいけん》を掌握《しやうあく》するの義《ぎ》を存《ぞん》して、再《ふたゝび》中世以降《ちゆうせいいかう》の如《ごと》き失体《しつたい》なからんことを望《のぞ》むなり。朕《ちん》は汝等《なんぢら》軍人《ぐんじん》の大元帥《たいげんすい》なるぞ。されば朕《ちん》は汝等《なんぢら》を股肱《ここう》と頼《たの》み、汝等《なんぢら》は朕《ちん》を頭首《とうしゆ》と仰《あふ》ぎてぞ、其親《そのしたしみ》は特《こと》に深《ふか》かるべき。朕《ちん》が国家《こくか》を保護《はうご》して、上天《しやうてん》の恵《めぐみ》に応《おう》じ祖《そ》宗《そう》の恩《おん》に報《むく》いまゐらする事《こと》を得《う》るも得《え》ざるも、汝等《なんぢら》軍人《ぐんじん》が其職《そのしよく》を尽《つく》すと尽《つく》さゞるとに由《よ》るぞかし。我国《わがくに》の稜威《みいづ》振《ふる》はざることあらば、汝等《なんぢら》能《よ》く朕《ちん》と其憂《そのうれひ》を共《とも》にせよ。我武《わがぶ》維揚《これあが》りて其栄《そのえい》を耀《かゞやか》さば、朕汝等《ちんなんぢら》と其誉《そのほまれ》を偕《とも》にすべし。汝等《なんぢら》其職《そのしよく》を守《まも》り、朕《ちん》と一心《ひとつこゝろ》になりて力《ちから》を国家《こくか》の保護《はうご》に尽《つく》さば、我国《わがくに》の蒼生《さうせい》は永《なが》く太平《たいへい》の福《さひはひ》を受《う》け、我国《わがくに》の威烈《いれつ》は大《おほひ》に世界《せかい》の光《くわう》華《くわ》ともなりぬべし。朕斯《ちんかく》も深《ふか》く汝等《なんぢら》軍人《ぐんじん》に望《のぞ》むなれば、猶訓諭《なほをしへさと》すべき事《こと》こそあれ。いでや之《これ》を左《さ》に述《の》べむ。

一、軍人《ぐんじん》は忠節《ちゆうせつ》を尽《つく》すを本分《ほんぶん》とすべし。凡生《およそせい》を我国《わがくに》に稟《う》くるもの、誰《たれ》かは国《くに》に報《むく》ゆるの心《こゝろ》なかるべき。況《ま》して軍人《ぐんじん》たらん者《もの》は、此心《このこゝろ》の固《かた》からでは物《もの》の用《いよう》に立《た》ち得《う》べしとも思《おも》はれず。軍人《ぐんじん》にして報国《はうこく》の心堅固《こゝろけんご》ならざるは、如何程《いかほど》技芸《ぎげい》に熟《じゆく》し学術《がくじゆつ》に長《ちやう》ずるも、猶偶人《なほぐうじん》にひとしかるべし。其隊伍《そのたいご》も整《とゝの》ひ節制《せつせい》も正《たゞし》くとも、忠節《ちゆうせつ》を存《ぞん》せざる軍隊《ぐんたい》は、事《こと》に臨《のぞ》みて烏合《うがふ》の衆《しゆう》に同《おなじ》かるべし。抑《そも〱》国家《こくか》を保護《はうご》し国権《こくけん》を維持《ゐぢ》するは兵力《へいりよく》に在《あ》れば、兵力《へいりよく》の消長《せうちやう》は是国運《これこくうん》の盛衰《せいすゐ》なることを弁《わきま》へ、世論《せいろん》に惑《まど》はず政治《せいぢ》に拘《かゝは》らず、只々《たゞ〱》一途《いちづ》に己《おのれ》が本分《ほんぶん》の忠節《ちゆうせつ》を守《まも》り、義《ぎ》は山嶽《さんがく》よりも重《おも》く、死《し》は鴻毛《こうもう》よりも軽《かろ》しと覚悟《かくご》せよ。其操《そのみさを》を破《やぶ》りて不覚《ふかく》を取《と》り、汚名《おめい》を受《う》くるなかれ。

一、軍人《ぐんじん》は礼儀《れいぎ》を正《たゞし》くすべし。凡軍人《およそぐんじん》には、上元帥《かみげんすい》より下一卒《しもいつそつ》に至《いた》るまで、其間《そのあひだ》に官職《くわんしよく》の階級《かいきふ》ありて統属《とうぞく》するのみならず、同列同級《どうれつどうきふ》とても停年《ていねん》に新旧《しんきう》あれば、新任《しんにん》の者《もの》は旧任《きうにん》のものに服従《ふくじう》すべきものぞ。下級《かきふ》のものは上官《じやうくわん》の命《めい》を承《うけたまは》ること、実《じつ》は直《たゞち》に朕《ちん》が命《めい》を承《うけたまは》る義《ぎ》なりと心得《こゝろえ》よ。己《おのれ》が隷属《れいぞく》する所《ところ》にあらずとも、上級《じやうきふ》の者《もの》は勿論《もちろん》、停年《ていねん》の己《おのれ》より旧《ふる》きものに対《たい》しては、総《すべ》て敬礼《けいれい》を尽《つく》すべし。又上級《またじやうきふ》の者《もの》は下級《かきふ》のものに向《むか》ひ、聊《いさゝか》も軽侮驕傲《けいぶけうがう》の振舞《ふるまい》あるべからず。公務《こうむ》の為《ため》に威厳《ゐげん》を主《しゆ》とする時《とき》は格別《かくべつ》なれども、其外《そのほか》は務《つと》めて懇《ねんごろ》に取扱《とりあつか》ひ、慈愛《じあい》を専一《せんいち》と心掛《こゝろが》け、上下《じやうか》一致《いつち》して王事《わうじ》に勤労《きんろう》せよ。若軍人《もしぐんじん》たるものにして礼儀《れいぎ》を紊《みだ》り、上《かみ》を敬《うやま》はず下《しも》を恵《めぐ》まずして、一致《いつち》の和諧《わかい》を失《うしな》ひたらんには、啻《たゞ》に軍隊《ぐんたい》の蠹毒《とどく》たるのみかは、国家《こくか》の為《ため》にもゆるし難《かた》き罪人《ざいにん》なるべし。

一、軍人《ぐんじん》は武勇《ぶいゆう》を尚《たふと》ぶべし。夫武勇《それぶいゆう》は、我国《わがくに》にては、古《いにしへ》よりいとも貴《たふと》べる所《ところ》なれば、我国《わがくに》の臣民《しんみん》たらんもの、武勇《ぶいゆう》なくては叶《かな》ふまじ。況《ま》して軍人《ぐんじん》は戦《たゝかひ》に臨《のぞ》み敵《てき》に当《あた》るの職《しよく》なれば、片時《かたとき》も武勇《ぶいゆう》を忘《わす》れてよかるべきか。さはあれ、武勇《ぶいゆう》には大勇《たいいゆう》あり小勇《せういゆう》ありて同《おなじ》からず。血気《けつき》にはやり粗暴《そぼう》の振舞《ふるまひ》などせんは、武勇《ぶいゆう》とは謂《い》ひ難《がた》し。軍人《ぐんじん》たらむものは、常《つね》に能《よ》く義理《ぎり》を弁《わきま》へ、能《よ》く胆力《たんりよく》を練《ね》り、思慮《しりよ》を殫《つく》して事《こと》を謀《はか》るべし。小敵《せうてき》たりとも侮《あなど》らず、大敵《たいてき》たりとも懼《おそ》れず、己《おのれ》が武職《ぶしよく》を尽《つく》さむこそ、誠《まこと》の大勇《たいいゆう》にはあれ、されば武勇《ぶいゆう》を尚《たふと》ぶものは、常々《つね〳〵》人《ひと》に接《まじは》るには温和《おんくわ》を第一《だいいち》とし、諸人《しよにん》の愛敬《あいけい》を得《え》むと心掛《こゝろが》けよ。由《よし》なき勇《いゆう》を好《この》みて猛威《まうゐ》を振《ふる》ひたらば、果《はて》は世人《よのひと》も忌嫌《いみきら》ひて、豺狼《さいらう》などの如《ごと》く思《おも》ひなむ。心《こゝろ》すべきことにこそ。

一、軍人《ぐんじん》は信義《しんぎ》を重《おも》んずべし。凡信義《およそしんぎ》を守《まも》ること常《つね》の道《みち》にはあれど、わきて軍人《ぐんじん》は、信義《しんぎ》なくては一日《いちじつ》も隊伍《たいご》の中《うち》に交《まじ》りてあらんこと難《かた》かるべし。信《しん》とは己《おのれ》が言《こと》を践行《ふみおこな》ひ、義《ぎ》とは己《おのれ》が分《ぶん》を尽《つく》すをいふなり。されば信義《しんぎ》を尽《つく》さむと思《おも》はゞ、始《はじめ》より其事《そのこと》の成《な》し得《う》べきか得《う》べからざるかを審《つまびらか》に思考《しかう》すべし。朧気《おぼろけ》なる事《こと》を仮初《かりそめ》に諾《うべな》ひて、よしなき関係《くわんけい》を結《むす》び、後《のち》に至《いた》りて信義《しんぎ》を立《た》てんとすれば、進退谷《しんたいきはま》りて身《み》の措《お》き所《ところ》に苦《くるし》むことあり。悔《く》ゆとも其詮《そのせん》なし。始《はじめ》に能々《よく〳〵》事《こと》の順逆《じゆんぎやく》を弁《わきま》へ、理非《りひ》を考《かんが》へ、其言《そのこと》は所詮践《しよせんふ》むべからずと知《し》り、其義《そのぎ》はとても守《まも》るべからずと悟《さと》りなば、速《すみやか》に止《とゞま》るこそよけれ。古《いにしへ》より或《あるい》は小節《せうせつ》の信義《しんぎ》を立《た》てんとて、大綱《たいかう》の順逆《じゆんぎやく》を誤《あやま》り、或《あるい》は公道《こうだう》の理非《りひ》に踏迷《ふみまよ》ひて、私情《しじやう》の信義《しんぎ》を守《まも》り、あたら英雄豪傑《えいいうがうけつ》どもが、禍《わざはひ》に遭《あ》ひ身《み》を滅《ほろぼ》し、屍《かばね》の上《うへ》の汚名《をめい》を後世《のちのよ》まで遺《のこ》せること、其例《そのためし》尠《すくな》からぬものを、深《ふか》く警《いまし》めてやはあるべき。

一、軍人《ぐんじん》は質素《しつそ》を旨《むね》とすべし。凡質素《およそしつそ》を旨《むね》とせざれば、文弱《ぶんじやく》に流《なが》れ軽薄《けいはく》に趨《はし》り、驕奢華靡《けいしやくわひ》の風《ふう》を好《この》み、遂《つひ》には貪汚《たんを》に陥《おちい》りて、志《こゝろざし》も無下《むげ》に賤《いやし》くなり、節操《せつそう》も武勇《ぶいゆう》も其甲斐《そのかひ》なく、世人《よのひと》に爪《つま》はじきせらるゝ迄《まで》に至《いた》りぬべし。其身生涯《そのみしやうがい》の不《ふ》幸《かう》なりといふも中々《なか〱》愚《おろか》なり。此風《このふう》一《ひと》たび軍人《ぐんじん》の間《あひだ》に起《おこ》りては、彼《か》の伝染病《でんせんびやう》の如《ごと》く蔓延《まんえん》し、士風《しふう》も兵気《へいき》も頓《とみ》に衰《おとろ》へぬべきこと明《あきらか》なり。朕深《ちんふか》く之《これ》を懼《おそ》れて、曩《さき》に免黜条例《めんちゆつでうれい》を施行《しかう》し、略此事《ほゞこのこと》を誡《いまし》め置《お》きつれど、猶《なほ》も其悪習《そのあくしふ》の出《いで》んことを憂《うれ》ひて心安《こゝろやす》からねば、故《ことさら》に又之《またこれ》を訓《をし》ふるぞかし。汝等軍人《なんぢらぐんじん》、ゆめ此訓誡《このをしへ》を等閑《なほざり》にな思《おも》ひそ。

右《みぎ》の五《ご》ケ条《でう》は、軍人《ぐんじん》たらんもの暫《しばし》も忽《ゆるかせ》にすべからず。さて之《これ》を行《おこな》はんには、一《ひとつ》の誠心《まごゝろ》こそ大切《たいせつ》なれ。抑《そも〱》此五《このご》ケ条《でう》は我軍人《わがぐんじん》の精神《せいしん》にして、一《ひとつ》の誠心《まごゝろ》は又五《またご》ケ条《でう》の精神《せいしん》なり。心誠《こゝろまこと》ならざれば、如何《いか》なる嘉言《かげん》も善行《ぜんかう》も、皆《みな》うはべの装飾《かざり》にて、何《なに》の用《いよう》にかは立《た》つべき。心《こゝろ》だに誠《まこと》あれば、何事《なにごと》も成《な》るものぞかし。況《ま》してや此五《このご》ケ条《でう》は、天地《てんち》の公道人倫《こうだうじんりん》の常経《じやうけい》なり。行《おこな》ひ易《やす》く守《まも》り易《やす》し。汝等軍人《なんぢらぐんじん》能《よ》く朕《ちん》が訓《をしへ》に遵《したが》ひて、此道《このみち》を守《まも》り行《おこな》ひ、国《くに》に報《むく》ゆるの務《つとめ》を尽《つく》さば、日本国《にほんこく》の蒼生《さうせい》挙《こぞ》りて之《これ》を悦《よろこ》びなん。朕一人《ちんいちにん》の懌《よろこび》のみならんや。

明治十五年一月四日

御　名　」

(2)　したがって日本の軍隊や戦争に反対したり、批判したりする者は、とりもなおさず天皇自身に反対・批判するということになるのである。これらの反逆者に対しては、天皇の名をかさにきた軍部・在郷軍人会・右翼が激しい圧力を加える。

この点、戦争と法律学者との関係で一例をあげておこう。国際法学者の横田喜三郎（東京帝大教授、戦後最高裁長官）が、東京帝大新聞（昭和六年一〇月五日）に「満州事変は自衛権の発動というが疑問だ」という趣旨の一文を書いたために軍部、右翼にねらわれた。陸軍からは「支那に大々的の好宣伝資料を与へたる日本帝国大学教授の（横田）論文」として陸軍注記付の文書をばらまかれてねらいうちされた。そのためにこれを恐れた横田は出張中の上海から帰国の際、長崎で途中下船せざるをえなくなった。

天皇の名をかさにきた軍部などによる人権無視の傾向がとくに顕著となるのは、日本ファシズムの起点といわれている昭和六年（一九三一年）の「満州事変」（同年九月一八日の柳条湖事件）後においてである。海軍将校らによって犬養首相が暗殺（ブルジョア政党内閣の消滅）された昭和六年（一九三二年）の五・一五事件、昭和一一年（一九三六年）二月二六日のいわゆる二・二六事件（ファシスト青年将校が内大臣斎藤実、蔵相高橋是清などを殺害）など軍部・政界を巻き込んだテロや暴力事件が起る。勿論「満州事変」の影響は法律学者にも及ぶが詳細は後述するところである。

(3) したがって「満州事変」以降新しい法律学の登場はなく、法律家もファッショ化の波にのまれていく（しかし法律家としての戦争責任を免れることはできないであろう）。その極致は昭和一五年（一九四〇年）設立の「日本法理研究会」（天皇制ファシズム法研究会[6]）である。この研究会の綱領をかかげておこう。

「　　綱　領

一、**國體の本義**に則り、日本法の傳統理念を探究すると共に近代法理念の醇化を圖り、以て日本法理の闡明並にその具現に寄與せんことを期す。

二、**皇國の國是**を體し、**國防國家體制**の一環としての法律體制の確立を圖り、以て**大東亞法秩序の建設**を推進し、延いて世界法律文化の展開に貢献せんことを期す。

三、法の道義性を審にして、日本法の本領を發揚し、以て**法道一如**の實を擧げんことを期す。」（ゴシック著者）。

この研究会の主要なメンバーは、塩野季彦（会長、元司法大臣）、小野清一郎（東京帝大教授、刑法）、末弘厳太郎（東京帝大教授、法学部長、民法）、高柳賢三（東京帝大教授、アメリカ法）、大串兎代夫（文部省教学官）などである。また顧問は、小山松吉、小原直、林頼三郎、宮城長五郎、木村尚達、泉二新熊、岩村通世などに委嘱した。この委嘱された顧問をみると殆ど司法大臣経験者である。司法大臣は、小山（昭和七―九年）、小原（昭和九―一一年）、林（昭和一一―一二年）、宮城（昭和一四―一五年）、木村（昭和一五年）、岩村（昭和一六―一九年）である。泉二新熊は検事総長（昭和一一年）である。このように顧問からみる限り、日本法理研究会は司法省閥といってもよい。したがって背後にはいうまでもなく黒幕として司法省の大ボス平沼騏一郎（元司法大臣・内閣総理大臣）が控えている。その他研究会のメンバーとして多数の法律学者・司法官などが参加していた。

これらの者について戦争責任を改めて厳格に問うことが必要であろう。勿論、これらの者に限らない。ファシズム法をかかる集団としてでなく個人として主張した法律学者・司法官なども同罪である（そのような一事例として牧野英一〔東京帝大教授、刑法〕をあげることができる）。

ここで法律学者・司法官などの戦争責任を強調する所以は、第二次大戦後の現代においてもなお次のような主張を発見することができるからである。

(ア)　昭和五〇年に、法務省特別顧問・東大名誉教授・小野清一郎は、次の如く断言している。「私を『侵略的』国家主義者と断定した公職追放の辞令には甚しく不満であった。私は未だかつて『侵略』を主張したことはない。国家主義者――ナショナリストという意味で、――であっても、それは日本民族の生存と文化とを強調する**『文化的』国家主義**である。……」と。これは法学セミナー誌上の「三十年前の八月十五日と私」（傍点・ゴシック著者）という小野の論稿で言明したものである。[7] かくて小野は三〇年前に、「私は翌昭和二十一年九月、公職追放、同時に教職追放の身となって、二十七年の間在職した東大の教壇を退かなければならないことになった」[8] のである。しかしこの「文化的国家主義」（!?:実態は天皇制ファシズム国家主義）によってファシズム戦争（「大東亜戦争」と称する侵略戦争）が強行され、そのために日本民族と文化に甚大なる損害を与えることになった。その結末は「戦争に死んだ一般市民は約四十二万人、負傷した者四十八万人、罹災人口九百六十四万七百七十一人。空襲被災都市百十三カ所、焼失家屋四十一万戸。失われた国富六百五十三億二千万円、戦没者百五十五万五千三百八人と推計されている。今日の貨幣価値にすれば約三十九兆円にあたる」[9]。しかも第二次大戦でのアジアの死者「推定二、〇〇〇万人」と公認されている（一九九三年の文部省教科書検定合格。朝日新聞一九九四年四月一九日参照）。また天皇制（天皇主権）・日本軍国主義・思想弾圧警察（治安維持法）などによって、日本文化は極度に閉塞・窒息した。このような幾多の犠牲の上にようやく「平和憲法」（平和生存権や戦争放棄。憲法前文・九条）が公布された。

(イ)　さらに、前記のような強硬な主張（連続の論理）ではないが、つまりトーンを下げてはあるが本質的には類似の意見をみることも少なくない。たとえば法学の面で一例をあげておこう。戦後小野と同じく法務省の特別顧問となった東大名誉教授・民法学者・我妻栄についていえば、戦前の論理からの確固たる断絶がないといえるのではないか。昭和四〇年に、我妻曰く、「ナチスは、今日からみるまでもなく、あの頃でさえ、その政治的理念についても、法律的理論についても、迷妄に過ぎないことを論じた学者は決して少なくはなかった。今日、当時の論稿を再録することについては、私の迷妄がいまだに醒めないと笑う人があるだろうと思う。しかし、ナチスの私法は、どのような立場から研究しても、健康な**栄養剤**とはなりえないものかどうか、……」[10]と（傍点・ゴシック著者）。

ちなみに、我妻のナチス私法に関する主な論文としては、次のものがある。我妻「ナチスの民法理論」（『法学協会雑誌』五一巻四号・五号、昭和八年。我妻『民法研究Ⅰ』所収）、同「ナチスの私法原理とその立法」（『法学時報』六巻三号、昭和九年。『民法研究Ⅰ』所収）、同「ナチスの所有権理論」（『牧野教授還暦祝賀法理論集』、昭和一三年。『民法研究Ⅰ』所収）である。

なお、我妻は、昭和一七年（昭和一六年東条内閣成立・太平洋戦争開始）には我妻論文『現代債権法の基礎理論』[11]（日本国家科学大系七巻・法律学所収）で、債権法は「国家協同体」（実態は日本型天皇制ファシズム国家）という全体秩序の一部を担当すると主張した[12]（当時の同盟国であるドイツは、ヒトラーによってナチス「民族共同体」が力説されていた）。

(4) いまだ昭和天皇の戦争責任が終了していないのと同じように、多くの法律学者・司法官などの真の戦争責任もまだ決着がついていないのである。戦争と法律学なる論稿の中でも、このような法律学者・司法官などの法律家の戦争責任問題を執拗に追及していくことになるであろう。

日本の戦争責任問題がこのようなものだからこそ、アジア諸国（大多数の国は軍事同盟に入らないという非同盟の政策をとっている）が、軍事大国アメリカの従属国である日本（世界第二位の軍事大国である）の軍国主義の復活に危惧の念を抱いている理由もここにある。

ちなみに軍事同盟に加入しないという「非同盟」運動[14]についていえば、現在国連に加盟している一八五カ国のうち一一三カ国がこの運動に参加している。アジアでは二三カ国のうち二〇カ国が非同盟諸国となっているのである。したがって現代の国連では現代国際法をめぐって既成の法秩序を固守せんとする西側軍事**同盟諸国**と、新興途上国・新独立国である**非同盟諸国**との間で激しい闘いが展開されている時代に突入しているのである。

第二節　天皇制国家

一　天皇制国家の創出

(1) では、このような日本型軍国主義の根源はどこにあるのであろうか。それは天皇制国家にある。ではこの天皇制国家とはどのようなものなのか。この点を明らかにしなければ日本型軍国主義の真髄を明らかにすることはできないであろう。

ところでこの天皇制国家なるものは、天皇を政治的に利用するために薩長藩閥政府（明治政府）によって創出されたものである。だから明治政府の実権は「明治維新」の実行者である薩長の特権官僚（薩長中心の旧下級武士）が握っていた。そこで天皇制国家は、薩摩・長州・土佐の三藩から編成された天皇のための「御親兵」（最新式の歩・騎・砲の兵隊八、〇〇〇人、これが後の近衛兵）を背景として、突如「廃藩置県」を断行し、統一国家を確立する（つまり**王政復古**という古いシステムの天皇制国家）。つまり藩知事を免職し東京在住を命じた（ただし家禄のみは与えられた）。この改革によって各藩主の領地・権力を天皇に集中した天皇制国家を創出した。さらに明治政府（天皇制国家）は、その方針として「建国の大法は**専制主義**でなくてはならない。とくに兵制と教育は専制主義によるべきである」とした（その典型的な象徴が天皇直々の命令〈睦仁〈明治天皇の名前〉の署名の命令〉である明治一五年の「軍人勅諭」と明治二三年の〈教育勅語〉である）。そこで早くも明治五年（一八七二年）に徴兵令を発布して近代的常備軍の創設をはじめる。

(2)　このように廃藩置県によって旧藩主の領地・権力を天皇に集中せしめたが、これまでは一般国民は天皇の存在すら知らなかったのである。つまり徳川幕府時代には天皇には実質的な権力はなく、天皇自身が幕府の厳しい統制下におかれていたのである。この時代には「天皇は、せいぜい十万石のあてがい扶持《ぶち》をもらう幕府の寄生的存在であった」[15]し、したがって天皇のことを知る人民はあまりいなかった。

(3)　このような権力なき天皇をして突如唯一最高の絶対君主（専制的権力者）に変質せしめたのは「明治維新」（王政復古という古いシステムを利用して天皇制国家を創出した薩長藩閥政府）によってである。このようにして藩閥政府をして天皇の名において古いシステムを利用した専制政治をおこなうことを可能ならしめた。勿論この天皇制政府は、封建国家を目指すものではなく、古いシステム（天皇制）を利用しながら資本主義国家・帝国主義国家の建設を指向するものであった。その証拠には、明治四・五年を中心として封建的拘束を撤廃する基礎的な立法が太政官布告、大蔵省達などで発布されている。たとえば明治四年に旅行などの移動（鑑札制度の廃止）、散髪・脱刀勝手、田畑勝手作の許可など、明治五年には田畑永代売買の禁止の解除、人身売買を禁止した芸妓解放令、「諸奉公人、諸職人雇夫等、給金雇料ノ儀是亦自今双相対ヲ以テ取極メ候」などがそれである。また後述の如く一連の帝国主義戦争がこれを証明している。

二　軍事独裁者としての「現人神」天皇制

(1)　明治維新によって創出された天皇制国家は「建国の大法」である「専制主義」を貫徹するためには古いシステムである天皇制を利用して新しい専制君主として仕立て、育成しなければならなかった。そこで「プロイセン軍国主義の象徴」であるフリードリッヒ大王[16]を明治天皇（睦仁）のモデルとした。それだけに天皇の軍国主義的地位を以下の如く徹底せしめた。

(2)　まず**第一**に天皇制を強固にするために、天皇を軍事独裁者の地位につける必要があった。そこで一八七三年（明治六年）に徴兵令（天皇の軍隊の創設）、**一八八二年（明治一五年）に軍人勅諭**（「陸海軍人ニ下シ給ヘル勅諭」）を発布した。先にも指摘したように軍人勅諭によると、「夫兵馬の大権は朕が統《す》ぶる」、つまり軍の統帥権は天皇だけがもつ大権であるから、政府や議会はこれに一切干渉できない（統帥権の独立）、という意味である。したがって「朕は汝等軍人の大元帥なるぞされば汝等を股肱（つまり手足）と……」し、汝等兵士の「死は鴻毛（つまり鳥の羽）より軽しと覚悟せよ」という如きものである。つまり軍人は国民のために存在するのではなく、天皇の私的所有物（「天皇家の軍隊」＝皇軍）なのである。さらに明治憲法（明治二二年、一八八九年）は、戦時における天皇大権の行使規定（三一条）をおくことによって、軍事独裁者・軍国主義者としての天皇の地位を完成させた。

さらにいえば、兵と馬は同等ではない。兵士にとっては「放馬」は重罪なのである。だから兵士（輜重兵）は上官からもしばしば「お前らは一銭五厘で集められるけんど、馬はそんなわけにはゆかんぞ」と蔑まれた（水上勉『醍醐の櫻』一六九頁）。つまり兵士は「馬より安い肉弾」であった。また或兵士曰く、「天皇の統帥権は独立していました。『上官の命を承ることは実は直に朕（ちん）が命を承る義なりと心得よ』というあの方の軍人勅諭を全軍は信奉し、あの方の万歳を叫んで皆は死んでいったのです。特攻出撃を拒否しようものなら、あの方の御名により抗命罪で銃殺されたとでしょう。泣きながら離陸して行った人もいます」。

(3)　それだけに天皇自身も、明治・大正・昭和と時代を重ねるにしたがって狂気の軍事独裁者となり、軍国主義者としての意思を益々強化していく。だから昭和天皇（裕仁《ヒロヒト》）の如きは自ら侵略戦争（「満州事変」、日中戦争、太平洋戦争〔第二次大戦〕）を積極的に推進し、自らも大元帥の軍装で白馬に跨がり、帝国陸海空軍の士気を鼓舞・激励した。

(4)　次の一事例（侵略戦争への天皇の狂気の姿勢）を引用しておこう。

〈絶対ニ勝テルカ（一九四一年九月五日）〉

「〔一九四一年（昭和一六年）七月二日〕『御前会議』で『情勢の推移に伴う帝国国策要綱』を決定

――九月六日の『御前会議』を前に、天皇は、杉山参謀総長に戦争の見通しを詳しく問いただした。

「御上　南方作戦ハ予定通リ出来ルト思フカ

参謀総長　右ニ対シ馬来比島等ノ予定作戦ヲ詳細奉答ス

御上　予定通リ進マヌ事カアルタラウ

五ケ月ト云フカソウハイカヌコトモアルタラウ

総長　従来陸海軍デ数回研究シテ居リマスノテ大体予定ノ通リ行クト思ヒマス

御上　上陸作戦ハソンナニ楽々出来ルト思フカ

総長　楽トハ思ヒマセヌカ陸海軍共常時訓練シテ居リマスノテ先ツ出来ルト思ヒマス
御上　九州ノ上陸演習ニハ船カ非常ニ沈ンタカアーナレバドウカ
総長　アレハ敵ノ飛行機カ撃滅セラレル前ニ船団ノ航行ヲ始メタカラテアツテ、アーハナラヌト思ヒマス
御上　天候ノ障碍ハドウスルカ
総長　障碍ヲ排除シテヤラネハナリマセヌ
御上　予定通リ出来ルト思フカ
　　オ前ノ大臣ノ時ニ蒋介石直グ参ルト云ウタカ未タヤレヌテハナイカ
参謀総長更メテ此機会ニ私ノ考ヘテ居リマスコトヲ申上ゲマスト前提シ日本ノ国力ノ漸減スルコトヲ述ヘ弾撥力ノアルウチニ国運ヲ興隆セシムル必要ノアルコト又国難ヲ排除シツツ国運ヲ打開スル必要ノアルコトヲ奏上ス
御上　絶対ニ勝テルカ（大声ニテ）
総長　絶対トハ申シ兼ネマス　而シ勝テル算ノアルコトタケハ申シ上ケラレマス　必ス勝ツトハ申上ケ兼ネマス
　　尚日本トシテハ半年ヤ一年ノ平和ヲ得テモ続イテ国難ガ来ルノテハイケナイノテアリマス　二十年五十年ノ平和ヲ求ムヘキテアルト考ヘマス
御上　ア、分ツタ（大声ニテ）」（『杉山メモ』[17]）。
(5)　それだけではない。さらに**第二**に天皇を「現人神《あらひとがみ》」として祀ることであった。政府は、伊藤博文の帝政プロイセン（一八五〇年のプロイセン欽定憲法）の研究・視察の成果である欽定憲法（明治憲法）を一八八九年に公布する。その三条に「天皇ハ神聖ニシテ侵スヘカラス」とある。この神聖・不可侵性は、伊藤（『憲法義解』）によると、天皇は「至聖」・神（つまり「現人神」）であるから、「臣民群類」を超越した絶対者である（したがって臣民のほうは絶対服従の家来）。

これは「天照大神の神勅」に基づくから、「大日本帝国ハ万世一系ノ天皇之ヲ統治ス」る（旧憲一条）という。これは天皇の神格化を捏造したものである。[18] その上、「天皇ハ国ノ元首ニシテ統治権ヲ総攬」するので（旧憲四条）、行政・立法・司法の三権の上に立つ絶対・最高の権力者となる。さらに天皇が軍事統帥権を専有することも、憲法上明記された（旧憲一一条）。これらの諸規定は、天皇が実質上超憲法的存在（現神人）であることを示すものである。

要するに日本型軍国主義は、このように専制主義的な天皇制国家に基づくのである。

三　プロイセン型天皇制軍国主義国家の形成

(1)　明治政府の基本方針――明治一四年の政変とプロイセン型の模倣　天皇をこのように軍事的な絶対専制君主として育成しなければならないとするならば、国家体制そのものをそのようなものとしなければならない。つまり国家体制に関する明治政府の基本方針を確立しなければならないということである。そこでまずもって当初の政府の基本方針なるものを明らかにしておく必要があろう。

この政府の基本方針とは、「明治一四年の政変」・「明治一四年の詔勅」（明治二三年までに国会開設・憲法制定）で内定し、そして明治二二年の「大日本帝国憲法」（いわゆる明治憲法・欽定憲法）によって確定する。

「明治一四年の政変」とは、参議大隈重信（イギリス型憲法制定の急進者）を閣外追放・罷免（北海道官有物払下げ事件を口実）し、薩長参議で主に内閣を固め（長州藩＝伊藤・井上・山田・山県、薩州＝松方・大山・川村・西郷・墨田）、イギリス型憲政を否定してドイツ・プロイセン型立憲君主制を「内定」したという一連の事態を指すのである。この「内定」方針に基づいて明治一五年の参議・伊藤博文の渡欧（ドイツ・プロイセン憲法の調査研究）、そして明治二二年の明治憲法（一八五〇年のプロイセン憲法の模倣）の制定によって政府の公法上の方針が名実ともに確定する。つまり公法上の天皇主権（明治憲法第一条「大日本帝国ハ万世一系ノ天皇之ヲ統治ス」）が確定するのである。

このプロイセン型の内定によって、先に指摘した如く「プロイセン軍国主義の象徴」であるフリードリッヒ二世「大王」を明治天皇のモデルとした。この「大王」こそ、後述の如く現在でもなお死者「大王」として登場しているほどである（第二節の注(16)参照）。

(2)「大王」狂信者＝加藤弘之　さらにプロイセン型に関していえば、フリードリッヒ軍国主義者「大王」の狂信者であり、また天皇制明治政府への娼婦的変節者となった「加藤弘之（東京大学綜理・帝国大学総長）」の事例も追加しておこう。

(ア)　プロイセン型軍国主義の狂信者・加藤弘之なる人物をまず紹介すれば次の如くである。

天賦人権論から「現人神」天皇主権論への変節者である加藤弘之（彼は貧之士族出身）[19]は、「真政大意」（明治三年）・「国体新論」（明治七年）などで自由民権論（天賦人権論）者として啓蒙活動をしていたが、突如明治一四年一一月に「国体新論」を絶版にすると宣言し、その声明（弁解）をする。加藤弘之自ら次の如くいう（『加藤弘之講演全集』明治三三年）。「……其筋より内命を以て右国体新論は速に絶版すべし[20]、若し又自分にて絶版せざるならば政府より絶版を命ずべしとの説諭がありました。然る所小生は既に数年前より進化説を信ずる事となって、最初信仰の天賦人権説は最早空想論として全く取らぬことであった故、従来著述したる書は大抵取消さねばならぬ事になって居りましたが、従来の著述を取消すには、まず新主義の著書を出ださねば不都合である故、取急ぎ新主義の著述に従事して居る最中に右国体新論絶版の内諭が出でました。誠に都合の悪き時でありましたが、併右の次第で仮令内諭なしとも国体新論の如きは全く小生の新主義と正反対のものである故、速に自分にて絶版いたしました」と（傍点著者）。その後、明治一五年に『人権新説』を出版して、そこで明確に天賦人権論を「妄想」であるとして徹頭徹尾批判するに至る。この変節の原因は、根本的に天皇制明治政府・文部省への媚態・屈服である。もっとも外面的な口実としては、ブルンチュリーの一般国法学（J. C. Bluntschli, Allgemeines Staatsrecht）を訳出しだしてから（訳書『国法汎論』[21]明治五―七年、文部省から出版。明治天皇にも進講）、変節しはじめていた（とくに明治一二年以降はこの傾向が漸く顕著になりはじめていた[22]）。そして前述の如くドイツ・プロイセンのフリードリッヒ二世大王の「偉大さ」（つまり明治天皇のモデルとして最適であること）に心から感服して、加藤は、「普魯士《プロイセン》ノ先王非的利《ヒデリ》第二世と云ヒシ君ハ曠世ノ賢君」と絶賛する。またダーウィンの進化論、スペンサー、ヘッケルの進化哲学（それも生存競争・自然淘汰を強調する弱肉強食論の一側面[23]）の影響を受けたという。[24]とにかく加藤の「変節」（天賦人権論からプロイセン絶対君主制＝現人神天皇制論への変節）の時点（明治一四年一一月）は、前述の「明治一四年の政変」・「明治一四年一〇月一二日の詔勅」の時期と正に一致している。つまり薩長藩閥内閣が確立し、プロイセン型君主制の明治憲法制定が政府部内で確定した時期と合致しているのである。しかも加藤弘之自身すでに、明治一〇年四月に東京大学（法理文三学部）の初代綜理（後の帝大の総長）を拝命し、さらに明治一四年七月には、職制改革により「文部省三等出仕加藤弘之東京大学（法理医文四学部・予備門）綜理ニ任ス」（明治二三年には東京帝大総長）というように、正に右の「変節」過程と歩調を合せて「現人神」明治天皇の卑屈な娼婦的「臣民」＝官吏となっていくのである。

ちなみに、東京大学綜理加藤弘之によって明治一四年にドイツ・プロイセンの象徴たるベルリン大学（フリードリッヒ・ウィルヘルム王立ベルリン大学）から呼び寄せられた天皇制狂信者・穂積陳重（聴講生）にもふれておけば次の通りである。東京大学法学部長には明治一五年二月一五日に、「文部省御用掛東京大学法学部勤務穂積陳重ヲ東京大学教授兼法学部長ニ……ニ任ス」（「東京府平民」・進化論者穂積陳重二八歳の時である）となっている。[25]

(イ)　またプロイセン軍国主義型憲法学・国法学を主張するに至った加藤弘之は、私法の側面でもプロイセン型欽定憲法式私法を固執してフランス式（フランス革命式）民法典を激しく排撃するのである。つまり「臣民・官吏」加藤弘之は、強固な旧民法典（自然法的・天賦人権的フランス型民法典）反対論者として登場する。加藤・東京帝国大学「総長」（明治一九年勅令三号「帝国大学令」[26]による）は、明治二〇年代には完全に「現人神」天皇主義者（欽定憲法狂信者）になる。明治二五年五月二六日貴族院で、加藤弘之貴族院議員は、欽定憲法に違反するので「違憲」民法典であるとして、フランス式「旧民法典」に激しく反対し、貴族院で「民法商法施行延期法立案」（つまり旧民法典反対法律案）に賛成演説をおこなった。星野通教授によると、「貴族院において民商法律延期法律案支持の演説をなしたものには、若くして自然法学に心酔し、しかも後年は天賦人権説を蟬脱し、ドイツ流の国家有機体説（!?著者注）の熱烈なる主張者となった加藤弘之博士」であると指摘されている。[27] 要するに帝国議会で政府の方針（プロイセン型君主制＝欽定憲法）を確認・貫徹せしめるのであるから、帝国大学総長・加藤弘之も、「天皇の官吏」として「忠順勤勉」（官吏服務紀律一条）に発言せざるをえないのである。というよりは変節者だけにそれを買って出たのである。加藤の演説（明治二五年五月二六日貴族院第三回通常会）の内容は次のようなものである。

「○加藤弘之君　私は此法律案の賛成者でありますが……法律を取る所の材料と云ふものは大抵歐羅巴から取って來たものであるから人情風習の違ふ所の日本に於て之を速に施すと云ふことは餘程危いことであると云ふ考は終始持つて居りますが併ながら……一つ心配を増して來たことがあつてどうしても是では安心のならぬことであると云ふ考を起したので、其譯は先刻申した通りに今迄の所は民法商法と云ふ類も、どうも人情風俗にも合ひ悪いことが澤山あるであらうと云ふ考へであつたのです、……近頃又法學者の説を段々聞いて見ますると危いと云ふどころのことではなくして一體の法典の土臺が餘程憲法と矛盾して居るであらうと云ふ考を起して來た、……憲法の精神を觀察して見るときには此の人民の權利と云ふものは凡て國家の主權と云ふものから許與せられて居る……許し與へられるものである、それで此の人民の權利と云ふものが……ありますけれども基本源と云ふものは國家の主權……國家の主權と云ふものが大本になつてそれから許し與へられるものであらうと思はれる、憲法の精神は凡て日本人の權利は公權なり私權なりの別なく、凡て國家の主權から許し與へられて始て生ずる所のものであると思ふ、然る所が此民法商法と云ふやうな方の精神で見ると此方の精神と云ふものは人間の天賦の權利と云ふものを一つ土臺に認めて國家の主權と云ふものより前に先づ此の天賦の權利と云ふものを人間が持つて居る其天賦の權利と云ふものを定める所の自然法と云ふものが本になつてそれから人民の權利が出て來るものであると云ふことが土臺になつて出て來て居るやうに思はれる、……此民法の起案をされた所の有名なる佛國博士それから又其外それを助けた所の人々或は賛成される所の人々の說を聞きますと其天賦の權利と云ふことはちやんと認めて居られる明かに理由書或は辨明などに書いてある、自然法と云ふものは人間の權利を定める大本であると云ふことはちやんと明かに或は云ひ或は書きして分つて居るので、さうして見ますると……どうしても**大土臺となる所が憲法と法典とが悖つて居る**やうに思はれる、土臺が違つて居るので、土臺が違つて居つたればどうも其上に建築する所のものと云ふものは違ひがあるであらうと思ふ、本の土臺が憲法は國家の主權と云ふものから凡て人民の公の權利、私の權利も許し與へられる所のものであると云ふ精神に立つて居る、法典の方は即自然法と云ふ所から人間が天賦に持つた權利と云ふものが本に立つて土臺になつて居る、さうすれば土臺が違ふから、土臺から生じて來る所の結果と云ふものは必ず矛盾するものがあるに相違ないと云ふことは私は證據を擧げずして十分云はれることゝ考へる、……さう云ふ譯でありますから、どうも私は安心が出來ない、そこで此自然法或は性法と云ふやうな人民の權利は天賦にあると云ふ說と云ふものは固より歐羅巴でも一時隨分盛んなことであつた、今日でもまだあるけれども今の歐羅巴の法學者の說を聞きましても權利と云ふものは國家あつて始めて生ずる、公の權利も私の權利も國家と云ふものがあつて始めて生ずるものであると云ふのが近頃は歐羅巴でも段々勢力を得て居る、其方では決して人間の自然性法に云ふやうな天然の權利と云ふものがあることは云はない、國家があつて始めて權利あると云ふ即ち國家の主権から生れる權利である凡ての權利が……其外歐羅巴でも段々盛なるやうに思ひますしさうして私も固よりそれを信ずる、それから私が考へたところでは**日本の憲法**も即ちさう云ふ精神から**欽定**になつて居ること〻考へる、……憲法を始め公法私法凡ての法律がです、必らず互に矛盾することなく都合善く調和して行くと云ふことでなければとても其國家の生存と云ふものは保つことは出來ぬ……」(28)(ゴシック・傍線著者)。

第三節　フランス型軍制とプロイセン型軍制との対立

一　プロイセン型軍国主義

明治政府によるドイツ・プロイセン型方針の採用こそ、日本をして天皇制国家（専制主義国家）、そして軍国主義の途を帰結することになったのである。けだしプロイセンのフリードリッヒ「大王」への途は軍国主義へ行きつくことになるからである。そしてこの方針は日本陸軍の軍制改革（フランス型軍制からプロイセン型軍制へ）の中に強固な基盤を確立することになる。以下、日本陸軍の軍制改革を中心としてそのプロセスを振り返っておくことが必要であろう。

二　「陸軍の大御所」山県有朋とフランス式軍制

プロイセン軍制に関してはまずもって山県有朋に注目しなければならないであろう。けだし山県は明治二〇年に早くも「陸軍の大御所」とよばれていたほどの人物であったからである。山県の経歴をまず明らかにしておこう。

山県は、一八三八年長州萩に生まれる。山県家は仲間《ちゅうげん》出身で、しかも足軽以下の最下層である「軽輩」にすぎなかった。有朋も一七歳の時に「蔵元付仲間の内小使」となった。このように下級武士でもない足軽階層よりも一つ下の軽輩（小使）であった。それが後に勲一等旭日大授章（明治一〇年）、伯爵（明治一七年）、総理大臣（明治二二―二四年）、陸軍大将（明治二三年）、枢密院議長（明治二六年）、元帥（明治三一年）、総理大臣（明治三一—三三年）、公爵（明治四〇年。元来爵位の最高である公爵は、五摂家と徳川、島津、毛利などの大きな旧大名に与えられた）、死去・国葬（大正一一年）という途をあゆむ。(29)

ところでプロイセン軍制との関係でいえば、すでに山県は、明治二年（一八六九年）に西郷従道とともに「社会主義」が風靡するヨーロッパを視察して、次のような「衝撃」を受けていた。「……当時、ヨーロッパは普仏（プロシアとフランス）戦争直前で風雲急をつげ、各国とも軍制の整備に大童であったから、兵制の調査・研究にはきわめて時期をえていた、しかし、かれは専門の研究だけにとらわれず、社会主義の発展しつつあったヨーロッパの社会情勢にも注目した。やがて、パリ＝コンミューヌを迎えようとしていた騒然たる社会状態は山県に衝撃を与え、かれはいっそう国粋主義者になって帰国した」(30)（傍点著者）。そのためにはまたプロイセンの軍制を一層研究し、実施することを痛感して帰国したのである。しかし山県の前にすでにフランス式軍制が大きく立ちはだかっていたのである。そこでまず幕末から明治初期に継承されたフランス型軍制に関しても考察しておかなければならないであろう。

三　フランス型軍制全盛時代

(1)　山県は、その後兵部少輔（明治三年）、兵部大輔（明治四年。官制改革により明治五年陸軍大輔）、陸軍卿（明治六年）となったが、明治初期の頃はなんといってもフランス語やフランス法の全盛時代であった。フランス語を話したり、フランス法の知識がないと官吏が勤まらないほどであった。軍制でもそうであったし、その他の制度に関してもフランス語とフランス法が幅をきかせていた。たとえば日本民法典編纂について一例をあげれば次の如くであった。フランス式民法典編纂事業は明治三年九月から始められ、江藤新平司法卿、大木喬任司法卿によってその事業が進められていた（牟田口・箕作によるフランス民法典の翻訳的民法草案）。さらに日本政府は明治六年にパリ大学教授であった法律学者ボアソナード（Boissonade）をフランスから招聘し、国内法の整備に従事させた（刑法〔旧刑法〕、治罪法、民法〔旧民法〕などがそれである）。そして明治一九年には条約改正の本会議が開かれるに及んで法相山田顕義の下にフランス民法典の敷写的な日本民法典草案（いわゆる「旧民法」）が作成された。しかしフランス式のため周知の如く後に「民法典論争」が起る。(31)

したがって軍制を扱う兵部省（陸軍部）も同じで省内官吏はフランス語・フランス制度一色であったといっても過言ではない（もっとも海軍はイギリス式であった）。それだけに軍制においてもフランス法派の前記・山田顕義の影響が強い。山県有朋といえどもこのような空気を一気に覆すことはできなかった。

(2) 加えて軍制に関しては次のような特殊事情もあったのでとくにフランス式が採用されていく。その事情は次のようなものであった。幕府が幕末（慶応三年一月）に招聘したフランス軍事顧問団（シャノワーヌ参謀大尉その他一九名の士官）の軍事教練・意見書の提出などによってフランス式がわが国に浸透していたという事情である。このフランス軍制に関する知識が、その後も明治政府に継承されたのである。とくに政府部内では、大村益次郎によってフランス兵制をモデルにした兵制改革がおこなわれた（さらに大村の死後も山田顕義らによってフランス式が受け継がれた）。たとえば幕府創設のフランス語学校は維新後明治政府（兵部省）の管轄に移すなどがおこなわれている。

とにかくこの頃は、ドイツ（プロイセン）式はまだドイツ語やドイツ軍制の知識が一般に通用していなかったのでフランス式にたよらざるをえなかったのである。

(3) もっともフランス式軍制に依存していたといっても、それは陸軍だけであって、海軍のほうは初めからイギリス式であった。陸海軍の編成方針に関する「布告」（明治三年一〇月二日）によると、兵制の法式は「海軍ハ英吉利《イギリス》式、陸軍ハ仏蘭西《フランス》式」を斟酌の上編成するようにと決定しているのである。とにかく日本の海軍は草創期からイギリスにその範を求めていた。けだしイギリスは当時世界の海に最大の勢力をもつ海軍国であったからである。これに対して大陸のため海軍らしきものをもっていなかったドイツ（プロイセン）陸軍国では海洋政策は問題にならなかったわけである。

このように日本軍隊では陸軍と海軍で編成方針を異にしていたため、陸軍と海軍との対立を避けることができなかった。当初は海軍上位の海陸軍なる書式（明治元年大政官）もあったが、その後は陸軍上位の陸海軍という書式になる。(32)結果として陸軍上位ということになったのは、なんといっても陸軍が軍人の数で圧倒的に多かったので、それがものをいったのであろう。とはいっても周知の如く陸軍と海軍の種々様々な対立・競争はたえなかった。日本の軍隊はこのような不可避的な対立・矛盾を内蔵しながらも「**天皇**の軍隊」ということで隠蔽されていたにすぎないのである。

第四節　フランス型軍制からドイツ型軍制へ

一　明治一四年の方針転換

(1)　フランス派の支配　明治三年一〇月の布告（「陸軍ハ仏蘭西式」）直後にすでにその不満が惹起していた。その理由の一つは、普仏戦争（一八七〇年〈明治三年〉―七〇年）でフランスが敗北したことである。敗戦国フランスの軍制をまねる必要があるのか、という不満である。その二は、明治三年八月にヨーロッパの軍制を視察して帰国した山県有朋、西郷従道がプロイセン（一八七一年〈明治四年〉一月一日にはドイツ帝国《ライヒ》成立）軍制の優秀性を見聞してきたことである。しかしその不満はこの時期には直ちに軍制改革には結びつくことはなかった。けだし当時の政府高官（大村益次郎、山田顕義等）がすでに諸事情からしてフランス軍制に依存していたためである。加えてドイツ語やドイツ軍制に通じるものが殆どいなかったという事情もあったからである。

(2) 明治一四年の政変　ところが既述の如く明治一四年には明治政府の方針が大転換する。つまり政府は明治一四年の政変によってイギリス型憲政を否定してプロイセン型立憲君主制を内定したのである。そしてそれが伊藤博文の明治一五年の渡欧（プロイセン憲法の調査研究[33]）、明治二二年欽定憲法の制度に連続する。

このような国家の基本方針がプロイセン型と確定し、天皇主権の明治憲法が公布されたのであるから、軍制の方針もまたこの影響を受けざるをえない。フランス市民革命（一七八九年の「人および市民の権利宣言」）に基づくフランス軍制は日本の天皇主権（君主制国家）とは根本的に相容れないものなのである。単に普仏戦争でフランス軍が敗北したというだけではないのである。そもそも当時の日本とフランスでは国家の大方針が合致していないのである。そこへゆくとプロイセンは帝政型[34]であるから君主制としては日本と同一である。かくて時期到来である。国家の大方針（明治一四年の政変）がプロイセン型である以上、国家の一機関にすぎない陸軍省（明治一九年二月二七日の各省官制〔勅令〕により陸軍省を設置）の如きもまた遅かれ早かれプロイセン型に移行する運命にあったといえる。ただその時期を待つだけであった。

二　ドイツ型軍制の採用

(1) メッケル少佐　その到来のチャンスは明治一七年の陸軍卿大山巌一行の欧州視察（一八八四年〔明治一七年〕二月—八五年二月）である。この視察によって大山はドイツ・プロイセン軍制の優秀性を知る。そこで当時ドイツ陸軍参謀少佐であったメッケル（K. W. J. Meckel, 1842-1906）と大山は傭聘契約をした。メッケルは翌明治一八年三月に来日し、陸軍大学校御雇教師として三年間滞在し、その間に日本陸軍の軍制全般をドイツ式軍制に改革することになる。正に明治政府の大方針（明治一四年の改変）の貫徹である。

とはいっても当時のドイツと日本は君主国であるといっても、君主制の在り方がドイツの皇帝《カイザー》制と日本の「現人神」天皇制では異なっていた。そこでドイツ・プロイセンの軍制を日本の国体（天皇制＝君主制）に合せて換骨奪胎して導入しなければならない場合が少なくなかった。

(2) ドイツ型軍制への移行プロセス　ドイツ型軍制移行に関して、若干の事例をあげておこう。

(ア) まず軍隊の中核をなす士官養成機関をドイツ式に移行させるため、明治二一年六月に陸軍士官学校条例を改正する。これによってフランス式（学科重視）からドイツ式（術科重視）への移行をしたのであるが、軍事技術に偏した教育がおこなわれるようになる。ということは、他方で日本国体（天皇制）の注入が容易になったともいえる。

(イ) またドイツ式の中にも日本式日本精神も注入しなければならないので、たとえば将校団教育に関して「将校団教育訓令」（明治二二年五月）によって日本軍隊の理念・天皇制「軍人精神」などが明示されている。この訓令の一部（第一綱領）を引用しておこう。[35]

将校団教育訓令　二十二年五月

第一　綱　領

将校ノ教育ヲ要スルヤ固ヨリ当然ナリ。而《しこう》シテ必*任義務ヨリ成ル所ノ軍隊ニ在リテハ、殊《こと》ニ有為ノ将校団ヲ養成セズンバアル可ラズ。何ヲ以テカ之ヲ言フ、曰ク左ノ二項ノ理由アルナリ。

第一、必任義務ヨリ成ル所ノ軍隊ノ兵卒ハ、勉メテ短日月ヲ以テ其教育ヲ完ウセザル可ラズ。且《かつ》其兵卒中已ニ教育ノ素アル者（一*年志願兵）アリ。故ニ此軍隊ノ将校ハ大ニ教育ニ富メル者ニシテ、常識兵ヨリ成ル所ノ軍隊ノ将校ヨリ更ニ大ナル要求ニ応ゼザル可ラズ。

第二、必任義務ノ軍隊ニ在テハ、下士モ亦半バ義務兵ナリ。仍《よっ》テ終身兵事ニ任ズル者ハ独リ将校ノミ。故ニ此将校ノ責任ハ殊ニ重大ナル者トス。若シ将校アラズンバ、誰カ全国ノ軍人精神ヲ負担シ及ビ之ヲ将来ニ持続セン。全国軍隊ノ能ク其用ヲ済スト否トハ、一ニ軍人精神ノ消長ニ由ル者ナリ。

必任義務　必ずはたさなければならない義務。すなわち国民皆兵にもとづく徴兵の義務。　**一年志願兵**　一六年の徴兵令改正によって制定された制度で、官立府県立学校（小学校は除く）の卒業証書を有するものは一年間の志願兵期間を勤めれば三年間の徴兵義務を免ぜられるとした。その後二二年一月の徴兵令の大改正により、この制度は、官公私立を問わず中等学校以上の卒業証書を有するものは一年志願兵の教育を受け予備役になることが規定された。この制度の目的は予備役の幹部を養成することにあった。

軍人精神トハ何ゾ。忠誠ナリ、武勇ナリ、信義ナリ。義務ヲ守ルナリ、質素ヲ主トスルナリ、礼儀ヲ正クシテ軍紀ニ服従スル是《これ》ナリ。

軍人此精神アリ。故ニ能ク心身ノ労苦ニ堪ヘ、能ク敵弾ニ対シテ動作ス。凡ソ為サザル可ラザル任務ニ当リテハ全力ヲ竭《つく》シテ之ヲ完了シ、恥ヲ知リ名ヲ惜ミ生ヲ舎《す》テテ義ヲ取ル者、一ニ此精神アルニ由ルナリ。蓋シ其意苟《いやしく》モ責任ヲ尽スニ在ルトキハ、難苦欠乏復タ避クル所ニ非ズ。不慮ノ事ニ遭ヒ困阨ノ境ニ臨ムモ、自ラ思ヒ自ラ決シ、遂ニ自ラ之ヲ処置シテ其宜ニ適《かな》フ者ナリ。之ヲ要スルニ、此軍人精神ナル者ハ其義ノ在ル所ニ当リテハ其身ヲ犠牲ト為スヲ楽《たのし》ム。故ニ此精神ヲ養ヘバ、則チ国家全体ノ幸福ヲ増ス者ナリ。国家全体トハ何ゾ。全国ノ軍隊ナリ、父祖ノ国ナリ、**皇室**ナリ。軍人精神ナル者ハ、此三者ノ為メ一日モ無カル可ラザルナリ。

此軍人精神ナル者ハ人々ニ就テ之ヲ言ヘバ、一朝一夕ノ能ク生ジ得ル所ニ非ズ、漸ヲ以テ養ハザル可ラズ。然レドモ将校団ハ則チ然ラズ。永久軍人精神ノ保存所ナリ。

常ニ之ヲ充溢セシメ、常ニ其精神ノ模範ヲ示シ、或ハ拘束シテ之ニ就カシメ、以テ国家全体ヲ裨益セズンバアル可ラズ。勤務上及ビ勤務外ニ於テ、青年ノ軍友ト交際スル毎ニ此精神ヲ薫陶養成スルハ先輩将校ノ任ニシテ、其直接ノ長官ノ如キハ殊ニ此義務ヲ負フ者トス。

凡ソ将校ハ常ニ其部下ノ教官及ビ指導官タラザルベカラズ。故ニ之ニ要スル所ノ知識材能ヲ脩有スルヲ義務トス。其官ノ高下ヲ問ハズ、之ヲ修有セント欲セバ啻《ただ》ニ其現在ノ智識材能ヲ保有スルノミナラズ、更ニ自ラ勤学修業ニ勉メズンバ可ラズ。苟モ此勤勉ヲ怠ラバ終ニ善良ノ結果ヲ得ザルベキナリ。青年将校ヲシテ修業セシムル為メニ模範ト誘*掖ニ勉ムルハ先輩将校ノ任ナリ。又部下ノ青年将校ヲシテ誠実ニ其義務ヲ尽サシメ、実施必要ノ業務ニ就カシメ、且誘掖ト教訓トヲ以テ善ク之ヲ扶助スルコトハ、則チ直接長官ノ特任ナリ。能ク此《かく》ノ如ク部下ノ教育ニ黽*勉スルコトハ、啻ニ部下若干青年将校ノ為メノミナラズ、更ニ国家全体即チ**皇室**・祖国・全軍ノ三者ノ為メ最大利益ヲ成スナリ。部下青年将校ノ教育ヲ統轄スル長官ノ誘導方法ノ得失ハ、其長官ノ長官ニ於テ之ヲ監督スルヲ要ス。将校団ノ教育ニ於ケル其長タル聯隊長及ビ大隊長ハ、猶ホ中隊長ガ下士卒ノ教育ニ於ケルガ如シ。下士卒ノ教育に任ズル中隊長ハ其躬《み》行ヲ慎ミテ模範ヲ示スヲ緊要トス。蓋シ言ヲ以テ訓《おしう》ルハ、身ヲ以テ率《ひきい》ルノ効験アルニ如《し》カザレバナリ。中隊長尚《なお》然リ、況ンヤ将校団長ニ於テヲヤ。将校団長ハ即チ将校団教育ノ責任者ナリ（本文中ゴシック著者）。

誘掖　導きたすける。**黽勉**　努める。勉強する。

(ウ)　さらに浅井道博少佐の「陸軍士官心得」（内外兵事新聞・明治九年五月二一―二九日）は、陸軍士官に日本の国体**（「現人神」天皇制）**を注入すべきことを力説する。これはそう長くない論説なので全文を引用しておこう。(36)

陸軍士官心得　　浅井道博

此一編ハ友人桂*太郎ノ抄訳セシ某国陸軍士官心得ト云フモノニ係ル。然レドモ其国体ヲ異ニスルヲ以テ、悉ク我国ニ適当スルヲ得ズ。彼に在リテハ最モ緊要ノ語ナレドモ、我ニ在リテハ緊要ナラザルノミナラズ、却テ弊害トナルベキモノアリ。亦二千五百有余年堂々タル帝国ニ於テハ憚ラザルヲ得ザルノ語アリ。故ニ聊《いささ》カ添削ヲ加ヘ、陸軍士官心得ト題ス。万一我ニ裨益スル所アラバ吾人ノ幸ナリ。

凡陸軍士官タル者ハ、各自ニ固有セシ所ノ最モ緊要ナル性質アリ。其性質トハ何ゾヤ。

第一、天性及ビ学問ノ功ニ依テ自得セシ所ノ性質ト、已ニ備ハリタル所ノ権義トヲ失ハズシテ、能ク職務ヲ尽スベキ識量アルヲ要ス。

第二、士官タル者ハ闔国軍民中ノ抜萃ナリト称セラルベキ性質ヲ具備セズンバアルベカラザルハ勿論、其性質上ニ更ニ職務ニ付テ特《とりわけ》テ特《ひと》リ要用ナル性質ヲ兼備スベキヲ要ス。

陸軍ニ於テ本分ノ職務トスベキハ戦陣ナリ。蓋《けだし》士官ノ職務ハ*部伍ヲ率ヰテ之ト共ニ功ヲ建ツルニ在リ。故ニ其部伍ヲ率ユルニ士官本分ノ職務ニシテ其職務ヲ尽サント欲セバ、次ニ述ル所ノ三種ノ性質ヲ具有セズンバアルベカラズ。

第一、士官ハ仇敵ニ向ヒテ能ク戦ヒ、己ガ部下ヲ難戦苦闘ノ中ニ指麾《しき》シテ屈撓《くつとう》セザル勇気アラシムルヲ要ス。

第二、士官ハ善ク用兵ノ術ニ通暁セシ智力アルヲ要ス。即チ*干戈倉皇ノ際、事機ヲ決裁スルニ当リテ思慮ノタメ時刻ヲ費サズ、果断ヲ以テ速ニ事ヲ決スルニ外ナラズ。故ニ平時一二ノ学ヲ該博ニ馳セテ実地ノ業ニ粗漏ナランヨリハ、寧《むし》ロ該博ナラザルモ実際ニ活用スベキ学問に通暁センコトヲ要ス。

第三、士官ノ部下ヲ服従セシムルハ唯威権ノミヲ以テスルニ非ズ。常ニ誠心ヲ以テ部下ノ幸安ヲ謀リ、中心依頼親附スルノ念ヲ生ズルモノハ、平時仁愛ノ誠心アルヲ以テナリ。既ニ仁愛ノ誠心アリ。故ニ危難ノ中ニ在リトモ部下皆《みな》心志ヲ一ニシテ毫モ乖離ノ情ヲ起サヾルナリ。

此三種ノ性質ハ士官ニ在テ最モ緊要ナルモノトス。故ニ此性質ノ厚薄ヲ以テ、士官ノ優劣ヲトスルニ足ルベキナリ。蓋此性質ハ半バ天稟《てんぴん》ニ出テ半バ学問ニ由テ得ルモノニテ、苟モ士官タルモノハ此三ツノモノヲ兼有セズンバアルベカラズ。此三ツノモノヲ兼有シテ後ニ始テ士官ノ識量アル者ト謂フベキナリ。此三種ノ性質平時ニ在リテハ甚貴重ナルモノニ非ズ。稍《やや》無用ニ属スルガ如シ。其平時ニ在テ緊要トスベキ職掌ハ練兵ニ過ギタルハナシ。何トナレバ練兵ハ戦争ノ備ナレバナリ。然レドモ平時ニモ此性質ハ必ズ闕《か》クベカラザルモノトス。其故何トナレバ、縦令《たとい》練兵ニ熟ストモ此性質ヲ具備セザレバ、未ダ其任ニ適当セル者ト云フベカラズ。故ニ此性質ヲ具備スルト、練兵熟達スルノ二ツヲ以テ、本分ノ職務ト為スベシ。士官ノ軍隊ニ在テ其職掌トスル所ハ、平時部下ノ兵ヲ習練シテ、戦闘ノ時ニ当リ能ク之ヲ指麾スルニ在リ。故ニ士官ハ務《つとめ》テ己ガ武徳ヲ脩メ軍隊ノ鑑式トナリ、部下ヲシテ其武徳ニ薫陶セシムルヲ以テ、一大要旨トス。抑士官ノ軍隊ニ於ルハ猶《なお》人ノ体中ニ精神アリテ四肢皆其使令ニ供スルガ如クナルユヱ、部下ノ栄辱ハ果シテ士官ノ正邪ニ関係スルモノト知ルベシ。

〔五月二十二日〕

桂太郎　一八四七—一九一三。当時、陸軍少佐。参謀局諜報提理をへて、八年三月よりドイツ公使官付武官としてベルリンに駐在。帰国は一一年七月。ドイツでの軍政調査はその後の日本陸軍をドイツ式に転換するうえで大きな役割をはたした。桂もまた軍政家として大きな役割をはたす。**部伍**　編成された軍隊。部隊。**干戈倉皇**　戦争であわただしい。倉皇はあわてるさま。

陸軍士官ノ地位ハ他ノ官民ノ上ニ在ラシメテ、上下貴賤ヲ通用シ総テ之ヲ一体トスルコト、某国ニ於テ士官ノ材否に由リ之ヲ両派ニ分チ、或ハ貴族ニ非ザレバ士官ニ撰用セザルガ如キノ比ニ非ズ。故ニ凡《およそ》士官タルモノハ国民中中等以上ノ器局アルモノニ非ザレバ、某撰ニ中《あた》ルコトヲ得ズ。士官ノ地位ハ斯ク貴重ナルガ故ニ、其職掌ヲ尽スニ至リ決シテ忽《ゆるがせ》ニスベカラザルモノト知ルベシ。然レドモ位階貴重ナレバトテ、苟モ赦謾ノ心ヲ生ジテ人民ヲ軽侮スルコトアルベカラズ。夫《それ》国ニ人民アルハ兵アルノ本ニシテ、彼此共ニ固有ノ権利アリ。故ニ士官タルモノ、常ニ此意ヲ体認シ、須臾《しゅゆ》モ之ヲ忘ルベカラズ。苟モ人民ヲ軽侮スルトキハ忽《たちま》チ自己ノ徳望ヲ損ジ、却テ他人ノ推尊ヲ失フモノト知ルベシ。

凡士官ノ国家ニ於テ其義務ト為スベキモノハ国帝ニ対シ盟約セルモノニシテ、国政ニ対シ盟約セルモノニ非ズ。是ヲ以テ国政ノ変更ハ一ニ之ヲ政府ニ委托シ、独リ国帝ヲ以テ元帥トス。兵ハ己ノ隷属スル所ヲ弁知スルヲ以テ要務トスル故ニ、決シテ国政ノ施為ニ関渉シ、無益ノ思慮ヲ費スコトヲアルベカラズ。

抑《そもそも》兵ヲシテ国政ニ関渉セシメザル所以ハ何トナレバ、兵ノ最モ能ク遵守セズンバアルベカラザルモノハ服従法ヨリ急ナルモノナキユヱ、凡《およそ》兵タルモノハ上官ノ命令ニ服従シ毫モ背違セズ、坐作《ざさ》進退一ニ其指麾ヲ奉ズベク、苟モ服従法ノ厳粛ナルトキハ上官ノ命令必《かならず》行ハレ、決シテ国政ニ関渉スルガ如キ悪弊ヲ生ズルコトナカルベケレバナリ。若シ兵ヲシテ縦《ほしいまま》ニ国政ニ関渉セシメバ、国家ノ安危未ダ知ルベカラズ。蓋《けだし》其事跡已《すで》ニ青史*ニ昭々タリ。兵ノ国政ニ関渉スベカラザル所以ハ斯ノ如シト云ヘドモ、万一国民動乱ヲ醸《かも》シ国政ノ妨碍《ぼうがい》ヲ生ズル等ニ於テ之ヲ平定スルガ如キハ、国帝ニ在リテ至要ノ器械タリ。故ニ国ニ兵アルハ猶《なお》国帝ノ手裏ニ慧剣*《えけん》ヲ把《にぎ》ルガ如シ。

夫《それ》大陸軍ハ国帝ヲ以テ元帥トスレバ、其士官タルモノハ其国帝に関係セル義務ヲ知ラズンバアルベカラズ。即人民ノ政体ニ於ルガ如ク、必ズ一定ノ持論アルベキナリ。而シテ所謂一定ノ持論トハ他ナシ、其国体ニ随ヒ己ガ義務タル国帝ヲ奉戴スルノ道ヲ主的トシ、政体ヲ変更スルノ事アリト云ヘドモ、其持論ヲ守リテ其事ニ関渉スベカラザルハ、即チ国帝ニ関係セル本文ノ義務タリ。忽ニスベカラザルナリ。

〔五月二十九日〕

〔『内外兵事新聞』一一・一二号〕

青史　歴史　**慧剣**　知慧の剣。一切煩悩の綱を絶つ剣。

三　山県陸軍閥の勝利

(1)　明治一四年の政変以来対立していた山県有朋閥のプロイセン型「天皇制軍隊論（山県有朋・桂太郎・児玉源太郎・川上操六・メッケルなど）と山田顕義閥（いわゆる「月曜会」グループ）のフランス式「国民軍隊論（山田顕義・曽我祐準・三浦悟桜・谷干城など）とが対立していた。しかし明治一四年の政変、明治二二年二月の明治憲法（天皇主権）の確定は、必然的に軍制においてもプロイセン型が勝利を収めるに至るのである。つまり明治二二年二月に「月曜会」は弾圧手段によって解散・追放させられ山県閥一色となる。そして山県は陸軍の「大御所」に収まり、さらに進んで内閣総理大臣（第一次山県内閣）となる。(37)

(2)　軍制との関係でいま一度山県閥勝利のプロセスを整理すれば次の如くである。

①明治一四年の政変によるプロイセン型君主制への転換方針（明治一五年の伊藤博文のプロイセン憲法の調査・研究）、②明治一七年のプロイセン型軍制の導入序曲（明治一七年の陸軍卿大山巌の渡欧と明治一八年のメッケル少佐来日）、③明治二二年二月二日のプロイセン型欽定憲法（天皇主権の明治憲法）の公布、④山県有朋のプロイセン型天皇制軍隊論の勝利（明治二二年二月の「月曜会」解散とフランス軍制派の追放）ということになる。

第五節　軍国主義と人権論の衰退

一　天皇制軍国主義

(1)　日本の将来を決定づけたものは、なんといっても明治一四年の政変によってプロイセン型君主制を内定したことである。この案はすでに岩倉具視と井上毅によって構想されていたものである。岩倉と井上は、既述の如くこの案を明治一一年に日本政府の顧問として来日したドイツのヘルマン・ロェスラー（Herman Roeseler）によって伝授されていた。そしてその意を受けて伊藤博文が明治一五年に渡欧し、一八五〇年一月三一日のプロイセン憲法（Verfassungs-Urkunde für den Preussischen Staat）を主に調査・研究し、この憲法の影響を受けた明治二二年の欽定憲法（天皇主権の『大日本帝国憲法』）を制定した。これによって名実ともにプロイセン型が完成・確定した、ことは既に論じたところである。

(2)　したがってこのようなプロイセン型の内定によって、結局日本の軍制改革も紆余曲折はあったとはいえ、ドイツ・プロイセン型に運命づけられていたのである。フランス式（つまりフランス革命的）「国民軍」では所詮「天皇の軍隊」（皇軍）とは相容れなかった。

したがって君主に関してプロイセン型とは既述の如くそれは「軍国主義の象徴」・フリードリッヒ二世「大王」（一七一二―八六年。一七四〇年に即位）を指し、それが明治天皇（睦仁）のモデルであった。ということは、要するに軍国主義型（つまり「天皇制軍国主義」）ということであり、天皇睦仁（明治天皇）を軍国主義者とし育成・仕立あげるということである。

(3)　しかし、プロイセン型君主制といっても、ドイツと日本ではその中身が異なる。したがってドイツ・プロイセン型をまねるといっても、それを模倣しながらも日本に適合するように換骨奪胎したものでなければならないのである。では、日本の君主制（天皇制）とはドイツと比較してどのようなものであったのか。

日本の天皇制は、特殊日本的デスポット（despot）で、ドイツの皇帝《カイザー》とは異なるのである。ドイツ帝国《ライヒ》は一八七一年（明治四年）一月一日に成立し、プロイセン国王ウィルヘルム一世が皇帝《カイザー》となる。このドイツ帝国は連邦制国家なので各邦国にそれぞれ国王（君主）がおり（ただしブレーメン、ハンブルグ、ベックは例外）、また固有の憲法・政府・議会を有していた。したがって実質的な国家権力は各邦国の君主および自由都市の全体に属していた[38]。しかし皇帝は、国際法上ドイツ帝国を代表するし、また宣戦を布告したり、条約を締結したりすることもできる。ただし宣戦布告、条約締結には連邦参議院の同意が必要であり、また条約が有効となるためには、ライヒ議会の承認が必要であった。このように外見的には皇帝が最高の権力をもった君主制国家のようにみえたが、実質的にはそうではなく、各邦国・自由都市が権力を有し、各邦国の代表機関である連邦参議院が重視された。

このようにドイツの皇帝は帝国の代表権をもっているが、実権は各邦国（つまり各君主国家）全体にある。したがって皇帝は日本の天皇の如く唯一最高の権力者ではなく、「現人神」でもない。また皇帝はドイツ営業法などにみられるように市民的自由（人権）を公認する[39]。日本の天皇は「現人神」で批判を許さない絶対者（「神」）であるから、臣民（家来）に「市民」的自由を公認することがない。既述の「軍人勅諭」（明治一五年、全文六頁以下参照）、明治憲法（天皇主権の「大日本帝国憲法」、明治二二年公布）がこれを雄弁に物語っている。

二　明治人権論

(1)　自由民権運動の弾圧

最後に指摘しなければならないことは、明治一四年の政変、そして天皇制国家・天皇制軍国主義は、結局人権否定論に帰着する。この人権否定を象徴するものとして自由民権運動の弾圧をあげることができる。ここでは自由民権運動の高揚から弾圧のプロセスを素描しておこう。

(ア)　自由民権運動の高揚

(a)　天皇制軍国主義には人間の自由や人権が存在していない。つまり徹底した人権抑圧の上に資本の自由が貫徹する。ここではロックのいうプロパティ（前国家的自然権＝理性の法）ははじめから問題にならない。けだし明治政府（天皇制政府）は、市民革命的な運動である「自由民権運動」を圧殺するからである。

(b)　わが国における自由民権運動の発端は、明治維新後も徳川幕府時代と少しも変らないような高率の現物小作料（明治六年の地租改正当時の政府検査例でも、年収穫の六割以上の小作料）を取り上げられていたので、農民大衆がそれに反抗して一揆を多発・激化させていたことに起因していた。この大衆運動を利用して、薩長藩閥政府高官に不満をいだく板垣退助・後藤象二郎・江藤新平・副島種臣などの「士族」らが自由民権運動を組織したものである。これらの士族層によって明治七年（一八七四年）に「民選議院設立」の建白書が政府に提出された。そのために愛国公党（後に愛国社）を結成し、全国的な宣伝・運動をおこなう。これに対抗するために、政府は明治八年（一八七五年）に新聞条例・讒謗律《ざんぼうりつ》を制定して言論の抑圧をこころみた。新聞条例は、新聞・雑誌の発行を内務省の許可制とし（一条）、「政府ヲ変壊シ国家ヲ転覆スルノ論ヲ載セ、騒乱ヲ煽動セントスル者ハ禁獄一年以上三年以下」（一三条）などとした。また讒謗律は、「……著作トクニ文章若クハ図書肖像ヲ用ヒ展観シ若クハ発売シ若クハ貼示シテ人ヲ讒毀シ若クハ誹謗スル者ハ下ノ条別ニ従テ罪ヲ科ス」（一条）とした。同律二条以下で、天皇・皇族・官吏などに対して一条の所為があると、禁獄・罰金を科した。しかし自由民権運動は一層盛んとなり、明治一三年（一八八〇年）第四回愛国社大会には、八七、〇〇〇人余の代表一一四名が参加した。そこで国会開設期成同盟と改め、国会開設を天皇に「請願」することにし（建白＝意見の開陳ではなく、請願権の行使）、自由党を結成した。これに対して政府は請願を拒否したが、自由民権運動はそれによって衰えることはなく益々全国的に高揚しだした。

(イ)　自由民権運動の弾圧

(a)　明治政府は、参事院議長・内務卿となった山県有朋の指揮の下に、集会条例（明治一三年四月五日太政官布告一二七号）を制定して同条例八条で、「政府ニ関スル事項ヲ講談論議スル為メ其旨趣ヲ広告シ又ハ委員若クハ文書ヲ発シテ公衆ヲ誘導シ又ハ他ノ社ト連結シ及ヒ通信往復スルコトヲ得ス」と定めた。さらに自由民権運動の弾圧を強化するために、明治一五年六月三日に右の集会条例の大改正をおこなう。たとえば前記条例八条も、「政治ニ関スル事項ヲ論談論議スル為メ其旨趣ヲ広告シ又ハ委員若クハ文書ヲ発シテ公衆ヲ誘導シ又ハ支社ヲ置キ若クハ他ノ社ト連結通信スルコトヲ得ス」（傍点改正）と改正された(40)。

山県（明治一六年に参事院議長を辞任して内務卿となる）や内務省は、これらの弾圧法規を活用して、自由民権運動を徹底的に弾圧・買収し、また密偵使用によって分裂させた。参議山県有朋（なお、山県に関しては後述参照）が自由民権運動弾圧に関して伊藤博文に次のような書簡（明治一六年一月二二日付）で、「……目下之情勢にては政党処分は、一刀両断の措置これなくては、我々帝国之独立を永遠に維持する目的は覚束なしと痛心此事に候」（傍点筆者）と書き送っている(41)。

(b)　自由民権運動の最高首脳である板垣退助は明治一五年に演説会で刺客におそわれたが、その直後に買収されて欧州の立憲制度を視察すると称して外遊してしまうありさまであった。「『板垣死すとも自由は死せず』で人気沸騰の板垣退助は傷が癒《い》えた一八八二年秋、立憲政治視察のため欧州に赴く。実は板垣を懐柔しようとする政府の陰謀だった。**三井**が出したといわれた洋行資金の出所を問題として民権派内部に非難の声が上がる。板垣は反対を押し切って外遊したが、**自由党の声望も板垣の評判も地に落ちた。**」（朝日新聞一九九四年一〇月三日。ゴシック著者）。遂に大衆運動も抑圧され、明治一七年（一八八四年）には自由党は解党する。かくて市民革命的運動でもあった自由民権運動は、明治政府によって徹底的に鎮圧される。農民の大衆運動（福島事件・秩父事件・飯田事件など多くの事件）は、薩長藩閥政府によって中央集権化された強固な全国統一の軍隊・警察組織の前に敗北せざるをえなかった。加えて自由民権運動の推進力である自由党の幹部が、主に薩長反対の不平・不満の士族で占められていたことも、敗北の大きな原因であったといってよかろう。このようなプロセスを通して天皇制機構は整備・完成される。そしてこの市民革命的自由民権運動の圧殺を象徴するものは、明治二二年（一八八九年）制定の「大日本帝国憲法」（「天皇と臣民」の法体系）であった。

(2) 明治初期の人権論の盛衰

(ア) 人権論の百花繚乱　明治九年前後には自由民権運動の影響を受けて人権論も盛んとなり、多くのフランス法の翻訳書や天賦人権論に関する著書が出版される。たとえば、大井憲太郎・箕田真蔵訳『仏国民選議院選挙法』（明治七年）、福沢諭吉『会議弁』（明治七年）、加藤弘之『国体新論』（明治七年）、モンテスキュー・何礼之訳『万法精理』（明治八年）、ミル・永峰秀樹訳『代議政体』（明治八年）、箕作麟祥・大井憲太郎訳『仏国法律提要』（明治九年）、ベンサム・何礼之訳『民法論綱』（明治九年）、ルソー・服部徳訳『民約論』（明治一〇年）、スペンサー・尾崎行雄訳『権理提綱』（明治一〇年）、ベンサム・島田三郎訳『立法論綱』（明治一一年）、植木枝盛『民権自由論』（明治一二年）など枚挙にいとまがない。また福沢諭吉が明治五年から九年にかけて執筆した有名な『学問のすゝめ』（「天は人の上に人を造らず、人の下に人を造らずと言えり」にはじまる）なる著作も、この時期に発行されている。

(イ) 人権論の衰微　(i) これを最もよく象徴する一事例として既述の国法学の加藤弘之（東京大学綜理・帝国大学総長）の天賦人権論（明治七年「国体新論」）から「現人神」天皇主権論（明治一五年の「人権新説」）への変節をあげることができる。

(ii) このような卑屈な娼婦的官吏・加藤ほどではないが、福沢諭吉も、この事例としてあげることができるであろう。福沢は前掲『学問のすゝめ』（明治五—九年）で盛況を極めた。

明治一三年の合本の際の福沢の序文を引用しておこう。

「合本學問之勸序——本編は余が讀書の餘暇隨時に記す所にして、明治五年二月第一編を初として同九年十一月第十七編を以て終り、發兌の全數、今日に至るまで凡七十萬册にして、其中初編は二十萬册に下らず。之に加るに前年は版權の法嚴ならずして僞版の流行盛なりしことなれば、其數も亦十數萬なる可し。假に初編の眞僞版本を合して二十二萬册とすれば、之を日本の人口三千五百萬に比例して、國民百六十名の中一名は必ず此書を讀たる者なり。古來稀有の發兌にして、亦以て文學急進の大勢を見る可し。書中所記の論説は隨時急須の爲にする所もあり、又遠く見る所もありて、匆々筆を下だしたるものなれば、毎編意味の甚だ近淺なるあらん、又迂濶なるが如きもあらん。今これを合して一本と爲し、一時合本を通讀するときは、或は前後の論脈相通ぜざるに似たるものあるを覺ふ可しと雖ども、少しく心を潛めて其文を外にし其意を玩味せば、論の主義に於ては決して違ふなきを發明す可きのみ。發兌後既に九年を經たり。先進の學者、苟も前の散本を見たるものは固より此合本を讀む可きに非ず。合本は唯今後の進歩の輩の爲にするものなれば、聊か本編の履歴及び其體裁の事を記すこと斯の如し。

明治十三年七月三十日

福　澤　諭　吉　記」

しかし明治一〇年後の福沢については、次のような評価もある。「明治十年後、いはゆる自由民権運動の時代にはひると、福沢は、これまでの新時代の推進者的役割りから一歩退いて、むしろ社会の行き過ぎにブレーキをかける老成の忠言者・監視者、ないし批判者のがはに回ることになります。明治十五年に彼は『時事新報』を創刊して、それ以来新聞人としても、精力的な活躍を続けましたが、その言論は、着実中正を旨としたもので、もはや必ずしも時代の先端を切った斬新なものとはいへなかった」[42]。

それだけではない。福沢は、明治政府の最初の天皇制軍国主義戦争である明治二七年（一八九四年）の日清戦争を、激励・鼓舞する。この点に関しては後に詳論することになる。

また初編二〇万冊以上も売れた前掲『学問のすゝめ』で「天は人の上に人を造らず、人の下に人を造らずと言えり」との名言を吐いた福沢本人が、日清戦争（軍国主義・帝国主義戦争）中の明治二七年一〇月三日に「天皇陛下の御聖徳」と題して「お上《かみ》」・天皇睦仁を激情的に激賞し、「感涙に咽」んで次の一文を呈しているのである。つまり天は人間の上に天皇（お上《かみ》）を造ったという。

「天皇陛下の御聖徳　開戦以來天皇陛下には大本營を廣島に進められて親しく軍旅の事を視させ給ひ晝夜御寢食をも安んぜられざるは**國民一般に聞知して感激に堪へざる所なり**頃日廣島より歸京したる人々の話に據て近時の御消息を窺ひ奉るに軍事の爲め御精勵の程は實に恐入たる次第にして**我輩は竊に傳承して只感涙に咽ぶのみ**其一斑を記さんに行在所は世人の知る如く第五師團の司令部にして其中の十疊二間を以て御座の間に充てられ然かも其御座の間は親しく軍務を聞かせらるる正殿とも爲れば御食事を召さるゝ便殿とも爲り又御休息所にも供せらるゝことにして**御不便御不自由は申す迄もなく**何事も簡易質素を旨とせられて日常諸般の御有様は恐れ多くも**中等以下の生活**にも比し奉る可く實に我帝室空前の御事にして今上皇帝の御身に御經驗なきのみか**古來未だ曾て事例をも聞ざる所の御不自由**（!?著者注）なるに然るに陛下には斯くまでに御不自由なる行在所にまし〱ながら終日御軍服のまゝにて事を聞かせ給ひ御椅子を離れさせらるゝが如きは甚だ稀れにして朝は未明より御寢所を出でさせられ入御は常に夜深に及ぶのみならず夜中警報等の達して急を要することあれば御安眠の御暇さへなきことも屢ばなりと云ふ御側に奉侍する人々は御鬱散の爲めに御運動を勸め奉れども陛下には廣島に御著御以來日夜御多忙の爲め曾て御庭前に**玉歩**を運ばせられたることさへなきに拘らず御健康は平日に變らせられず英氣凛々多々ます〱御精勵なりと云ふ或る醫者の說に竊に御起居の御樣子を察し奉るに御元氣には素より御差障りなきも日夜御精勵の結果として御體量の如きは多少減ぜられたることはなかる可きや心痛する者さへあるよし吾々臣民の身として斯る事實を見聞し奉るときは平生の衣食を衣食して疊の

上に起居する奢りの沙汰にして實に心に安んずることを得ざる次第なり左あればにや過日臨時議會の時にも議員の間には行在所建築の建議を呈出す可しとの內議もありたるよし**玉體**を安んじ奉るが爲めとあれば其建築は一夜の間にも辨ず可し誠に容易のことなれども又一方より考ふれば陛下が軍事の爲めに斯くまでも玉體を勞せらるゝ一事は軍人の志氣を鼓舞して國の爲めに身を致すの精神を引起さしむること如何ばかりなるや知る可らず例へば戰陣に臨まんとする軍人は眼前に此有樣を目擊し奉るのみならず或は將校の人々が行在所に伺候して斯る例外なる御座の間にて特に厚き御辭を賜はりなどして其趣を一般に傳ふるときは左あらぬだに報國の氣槪に富みたる一軍の兵士は只管叡慮の難有きに感泣して一天萬乘の御身にして尙ほ斯くの如し吾々軍人たる者は心身の苦痛艱難に訴ふ可きものなし飽までも其本分を盡して**一死以て之に答へ奉る可きのみとて身を忘れ家を忘れ出陣の日は卽ち死を決するの日**にして一日も早く叡慮を安んじ聖體を安んじ奉らんとの精神を起さゞるを得ず此精神たるや實に我萬里の長城とも見る可きものにして百の軍艦、千の大砲を得たるにも優る可し陛下が行在所の御不便を意とし給はずして軍事に勞せらるゝは卽ち軍人が身を顧みずして敵と戰ふの心にして上下一致君臣敬愛の實自から其中に在り我陸海軍が連戰連勝向ふ所、殆んど敵なきは實に陛下の威靈の然らしむる所にして我輩は決して其偶然ならざるを信ずるものなり（明治二十七年十月三十日）」[43]

これまた明治初期の人権論の衰微を象徴する事例としてあげることができるであろう。

三　帰　趨

(1)　そもそも天皇制は「非民主主義の遺物」であり、差別の典型的な象徴である。

ノーベル賞を受賞した大江健三郎は天皇からの文化勲章（それは**陸海軍大元帥**・昭和天皇の昭和一二年の勅令に基づく「文化勲章令」による）の受章を拒否した。その理由を大江氏は、天皇制は「非民主主義の遺物（undemocratic relic）」であり、第二次世界大戦の戦争責任は天皇制にあると考えているからであると、一九九四年一一月六日のニューヨーク・

タイムズで答えている。[44] これに対して、「ノーベル文学賞に決まった作家、大江健三郎（五九）の東京・成城にある自宅に、文化勲章の辞退を非難する手紙が相次いで寄せられたり、……三日の文化勲章授章式当日、公安当局が**右翼団体**とみる政治結社の代表ら数人が自宅を訪ね、**「天皇陛下からの文化勲章を拒否するとの発言は言語道断」**などという内容の手紙を郵便受けに入れた」（朝日新聞一九九四年一一月一〇日）。

ところで第二次大戦後の「日本国憲法」（一九四六年（昭和二一年）公布）一条は、国民主権を宣言した。しかしなお、アメリカの**政治的思惑**から、天皇の戦争犯罪人としての責任を訴追しなかった（一九四六年六月一七日極東国際軍事裁判所キーナン首席検事、天皇を訴追しないと言明）だけでなく、「象徴天皇制」として温存・残存せしめた。そのねらいの一つは、象徴天皇制をしてアメリカに「従属」した軍国主義復活の道具とせんとしたものである。天皇はいまやイチジクの葉にすぎない。つまり「アメリカによる、アメリカのための天皇」である。これが、同じ最高の戦争犯罪人でありながら、天皇がヒトラーやムソリーニのように処罰されなかった理由でもある。

戦後、天皇（裕仁《ヒロヒト》）は連合国最高司令官マッカーサーを「訪問」した。これは、天皇のマッカーサーへの癒着屈従の現れである。

「天皇とマッカーサーが並んだ写真を米陸軍通信隊が撮影し、各紙に流した。マッカーサーは、例の平服で両手を腰にあてたゆったりしたポーズであるが、**堂々としていた**。いっぽう天皇は、背が低くやや猫背で、**戦時中の威厳は失われていた**。そのため、この写真は、内務省の検閲により、翌日の新聞には掲載させなかった。GHQはこの措置を、言論・報道の自由に反するとして、翌々日の新聞に掲載させた。[45]」（ゴシック著者）。

天皇のマッカーサー「訪問」回数をあげておこう。

年	月	日	「訪問」回数
1945	9	27	（１回目）
1946	5	31	（２回目）
〃	10	16	（３　〃　）
1947	5	6	（４　〃　）
〃	11	14	（５　〃　）
1948	5	6	（６　〃　）
1948	**11**	**12**	**（補記①）**
1949	1	10	（７回目）
〃	7	8	（８回目）
〃	11	26	（９回目）
1950	4	18	（10回目）
1951	4	15	（11回目）
1952	**4**	**28**	**（補記②）**

（補記①）　一九四八年一一月一二日、極東国際軍事裁判所が東条英機らＡ級戦犯七名に絞首刑判決（同年一二月二三日執行）。

（補記②）　一九五二年四月二八日、サンフランシスコ「平和」条約、日米安保条約（アメリカへの「従属」条約）発効。

だから日本国民にとっては、占領とはアメリカ占領軍（その象徴はマッカーサー元帥）のオールマイティーであった、と特徴づけることができるであろう。このオールマイティーと人権（プロパティ＝白羽祐三『プロパティと現代的契約自由』〔一九九六年〕参照）とは本質的に対立する概念である。けだしオールマイティーがたとえプロパティを認めたとしても、それはオールマイティーの都合によって与えたものでもあるから、オールマイティーの都合によっていつでもプロパティを否定することができるからである。というよりオールマイティーは、人為的・権力的なものであるからファシズムの化身たりうることはあっても、自然法上のプロパティとなりうることはない。

では、アメリカ占領軍のオールマイティーとはどのようなものであったのか。それは日本の裁判所（最高裁大法廷など）をしてマ元帥の「書簡」（「アカハタ」無期限発行停止措置）が「日本国憲法をはじめとする一切の国内法規、労働協約などに優先する」と強弁させたことがこれを雄弁に物語っているであろう。(46) つまり「侵すことのできない永久の権利」（憲九七条）である基本的人権（プロパティ）よりもマッカーサー元帥の一片の紙切れ（「書簡」）のほうが上にあるのであるから、驚くべきことである。だから、当時関西で「マッカーサーとかけて何と解く、ヘソと解く、その心は**チンの上にある、**とのなぞなぞが流行っている」(47) といわれた（チンは朕〔天皇が自分の詔書で使用する自称〕）。つまり「マッカーサー（アメリカ）は神聖にして侵すべからず!!」ということである。

(2) ちなみに一九九六年の終戦記念日（一九九六年八月一五日）に際して、中国・韓国は、日本の軍国主義の復活を危惧して次のような記事を発表している。

① 中国国営新華社通信は終戦記念日を翌日に控えた一四日夜、**「軍国主義の亡霊はなぜ日本に居座っているのか」**と題する論評記事を配信し、日本はドイツと異なり、いまだに過去の**軍国主義を清算**していないと批判した。

② 「【ソウル16日＝渡辺勉】 韓国の与野党は十六日、橋本内閣の閣僚六人が終戦記念日の十五日に靖国神社を参拝したことについて、「戦争の被害を受けた国々の国民を侮る行為だ」と批判し、日本の過去の侵略行為について改めて反省するように求める声明を発表した。与党の新韓国党は「閣僚の参拝は、日本の右翼団体の**軍国主義への回帰熱**をあおる行為だ」と批判した。野党の国民会議は「過去の侵略史について明確な謝罪を通して**軍国主義と決別**することを促す」と求めた。」（朝日新聞一九九六年八月一七日）。

③ 日本人の投書もあげておこう。

「戦争反省せぬ老人は勉強を

飯能市　岡田　輝夫（元公務員　66歳）

戦後五十一年の夏、あの戦争についての反省や平和への願望が、多くの若者たちから聞くことが出来たことは、戦後の平和教育の成果として頼もしく思われた。

しかし一方で、老人たちの一部からは全く反対の意見も聞かれた。戦争を反省することを自虐史観などという、居直りともとれる言葉が出てきたのにも驚かされた。太平洋戦争を今でも自衛のための戦争だったとか、東亜の民族の解放戦争だったとか、果ては従軍慰安婦は自分の稼ぎのためにやったというに至ってはあきれ返った。彼らの頭の中は、あの戦争中と少しも変わっていないとしか思えなかった。

私は戦争中、中学生として動員され、軍人たちの横暴、天皇や国家の権威まで私物化した人たちと、それに便乗した人たちの恐ろしさを直接見てきたし、海外に侵攻した軍隊の一部が現地の弱い人たちに対して許しがたい乱暴をした手柄話をよく聞かされたものだった。

私は、この人たちも戦後は反省して、平和愛好者になっていると思っていたが、居直り軍国史観の復活とはまことに残念なことだ。戦後、勉強し直す機会のなかった人には、改めてお孫さんの中学の社会科の教科書で勉強し直してもらうより仕方がないようだ。」（朝日新聞一九九六年八月二五日）。

④　最後に、東大教授・憲法学者・宮澤俊義が、自らが述べる敗戦直前における心理的状態も引用しておこう。(48)

「八月十五日を想う――そのころの生活

宮澤俊義

今から考えると、われながらふしぎであり、また恥ずかしいとおもうが、戰爭中、ことにその末期には、ものを考える力が非常に弱くなつていたような氣がする。それまで何年かのあいだ、何を考えてもだめだ、へたに何かいうとひどい目に會う、というような壓迫感みたいなものに慣れつこになつていたせいか、戰爭のことや、政治のことがなんだか自分の問題ではないような氣がしていた。それよりも、いかにして米や卵を手に入れるか、という問題のほうが、もつと切實に感じられていた。

では、戰爭がどうなるとおもつていたのか、と今自分で反問してみても、はつきりしない。滕つてホワイト・ハウスで城下の盟をさせるとはむろんおもわなかつたが、日本が降伏するともおもわなかつたようだ。敵はやがて日本に上陸するだろう。日本軍は各地でゲリラ部隊としてあばれるだろう。そして、われわれは、そのとばつちりを受けて、どこかで死んでしまうだろう。……そんな氣持でいたらしい。しかし、だからといつて、特別に死ぬ心がまえをしたわけでもなく、その日その日を食いつなぐのにせい一杯で、ほかのことはおちついて考える精神的餘裕がなかつたというのが事實のようだ。

一九四四年の九月頃だつたとおもう。芦田均氏がやつて來た。「戰爭は近く負ける。それについては、その後の問題――戰爭責任者の問題、天皇退位の問題など――を研究する必要がある」。氏はこういつて、それらの問題について研究することをぼくに求めた。何も正確な情報を知らないぼくは、もう戰爭はそんな大詰へ來ているのか、と今さらのようにおどろき、とにかく研究してみよう、と約束して別れた。しかし、その前にちよくちよく憲兵の訪問を受けて大いに氣味がわるかつたし、原彪君そのほかの友人が憲兵隊でしらべられた話を聞いたりしていたので、ひとに相談する氣にもならず、その上、そうすぐに降參するともおもわれなかつたので、本氣に研究するに至らず、芦田氏ともそれつきり會わなかつた。そうするうちに家は焼かれる、引越す、また焼かれる……というさわぎで、いよいよ家族五人がその日その日を食つて行くのに追われつきりになり、**天下國家のことなどを考える餘裕をまつたく失つてしまつた。**おもい出すのも、淺ましいかぎりである。

四五年の八月のある夕方だつた。省線電車の中で、堀眞琴君に曾つた。すると、彼はぼくの耳もとで、「いよいよ戰争はおしまいだぞ」とささやいた。「國體の護持を條件として降參する。今日の御前曾議できまつたんだ。もう疎開なんかする必要はないよ」。

ぼくは、信用していいかどうか、迷つた。その頃は流言ヒゴがはびこつていたから、何ごともすぐ信用するわけにはいかなかつた。ほんとうであつてくれれば……と心で念じながら、研究室へ歸つた。（家を焼け出されたので、研究室に泊つていた）

その夜、例によつて、警備のために泊りこんでいた助手や學生が研究室の小使室に集まつていた。ぼくはよつぽど堀君の情報を披露してやろうかとおもつたが、ふとどこかで憲兵が見ているような幻想におそわれてやめた。（今からおもうと、ばかばかしいほど、戰々兢々としていたものだ）。とたんにラジオがおの「國民に告ぐ」という放送をやり出した。ダンコ戰い、一億玉砕して悠久の大義に生きる、という陸軍大臣の言葉だ。（これは、抗戰派の將校が勝手に陸軍大臣の名を使い、放送を強制したものだが、そんなことはもちろんだれも知らなかった）。堀情報はデマだつたのか。ぼくはほつとした。そこへ、「陸軍省ではいよいよ一億玉砕で行くんだと、とてもはり切つている」というしらせがもたらされた。ぼくは堀情報を披露しなくてよかつたと胸をなでながら、またまた暗い気持になり、ゲエトルをはいたまま、ベッドに横になつた。

その晩だつたか、新聞社にいた弟が電話で「明日東京へ原子バクダンを落すというから、今夜すぐ東京を離れろ」といつて來た。そういわれても、夜おそく遠くへ出かけるわけにいかない。せめて中心を避けろ、というので、終電車で成城の親類へ行つて泊めてもらつた。

八月十五日の正午に重大放送があるから集れ、といわれて、大學の職員がみんな大講堂に集まつた。堀情報はまちがいではなかつた。

降伏と聞いていちばんさきに頭に來たことは、「やれやれ、これで今晩から朝までつづけて眠られる」ということだつた。毎晩警報で何度も起されるのに弱りきつていたので、朝までつづけて眠られることは、何にもまさつてありがたいことだつた。もうひとつは、「そのうちにコオヒイがのめるかな」ということだつた。ぐつすり眠つて、目がさめたらコオヒイを一ぱいのみたい。これがその時の最大のあこがれだつたと見える。**そんなことよりも、祖國のゆくえというような問題をさきに心配すべきだつたとおもうが、その時は、正直なところ、すぐそこまでは頭がまわらなかつた。お恥ずかしい**話だが、よくよくものを深く考える力を失つていようだ。

その頃は、數ヵ月來下痢がとまらないので、能面の痩男のように、骨と皮ばかりにやせ衰えていた。三階の自分の研究室へ行くのに、階段の手すりにつかまらなくては登れなかつた。その身體で、リュックサックをしよつて、何度も中央線で長野縣に疎開していた家族を訪ねては、いろいろな食料を仕入れてきたものだが、緊張していたせいか、その時はそれほど辛いともおもわなかつた。「それは榮養失調で、もう少しその状態がつづけば、死んでいたろう」と後で醫者にいわれて、ひやりとした。

コオヒイをのめるようにはなかなかならなかつたが、ゆつくり眠られるようになつたおかげで、さしもの下痢も、ありがたいことに、とまつてくれた。終戰は、ぼくにとつては、ほんとうの命の恩人だ……」（ゴシック著者）。

（1）藤原彰・今井清一編『十五年戦争史Ⅰ』（昭和六三年）四頁以下。
（2）藤原・今井・前掲書六頁以下。
（3）外相の反省と三塚派の反発――①「渡辺副総理・外相は、八日に**真珠湾攻撃五十周年**を迎えることについて『無謀な戦争をしかけて誠に残念至極だ。米国、アジア諸国に大きな人的、物的損害を与えたことについては深く反省している』と述べた。外相の答弁は、四日付の米ワシントン・ポスト紙のインタビューで同外相が答えたのとほぼ同じ内容。」（朝日新聞一九九二年一二月五日）。

②「この日開かれた三塚派総会でも、同派副会長の石原慎太郎氏ら幹部から批判的な意見が相次いだ。この中で石原氏は『不戦決議の考え方は憲法でうたわれており、決議は必要ない』としたほか、『わびなければならないのは植民地化していた地域の人々に対してであって、勝者に対してではない』とも述べ、**渡辺副総理兼外相**が米紙のインタビューで真珠湾攻撃に対する『反省』を表明したことにも反発を示した。

さらに、長谷川峻座長が『応召した兵隊を侵略戦争の手先というのか』、藤尾正行顧問も『日本の歴史になぜわれわれの手で泥をかけなくてはならないのか』とそれぞれ主張し、決議案の内容について慎重な検討を求めた。」（朝日新聞一九九一年一二月六日）。

（4）ローズベルトとチャーチルが署名した米英の「大西洋憲章」は次のような内容である。
「一、領土の不拡大
二、関係国民の自由意志に反する領土の変更反対
三、すべての国民が政治形態を自由に選択する権利の尊重および奪われた主権と自治権の返還
四、『現存の義務を尊重し』、世界の市場および原料にたいする諸国民の平等権の保障
五、すべての国民の居住の安全の確保、人類を恐怖から解放するための平和の確立および公海航行の自由の確保
六、侵略国の武装解除」。

（5）この軍人勅諭の全文は、『日本近代思想大系4』（一九八九年）一七二頁以下より引用。なお、振り仮名は底本に付されている。また勅諭の起草者は西周ではないかと推測されている。西周は幕府派遣留学生としてオランダに学び開成所教授、沼津兵学校頭取を経て兵部省に入り、兵部大丞、陸軍大丞、陸軍省第六課長などを歴任した。さらにこの勅諭は天皇制軍隊の創設期に軍の統制強化のために出されたもので、この時期の軍隊内の諸弊害を反映した時事的な訓誡であった。しかし時代とともに勅諭自身が神聖化され、軍にとっての金科玉条とされた。昭和期に入るとますますその傾向が強まり、全文の暗誦が強制されたり、各隊にある勅諭の印刷本が神格化されたり、勅諭を読み間違え責任をとって自殺した将校さえあらわれた。第二次大戦期には、勅諭の神聖化は極端となり、一般の学校においても勅諭の暗誦が行なわれた。

（6）この研究会の分析に関しては、白羽祐三「『日本法理研究会』――法道一如㈠―㈨」――『法学新報』一〇二巻一号（一九九五年。論文㈠）、同一〇二巻二号（一九九五年。論文㈡）、同一〇二巻五・六号（一九九六年。論文㈢）、同一〇二巻七・八号（一九九六年。論文㈣）、同一〇二巻九号（一九九六年。論文㈤）、同一〇二巻一〇号（一九九六年。論文㈥）、同一〇三巻一号（一九九六年。論文㈦）、同一〇三巻六号（一九九七年。論文㈧）、同一〇三巻八号（一九九七年。㈨完）参照。

（7）小野清一郎「三十年前の八月十五日と私」法学セミナー二四二号（昭和五〇年）八頁。

（8）小野・前掲書八頁。

（9）千田夏光『天皇と勅語と昭和史』（昭和五八年）三九三頁。
（10）我妻栄『民法研究Ⅰ』（昭和四一年）はしがき四頁。
（11）この点に関しては、白羽祐三『プロパティと現代的契約自由』（一九九六年）四二七頁以下参照。
（12）戦後の我妻式人権抑圧論として、我妻栄の三菱系会社鑑定書作成問題（三菱樹脂採用拒否事件、判決は最大判昭和四八・一二・一二民集二七・一一・一五三六参照）に関し白羽・前掲『プロパティと現代的契約自由』七〇九頁以下参照。
（13）昭和天皇（裕仁）の戦争責任に関してサンフランシスコ条約でも法律上解決されているわけではない。また当時アメリカの世論のほぼ七割は天皇を戦争犯罪人と考えていたが、東京裁判でもアメリカの政治的思惑によって検察官が天皇を被告として訴追しなかっただけである。したがって天皇の責任はいまだ裁判で決着がついていないのである。この不徹底さは次の事実の中にも明瞭に現われている。
「一九四八年一二月二三日死刑判決を受けた者の処刑が行われた。翌二四日に占領軍司令部は最早A級戦犯の裁判は行わないと発表し、岸信介・児玉誉士夫らA級戦犯容疑者一七名を裁判にかけないまま全員釈放してしまった。」そして「岸は講和条約発効後すぐに政界に復帰、五七年から三期にわたって首相となり、釈放後一〇年たたないうちに保守政界のトップに返り咲いた。児玉はロッキード事件で失脚するまで、政財界に隠然たる勢力をもつ黒幕となった。これらのことは、日本の保守的指導層のあいだに免罪意識や時には被害者意識さえ与え、『東京裁判史観』を罵倒するようなムードを醸成し、戦争責任や戦争犯罪を論じる者をむしろ加害者視するまでに至らせた」（荒井信一『戦争責任論』一六八頁。なお、「天皇の戦争責任」の詳論に関しては、同書一五一頁以下参照）。

次の一文も引用しておこう。南博（元一橋大学教授・心理学者）「三つのポスター」によると次の如く指摘されている。

「天皇の戦争責任ということを考えるたびに、眼の前に浮かんでくる鮮烈なイメージがあります。大戦中、アメリカ東部の大学で勉強していたとき、ある日、市内の街頭に、三つのポスターが貼られて、人の眼をひいていました。一枚はヒトラー、一枚はムソリーニ、一枚はヒロヒトの名前がついた似顔絵でした。それだけではなく、三人の名前の上には『絞首刑にせよ』（Hang）と大きく書いてあり、その『Hang Hirohito』の文字と、顔の上に赤い線で描かれた大きな×印がついていました。

ヒトラーは自殺し、ムソリーニはポスターのことばどおり死体は逆さ吊りにされました。残った一人は、アメリカの占領政策どおりに、世界の歴史でも例をみない『人間宣言』で、敗戦までの現人神から人間にまで『降格』させられ、そのうえこれも不思議な『天皇制の民主化』というタテマエから、なおさら不可解な『国家の象徴』に、また『昇格』させられました。

そのためには、ソビエト軍が日本を占領すれば、天皇制が危機におちいることを予測したのか、原爆で無抵抗な市民の大量殺人をアメリカは敢行したのでしょう。そうしてみると、原爆のほんとうの加害者は、アメリカにそれを実行させた天皇制であり、天皇はその意味でも日本の国民にたいして、アメリカ政府との共犯者であるといえるのではないでしょうか。

天皇制を廃止しないかぎり、日本の民主化は決して実現できないのです。」（全国革新懇編『天皇をどうみる　一一一人の直言』（一九八八年）三〇頁以下）。

（14）　非同盟運動は、民族紛争・宗教対立を抱えているが、軍事ブロック反対、核軍縮、民族自決権擁護などで、国際的に重要な役割を果している。また非同盟諸国首脳会議は、軍事同盟に加わらないで、世界平和と民族自決権の確立、公正な世界秩序の樹立を掲げて活動している諸国の集まりである。

第一回首脳会議は一九六一年、ユーゴスラビアのチトー、インドのネルー、エジプトのナセルなどが中心的な提唱者となって、ベオグラード（ユーゴスラビア）で開催された。第四回首脳会議（一九七三年）では「すべての国は自由の天然資源およびすべての国内経済活動にたいして民族的権利を完全に行使するという譲りえない権利をもつ」という「経済宣言」を採択した。第六回首脳会議（一九七九年）ではイラン、パキスタンなどが中央条約機構（CENTO＝アメリカ主導の中東域の軍事ブロック）脱退を決定して参加し、翌年、CENTOは解体してしまった。一九九五年の第一一回首脳会議には史上最高の一一三カ国、国連加盟の約三分の二が参加した。そこで「すべての現存核兵器の完全廃絶を達成する緊急の必要性」を強調して、「核兵器の使用にもとづく戦略ドクトリンの放棄」、「決まった期限の枠内にすべての核兵器を廃絶する行動計画の採用」を呼びかけた。

（15）　天皇の領地は、はじめ一万石であったが、一八世紀半ばには三万石余となった。この他院（上皇）の御料（仙洞《せんどう》御料）

に一万石、四宮家に六〇〇〇石、公家らに四万石など、あわせて一〇万石余の領地が与えられていた。

（16）「プロイセン軍国主義の象徴」フリードリッヒ二世大王の如きは、一九九一年の現在でも偉大なる死せる「大王」として登場しているほどである。次の記事を引用しておこう。

①「啓蒙（もう）専制君主として知られるプロイセンの**フリードリヒ大王**と**父王フリードリヒ一世**の石棺が旧西独地区からベルリン近郊の旧東独地区にあるポツダムの宮殿に〝里帰り〟することになり、その記念行事に連邦軍やコール首相が参加することの是非をめぐってホットな論争を呼んでいる。フリードリヒ大王は軍国主義の象徴と歴史的評価もあるだけに、統一後のドイツにふさわしくないとの批判があるからだ。……

これに対して、野党、社会民主党のフォーゲル議員団長がかみついた。同氏は、ヒトラーは政権をとった一九三三年にプロイセン王のひつぎの前でナチスと帝国との結びつきを宣言し、ナショナリズムの高揚をはかったとして、『軍国的色彩のある』記念式典にコール首相が参加すれば、内外から誤解を招く恐れがあると指摘。また、政治的な催しに軍人が制服で参加することは違法と、連邦軍の参加差し止めを求める仮処分申請を起こした牧師も出た。

国防省は、記念式典は政治的な催しではないとして、参加の方針を変えていない。しかし、こうした批判に、コール首相は、〝私人〟として記念式典に参加したいと説明している。

豪華な葬式を嫌い、夜にひっそりと埋葬してもらうことを願ったといわれるフリードリヒ大王だが、記念式典には十万人の見物客が来ると予想されている。」（朝日新聞一九九一年八月八日。ゴシック著者）。

②「フリードリヒ大王ポツダムに帰郷──独首相『私人』で式典出席」と題して次の如く報道している。

「十九世紀にドイツを統一したプロイセン王家の勃興（ぼっこう）の祖フリードリヒ大王と父王の棺が十七日、ベルリン近郊のポツダムに戻った。第二次大戦の難を逃れて旧西独地域に移されていたが、昨年のドイツ統一でこの日の旧東独地域への〝帰郷〟が実現した。同大王には、軍国主義の歴史評価がつきまとうだけに、コール首相やドイツ連邦軍の式典参加の是非が論議を呼んだが、同首相は『夏休み中の私人』として出席する。二つの棺は前日、旧西独南西部にある同王家ゆかりの城を出発。特別列車で約八百キロ運ばれ、第一次大戦までドイツ皇帝（同王家）が使ったポツダムの駅に十七日午前到着。同大王が建てたサンスーシー宮殿に安置された。棺のわきには、連邦軍の儀じょう兵が立ち、コール首相らが黙とうをささげた後、一般に公開され、五万人を超える人出があった。ポツダム市内では、軍国主義に反対するデモも行われた。夜半には、同王家が私的に埋葬式を行い、コール首相も出席する。

同大王（一七一二―一七八六）は、フランスの思想家ボルテールとも親交のあった啓蒙（けいもう）君主。しかし、七年戦争などで列強にのしあがった専制君主でもある。ヒトラーも、政権を取ると同大王の棺にひざまずいたことがあるだけに、コール首相の出席などは、『靖国神社への閣僚参拝』にも似た議論を巻き起こした。」（朝日新聞一九九一年八月十八日。ゴシック著者）。

(17) 全国革新懇編・前掲書（第三部資料―年表と語録）二七四頁以下。

(18) なお、官吏全体についても「天皇の官吏」であることを明確にするために、一八八七年（明治二〇年）の官吏服務規律一条で、「凡ソ官吏ハ天皇陛下及天皇陛下ノ政府ニ対シ忠順勤勉ヲ主トシテ法律命令ニ従ヒ各其職務ヲ盡ス可シ」と定めている。

(19) 田畑忍『加藤弘之（人物叢書）』（一九八六年）一〇頁。

(20) 田畑・前掲書八九頁。

(21) この訳書（首巻、六―九巻）は明治五―七年にかけて文部省より分冊で出版する。明治九年四月には一冊にして文部省より出版する。なお、この訳書について進化論者・穂積陳重（国家学会評議員長・法学博士・男爵）は「告別ノ辞」で、次のように激賞している。「……〔加藤弘之は〕明治三年侍講ノ命ヲ拝シテ『プルンチューリ』ノ『アルゲマイネス、スターツレヒト』ヲ訳述シ『国宝汎論』ヲ公ニス。当時此書大ニ行ハレテ、本邦ニ公法及ビ国家ノ思想ヲ拡ムルニ於テ顕著ナル効果ヲ生ゼリ。本邦国家ノ興起、津田真道、西周其他ノ諸先輩ニ負ウ所亦タ極メテ多シト雖モ、世人ノ特ニ先生ヲ推シテ国家ノ開祖ト為ス所以ノモノハ主トシテ此書アルニ因ル。……明治天皇ニ侍講シ、国家学ヲ進講シテ聖明ヲ啓沃シ奉リ、晩年聖主至高ノ顧問府ニ列シ蹇蹇献替ス。先生ガ本邦ニ於ケル立憲政体ノ設立及ビ発達ニ貢献シタルコト至大ニシテ、実ニ明治大正聖代ノ憲政史ヲ飾ルベキ偉人中ノ一ナリシナリ。……」と（穂積陳重「告別ノ辞」国家学会三〇巻三号（大正五年）一頁以下）。

(22) 「弘之が……『国体新論』を書いていた時には、すでにその思想的変更が始っていたのであるが、しかもそれを彼は明らかに示すことなく、この書物を出版したのである」、「とくに彼が、従五位で侍読のときに、ブルンチュリの『アルゲマイネス、スターツレヒト』の大綱を進講し、これを翻訳して『国体汎論』と題して文部省より出版した（明治五年）ことが、彼の思想的変更を決定した因由にもなっている」（田畑・前掲書八一、八四頁）。

(23)「加藤弘之、穂積八束の法律観・国家観のように、進化論の一側面である生存競争・適者生存・自然淘汰のみを強調して弱肉強食・権利のための闘争・国家主義を鼓吹したのであった」（平野義太郎「マルキシズム法学」日本近代法発達史八巻（昭和三四年）一三一頁以下）。

(24) 彼自身も『経歴談』（明治二九年）でこの種の弁解をしている。

(25) 穂積重行『明治一法学者の出発』（昭和六三年）二六一頁参照。

(26) 帝国大学令第五条で総長（勅任）を置くとした。なお、同令第六条で「帝国大学総長ハ文部大臣ノ命ヲ承ケ帝国大学ヲ総轄ス」となっている。

(27) 星野通『民法典論争史』（昭和一九年）八三頁。

(28)『大日本帝国議会誌第一巻』一、五九九頁以下（貴族院第三回通常会における加藤弘之の発言）。

(29)『大日本人名辞典下巻』（大正一五年）二、七二七頁、『日本人名大事典』（昭和一三年）三一五頁。藤村道生『人物叢書山県有朋』（昭和六一年）一頁など参照。

(30) 藤村・前掲書三八頁。

(31) この点に関しては、白羽祐三「民法典論争の理論的性格」法学新報一〇〇巻一号（一九九四年）一頁以下参照。

(32) この点に関しては、松下芳男『明治軍制論上巻――明治初年より西南戦争まで――』（昭和三一年）九頁（註九）によると次の如く指摘されている。

「明治維新後陸海両軍の順次は、多くは官制の如く海軍を上にし、陸軍は下にしていたが、又時には陸軍を上にしていた。かくては不都合少なからずとして、明治五年正月に、陸軍を上にすることに決定した。（法規分類大全、兵制門、陸海軍官制、陸軍一、二七二頁）

兵部省伺　五年正月四日

陸海軍官員順席ノ儀、是迄区々相成居候処、旧冬伺云々當省内相当表書載ノ通リ、陸軍ヲ上トシ、海軍ヲ下ニシ御取扱無之候ハテハ、不都合不少候間、爾後ハ右伺済ノ通リ御取扱被下度此段申進候也。
同上　五年正月八日
陸海軍順次ノ儀ハ、委細過日申進候通ニ御坐候処、頃目御頒相成候官等表中、海軍ヲ上トシ、陸軍ヲ下ニシ有之候間、早々御改正有之度、此段申進候也。」

(33) ⓐ 伊藤参議の渡欧の目的は、いうまでもなく明治憲法を立案するために、プロイセン憲法を調査・研究することにあった。そのためにベルリンに五カ月、ウィーンに三カ月滞在する。勿論、これも重要な使命ではあるが、それだけではなかったのである。まず、憲法調査・研究の事情から追ってみよう。ベルリンでは、ルドルフ・フォン・グナイスト(Rudolf von Gneist) やアルベルト・モッセ (Albert Motse) に、ウィーンでロレンツ・フォン・シュタイン (Lorenz von Stein) について憲法学を研究することであった。これは世論の大勢がイギリス式君主制を志向していたが、明治政府はそれを拒否して、既述の如くいわゆる「明治一四年の政変」の時点にはすでにドイツ・プロイセン憲法 (とくに一八五〇年のプロイセン憲法) に依拠することが内定していたのである。

伊藤はこのような政府の方針を受けて、――つまりそれを見聞によって確認するために――明治一五年 (一八八二年) 三月にヨーロッパに出発したのである。そして在独中のグナイストからは適切な指導がなかったため、あまり感銘を受けなかったようである。恐らくグナイストがプロイセン政府に批判的であったためであろう (グナイストは一八五〇年憲法問題の時に、国民自由党員であった)。これに対してウィーンでのシュタインとの会談や講義にはえらく感動・感銘を受けたようである。たとえば、シュタインと会談 (一八八二年八月八日) した後に、岩倉具視に送った手紙からも明らかである。「……国家組織の大体を了解する事を得て、皇室の基礎を固定し、大権不墜の大眼目は充分相立候間、追て御報告可申上候、実に英米仏の自由過激論者の著述のみを金科玉条の如く誤信し、殆んど国家を傾けんとするの勢は、今日我国の現情に御座候へ共、之を挽回するの道理と手段とを得候……心私かに死処を得るの心地……」(傍点著者) という。

ⓑ しかしグナイストもシュタインもともに、ヘーゲル (一七七〇―一八三一年) の信奉者で思想的には同じような

ものであった。ちなみに、この点は明治一二年（一八七九年）に日本政府顧問として来日したドイツのヘルマン・ロェスラー（Herman Roeseler）も同じである。ロェスラーは一八九三年（明治二六年）まで日本の法律顧問として滞在した。とくに井上毅がその教えを受けたようだが、法律的には主にプロイセン憲法の伝授であった。

ⓒ　ただシュタインは、法律学者（憲法、行政法、刑法、民事訴訟法、法制史など）、政治学者、経済学者、社会学者、財政学者などでもあったので、これらに関して膨大な著作を発表していた。このうち、社会主義・共産主義についての著作だけをあげても次の如きものがある。

①　Der Sozialismus und Kommunismus des heutigen Frankreichs, 1842.

②　Blicke auf den Sozialismus und Kommunismus in Deutschland und ihre Zunkunft, 1844.

③　Die sozialistischen und kommunistischen Bewegungen seit der 3. franz. Revolution, 1848.

④　Der Sozialismus und Kommunismus in Frankreich, 1848.

⑤　Die industrielle Gesellschaft. Der Sozialismus und Kommunismus Frankreichs von 1830–1848, 1849.

⑥　Die soziale Bewegung und der Sozialismus in England, 1849.

⑦　Der Sozialismus in Deutschland, 1852.

ⓓ　このような著書があるからといって、シュタインが社会主義者・共産主義者であったわけではない。彼自身は、アンチ・マルクス主義者である。彼の思想は、プロイセンに適合的で支配階級による「上からの社会改革」を主張する。つまり本質はやはりヘーゲルの弟子なのである。しかしシュタインがグナイストと異なって社会主義・共産主義に関する豊富な知識をもっていたということが、ここでは重要である。伊藤はウィーンでシュタインに会った後、岩倉宛の前掲手紙の中で、「……国家組織の大体を了解する事を得て、皇室の基礎を固定し、大権不墜の大眼目は充分相立候……」と述べている如く、確かに天皇のための君主制憲法（プロイセン憲法）を学んだ。しかしその際、**社会主義の問題が不可避的に登場してくる所以**も学んでいたのである。

ⓔ　伊藤は、一八八二年八月八日ウィーンに着くと即日シュタインに面会し、その説話に非常な感激を覚え、「数日前の伊藤とは別人のごとく、意気大いに揚る」。その感激を前掲岩倉宛の手紙で開陳したのである。その後各地を旅行し再

びウィーンに戻り、九月一八日より一〇月三一日までシュタインの講義を受ける。それだけではなく、さらに社会主義問題に直面し悪戦苦闘していたドイツ皇帝ウィルヘルム一世との謁見・陪食（一八八二年八月二八日）、同様な苦闘をしていた宰相ビスマルクとの会見（一八八三年一月三〇日）において、社会主義の問題を学んでいるのである。とくに宰相ビスマルクは、社会主義者弾圧法である一八七八年の「社会主義者法」(Sozialistengesetz) 問題で苦境に立たされていただけに、そのことを強調せずにはおかなかったであろう。このビスマルクの「社会主義者法」は、後に日本の治安立法作成の際に参照され、大正一四年の治安維持法の如きはこれを大いに参考として立案されたのである。

(34) 一八七一年（明治四年）一月一日にドイツ帝国《ライヒ》が成立し、プロイセン国王ウィルヘルム一世が皇帝《カイザー》となる。

(35) 前掲書『日本近代思想大系4』二七二頁以下より引用。

(36) 前掲書『日本近代思想大系4』二五六頁以下より引用。なお、この士官心得は次のようにいわれている。「この論説は、桂太郎の抄訳したドイツと推定される『某国士官心得』を下敷に、日本の国情に合わせて、換骨奪胎して草されたものであることが注目される。明治八年三月からドイツ公使付武官として二度目のドイツ滞在中の桂太郎のドイツ軍制研究がその後の日本軍制のフランス式からドイツ式への転換に大きな影響を与えたことを考えると、浅井道博の論説もそうしたドイツ軍制への転換過程における一所産と見ることができる。」（由井正臣・同書解説四五〇頁以下）。

(37) 「月曜会は当初、山県閥に対する部内不平分子の結合とみなされていたが、単なる派閥争いをこえて天皇制軍隊の性格とその軍備の本質をついたとき、その存在は天皇制そのものにとり極めて危険となった。そこで近衛都督小松宮彰仁《あきひと》親王以下各師団長連署による月曜会解散建議という弾圧手段をとって、月曜会は偕行社に統一された（明治二十二年二月）。これは反山県内閣の駆逐を意味するもので、前記の四将軍をはじめ月曜会の幹部はほとんど会の解放に前後して現役を追われた。以後、山県閥は軍部内に確固たる地歩を占めるに至った。もはや山県は軍部内の山県閥を支配するにとどまらず、名実共に陸軍の大御所となった。」（藤村道生『山県有朋・人物叢書』（一九九〇年）一〇〇頁）。

(38) これらの各邦の代表機関である連邦参議院に主権があると考えられていたので、ライヒ議会より参議院のほうが重要であった。

(39) この点を明らかにするためには、まずもって労働者の団結禁止を廃止した一八六九年の北ドイツ連邦営業法（Gewerbeord-

nung für den Norddeutschen Bund, vom 21. Juni 1869, Bundes-Gesetzblatt des Norddeutschen Bundes 1869, S. 245 ff.）にまで遡らなければならないであろう。けだし同法一五二条一項によって、一八四五年のプロイセン一般営業法（Allgemeine Preußische Gewerbeordnung）の団結禁止条項（一八一条―一八四条）が廃止されるに至ったからである。この北ドイツ連邦営業法は、一八七一年ドイツ帝国成立後の一八七七年四月には、ドイツ帝国営業法となる。

なお、営業法一五二条一項には、次のような規定がおかれている。「営業主、営業補助者、職人もしくは工場労働者が、とくに労務の停止もしくは労働者の解雇を手段として、有利な賃金・労働条件を獲得することをめざしてなす約定および結社を禁止し処罰する規定は、すべてこれを廃止する。」と。さらに同二項には、「前項の結社および約定の参加者はすべて、これから脱退する自由を有す。かかる約定を理由とする訴えまたは抗弁は許されない。」と定められている。

（40）　明治一五年の集会条例の主な改正条文を引用しておこう。

第二條　政治ニ關スル事項ヲ講談論議スル爲メ結社何等ノ名義ヲ以テスルモ其實政治ニ關スル事項ヲ講談論議スル爲メ結合スルモノヲ併稱ススル者ハ結社前其社名社則會場及ヒ社員名簿ヲ管轄警察署ニ届出テ其認可ヲ受クヘシ其社則ヲ改正シ及ヒ社員ノ出入アリタルトキモ同様タルヘシ此届出ヲ爲スニ當リ警察署ヨリ尋問スルコトアレハ社中ノ事ハ何事タリトモ之ニ答辯スヘシ

前項ノ結社及其他ノ結社ニ於テ政治ニ關スル事項ヲ講談論議スル爲メニ集會ヲ爲サントスルトキハ仍ホ第一條ノ手續ヲ爲スヘシ

第四條　管轄警察署ハ第一條第二條ノ届出ニ於テ治安ニ妨害アリト認ムルトキハ之ヲ認可セス又ハ認可スルノ後ト雖トモ之ヲ取消スコトアルヘシ

第七條　政治ニ關スル事項ヲ講談論議スル集會ニ現役及召集中ニ係ル豫備後備ノ陸海軍軍人警察官官公私立學校ノ教員生徒農業工藝ノ見習生ハ之ニ臨會シ又ハ其社ニ加入スルコトヲ得ス

第十六條　學術會其他何等ノ名義ヲ以テスルニ拘ハラス多衆集會スル者警察官ニ於テ治安ヲ保持スルニ必要ナリト認ムルトキハ之ニ監臨スルコトヲ得若シ其監臨ヲ肯セサルトキハ第十二條ニ依テ處分ス

學術會ニシテ政治ニ關スル事項ヲ講談論議スルコトアルトキハ第十條ニ依テ處分ス

（41）　藤村道生『山県有朋（人物叢書）』（昭和三六年）一一〇頁。

（42）伊藤正雄『「学問のすゝめ」講説』（昭和四三年）二頁。
（43）慶應義塾編『続福沢全集第四巻〔時事論集・明治二十七年編〕』（昭和八年発行）二二三頁以下。
（44）このようにノーベル賞を受賞した戦後民主主義者・大江健三郎氏は、天皇（**非**民主主義的存在）からの受章を拒否した。これについてニューヨーク・タイムズ（THE NEWYORK TIMES, SUNDAY, NOVEMBER, 6, 1994）とのインタビュー（BY JAMES STERNGOID）で大江氏は次の如く述べている。「私が文化勲章を辞退したのは、民主主義に勝る権威と価値を認めないからだ。これは極めて単純だが非常に重要なことだ」と述べて、文化庁から打診のあった文化勲章受章を断った理由をこう説明した。また同紙によると大江氏は「**天皇を非民主主義の遺物**」で第二次世界大戦の恐怖を想起させる存在とみなし、**戦争を起こした責任は天皇制にある**と考えており、このことが受章拒否の背景にあるという。この最後の点に関する原文を引用しておこう。

"Mr. Oe says he regards the Emperor as an undemocratic relic and a reminder of the horrors of World War II, for which he holds the imperial system reponsible."

（45）神田文人『昭和歴史　第8巻　占領と民主主義』（一九八三年）七一頁。
（46）白羽祐三『プロパティと現代的契約自由』（一九九六年）五六一頁以下参照。とくに同書五八五頁以下の最高裁大法廷決定（昭和二七年四月二日）参照。
（47）原田勝正編『昭和の歴史　別巻　昭和の世相』（一九八三年）一七二頁。
（48）「特輯・十年前――忘れられぬあの日」世界一一六号（昭和三〇年八月）三七頁。

第二章　日清戦争と法律学

第一節　宣戦布告なき開戦

一　東郷平八郎大佐（浪速艦長）の不意打ち

(1)　戦争の発端　日清戦争の発端は一八九四年（明治二七年）七月二五日に日本艦隊（艦隊司令長官伊東祐亨中将）中の第一遊撃隊（司令官坪井航三少将）所属の浪速艦長東郷平八郎大佐(1)が日本の宣戦布告もないのに豊島沖でイギリス商船高陞号を不意に攻撃し撃沈させたことにはじまる。このイギリス船高陞号（ロンドン印度支那汽船航海会社所有船）は、清国軍隊輸送のため清国軍艦操江護衛の下に大沽を出発し、牙山に向う途中に豊島沖に達したものである。船長はイギリス人ガルスウォージイ（Thomas Ryder Galsworthy）、軍事顧問・元ドイツ少佐ハンネッケン（Konstantin von Hanneken）も搭乗していた。同号には清国軍は約一、一〇〇人乗船していた。

さらに、清国軍艦操江も日本軍によって拿捕された。八月一日になってようやく日本政府は清国に対して詔勅をもって宣戦を布告しそれを各国に通告するに至った（清国もまた同日に開戦を宣言した）。以下、日本の清国に対する「宣戦の詔勅」を引用しておこう。

「〇詔　勅

天佑ヲ保全シ萬世一系ノ皇祚ヲ踐メル大日本帝國皇帝ハ忠實勇武ナル汝有衆ニ示ス

朕茲ニ清國ニ對シテ戰ヲ宣ス朕カ百僚有司ハ宜ク朕カ意ヲ體シ陸上ニ海面ニ清國ニ對シテ交戰ノ事ニ従ヒ以テ國家ノ目的ヲ達スルニ努力スヘシ苟モ**國際法ニ戻ラサル限リ**各〻權能ニ應シテ一切ノ手段ヲ盡スニ於テ必ス遺漏ナカラムコトヲ期セヨ

惟フニ朕カ卽位以來茲ニ二十有餘年文明ノ化ヲ平和ノ治ニ求メ事ヲ外國ニ構フルノ極メテ不可ナルヲ信シ有司ヲシテ常ニ友邦ノ誼ヲ篤クスルニ努力セシメ幸ニ列國ノ交際ハ年ヲ逐フテ親密ヲ加フ何ソ料ラム清國ノ朝鮮事件ニ於ケル我ニ對シテ著著鄰交ニ戻リ信義ヲ失スルノ擧ニ出テムトハ**朝鮮ハ帝國カ其ノ始ニ啓誘シテ列國ノ伍伴ニ就カシメタル獨立ノ一國タリ而シテ清國ハ毎ニ自ラ朝鮮ヲ以テ屬邦ト稱シ陰ニ陽ニ其ノ內政ニ干渉シ**其ノ內亂アルニ於テ口ヲ屬邦ノ拯難ニ籍キ兵ヲ朝鮮ニ出シタリ朕ハ明治十五年ノ條約ニ依リ兵ヲ出シテ變ニ備ヘシメ更ニ朝鮮ヲシテ禍亂ヲ永遠ニ免レ治安ヲ將來ニ保タシメ以テ東洋全局ノ平和ヲ維持セムト欲シ先ツ清國ニ告クルニ協同事ニ従ハムコトヲ以テシタルニ清國ハ翻テ種々ノ辭柄ヲ設ケ之ヲ拒ミタリ帝國ハ是ニ於テ朝鮮ニ勸ムルニ其ノ秕政ヲ釐革シ內ハ治安ノ基ヲ堅クシ外ハ獨立國ノ權義ヲ全クセムコトヲ以テシタルニ朝鮮ハ既ニ之ヲ肯諾シタルモ清國ハ終始陰ニ居テ百方其ノ目的ヲ妨碍シ剰ヘ辭ヲ左右ニ托シ時機ヲ緩ニシ以テ其ノ水陸ノ兵備ヲ整ヘ一旦成ルヲ告クルヤ直ニ其ノ力ヲ以テ其ノ欲望ヲ達セムトシ更ニ大兵ヲ韓土ニ派シ我艦ヲ韓海ニ要擊シ殆ト亡狀ヲ極メタリ則チ清國ノ計圖タル明ニ朝鮮國治安ノ責ヲシテ歸スル所アラサラシメ帝國カ率先シテ之ヲ諸獨立國ノ列ニ伍セシメタル朝鮮ノ地位ハ之ヲ表示スルノ條約ト共ニ之ヲ蒙晦ニ付シ以テ帝國ノ權利利益ヲ損傷シ以テ**東洋ノ平和**ヲシテ永ク擔保ナカラシムルニ存スルヤ疑フヘカラス熟〻其ノ爲ス所ニ就テ深ク其ノ謀計ノ存スル所ヲ揣ルニ實ニ始メヨリ平和ヲ犧牲トシテ其ノ非望ヲ遂ケムトスルモノト謂ハサルヘカラス事既ニ茲ニ至ル朕平和ト相終始シテ以テ帝國ノ光榮ヲ中外ニ宣揚スルニ專ナリト雖亦公ニ戰ヲ宣セサ

ルヲ得サルナリ汝有衆ノ忠實勇武ニ倚賴シ速ニ平和ヲ永遠ニ克復シ以テ帝國ノ光榮ヲ全クセムコトヲ期ス

御名御璽

明治二十七年八月一日

内閣總理大臣　伯爵伊藤博文
遞　信　大　臣　伯爵黑田淸隆
海　軍　大　臣　伯爵西鄕從道
內　務　大　臣　伯爵井上　馨
陸　軍　大　臣　伯爵大山　巖
農商務大臣　子爵榎本武揚
外　務　大　臣　陸奥宗光
大　藏　大　臣　渡邊國武
文　部　大　臣　井上　毅
司　法　大　臣　芳川顯正」

（ゴシック著者）。

⑵　以上の事実からして東郷艦長の攻撃・撃沈は、いかなる理由があれ、日本の「宣戦布告なき開戦」であることは明白であった。この戦端に関して清国軍隊自身の報告書がないのでその言い分は明らかでないが、東郷平八郎艦長の報告および高陞号船長イギリス人ガルスウォージイの供述は存在している。清国軍側からみれば一方的報告・供述ということになるが、とにかくこれによっても日清戦争が日本の「宣戦布告なき開戦」であったことは動かしがたい

明白な事実であったことが分る。以下、この報告・供述を引用しておこう。

(3)　東郷平八郎艦長の報告　東郷は不意打ちの攻撃・撃沈を次の如く説明している。

「……此時英商船仁川口に向ひ我右舷を通過し去らんとす。之を望むに清兵運送船の如き疑あるを以て、九時十五分『直に止れ』の信号を為し、且空砲二発を発し我船首を彼に転じ、更に『直に錨を投ぜよ』の信号を以て投錨を命ぜしに、彼は我命令に従て停止投錨せり。同四十七分、旗艦より降伏敵船を根拠地に連れ行けとの命あり。因て我より敵船とは何れなるやを問ひしに、敵船とは商船なりとの答信あり。乃ち吉野秋津洲は済遠を追躡し、我船は転じて商船の臨検に向ふ。時に十時八分なり。十時四十分、人見大尉（通弁として藁谷少機関士）をして商船を検査せしむ。彼れ能く我命に従ひ、其船籍書類等を示したり。之に因るに該船は英所轄印度支那スチーム・ナビゲーション会社のカウシン（高陞）号にして此度臨時支那政府の雇に応じ清兵千百名、大砲十四門、及び之に応ずる武器を大沽より牙山に運送する者なることを確認せるを以て、直に我船に従て航行すべきを命ぜり。彼は始め大に躊躇する処ありしも、遂に之を承諾せしめ帰艦せり。依て直に『錨を揚げよ、少しも猶予する勿れ』の信号を以て揚錨を命ず。少時にして彼れ『肝要の事あり、談ずる所あらんとす』との信号を為し、且我より端艇を送らんことを乞ふ。因て再び前の如く端艇を送る。我以為らく、これ清兵の船員に対し暴動脅迫を為し、我命に応ぜざる者なりと信じ、人見大尉に訓令するに彼若し我命に応ぜずんば船員洋人に肝要の事は如何なる事なるやを問ひ、若し船長以下欧人にして本艦に来らんことを欲せば之を端艇にて連れ帰るべしと。大尉至れば船長曰く、清将等は我を要して貴艦の命に服する能はざらしむ。而して**清将の言ふ所は、出発の当時未だ開戦の宣言に接せざりしを以て願くは大沽に引返さんと要求す**と。船内頗る不穏の色あるを認む。大尉帰りて之を報告す。因て茲に最後の決心を取り、船員に向て『直に船を去れ』と『成るべく早く船を見捨てよ』の信号を為したりしに、彼再び我端艇を要求せり。今や時機已に危迫、清兵の意計る可からず、容易に本艦員を派遣すべき時に非ざるを以て『端艇を送り難し』と通知せしに、彼は『許されず』と応ぜり。我再び『早く船を見捨てよ』の信号を為し且つ**我檣頭に赤旗を掲げ、右舷前部水雷を発射し且舷砲を以て発射を始む**。第一発の榴弾先づ汽鑵に命中し、蒸煙船内より起る。敵国兵一千余、一同悲叫号哭、争て海中に投ず。我艦砲撃虚発なし。清兵小銃を以て応戦す。是れ一時十分なり。同十五分カウシン号僅に後部より沈没し始む。因て同十七分発砲を止め、同三十七分溺者救助の為め第一第二カッターを出す。同四十六分彼れ全く沈没し了る。

其位置ショッバイオール島の南約二哩なり。……之より先き我出す処の端艇は、船長ガルスウォーヂイ、一等運転手タムブリン及舵手一名を救助し帰る。我士卒此を遇する甚だ懇切を極む。彼等大に其厚誼を謝し、且清兵の暴状を憤る。」[2]（ゴシック著者）。

(4)　高陞号船長ガルスウォージイの供述

日本の浪速艦端艇に救助されたる高陞号艦長ガルスウォージイの長崎における供述をあげれば次の如くである。

「印度支那会社の所有に属する英国汽船高陞号は朝鮮の沿岸に於ける牙山に大沽より支那兵士を輸送すべき契約を以て大沽に向つて七月十七日上海を出発せり。二十日大沽に到着し軍隊を搭載すべき準備を為し、二十三日二名の将官及種々の階級の士官の一隊及通常の乗客として乗船せし前独逸士官ハンネッケン合せて一千百名乗船せり。二十三日九時五十分同船は牙山に進行を始め、二十五日朝まで無事なりしが、ショッバイオール島沖に於て日本の海軍旗と其上に白旗とを掲ぐる一軍艦の前を通過せしが、此船舶は支那軍艦済遠号なりしなり。其後吾人は間もなく三艘の日本軍艦浪速吉野及他の一艘（多分秋津洲）を見たり。浪速艦は直に本船に向て進行し停止の命令の信号旗を掲げたり（以下東郷艦長の報告と殆んど同じ）……其一士官乗船し……数多問答ありしが、其重なる点は高陞号の浪速艦に随行するや否やに在り。元来軍艦に対して商船は全く無力なるを以て、余は若し命令せらるれば之に従ふ外道なきことを答へたり。……然るに支那士官は信号の意義を知り、且つ浪速艦に随行する準備をなしたるを見て最も強く之に反対せり。余は彼等に対して軍艦の一撃を受くれば暫時の間に撃沈せらるゝを以て之に抵抗するは甚だ無用なるを告げしも、該士官は日本軍隊の命令に従ふよりは寧ろ死するの勝れるに若かず、且つ我は千百名を有し浪速艦は僅かに四百名を有するを以て降服するよりは寧ろ戦はんと欲すと云へり。余又若し彼等が戦を欲するならば外国士官は該船より去るべしと告げたりしに、士官は甲板に在る兵士に向て吾人が日本人の命令に従ひ若くは船舶を立去ることを企つるときは吾人を殺すべしと命ぜり。彼等は形容を以て吾人の頭を斬り或は吾人を刺し或は射撃せんと脅かし、而して一隊の兵士を擢て吾人を看守せしめたり、此を以て事状を通知せんが為めに信号により端艇の派遣を要求せり。而して直ちに端艇は送られたり。然るに武装せる支那人は群集して舷門を塞きたりしが、余は士官に説明して彼等を退散せしめたり。終に士官は舷側に来り、而して浪速艦長に対して支那人は高陞号の捕拿を許すを拒み大沽に帰ることを主張することを陳述せし文書を送れり。且つ再び同船は英国船舶にして**戦争布告前**同港を発したることを指示せり。……吾人は抑留中吾人の安逸を保つに必要なる接待を受けたり。……余は日本人が水中に在る支那人を射撃せしを見ざりしことを断言するを得るなり。……」(3)

二　国際法上の開戦と国際法学

(1)　国際法上の開戦　開戦に関する国際法上の条約に次のようなものがある。一九〇七年（明治四〇年）一〇月一八日の第二回ヘーグ平和会議における「開戦ニ関スル条約」の採択がそれで、一九一〇年一月二六日に効力が発生している（日本は一九一一年（明治四四年）一一月六日に批准している）。この条約によると、「独逸皇帝普魯西国皇帝陛下……ハ、平和関係ノ安固ヲ期スル為、戦争ハ予告ナクシテ之ヲ開始セサルヲ必要トスルコト、乃戦争状態ハ遅滞ナク之ヲ中立国ニ通告スルヲ必要トスルコトヲ考慮シ、之カ為条約ヲ締結セムコトヲ希望シ、各左ノ全権委員ヲ任命セリ。

……

因テ各全権委員ハ、其ノ良好妥当ナリト認メラレタル委任状ヲ寄託シタル後、左ノ条項ヲ協定セリ。」として、その第一条で次の如く定めている。

「第一条　締結国ハ、理由ヲ附シタル開戦宣言ノ形式又ハ条件附開戦宣言ヲ含ム最後通牒ノ形式ヲ有スル**明瞭且事前ノ通告**ナクシテ、其ノ相互間ニ、戦争の開始スヘカラサルコトヲ承認ス。」(ゴシック著者)。

この開戦条約からすれば、日清戦争に関する日本の開戦行為は条約違反であり、違法行為であるということになる。しかしこの条約は一九〇七年に採択されたものであるから日清戦争には適用にならない。そこで日清戦争（一八九四年、明治二七年）時に日本に都合のよい天皇制軍国主義国際法論、つまり天皇制戦時国際法論（!?）なるものが誕生する。以下当時の日本の国際法学説を紹介することにしよう。

(2)　天皇制国際法論——有賀長雄『日清戦役国際法論』など

(ア)　日清戦争に関しては日本天皇制軍隊の国際法なるものを知るためには、有賀長雄が『日清戦役国際法論全』（明治二九年八月三一日陸軍大学校発行）なる書物を刊行しているので、その内容を検討する必要があろう。(4) また有賀は陸軍大学校の国際法講師でもあったので、次の如く本書の表紙も引用しておこう。

さらに彼は日清戦争当時に第二軍軍司令部法律顧問として従軍していた。有賀曰く、

「明治二十四年以来余ハ東京ノ陸軍大學校ニ於テ國際法ノ講義ヲ擔任シ年々參謀勤務ヲ取ルヘキ士官數十名ノ爲ニ講義シタルニ因リ、戦時公法ノ知識カ如何ホトマテ日本軍隊ノ精神ニ染入シタルカヲ觀測スルノ便ヲ有シタリ。又日本軍隊ハ未タ戰律ニ關スル著述ヲ有セサリシニ因リ、余ハ明治二十七年ニ至リ一書ヲ著シ、之ニブルクセル公會ノ「宣言」及國際法協會ノ「提要」ノ譯文ヲ附録シテ陸軍大學校ニ寄送シタルニ、參謀總長陸軍大將熾仁親王殿下ヨリ題辭

ヲ賜ハリ、陸軍大臣大将大山伯ヨリ序文ヲ寄セラレタリ。此ノ著書ノ印刷ヲ卒ヘタルハ同年七月ナリ、而シテ八月一日ニ日清戰争ハ宣言セラレタリ、奇遇ト謂フヘシ。同日ヨリ余ハ總理大臣伊藤侯ノ第ニ召サレ國際法關係ノ事件ニ關シ諮問ヲ受クルノ榮ヲ擔ヘリ。十月十六日第二軍（第二軍司令官伯爵大山巖＝白羽注）ノ日本ヲ發スルニ當リ更ニ**軍司令部ノ法律顧問トシテ従軍**ヲ命セラレ、金州、旅順口、威海衛ノ戰役ヲ經歴セリ。本書ニ記述スル所ノ事實ニシテ第二軍ニ關スルモノハ第一軍ニ關スルモノニ比シテ詳密ナルハ余自ラ第二軍ニ隨ヒシヲ以テナリ。」(5)

以上から明らかに有賀は国際法論に関して天皇制軍隊の御用法律家であるということである。

(イ)　有賀の開戦論（七月二三日の艦隊出動説）　では軍司令部法律顧問・有賀は日清戦争の「開戦」に関してどのような国際法上の主張をしていたかをみてみよう。

有賀は七月二三日に日本艦隊が佐世保を出発した日をもって開戦時と主張する。有賀はまず、

陸軍大學校國際法講師
従六位勲四等　有賀長雄原著並譯述
日清戰役國際法論　全
附　佛國學士會院講評
版權所有　陸軍大學校

「……交戰兩國ノ孰レノ一方モ未タ開戰ヲ宣告セサリシ前ニ双方ノ海軍又ハ陸軍實際衝突スルハ果シテ開戰ノ正當ノ順序ナリヤ否ヤノ問題ナリ、而シテ此ノ問題ハ多ク議論ヲ用キスシテ解答スヘキニ似タリ。今日一般ニ是認セラルヽ所ノ學説ニ據レハ交戰ハ必スシモ一方又ハ双方ノ宣告ヲ以テ始マルニ非ス、而シテ日清戰争ハ開戰ノ宣告ナクシテ始マリタル交戰ノ實例トシテ國際法ノ教科書ニ列擧スル所ニ更ニ一例ヲ加フルモノナリ」として次の如く主張する。

「然レハ則チ日本ハ如何ナル事實ヲ以テ日清交戰ノ發端ト看做セリヤ、高陞號ノ轟沈ニ先タチ清國カ日本ニ對シ為シタル所業ヲ以テ既ニ其ノ端緒ヲ開クモノトスルヤ、将又高陞號ノ轟沈其ノモノヲ以テ發端ト為

スヤト云フニ**餘ヲ以テ之ヲ見レハ**清國カ我レヨリ申込ミタル最後ノ談判ヲ拒絶シタルニ依リ日本ヨリ更ニ北京ノ朝延ニ向テ今後ハ日本單獨ニテ朝鮮改革ノ事ニ從フヘシ就テハ之カ爲ニ如何ナル結果ヲ生ストモ其ノ責ノ歸スル所一ニ清國政府ニ在ルヘシト申送リタル時ヲ以テ日清兩國ノ間ニ於ケル平和ノ關係ノ破レタル時ト爲スヘキナリ、而シテ敵抗ハ清國カ兵員ヲ派出シタルニ因リ日本ヨリモ之ニ應スル爲ニ戰艦ヲ派出シタルノ日卽チ**七月二十三日**ヲ以テ始マリタリ、是レ高陞號轟沈ニ先タツ數日ノ事ナリ。此ノ點ハ更ニ論辯ヲ竢タスシテ明ナルヘシ。」（ゴシック著者）として七月二三日説をとる。(6)

(ウ)　高橋作衛の反論（七月二五日実戦開始説）

前記の有賀説に対して、後に高橋作衛（東京帝国大学教授、国際法、日清戦争時政府法律顧問）が七月二五日説を主張して反対している。つまり実戦開始時（一八九四年七月二五日の豊島沖の東郷艦長による高陞号撃沈）は一個の事実であるが、有賀説の如く出動説をとると、清国と日本との二個の出動事実があることになるので、開戦時としては妥当でないと称する。したがって実戦開始時をもって開戦時とする説である。高橋説の理由を引用すれば次の如くである。

「余の見る所によれば、是れ或は戦争の準備と戦争の行為其のものを同一視せるものにあらざるか。試に佐世保出軍の後第三国の調停により全く紛議を解決したりと仮定せんに、此の説にては一旦開戦せしも平和の状況に復するものとなる可し。又其の間に第三国の船舶を拿捕したることありとせんに、日本又は清国は斯る開戦を理由として第三国に対抗し、自ら其の行為の正当を主張し得可きか。又出軍以て開戦をなさば、清国の出軍期と日本の出軍期とは異なれるを以て、一の実戦的戦争開始に付き二の開始を有することとなる。抑も実戦なるものは一方が他方に兵力を加ふるによりて成立するものなれば、其の時以前に実戦的開始なるものあるべき筈なく、又其の時以後にも実戦的開始なるものある可き理なし。要するに七月二十三日に於て実戦を見ざるにも拘らず之を開戦とするは少しく妥当を欠くに

似たり。」(7)

この高橋説（七月二五日説）は、要するに豊島沖の不意打ち（東郷平八郎艦長による撃沈）をもって開戦時とするものである。そしてそれはすでに明治二七年九月一〇日に天皇制政府（第二次伊藤博文内閣）の**布告**（「戦平時の区分の件は実際戦の成立したる日即ち七月二五日を以て戦時の始期となす儀と心得へし」）で明示されていたところのものである。つまり高橋説なるものは軍国主義天皇制政府の中枢見解に追従した所説なのである。正に高橋は娼婦的な天皇制政府法律顧問であり、また注(2)で指摘した如く天皇制政府の「準密偵」の役割も十分に具備しているといえようか。

いずれにせよ日本の国際法の誕生は、天皇制軍国主義国際法をもってはじまる（勿論、後述の如く後進国・日本の国際法は、欧米先進帝国主義国の国際法に追従したものであることはいうまでもない）。

(3)「宣戦布告なき開戦」の常習犯日本

(ア)以上の高橋の反論にせよ、また有賀の佐世保出動説にせよ、いずれも東郷平八郎による攻撃・撃沈は「開戦」後の撃沈であるから、いずれの説も国際法（!?）上違反でないという強弁をするための詭弁であったということである。そしてまたこの「宣戦布告なき開戦」（不意打ち開戦）なる方法は、明治三七年（一九〇四年）の日露戦争の時にもおこなわれたのである（後述の仁川港・旅順港における日本艦隊のロシア艦隊への奇襲攻撃がそれである）。そのため日本はロシア側から国際法を無視した「卑劣な戦争」と非難された。

(イ)それだけではない。日本は昭和一六年（一九四一年）の太平洋戦争（第二次大戦の本格化）の際にも「戦宣布告なき開戦」という**明白な**国際法違反をあえておこなったのである。けだしこの時にはすでに前述の一九〇七年（明治四〇年）にヘーグで採択された「開戦に関する条約」が効力を発生していたからである。つまりこの場合日本の国際法違反の「宣戦布告なき開戦」は次のようにおこなわれたのである。

昭和一六年一二月八日午前七時の臨時ニュースで「大本営陸海軍部午前六時発表、帝国陸海軍は本八日未明西太平洋において米英軍と戦闘状態に入る」との報道がなされた。朝日新聞（昭和一六年一二月九日）は、太平洋戦争の開戦をもって「一億国民が一切を国家の難に捧ぐべき日は来た」と主張した。そして一二月一〇日には朝日新聞社をはじめとする東京の新聞社・通信社は、「米英撃滅国民大会」を開催し、日本軍の「正義の矢放たれり」（朝日新聞一二月一一日）と激励している。

しかし**日本のアメリカへの宣戦布告（最後通牒）**は真珠湾攻撃開始より一時間後であったので、国際法違反の「だまし討ちの攻撃」となった（しかもその前に日本軍はイギリス領マレー半島に上陸していた）。一九九一年一二月八日の朝日新聞の社説（「真珠湾五〇年」）の冒頭の一文を引用しておこう。朝日新聞臆面もなく曰く「五十年前のきょう一二月八日の早暁、日本軍は当時イギリス領だったマレー半島に上陸を開始した。そして約一時間後、日本海軍の機動部隊がハワイ真珠湾の米軍基地に殺到した。三年九カ月におよぶ太平洋戦争の始まりである。いずれも宣戦布告なしの開戦であった。経緯はどうあれ、これが**『だまし討ちの日本』『ずるい日本』**というイメージを世界にあたえることになった」と説く（傍点・ゴシック著者）。

(ウ)　ところがである昭和三七年（一九六二年）になっても、なおこのような日本の国際法の原理に違反する「宣戦布告なき開戦」（不意打ち開戦）を支持・肯定する天皇制軍国主義的な国際法学者が存在しているのである。勿論著名な国際法学者ではないが、植田捷雄[8]「日清戦役と国際法」（英修道博士還暦記念論文集『外交史及び国際政治の諸問題』四八三頁以下所収、昭和三七年）がそれである。その主張内容を紹介しておこう。

(a)　まずいずれの時期をもって開戦時となすかは学者によって異なるとして八月一日説（前記「開戦に関する条約」一条）、七月二三日説（前記有賀・佐世保出動説、つまり「宣戦布告なき開戦」説）、七月二五日説（前記高橋豊島沖海戦説、つまり「宣戦布告なき開戦」説）があるとして、昭和三七年（一九六二年）の段階（植田論文発表時）で次の如く説いている。

(b)　実際には「宣戦布告なき開戦」が多いから（つまり日清・日露戦争、太平洋戦争における日本の開戦!!）、国際法を遵守さすためには国際法違反の「宣戦布告なき開戦」であっても正当な「開戦」と認めよ、と主張しているのである。

植田曰く「『宣戦なき戦争』(undeclared war)……を以て違法なりとし戦時国際法の適用を拒否すれば、却つて開戦に伴う諸義務を回避しようとする国家にとつては頗る好都合となり、勢い宣戦を行わない国家が増加することともなる。かくては国際法の自滅を図るようなものであつて、むしろ、『宣戦なき戦争』もこれを認めるに如くはない。茲に、開戦には必ずしも宣戦を必要とせずとする国際慣例ありとするも差支えあるまい。」（前掲論文四九一頁）。そもそも一九〇七年の「開戦に関する条約」が採択されたのは、植田もいう如く「右の『開戦に関する条約』は、日露戦役において日本が宣戦前既に敵対行為を開始した事実に鑑み、将来は開戦に一定の手続を履ましめることが望ましいとの議論が出た結果結ばれたものである。……況んや、日清戦役が宣戦に先立つて開始されたとするも、これを不適法とする理由は存在しない（!?白羽注）。」（前掲論文四九一頁）と植田は断定している。日本の「宣戦布告なき開戦」が度々あるからといって国際法（前記「開戦に関する条約」）を無視してもかまわないという論法は本末転倒の論理である。日本の「宣戦布告なき開戦」の常習犯としての日本をまずもつて断罪すべきではないか。さらにいえば昭和三七年の段階にあっては平和憲法（昭和三一年公布）九条の精神を強調すべきではないか。しかるに「筆者〔つまり植田〕もまた実戦開始の時を以て戦争開始の時期とする説を採らざるを得ない。」（四九四頁）と、昭和三七年（一九六二年）の時点で明言しているのである。

(c)　なお、植田はケンブリッヂ大学教授ウェストレーキ（J. Westlake）とオックスフォード大学教授ホランド（T. E. Holland）の「宣戦布告なき開戦」論（一八九四年八月六日ロンドン・タイムスへの寄稿記事）[9]を自説の正当化の根拠としていたので、この点にもふれておかなければならないであろう。

もっとも当時のイギリスの新聞報道は、当然のことながら一斉に日本の開戦前におけるイギリス船高陞号の撃沈に対して謝罪と賠償を求めるべきとして、日本を非難していた。しかるに両教授は、前記寄稿でイギリスの世論に反対して、日本軍の行動〔撃沈〕はなんら違法ではないと主張したのである。そこで両教授の主張の要点を紹介しておこう。

(i)　両者ともに「宣戦布告なき開戦」論では全く同一である。ただ異なるのは、ウェストレーキは七月二五日豊島沖実戦開始説であるが、ホランドは七月二五日高陞号臨検説[10]をとるにすぎない。植田はイギリス船への臨検だけでは妥当でないとして既述の如く、「筆者〔植田〕もまた実戦開始の時を以て戦争開始の時期とする説を採らざるを得ない」とする。

(ii)　またイギリス船舶であってもその所有会社は清国軍隊を輸送している以上、イギリス船撃沈の謝罪・賠償に関して日本に対するイギリス政府の保護を求める権利なしとする点では、両者は全く同一である。勿論イギリス政府の見解もこれと同一である。というより両者は世論に反対してイギリス政府の見解に従ったといったほうがよい（つまりイギリス帝国主義政府御用国際法学者）。

したがって結末は、イギリス政府並びにジャーデン・マゼソン会社（ロンドン印度支那汽船航海会社〔Indo-Chinese Steamship Navigation Co., London〕、その代理の上海におけるジャーデン・マゼソン会社〔Jardine, Matheson and Co., Shanghi. 中国名―怡和洋行〕）は、日本にその損害賠償を要求しないということとなった。だからこそ、明治二八年六月一五日、印度支那航海汽船会社の総会で会長マックアンドリュー（J. MacAndrew）が「高陞号の損害については、清国政府からその賠償を求めるつもりである」と述べるに至ったのである。

(iii) では何故、天皇制日本政府（伊藤博文総理大臣「布告」）および国際法学者（日本政府軍事法律顧問・有賀、高橋）が「宣戦布告なき開戦」論を主張しただけでなく、さらに加えてイギリス世論に抗してまでイギリス政府およびイギリスの国際法学者（ウェストレーキ、ホランド）までもが、好んで日本に同調して「宣戦布告なき開戦」論を肯定・主張するに至ったのか。その理由は、後述の如く日清戦争（日露戦争もまた）に関して日英癒着・結合があったからである。つまり一八九四年七月一六日の日英条約の調印、そして同年七月二五日の日本の強気の豊島沖の「撃沈」がそれをよく象徴しているのである。

三 日清戦争強行要因

(1) ところでようやく成立したばかりの日本国は、欧米諸列強からみれば極東における弱小国にすぎなかった。この弱小国日本・天皇制明治国家（明治二二年「大日本帝国憲法」公布）が、何故この時期に「対外侵略」（一八九四年の日清戦争）を強行するに至ったのか。その要因をまずもって明らかにしておく必要があろう。

丁度この時期には、欧米諸列強は一九世紀末に独占資本主義に移行しはじめていた。[11] これら諸列強は帝国主義国家として、極東においても植民地分割競争に突入しつつあったのである。この欧米諸列強の存在は、日本が極東で対外侵略（日本帝国主義的植民地政策）を開始する際に極めて大きな障害となったことはいうまでもない。したがって日本がこれら欧米諸列強から自立・独占するためには、日本の軍事力を強化せねばならなかった。そこで日本はそれに応えるだけの軍事体制を育成しつつあった。それが日本の天皇制明治国家の軍国主義体制の構築であった。この軍国主義体制の構築こそ、明治政府をして軍事優先の「富国強兵」政策をとらせたのである。そしてまたこの天皇制軍国主義こそ後の日本の対外侵略（帝国主義的植民地政策）を帰結するに至るのである。

(2)　日本の天皇制軍国主義が帝国主義的侵略性を具有しているといっても、そこには欧米諸列強の監視の目があった。この監視下にある以上、極東の弱小国日本は容易に朝鮮・中国（清国）へ「侵略」することができない。そこで侵略戦争をおこなう場合でも、侵略性を隠蔽する必要があった。だから「詔勅」では、清国に対する朝鮮の属国化を防ぎ朝鮮の「独立」(!?)を援助・達成するために、日本は戦い（つまり「正義の戦争」）をおこなう、という風に偽装されていたのである。

　これを前掲の清国に対する「宣戦の詔勅」の文言でいえば次の如くである。まず、日清戦争は欧米諸列強監視下の戦争であるので、日本は「国際法ニ戻ラサル限リ」一切の軍事手段を盡すと言はざるをえなかった。また「……朝鮮ハ帝国カ其ノ始ニ啓誘シテ列国ノ伍伴ニ就カシメタル独立ノ一国タリ而シテ清国ハ毎ニ自ラ朝鮮ヲ以テ属邦ト称シ陰ニ陽ニ其ノ内政ニテ渉シ……」（傍点著者）という。そこで朝鮮の「独立」・「東洋全局の平和」のために宣戦を布告したと主張した。しかし朝鮮の「独立」・「東洋平和」のためという言辞は侵略者が自己の犯罪性を隠蔽し正当化さすための常套手段なのである。たとえば次の参謀本部編纂「日清戦争史」草案（第六編第七十二章第二草案）が日本の侵略性を雄弁に物語っている。澎湖島領有に関して次の如く記述しているからである。草案は、「澎湖島ハ水深ク湾広ク四時風波ノ憂少ナキ良港ニシテ其位置ハ台湾海峡ヲ扼シ黄海ノ関鑰ヲ占メ我對馬ト共ニ東亜無比ノ要衝ナリ」とその価値を強調している。そして「故ニ旅順威海衛ト共ニ之ヲ我領有ニ帰シ以テ清国ノ首尾ヲ扼制スル」ことは、清国の「抵抗ヲ微弱ナラシムル」とともに、「将来東亜ノ覇権ヲ握リ太平洋ノ海上ヲ制スルニ極メテ必要ナリ」と澎湖島領有の戦略的意義を強調していることからも明らかであろう。[12]

　(ア)　このような日本の偽装・詭弁は、日清戦争だけに限らないのである。たとえば「侵略戦争」として断罪（ポツダム宣言八、東京裁判判決、サンフランシスコ平和条約一一条、戦後の平和憲法参照）された太平洋戦争（第二次大戦、「大東亜戦争」）でも、同様である。天皇裕仁（陸海軍大元帥）は宣戦布告に関する『詔書』[13]（昭和一六年（一九四一年）一二月八日）の中で、戦争は「抑々東亜ノ安定ヲ確保シ以テ世界ノ平和ニ寄与スル」ためであり、「自衛」のためであり、という全く虚構の言辞を表している。

ちなみに、この詔書の後文で、「帝国ハ今ヤ**自存自衛ノ為**蹶然起ツテ一切ノ障礙ヲ破砕ス……」と述べているが、東条政府をして「大東亜戦争」と呼称させておきながら、「自存自衛の為」の戦争であるとするのは、自家撞着ではないか。

(イ)　さらに前掲の「詔勅」（清国に対する宣戦の詔勅）についていえば、日清戦争は朝鮮の「独立」のためというが、これまた全く虚構である。日本が太平洋戦争を「アジアの独立」「アジアの解放」のための戦争であると称したが、それは日本のアジア植民地化のための侵略戦争を美化ないし正当化するための虚構の言辞にすぎなかったのと同一である。

朝鮮の「独立」なる言辞が全くの虚構であったことは、戦前の明治・大正・昭和を通じて朝鮮を日本の植民地として継続・支配してきた歴史的事実がこれを雄弁に物語っている。ここに日本の朝鮮（大韓帝国）の併呑の歴史的事実をあげておこう。一九〇四年（明治三七年）の第一次日韓協約と日韓議定書によって朝鮮を日本の属国とした。一九〇五年（明治三八年）には第二次日韓協約で朝鮮を日本の「保護国」とし（伊藤博文が初代朝鮮統監）、一九〇七年（明治四〇年）の第三次日韓協約では朝鮮の軍隊を解散させた。そうした上で一九一〇年（明治四三年）には日本の軍事的弾圧の下に韓国皇帝に日韓合邦（一九一〇年八月二二日韓国併合に関する日韓条約調印）を承認させ軍事的支配・抑圧をおこなうに至った。同条約では韓国皇帝が「韓国全部に関する一切の統治権を完全且永久に」日本の天皇に「譲与」し（同一条）、「韓国を日本帝国に併合すること」（同二条）を決定しているのである。これが歴史的事実である。

(3)　ところで日本は宣戦布告という「対外的詔勅」にあっては、欧米諸列強の監視もあったので虚構の言辞を表さなければならなかった。しかし帝国議会に対する「国内向け詔勅」では天皇制軍国主義の本質を露骨に表現することになる。

(ア)　日清戦争直前の明治二五年（一八九二年）一一月開会の第四回帝国議会における次のような事件を指摘しておこう。

第四回帝国議会で「民党」（自由党・改進党などの共同組織）は、「政費節約」・「民力休養」（地租軽減）などを旗印として天皇制政府を攻撃するに至る。そして同議会で官吏の俸給の減額と軍艦建造費の削除を可決したが、政府がこれに同意しないので議会と政府とが紛糾する。この紛糾に対して天皇は、枢密院（高級軍人・官僚が支配）に諮詢（旧憲法五六条）した上で、議会には既定経費である官吏の俸給を削減する権限なしとし、また軍艦建造費削除についても議会に反対して「国防軍事」に至っては一日たりともおろそかにできないとして、軍艦を建造せよという「詔勅」（明治二六年二月一〇日）を布告したのである。そして建造費は、天皇の内廷費と文武官僚の献金で補充せよとした。この**明治二六年の「詔勅」**を引用すれば次の如くである。

「在廷ノ臣僚及帝國議會ノ各員ニ告ク

古者皇祖國ヲ肇ムルノ初ニ當リ**六合ヲ兼ネ八紘ヲ掩**フノ詔アリ朕既ニ大權ヲ總攬シ藩邦ノ制ヲ廢シ文武ノ政ヲ革メ又宇内ノ大勢ヲ察シ開國ノ國是ヲ定ム爾來二十有餘年百揆ノ施設一ニ皆祖宗ノ遠猷ニ率由シ以テ臣民ノ康福ヲ増シ國家ノ隆昌ヲ圖ラムトスルニ外ナラス

朕又議會ヲ開キ公議ヲ盡シ以テ大業ヲ翼賛セシメムコトヲ期シタリ而シテ憲法ノ施行方ニ初歩ニ屬ス始ヲ愼ミ終ヲ克クシ端ヲ今日ニ正シ大成ヲ將來ニ期セサルヘカラス顧ルニ宇内列國ノ進勢ハ日一日ヨリ急ナリ今ノ時ニ當リ紛爭日ヲ

曠クシ遂ニ大計ヲ遺レ以テ國運進張ノ機ヲ誤ルカ如キコトアラハ朕カ祖宗ノ威靈ニ奉對スルノ志ニ非ス又立憲ノ美果ヲ收ムルノ道ニ非サルナリ朕ハ在廷ノ臣僚ニ信任シテ其ノ大事ヲ終始セムコトヲ欲シ又人民ノ選良ニ倚籍シテ朕カ日夕ノ憂慮ヲ分ツコトヲ疑ハサルナリ

憲法第六十七條ニ掲ケタル費目ハ既ニ正文ノ保障スル所ニ屬シ今ニ於テ紛議ノ因タルヘカラス但シ朕ハ特ニ閣臣ニ命シ行政各般ノ整理ハ其ノ必要ニ從ヒ徐ロニ審議熟計シテ遺算ナキヲ期シ朕カ裁定ヲ仰カシム

國家軍防ノ事ニ至テハ苟モ一日ヲ緩クスルトキハ或ハ百年ノ悔ヲ遺サム朕茲ニ內廷ノ費ヲ省キ六年ノ間每歳三十萬圓ヲ下付シ又文武ノ官僚ニ命シ特別ノ情狀アル者ヲ除ク外同年月間其ノ俸給十分一ヲ納レ以テ製艦費ノ補足ニ充テシム

朕ハ閣臣ト議會トニ倚リ立憲ノ機關トシ其ノ各〻權域ヲ愼ミ和協ノ道ニ由リ以テ朕カ大事ヲ輔翼シ有終ノ美ヲ成サムコトヲ望ム

御名御璽

明治二十六年二月十日

内閣總理大臣　伯爵伊藤　博文
司　法　大　臣　伯爵山縣　有朋
遞　信　大　臣　伯爵黑田　清隆
內　務　大　臣　伯爵井上　馨
陸　軍　大　臣　伯爵大山　巖
農商務大臣　子爵後藤象二郎
外　務　大　臣　陸奥　宗光

文部大臣　河野　敏鎌
海軍大臣　子爵仁禮　景範
大藏大臣　渡邊　國武」

(イ)　この明治二六年の詔勅（「国内向け詔勅」）をとくにここでとりあげた主な趣旨は、この詔勅が早くも天皇制軍国主義の侵略性を明示するに至ったからである。

この詔勅の後半部分で、「国家軍防ノ事ニ至テハ苟モ一日ヲ緩クスルトキハ或ハ百年ノ悔ヲ遺サム」としているのは、詔勅冒頭の「古者皇祖国ヲ肇ムルノ初ニ当リ六合ヲ兼ネ八紘ヲ掩フノ詔」があったからである。そしてこの「六合《リクゴウ》ヲ兼《カ》ネ八紘《ハッコウ》ヲ掩《オホ》フ」とは、天地四方（「**六合**」）を合せて全世界（「**八紘**」）を支配するという意味である。つまり東洋だけではなく全世界を天皇「家」が支配するという意味である。これは第二次大戦（太平洋戦争、「大東亜戦争」）中は「**八紘一宇**」（全世界を一つの家となす、または全世界を天皇制一大家族国家とするという意味）として強調されたスローガンと全く同一である。

たとえば一九四〇年（昭和一五年）九月二七日の「日独伊三国同盟成立の詔書」でも、このスローガンが強調された。同詔書を引用すれば次の如くである。(14)

「○詔　書

大義ヲ八紘《ハッコウ》ニ宣揚シ坤輿《コンヨ》ヲ一宇《イチウ》タラシムルハ實《ジツ》ニ皇祖皇宗ノ大訓ニシテ朕ガ夙夜《シユクヤ》眷々《ケンケン》措カザル所ナリ而《シカ》シテ今ヤ世局ハ其《ソ》ノ騒亂底止《テイシ》スル所ヲ知ラズ人類ノ蒙《コウム》ルベキ禍患亦將《マタマサ》ニ測《ハカ》ルベカラザルモノアラントス朕ハ禍亂ノ戡定《カンテイ》平和ノ克復ノ一日モ速ナランコトニ軫念《シンネン》極メテ切ナリ乃《スナワ》チ政府ニ命ジテ帝國ト其《ソ》ノ意圖ヲ同ジクスル獨伊兩國トノ提攜《テイケイ》協力ヲ議セシメ茲《ココ》ニ三國間ニ於ケル條約ノ成立ヲ見タルハ朕ノ深ク懌《ヨロコ》ブ所ナリ

惟《オモ》フニ**萬邦ヲシテ各々其《ソ》ノ所ヲ得シメ**兆民ヲシテ悉《コトゴト》ク其《ソ》ノ堵《カキ》ニ安ンゼシムルハ曠古《コウコ》ノ大業ニシテ前途甚《ハナハ》ダ遼遠ナリ爾《ナンジ》臣民益々《マスマス》國體ノ観念ヲ明徵ニシ深ク謀《ハカ》リ遠ク慮《オモンバカ》リ協心戮力非常ノ時局ヲ克服シ以《モッ》テ天壌無窮ノ皇運ヲ扶翼セヨ

御名御璽

昭和十五年九月二十七日

各大臣副署」

したがって「六合ヲ兼ネ八紘ヲ掩フ」とは、全世界を征服して天皇制日本国家の支配下の植民地にせよ、というスローガンなのである。このように天皇制軍国主義は本来的に侵略性を具有しているので、極めて侵略戦争を好むのである。だからこそ前述した如く日本の天皇制国家は、明治・大正・昭和にかけて戦争に戦争を重ねて膨張してきたといっても過言ではない。明治二七年（一八九四年）の日清戦争、明治三七年（一九〇四年）の日露戦争、また昭和天皇の時代には昭和六年（一九三一年）の「満州事変」、昭和一二年（一九三七年）の「支那事変」（日中戦争）、昭和一六年（一九四一年）の「大東亜戦争」（太平洋戦争、いわゆる第二次大戦）、そして昭和二〇年（一九四五年）の日本の敗戦までがそれである。このうち日清戦争は約一年、日露戦争は約一年半で終了したが、日本と中国との戦争は一九三一年（昭和六年）から一九四五年（昭和二〇年）まで続き、約丸一四年、足掛け一五年の長きにわたる。

(ウ)　とはいっても、明治二七年（一八九四年）の段階では天皇制軍国主義だけでは、弱小国・日本は自力では対外侵略（日清戦争）を強行することはできない。そこで日本は強国・イギリスの支援を受けることによってはじめて、一方では当時最大の国内問題であった不平等条約の撤廃を容易にし（それを象徴するものとして、一八九三年七月一六日の**日英通商条約の調印**）、他方では天皇制軍国主義の年来の野望であった清国との戦争を強行することができたのである。こうすることによって政府（伊藤博文内閣）は、当面の反政府勢力である「硬六派」[15]（右翼国権論者）を押さえこむことにも成功した。要するに日本が日清戦争という軍事的冒険[16]を最終的に決意するに至ったのは正に強国・イギリスの支持があったからなのである。

第二節　条約改正と国際法

一　不平等条約の改正と日清戦争

(1)　条約交渉の発端　　条約改正と日清戦争とは不可分の関係にあったといってよい。けだし条約改正によって日清戦争開始の目鼻が付いたといってよいからである。この点に関してはまずもって条約改正交渉の発端から指摘しておかなければならないであろう。

安政条約以来の不平等条約（治外法権、関税自主権の喪失など）の改正をめざした明治政府の動き自体は早くから始まった。そのために明治四年一一月二〇日に外務卿岩倉具視を特命全権大使とした使節団[17]を欧米各国に派遣することにした。その際、三条実美右大臣は、「従前の条約を改正せんと欲せば、列国公法に拠らざるべからず。列国公法に拠る、我国律、貿易律、刑法律、税法等公法とあい反するもの、これを変革改正せざるべからず。これを変革改正するにその方法処理を考案せざるべからず」といい、すでに日本国内諸法制の改革なくしては条約改正は困難であるとの推測を述べている（明治四年九月一五日特命全権大使派遣朝議の事）。事実岩倉使節団は明治四年一一月二〇日横浜を出発し、明治五年一月二一日ワシントンに到着したが、アメリカとの交渉では条約改正は極めて困難であるとの感触をえたようである。勿論この交渉は条約改正のほんの打診にすぎなかったことはいうまでもない。

(2)　本格的な条約交渉経過　　しかしその後の本格的交渉も予測通り困難をきわめ、難航する。以下その要点を概略しておこう。

(ア)　寺島宗則外務卿の関税自主権回復に関する改正交渉の失敗（明治一二年寺島辞任）[18]。

(イ)　井上馨外務卿の治外法権などに関する改正交渉の中止（明治二〇年九月一七日井上辞任）。

井上による改正案の内容は領事裁判権を廃止する代りに日本の裁判所では外国人の民事・刑事事件に関して外国人判事・検事が担当すること、また内地を解放し、批准後二年以内に「泰西」式民商法、刑法、訴訟法などを制定（しかも外国人による法典の事前審査）するという改正案である。日本政府内でもこれでは屈辱的な条約改正案であるとして激しい反対があり、加えてノルマントン号難波事件[19]の審判に世論も激昂したため明治二〇年七月二九日改正交渉は中止されるに至る。

(ウ)　大隈重信外相の関税・治外法権などに関する改正交渉の中止（明治二二年一〇月二五日黒田清隆内閣総辞職による大隈辞任）。

大隈による改正案の内容は、関税を平均一割五分引き上げること、治外法権に関しては条約実施五年後には領事裁判権を全廃する。しかしその代りに外相案として大審院に外国人の判事を任用する。また民商法などの法典編纂に関しては制定法の英文・訳文を各国に交付するというものであった。

この改正案に関しては、明治憲法（明治二二年二月一一日）公布直後の二月にアメリカ、六月にドイツ、八月にロシアとの交渉が妥結しはじめていた。ところがこの頃に他方で屈辱的条約改正反対運動も高揚しはじめていた。とりわけ外人判事任用には強い反対が起った。つまりそれは制定されたばかりの明治憲法（旧憲一九条、二四条、五八条参照）に違反するものであるとして、右翼国権主義者による激しい反対論が展開された。この反対論の急先鋒であった右翼国権主義団体に属する玄洋社の来島恒喜によって大隈は閣議（明治二二年一〇月一八日）の帰途爆弾を投げつけられ瀕死の重傷を負うに至った。そのため条約改正交渉はまたまた中止される。

(エ)　青木周蔵外相の条約改正交渉の中止（明治二四年五月二九日青木辞任）。

青木外相は、イギリス政府との交渉を優先させて、駐日公使フレーザーに条約改正案を提示する。そこには民商法典などの法典実施を領事裁判権撤廃の前提としないなどというものが含まれていた。しかし大津事件[20]のため青木外相は辞任しまたも条約改正交渉は中止する。

(オ)　陸奥宗光外相と日英通商航海条約の調印（明治二七年七月一六日）。

(a)　山県有朋内閣辞職後は松方正義内閣（明治二四年五月六日）となり外相には榎本武揚が就任し、明治二五年四月五日には条約改正案調査委員会を設置した。他方、民党連合側も条約改正委員会を発足させて明治二五年五月二五日の議会に条約改正の決行を求める上奏案を提出した。しかしこれは審議未了となる。

明治二五年八月八日に再び伊藤博文内閣が組織され外相に陸奥宗光が就任する。

(b)　その後は既述した如く政府は一方で条約改正をめぐる「硬六派」の動きを封じ、他方で陸奥外相をして対等条約の締結をめざしてイギリスと精力的に交渉させる。**遂にロンドンで日英通商航海条約が、明治二七年七月一六日に調印された**。この調印式の祝辞でイギリス外相は「この条約は日本にとって清国の大軍を敗走させたよりも、はるかにまさるものである」と述べて、日本を激励した。つまりこの祝辞は清国に対する開戦を支持・教唆するという激励であったのである。そしてそれを証明するようにその直後に日清戦争が開始される。それは既述の如く日本の清国に対する「宣戦布告なき開戦」（明治二七年七月二五日の東郷平八郎大佐による豊島沖不意打ち）に続くのである。正にイギリスとの条約締結と日清戦争の開始とは不可分の関係にあったのである。つまり極東の弱小国・日本は世界の強大国・イギリスの支持がなければいくら日清戦争を欲しても戦争をおこすことは不可能であったのである。

(c)　この条約締結に関して有賀・前掲書『日清戦役国際法論』も次の如く述べている。

「英吉利、露西亞、伊多利及北米合衆國ハ千八百九十四年及千八百九十五年ニ日本ト締結シタル條約ニ依リ此ノ諸國ノ人民カ從來該帝國内ニ在リテ享有シタル治外法權ヲ數年ノ後ニ於テ全ク撤去セントス、而シテ自餘ノ諸强國トノ間ニ於テモ同樣條約ノ成立ヲ見ル蓋遠キニ非サルヘシ。」（四頁）という。

(3) 日英通商航海条約の内容

(ア) 日本にとって重要な意味をもつ新条約の要点を紹介しておこう。

(a) この条約は五年経過後に効力が発生する。この点は「民法典論争」でも問題となったところなので付言しておこう。丁度この頃条約改正との関係で日本国内でいわゆる「民法典論争」（明治二五年）が惹起し、激しい論争が展開された（この論争の詳細に関しては、白羽祐三「民法典論争の理論的性格」法学新報一〇〇巻一号一頁以下参照）。この論争の結果、民法典実施は一時延期（明治二九年一二月三一日まで）されることになった。これによって旧民法はともかく終止符をうたれ、新民法制定作業がはじめられる。

そもそも法典編纂そのものは、「条約改正」問題が目前に迫っていたので、天皇制明治政府をはじめとして、延期派であれ断行派であれ避けて通ることができなかったのである。法典編纂それ自体は至上命令であったのである。仁井田曰く「第一着にイギリスが謂ゆる條約改正に應ずることになつた。そこで明治二十七年七月十六日にイギリスとの條約改正が出來た。之に依ると五年後に改正條約が効力を生ずると云ふ事になつて居つたのですが、別に外交文書で、民法・商法等の法典が完全に施行せられなければ更に實施を延期する事が定めてあつた。……イギリスばかりでなく殆んど總ての外國との改正條約と云ふものは、明治三十二年七月十七日から効力を生ずる事になつて居た。フランスだけは明治二十七年八月四日に條約を締結して居りますから、これは、約一ケ月條約の施行が遅れることになり、スエーデンとノールエーは五月に改正條約を締結して居ります。斯う云ふ事情ですから法典を早く作らなければならぬ。

そこでもはや**英法派でもない、佛法派でもない、法典編纂に就ては皆一致したわけです。**」（「仁井田博士に民法典編纂事情を聴く座談会（仁井田益太郎・穂積重遠・平野義太郎）」法律時報一〇巻七号（昭和一三年）一六頁以下）。

とにかく断行派と延期派が妥協（つまり一時延期）して、両派一緒になってしかも早急に法典を起草しなければならなかった。[21]

(b)　条約の効力発生後は従前の治外法権は撤廃され、日本の内地を解放する（いわゆる「内地雑居」）。つまりイギリス人の日本内地での居住・営業をする権利を認めるということである。ただし土地所有権を取得することはできない。

(c)　最恵国待遇は相互対等とする。

(d)　条約の有効期間は発効後一二年とする。

(イ)　なお、この条約に関連した事項についても若干付言しておこう。

(a)　「泰西主義」の法典（民商法典など）の公布はこの新条約の要件とはなっていなかった。しかし「泰西」式法典編纂が「至上命令」であったことは、前掲・白羽論文（法学新報一〇〇巻一号二〇号）で指摘したところである。

(b)　しかし日本の関税自主権は回復されなかった。その回復は新条約の有効期限後の一九一一年（明治四四年）になってようやく実施される。それはまた日本帝国主義が朝鮮を植民地とした日韓条約調印（一九一〇年）の翌年にあたる。[22]

二　国際法（**万国公法**）と日清戦争

(1)　万国公法の由来

(ア)　ところでイギリスと日英通商航海条約を締結するということは、日清戦争を国際法（「万国公法」）に従っておこなわなければならないということを意味する。だからこそ天皇は前掲・詔勅（「清国に対する宣戦の詔勅」）で、日清戦争を「国際法ニ戻ラサル限リ」全力を尽して戦えと号令している。しかしここでいう国際法とはいかなるものであるか。それは現代の国際連合下の国際法とは根本的に異なるものである。それは古い国際法、つまり「万国公法」と呼称されていた時代の国際法のことをいうのである。では古い国際法、「万国公法」とは何か。その由来から明らかにする必要があろう。

(イ) 万国公法とは当時国際法のことを、幕末から明治初期には「万国公法」と称していたことに由来する。その用語のそもそもの由来は、中国で外来の International Law なる語を一八六四年に「万国公法」と翻訳したことにはじまる。それが慶応元年（一八六五年）に日本に輸入・翻刻されたため、当初国際法を「万国公法」と呼称・通用するようになったのである。[23] たとえば慶応元年には開成所で「万国公法」の訓点・翻刻（米人エートン原著、丁韙良〔マーチン〕漢訳）をしている。また慶応三年には西周が「万国公法」（フィセリング述）を翻訳して一二月二日（陰暦一一月一八日）に幕府に献上している（大久保利謙編『西周全集2』）。

また明治政府になってからも「万国公法」なる用語は使用されている。たとえば明治元年に「維新の元勲」木戸孝允は、「皇國の兵力西洋强國に敵する至る事を兵力不調ときは萬國公法も元より不可信向弱に候ては大に公法を名として利を謀るもの不少故に餘**萬國公法は弱國を奪ふ一道具**と云……」（ゴシック著者）う如くである。[24]

さらに明治二九年には陸軍大学校講師・有賀長雄は前掲書『日清戦役国際法論』の序言で「講師有賀長雄其ノ著ス所ノ萬國戰時公法ヲ以テ本校ニ寄贈シ」とし、また同書の文中では「凡ソ萬國公法ノ規則ニ依リ一國ノ有スル所ノ權利ノ中ニテ正當防禦ノ權卽チ自國保衞ノ權ハ其ノ最モ神聖ナルモノニ屬シ……」（同書三六頁）としている。また有賀・前掲書を激賞したフランスの国際法学者フォーシーユ（Paul Fauchille）は次の如く述べている。「絶東ノ邦國モ亦萬國公法ノ主格ト爲リ、日本其ノ中ニ在リ。」「此ノ戰役ニ於テ日本ハ敵ノ萬國公法ヲ無視セシニ拘ラス自ラ之ヲ尊敬シタリ。」[25]などがそれである。

(ウ)　しかし明治一四年（一八八一年）に文部省管轄下にある東京大学で法学部の科課目の中に「国際法」なる名称の科目がおかれるようになったので、万国公法の用語に代って国際法の用語を一般に使用するようになった。この点の資料をあげておこう。

明治一五年の東京大学法理文三学部一覧の中から国際法の学科を引用すれば次の如くである。[26]

「国際法　　公法　私法　　一年間　毎週三時」

〔国際法〕

「国際法ハ別テ公法私法トス学年二期ヲ以テ公法ノ部ニ充テ国際法ノ大要、邦国ノ性質、固有偶有ノ諸権、交戦、中立、和親、ヲ講シ末期ヲ以テ国際私法ノ大要、人事、財産、契約、証拠、等ニ関スル各国私法ノ異義ヲ講ス

教科書及参考書

ホヱートン氏著国際法

ホアルトン氏著国際私法

ブリュンチュリー氏著編国際法

マルチン氏著国際私法

フェリクス氏著国際私法

シャル、ブロシェー氏著国際私法

ローン氏著国際民法

バッテル氏著国際法」

したがって著作でも有賀長雄「日清戦役国際法論」（明治二九年）、中村進午「国際公法論」[27]（明治三〇年）として発行されるようになった。また明治三五年（一九〇二年）には国際法学会が設立され、「国際法外交史雑誌」も発行されている。[28]

(2) 国際法（「万国公法」）の確立期

(ア) 一九世紀末の国際法文献　このように国際法は日本では「万国公法」なる名称で翻訳・輸入されたものであるが、この国際法は先進資本主義国ではいつ確立されたのか。国際法がヨーロッパで確立された時期は一九世紀末といってよい。けだしこの時期には「文明人」の国家に対してのみ国際法（「万国公法」）が完全に適用になると説くロリマー（Lorimer）の著作[29]が一八八三年に発行されている。またヨーロッパのキリスト教諸国の社会（つまり「文明国」）から誕生した国際法を説くオッペンハイム（Oppenheim）の一九〇五年の著作[30]も登場しているからである。さらに日本の文献をあげれば有賀・前掲書中のフォーシュの序文の文言を引用することもできる。フランスの国際法学者フォーシュ曰く、「第十九世紀ノ下半期ハ進化ノ完了シ、絶東ノ邦國モ亦萬國公法ノ主格ト爲リ、日本其ノ中ニ在リ。」と。

(イ) 一九世紀末の世界情勢　しかし欧米式国際法が確立された一九世紀末（一八七〇年代末から一九〇〇年頃）にはヨーロッパでは先進資本主義諸国がすでに独占資本主義・帝国主義の段階に入っていた。それだけに国際法が必要であったのである。けだし先進資本主義国間で植民地掠奪競争が激化しだしていたからである。加えて欧米資本主義諸国の発展も不均等であったため遅れて登場した帝国主義国は植民地の掠奪（「無所有者」から「所有者」へ）・再分割（旧「所有者」から新「所有者」へ）を求めて一層激しい帝国主義戦争を繰返していた時期でもあった。

(a) たとえば帝国主義国として遅れて登場したアメリカ合衆国はスペインとの戦争（「米西戦争」一八九八―九九年）で植民地キューバとフィリピンを掠奪した。またイギリスは植民地南アフリカ（トランスヴァール）を掠奪するためブーア人（オランダ植民者）とブーア戦争（一八九九―一九〇〇年）をおこなった。さらにアフリカ大陸へ世界の強国（欧米帝国主義諸国）が強盗の如く競って侵略・掠奪し植民地化した時代であった。

勿論今日では、周知の如くかつてのこれらの植民地は欧米先進資本主義諸国（つまり強盗集団）の支配を排除して主権国家として独立をかちとっている。

(b)「列強間の世界分割」の資料を、一九一六年に執筆したレーニンの『資本主義の最高の段階としての帝国主義』（レーニン二巻選集第一巻(VI)（一九五一年訳）五五頁以下）の中から引用しておこう。

①「地理学者ア・スパンは、『ヨーロッパの植民地の領土的発展』にかんする著書のなかで、**十九世紀末**におけるその発展をつぎのように要約している。

ヨーロッパの植民地列強（合衆国をふくむ）に属する土地面積の百分率（％）

地域	一八七六年	一九〇〇年	増減率
	％	％	％
アフリカに	一〇・八	九〇・四	（＋）七九・六
南洋諸島に	五六・八	九八・九	（＋）四二・一
アジアに	五一・五	五六・六	（＋）五・一
オーストラリアに	一〇〇・〇	一〇〇・〇	―
アメリカに	二七・五	二七・二	（－）〇・三

『したがって、この時代の特徴は、アフリカと南洋諸島の分割である』と、スパンは結論している。だが、アジアでもアフリカでも、占拠されていない土地、すなわちどの国家にも属していない土地は存在しないのだから、スパンの

結論は拡張して、この時代の特徴は地球の終局的分割である、といわれなければならない。もっともここに終局的というのは、**再分割**が不可能だという意味でではなく——それどころか、再分割は可能であり、不可避である——、資本主義的諸国の植民政策が、地球上の未占拠地の領有を**終った**という意味においてである。世界ははじめて分割されつくしたのだ。それゆえ、今後きたるべきものは、再分割、すなわちある『所有者』から他の所有者への移転**だけ**であって、無所有の状態から『所有者』への移転ではない。

それゆえ、われわれはいまや全世界的植民政策という独特の時代に際会しているのだが、この政策は、『資本主義の発展の最新の段階』、すなわち金融資本と、きわめて緊密に結合しているものである。」(一五五頁以下。ゴシック原文)。

②「アメリカの著述家モリスは、植民史にかんする著書のなかで、十九世紀の種々の時代におけるイギリス、フランスおよびドイツの植民地領有の大きさについての資料をあたえようとこころみている。彼のえた結果を要約すれば、つぎのとおりである。

イギリスにとっては、植民地略取のおそろしく強まった時代は、一八六〇—一八八〇年である。そして十九世紀の最後の二十年間にも、植民地略取はきわめて顕著であった。フランスとドイツにとっては、それはまさしくこの二十年間になされた。われわれのすでにみたとおり、独占資本主義以前の資本主義、すなわち自由競争が支配していた資本主義が最高の発展をとげた時期は、一八六〇年代と一八七〇年代である。いまやわれわれは、**ほかならぬこの時代ののちに**、植民地略取のおどろくべき「高揚」がはじまり、世界の領土的分割のための闘争が極度に激化していることをみるのである。それゆえに、独占資本主義の段階への、すなわち金融資本への資本主義の移行が、世界の分割のための闘争の激化と**むすびついている**という事実は、疑いないことである。」(一五六頁以下。ゴシック原文)。

植民地領有の大きさ

年次	イギリス 面積（百万平方マイル）	イギリス 人口（百万）	フランス 面積（百万平方マイル）	フランス 人口（百万）	ドイツ 面積（百万平方マイル）	ドイツ 人口（百万）
一八一五―一八三〇年	？	一二六・四	〇・〇二	〇・五	―	―
一八六〇年	二・五	一四五・一	〇・二	三・四	―	―
一八八〇年	七・七	二六七・九	〇・七	七・五	―	―
一八九九年	九・三	三〇九・〇	三・七	五六・四	一・〇	一四・七

③「世界の領土的分割とそれにかんする最近数十年間のもろもろの変化とをできるだけ正確にえがきだすために、右にのべた世界のすべての強国の植民地領有にかんする著述のなかでスパンのあたえた数字を、利用しよう。スパンは一八七六年と一九〇〇年をとっている。われわれはまず一八七六年をとろう。――これはきわめて選択の当をえた時点である。というのは、大体において、独占以前の段階における西ヨーロッパ資本主義の発展は、ちょうどこの時期までにおわったとみることができるからである。――つぎにわれわれは、スパンの数字のかわりにヒュープナーの『地理＝統計表』からのより新らしい数字をもってきて、一九一四年をとることにしよう。スパンは植民地だけをとっているにすぎないが、世界分割の完全な描写をするためには、われわれはなお、非植民地諸国ならびに半植民地にかんする数字をも、簡単につけくわえることが有益だと考える。**われわれが半植民地に属させるのは、ペルシア、中国およびトルコである**が、これらの国のうち第一のものは、すでにほとんどまったく植民地になっており、第二、第三のものも植民地になりつつある。

われわれはこうしてつぎのような結果をえる。

列強の植民地領有（単位―面積一〇〇万平方キロメートル、人口一〇〇万人）

	植民地				本国		合計	
	一八七六年		一九一四年		一九一四年		一九一四年	
	面積	人口	面積	人口	面積	人口	面積	人口
イギリス	二二・五	二五一・九	三三・五	三九三・五	〇・三	四六・五	三三・八	四四〇・〇
ロシア	一七・〇	一五・九	一七・四	三三・二	五・四	一三六・二	二二・八	一六九・四
フランス	〇・九	六・〇	一〇・六	五五・五	〇・五	三九・六	一一・一	九五・一
ドイツ	―	―	二・九	一二・三	〇・五	六四・九	三・四	七七・二
合衆国	―	―	〇・三	九・七	九・四	九七・〇	九・七	一〇六・七
日本	―	―	〇・三	一九・二	〇・四	五三・〇	〇・七	七二・二
六大強国総計	四〇・四	二七三・八	六五・〇	五二三・四	一六・五	四三七・二	八一・五	九六〇・六
その他の諸国（ベルギー、オランダ、その他）の植民地							九・九	四五・三
半植民地（ペルシア、中国、トルコ）							一四・五	三六一・二
その他の諸国							二八・〇	二八九・九
全世界							一三三・九	一、六五七・〇

ここにわれわれは、十九世紀と二十世紀との境で、世界の分割が『完了した』のを明白にみるのである。」（レーニン前出六五頁、一六〇頁以下。ゴシック著者）。

(c)　要するに一九世紀末から二〇世紀当初には、世界の状況は、独立国といえるような国は地球上に僅か二〇カ国位しかなかったのである。その他の残りの国はすべて大国（欧米先進資本主義国の強盗集団）の植民地、半植民地、従属国となっていたのである。

今日と比較すると、現在の国際連合（憲章一九四五年発効）では一八五カ国が加盟しているが、この大部分はかつて植民地、半植民地、従属国であったのである。それが現在では一〇〇年前からの強盗集団（大国）の支配を排除して独立し主権を取戻したのである。しかもそれだけではない。いかなる軍事同盟にも加わらない非同盟・中立の立場をとる非同盟運動に参加している諸国は、現在国連加盟の一八五カ国の中の一一三カ国にも達しているのである。人口でいうと、世界の人口は五六億六、〇〇〇万人（一九九四年現在）なので、その中で二七億六、〇〇〇万人（人口の半分以上）が非同盟諸国に属しているのである。つまりこれは「**現代**国際法」がめざましい変貌を遂げていることを示しているのである。ちなみに一九六〇年の国連総会が採択した『植民地独立付与宣言』は、「外国による人民の征服、支配及び搾取は、基本的人権を否認し、国連憲章に違反し、世界の平和と協力の促進に障害となっている」と指摘している。

(3)　一九世紀末の欧米の国際法秩序

(ア)　「万国公法」の内容

(a)　文明人・野蛮人・未開人　当時の「万国公法」の内容を当時の状況にそくして的確に知るためには、まずもってロリマー（James Lorimer）の見解を紹介しなければならないであろう。[31] 彼によると当時の国家の国際法上の地位を次のように分類している。まず(i)「文明人」（civilised humanity）の国、(ii)「野蛮人」（barbarous humanity）の国、(iii)「未開人」（savage humanity）の国という三つの地帯または領域（three concentric zones or spheres）に区分した上で、その法的地位を次の如く特徴づけた。

ⅰ「文明人」の国とは国際法（「万国公法」）上完全な法的主体となりうる国（「文明国」）を指す。ロリマーはここでは「完全な政治的承認」（plenary political recognition）があるという。ここでは近代法体制（資本主義法体制・それを保障する裁判制度）が承認されている。これに属するのは先進資本主義諸国（西欧先進諸国・アメリカ合衆国）である。

ⅱ「野蛮人」の国とは国際法上不完全な主体となりうるにすぎない国を指す。ロリマーはここでは「部分的な政治的承認」（partial political recognition）があるにすぎないという。つまりここでは近代法体制（資本主義法体制、それを保障する裁判制度）が完備していない。したがってこの欠陥を補うものとして「文明人」の保護・優遇のための不平等条約・「領事裁判」制度がおかれている。いわゆる**特別国際法**の存在である。そして領事裁判制度は非キリスト教国におけるキリスト教徒の「平和な居住」と「商業の成功裏の遂行」のために不可決ともいわれた[32]。つまり欧米先進諸国はこれら後進国の国内法上の欠陥（「文明国」としての法体制の不備）を「特別国際法」上の関係によって補い処理していたのである。

ⅲ「未開人」の国とは国際法上「客体」にすぎない国を指す。ロリマーはここでは「自然の、あるいは単なる人間としての承認」（natural or mere human recognition）があるにすぎないという。つまり国際法上の主体となることはできないので、たとえその地域に人間が住んでいても、その地域は「無主地」として「先占」の対象になるにすぎない。つまり先に掠奪したものの領地となる。要するに「未開人」の国は先進資本主義国（「文明国」）によって掠奪・強奪される「植民地」の対象として扱われるだけである。これに属するのはアフリカ大陸など残りすべての未開地である。

以上、ロリマーなどの分類・分析からみて当時の伝統的国際法（古い「万国公法」）の目的は、適用される国の状況に応じて異なった形式において、国境を越えた人間、商品および移動を可能とするための安定性と予測可能性とを確保し、そのことを通じて全体として資本主義世界市場の形成と展開とを法的に媒介する役割を果すものであった、と一般に指摘されている。[33]

(b)　古い国際法への批判　このようなロリマーの分類方式は当時の「文明人」の古い国際法（＝万国公法）では当然のことと考えられていた。欧米先進資本主義諸国（＝「文明国」）では当時の古い国際法は、「国際標準（international standard)」主義ないし「国際的な正義の基準（international standard of justice)」主義を採用したものであるといわれていた。しかもこの主義は文明人によって「文明の最低基準（minimum standard of civilization)」・「国際法基準（international law standard)」とも呼ばれていた。勿論今日の国際法・国際連合憲章からみればこのようなロリマーの分類・区分は、「文明人」と比較して「野蛮人」・「未開人」を蔑視した当時の見解であったことはいうまでもない。[34] それだけにすでに当時からこの古い国際法（＝万国公法）に対する批判がはじまっていたのである。それはラテン・アメリカ諸国が主張した「国内標準（national standard)」主義ないし「内外人平等待遇（equality of treatment between nationals and foreigners)」主義がそれである。

「文明の最低基準」の批判者の典型として、カルヴォ主義をあげることができるであろう。アルゼンチンのカルヴォ（Carlos Calvo 1824-1906）は法学者・外交官であったが、その著作『国際法学発達史を前置する理論的実際的国際法』[35]（初版一八六八年、全六巻）で国家主権・独立・不干渉の原則に立脚した「内外人平等待遇」を強く主張した。ここから内外人平等の原則を説いて、「ある国に居を定めた外国人は、その国の国民と同じ保護の権利を有するのであって、より応範な保護を要求することはできない」[36]という。

さらに注目すべきものとしてアルゼンチン外相のドラゴー（Luis M. Drago）の主張したドラゴー主義（公債と武力干渉の制限）をあげることができる。その主張を徹底していけば一九二〇年（発効）の国際連盟の前文、[37] 一九二九年（発効）の不戦条約（「戦争抛棄ニ関スル条約」）[38]にまで連なるともいいうる主張である。[39]

(イ) 「万国公法」の性格

(a) 欧米先進諸国（「文明国」）が主張する国際法上の「国際標準主義」を敷衍していえば、「すべての国は、自国の領域において他国の国民に対して、自国の市民に与えるのと同じ法律、同じ行政、同じ保護、および損害に対する同じ救済を与える義務を負い、それ以上でもそれ以下でもない。ただし、この国が自国民に与える保護が、文明の確立した基準に合致することを条件とする。」（アメリカ合衆国国務長官・同国国際法協会会長エリュー・ルート〔Elihu Root〕の言葉）[40]ということである。そして「文明の基準」とは、前述の「文明人」の国（つまり欧米先進資本主義諸国）が採用している基準であるということである。ところで当時（一九世紀末）の欧米先進資本主義諸国の実態は、既述の如く植民地の掠奪（「無所有」から「所有」へ）・再分割（旧「所有者」から新「所有者」へ）をめぐって激しい帝国主義戦争を繰返している国家群なのである。端的にいえば強盗国家集団なのである。強盗の対象とされるのはロリマーによれば「未開人」の国なのである。つまり「文明国」の「正義の基準」（!!）とは今日からみれば、「正義」なぞとは真赤な偽りで、植民地の掠奪・植民地人民の抑圧以外のなにものでもないのである。逆説的にいえば、「大強盗団」こそが当時の「正義」（!?）なのである。

(b) 大国（先進資本主義諸国家）の強奪の危機にさらされていた「野蛮人」の国＝明治日本国家においても、当時「文明人」の「国際的な正義の基準」といわれていた古い国際法（「万国公法」）の虚構体制が、早くも指摘されていた。「維新の元勲」木戸孝允《たかよし》は、「万国公法」なるものは強国（強盗集団）間の掠奪の掟《おきて》にすぎないと喝破している。木戸曰く、「余萬國公法は弱國を奪ふ一道具」であると（『木戸孝允日記第一』（明治元年十一月八日）一三八頁）。また木戸は、「万国公法」は強国による弱国掠奪法なりともいう。「萬國公法などゝ申候而も是又人之國を奪ひ候之道具に而毫も油斷不相成今日世間縦横往來相開け居候に付名目無之而は猥りに人之國も不被奪故不得止如此之法を立候もの歟と愚考仕候弱國は此法を以奪ひ强國此法に而未奪れ候を不聞安心不相成世界に御座候」（『木戸孝允文書第八』（明治元年十一月十三日）一八八頁〔野村素介宛書翰〕）。

それだけに「維新の元勲」木戸に限らず、維新の百官有司は「万国公法」（欧米強盗集団の掟）の恐怖におののいていたのである。その証拠に「現人神」天皇《デスポット》ですら日清戦争では決して「国際法」（「万国公法」＝「**国際正義の基準**」）に触れないで戦え、と命令（「詔勅」）せざるをえなかったのである。つまり日清戦争なるものは、欧米「文明国」の代理人・日本と「野蛮国」清国との戦争（つまり日本の「文明戦争」「正義の戦争」!!）であると詔勅で宣言したのである。では、果して日清戦争は国際法上の「文明国」の「**文明戦争**」であったのであろうか（ゴシック著者）。その解答は次節にゆずることにしよう。

第三節　「文明戦争」としての日清戦争

一　「文明戦争」と国論の統一

既述の如く明治天皇が清国に対する「宣戦の詔勅」（明治二七年八月一日）で、「国際法ニ戻ラサル限リ」全力で戦えと宣言したことは、日本のおこなう日清戦争は「文明戦争」としておこなうことを公示したものである。つまりこの天皇制国家の宣戦布告の文言は当時の「文明国」（欧米先進資本主義諸国）が採用している国際法（「国際標準」〔international standard〕主義・「国際的な正義の基準」〔international standard of justice〕主義に基づく国際法）に従うということを国際的に約束したことを意味するからである。

したがって日本（天皇制政府）にとっては日清戦争は天皇のいう通り「文明戦争」であり、「正義の戦争」でなければならないのである。つまりこれは天皇の至上命令なのである。そしてそれはまた明治維新以来創出してきた天皇制国家を国際法上の「文明国」として対外的に誇示することでもある。それだけに日本の国論も日清戦争イコール「文明戦争」として統一しなければならなかった。しかしこのような「文明戦争」としての国論統一は早くも明治政府によって達成されていたといってよい。けだし天皇の意思は国民（臣民）の意思であるという擬制が明治二二年の明治憲法（天皇主権）や明治政府の施政によって確立されていたからである。以下、若干の事例をあげて検討してみよう。

二　キリスト教徒内村鑑三と変節

(1)「日清戦争は義戦なり」　まず当時の知識人としてキリスト教徒内村鑑三をあげる必要があろう。内村は日清戦争が勃発後、明治二七年（一八九四年）九月三日に天皇制政府のおこなった日清戦争を弁護するため早くも『国民之友』に"Justification of the Corean War"（「日清戦争の義」）を発表した。つまり日清戦争はキリスト教の神に誓って「義」（正しい）とされる、という弁護をこころみたのである。若干の文言（訳文）を引用すれば次の如くである。[41]

①「明治十五年以後支那の我邦に對する行爲は如何なりしや、朝鮮に於て常に其内治に干渉し、我の之に對する平和的政略を妨害し、對面的に吾人に凌辱を加へて止まざりき。我は朝鮮を開かんとするに、彼は之を閉さんと欲し、朝鮮に課するに彼の滿洲的制度を以てし、長く屬邦として之を保持し、支那其自身が世界の退隱國なる如く朝鮮も其例に倣ひ、彼をして世界の進歩に逆抗せしめんことを勸めたり。過ぐる十年間朝鮮を世界に紹介せし日本は、京城朝廷に於ては邪魔者の位置に居り、我に後れて來りし支那は韓廷統御の座を占めたり。是れ社交的無禮の最も甚しきもの、隣人の交誼を妨げ、其愛を奪ひて己に收めんとするの例なり。吾人は十年の長き之を忍べり、吾人は彼等の妄を以て國際的平和を破るは、兒戲に類する行爲と信じて默視せり。而して支那干渉の結果たるや、東洋に於ける一昇星

と望みし朝鮮は、今日猶ほ未だ隱星の一たるに過ぎず。生産擧がらず、收斂行はれ、非政は白晝に横行しつゝあり。人情を有するものにして、何人か近頃朝鮮人金某氏に加へられし暴虐に堪ふるを得んや。彼は長く日本國民の客たりしもの、然るに支那本土に於て支那制御の下にある朝鮮政府の教唆に依りて暗殺せられ、彼の死體は暗殺者と共に支那帝國の軍艦を以て朝鮮國に護送され、死體は肉刑の殘害を經て廣く國内に暴露され、暗殺者は渾ての榮譽を以て冠せられたり。支那は社交律の破壞者なり、人情の害敵なり、野蠻主義の保護者なり。支那は正罰を免かるゝ能はず。

而して支那干涉より來りし非政の結果として、東學黨の南朝鮮に起るや、直に傀儡政府に諭して、援兵を支那本國に乞はしむ。其目的たるや恩誼を以て益々羸弱政府を縛らせんとするにありしは、反亂の案外にも微弱にして、外人の手を借らずして、直に鎭壓するに至りしを以て證すべし。支那は朝鮮の不能を計り、之をして長く其依賴國たらしめん事を欲せり。吾人外交歷史を閲するに未だ曾て此の如き卑劣政略に接せし事なし。是れ殘虐なる娼家の主人が其詭計の中にある扶助なき可憐の少女に對して、常に執行する政略なり。頑是なき人靈一千五百萬は世界の最大退歩國の悋氣を滿たさんが爲めにのみ無智無防の位置に在り、是れ自由を愛し人權を尊重するものゝ一日も忍び得べき所に非ず。」（傍〇◎点は内村自身）。

② 清国が先に発砲したとして内村は次のように言う。「豊島近海に於ける最始の海戰に於て日清孰れが先に發砲せし乎は、今日未だ判決するを得ざるべしとせん。吾人は彼より發砲せしと信ず、然れども愛國的偏心が此事に關する吾人の判決を誤まらしめん事を恐る。然れども是れ彼我の義を決するに於ては小問題たるに過ぎず、孰れが戰爭を促し、孰れが戰爭を避けんとせしや、是れ最要問題なり。……若し外人を欺くの支那人の偏癖の最も著るき實例を見んと欲せば、一千八百九十四年八月一日以前八週間の間に於ける、彼等の日本國に對せし處置に於てするを得べし。吾人は固く信ず、彼等は未だ曾て斯くも自由に外國人を欺きし事はあらじと。若し彼等の對敵にして、彼等の溫良な

る東洋の隣人に非ずして、西洋强國の一なりとせん乎。彼等は長時日を待たずして鐵丸已に彼等の身に及び、詐欺と虚言の價値をば、早や已に充分に學び居りしならん。孔子を世界に供せし支那は、今や聖人の道を知らず、文明國が此不實不信の國民に對するの道は、唯一途あるのみ。鐵血の道なり、鐵血を以て正義を求むるの途なり」（傍○点は内村自身）。

③ また天皇制（絶対君主制《デスポット》）を絶賛、賛美して内村曰く、「匈牙利の愛國者故ルイ、コスート曰へるあり、『余の見る所を以てすれば十九世紀の二大英雄とは、獨のビスマーク公と日本皇帝陛下なり』と。彼が此言を發せし所以のものは、吾人の尊戴する皇帝陛下が、其臣下に施せし偉大の事業に止まらずして、亞細亞の億兆が將にその餘澤に浴せんとしつゝあればなり。日本は東洋に於ける進歩主義の戰士なり。故に我と進歩の大敵たる支那帝國を除くの外、日本の勝利を望まざるものは、宇内萬邦あるべきにあらず。」（傍線○点は内村自身）。

④ 最後に内村曰く、「吾人の目的は支那を警醒するに在り、其天職を知らしむるにあり、彼をして吾人と協力して東洋の改革に從事せしむるにあり。吾人は永久の平和を目的として戰ふものなり。天よ此義戰に斃るゝ我同胞の士を憐めよ。日本國成りてより國民未だ曾て今日の如き高尚なる目的を以て燃えず、今や吾人は一團となり吾人の讐敵に當らんと欲す。」（傍○点は内村自身）。

要するにキリスト教信者内村は「日清戦争」をもって「義戦」なりと称して賛成し、それを強行する「現人神」天皇制（「日本皇帝陛下」!!）を絶賛・賛美しているのである。このようにキリスト教上の神を唯一の神として信ずる内村でさえも、別の擬似神である「現人神」天皇がおこなう日清戦争を「義戦」であり「文明戦争」であると断言しているのである。「文明戦争」への日本国論の統一（強制）はすでに完成していたといっても過言ではなかろう。ということは、「現人神」天皇制へ国民（臣民）が統一されていることを物語るものである。

(2)　内村の自戒　しかしキリスト教上の神を唯一の神として信仰する信者内村が、何故このようになったのかを明らかにしておく必要があろう。けだし内村は明治二八年四月一七日の日清講和条約調印後には、日清戦争が掠奪戦であったことを知って聖戦・義戦の主張を恥じるに至ったからである。キリスト教徒内村鑑三が恥じるに至ったのは、日清講和条約の内容が清国に対して余りにも苛酷な掠奪条項となっていたからである。

条約の主な内容をあげれば、①朝鮮を清国から完全に切断する（なお、日本はその後軍事的弾圧の下に一九一〇年〔明治四三年〕日韓併合に関する日韓条約調印で朝鮮を併呑する）[42]。②清国の遼東半島と台湾・澎湖列島を割譲させる。③日本の戦費二億二、五〇〇万円をはるかに超える銀二億両《テール》（約三億円）の賠償金を支払わさせる。④日清通商条約を締結させるなどである（なおこの条約によって日本は欧米諸国と同じ治外法権や租界などを清国に承認させた）。

しかし日本の遼東半島の割譲条項に関しては直ちにロシア・ドイツ・フランス三国が反対し、その放棄を日本政府に勧告した。日本の天皇制政府はこの三国干渉を拒絶することは軍事力からして全く不可能であったので、これを受諾し、その代償として清国からさらに銀三千万両《テール》を支払わさせた。

この三国干渉（「遼東半島還付」）に関して、軍国主義者・明治天皇は、伊藤首相に「半島を取ることは急速にも及ぶまじ、此度の戰爭にて地理人情も相判り居れば、遠からず朝鮮よりか又又は何處かより、再戰の期來るべし、其の時に取りても宜しかるべしと申した……」[43]。とはいえ日本はすでに台湾・澎湖列島を略奪的に割譲さすことによって極東では欧米型の植民地をもつ国、つまり「文明国」（日本帝国主義国）となったのである。

以上講和条約の内容が雄弁に物語るように日清戦争は日本の掠奪戦争であったことを証明した。それだけではない。次節の日本の旅順虐殺事件をみればキリスト教信者内村といえども最早「日清戦争は吾人に取りては實に義戦なり」などという虚構は通用しなくなる。正に「義戦」ではなく「偽善」というべきであった。

(3)　キリスト教上の神を唯一の神と信ずるキリスト教徒内村が何故率先して日本型「現人神《あらひとがみ》」天皇（＝日本皇帝陛下」!!）のため日清戦争の弁護者となったのであろうか。その理由は次のような事情に由来すると解するしかないであろう。

(ア)　「現人神」天皇制の創出　　まずキリスト教との関係で改めていま一度「現人神」天皇制を整理・検討しておく必要があろう。第一章第二節でもふれたところであるが、「せいぜい十万石のあてがい扶持《ぶち》をもらう幕府の寄生虫的存在であった天皇が明治維新（王政復古!!）によって突如唯一最高の絶対君主となったのである。それだけに天皇のことを知る一般国民は殆んどいなかった。このような古くかつ貧弱な王政システム＝天皇制を利用して明治政府の特権官僚（薩長中心の下級武士）は専制政治をおこなうのであるから、まずもって天皇制そのものを強固・強靱なものにしなければならなかった。

そこで、①天皇制を強固にするためまず第一に天皇を最高の軍事独裁者としての地位につける必要があった。そのために明治六年（一八七三年）の徴兵令（＝天皇の軍隊」の創設）、明治一五年（一八八二年）の軍人勅諭（＝陸海軍人ニ下シ給ヘル勅諭」つまり天皇への忠誠を強制する紀律）を発布した。しかし②最も重要なことは天皇を軍事独裁者（ヒトラー、スターリンなどの如く）にすることではなく、唯一最高の「神」とすることであった。つまり天皇は人間ではないもの、人間を超えたものであり、人間とは別種の最高の権威である「神」として祭り上げることであった。端的にいえば天皇神格化の捏造である。この間の捏造のプロセスを簡単に指摘すれば次の如くである。まず捏造の結論を先にいえば、天皇を「現人神《あらひとがみ》」として祀ることであった。政府は、伊藤博文の帝政プロイセン（一八五〇年のプロイセン欽定憲法）の研究・視察の成果である欽定憲法（明治憲法）を一八八九年に公布する。その三条に「天皇ハ神聖ニシテ侵スヘカラス」とある。この神聖・不可侵性は、伊藤（＝憲法義解」）によると、天皇は「至聖」・神（つまり「現人神」）であるから、「臣民群類」を超越した絶対者である（したがって臣民のほうは絶対服従の家来）。これは「天照大神の神勅」に基づくから、「大日本帝国ハ万世一系ノ天皇之ヲ統治ス」る（旧憲一条）という。これは天皇の神格化を捏造したものである。[44]その上、「天皇ハ国ノ元首ニシテ統治権ヲ総攬」するので（旧憲四条）、行政・立法・司法の三権の上に立つ絶対・最高の権力者となる。さらに天皇が軍事統帥権を専有することも、憲法上明記された（旧憲一一条）。これらの諸規定は、天皇が実質上超憲法的存在（現神人）であることを示すものである。

(イ)　教育勅語と「不敬事件」　ところでこのように明治政府が必死に完成・強固にした「現人神」天皇制がキリスト教徒内村鑑三によって侮辱されるという事件が発生したのである。しかもこの事件は日清戦争の直前（明治二四年・一八九一年）に発生したものであり、また「現人神」天皇の発露ともいうべき「教育勅語」（明治二三年）そのものに関して起こったのである。

それは明治二四年一月九日の第一高等中学校の教育勅語奉戴式において、敬虔なキリスト教徒内村鑑三（第一高等中学校嘱託教授、英語・地理・歴史など担当）は、キリスト教の神を唯一最高の神と信ずるので、「現人神」（「天照大神の神勅に基づく神」）天皇の署名のある「原本教育勅語」に**礼拝的な最高敬礼**をしなかったという「不敬事件」である。この事件に関しては教育勅語そのものに関しても論じなければならないであろう。

(a)　教育勅語の内容　まず「教育ニ關スル勅語」（明治二三年一〇月三〇日）の謄本全文をあげる必要があろう。

勅　語

朕惟フニ我カ皇祖皇宗國ヲ肇ムルコト宏遠ニ德ヲ樹ツルコト深厚ナリ我カ臣民克ク忠ニ克ク孝ニ億兆心ヲ一ニシテ世々厥ノ美ヲ濟セルハ此レ我カ國體ノ精華ニシテ教育ノ淵源亦實ニ此ニ存ス爾臣民父母ニ孝ニ兄弟ニ友ニ夫婦

相和シ朋友相信シ恭儉己レヲ持シ博愛衆ニ及ホシ學ヲ修メ業ヲ習ヒ以テ智能ヲ啓發シ德器ヲ成就シ進テ公益ヲ廣メ世務ヲ開キ常ニ國憲ヲ重シ國法ニ遵ヒ一旦緩急アレハ義勇公ニ奉シ以テ天壤無窮ノ皇運ヲ扶翼スヘシ是ノ如キハ獨リ朕カ忠良ノ臣民タルノミナラス又以テ爾祖先ノ遺風ヲ顯彰スルニ足ラン斯ノ道ハ實ニ我カ皇祖皇宗ノ遺訓ニシテ子孫臣民ノ倶ニ遵守スヘキ所之ヲ古今ニ通シテ謬ラス之ヲ中外ニ施シテ悖ラス朕爾臣民ト倶ニ拳々服膺シテ咸其德ヲ一ニセンコトヲ庶幾フ

明治二十三年十月三十日

御名　御璽

なお、文部大臣訓示および文部省訓示・訓令も引用しておこう（ゴシック・傍点著者）。

訓　示

謹テ惟フニ我カ
天皇陛下深ク臣民ノ教育ニ軫念シタマヒ茲ニ忝ク
勅語ヲ下タシタマフ顯下職ヲ文部ニ奉シ躬重任ヲ荷ヒ日夕省思シテ嚮フ所ヲ愆ランコトヲ恐ル今
勅語ヲ奉承シテ感奮措ク能ハス謹テ
勅語ノ謄本ヲ作リ普ク之ヲ全國ノ學校ニ頒ツ凡ソ教育ノ職ニ在ル者須ク常ニ聖意ヲ奉體シテ研磨薫陶ノ務ヲ怠ラサルヘク殊ニ學校ノ式日及其他便宜日時ヲ定メ生徒ヲ會集シテ
勅語ヲ奉讀シ且意ヲ加ヘテ諄々誨告シ生徒ヲシテ夙夜ニ佩服スル所アラシムヘシ

明治二十三年十月三十一日

文部大臣芳川顯正

○文部省訓令第八號　　北海道廳府縣

今般教育ニ關シ

勅語ヲ下タシタマヒタルニ付其謄本ヲ頒チ本大臣ノ訓示ヲ發ス管内公私立學校ヘ各一通ヲ交付シ能ク聖意ノ在ル所ヲシテ貫徹セシムヘシ

明治二十三年十月三十一日　　文部大臣芳川顯正

○文部省訓令　　直轄學校

今般教育ニ關シ

勅語ヲ下タシタマヒタルニ付其謄本及本大臣ノ訓示各一通ヲ交付ス能ク

聖意ノ在ル所ヲシテ貫徹セシムヘシ

明治二十三年十月三十一日　　文部大臣芳川顯正

(b)　法と道徳の一体化　(i)　忠孝一致　このように教育勅語は、**忠孝一致**が日本の国体（天皇主権）の精華であるとした上で、それを粉飾するため子は父母に孝行し、兄弟は互に助けあい、夫婦は仲良くせよ、と当り前の一般道徳を説いている。しかしその中心・真意は「一旦緩急アレハ義勇公ニ奉ジ……皇運ヲ扶翼スヘシ」にある。つまり天皇のために命を捨てろということである（「忠」をつくせということ）。根本精神は「**軍人勅諭**」（一八八二年、明治一五年「陸海軍軍人ニ給ヘル勅諭」）と同じである。軍人勅諭によると、「夫兵馬の大権は朕が統《す》ぶる」、つまり軍の統帥権は天皇だけがもつ大権であるから、政府や議会はこれに一切干渉できない（統帥権の独立）、という意味である。したがって「朕は汝等軍人の大元帥なるぞされば汝等を股肱（つまり手足）と……」し、汝等兵士の「死は鴻毛（つまり鳥の羽）より軽しと覚悟せよ」という如きものである。

(ii)　天皇の命令と全国の学校に配布　この教育勅語は大臣の副署なしの天皇じきじきの命令（「睦仁（明治天皇の名）天皇印」）であるとの体裁をとっている。もっとも原本にはこのように天皇の名と印があるが（この原本のほうは文部省直轄校だけに下付された）、文部省に下された勅語の「謄本」は天皇の名と印はなく「御名御璽」と記されているだけである（このほうは全国の公私立学校、中学校、小学校に下付された）。このように本物の原本のほうは最大の権威をもたせてある（換言すれば内閣が変わっても厳然として存在することを示すためである）。ちなみに一八九一年（明治二四年）の教育勅語に関する第一高等中学校で発生した内村鑑三事件（後述参照）はこの原本に関してであった。

文部省はこの勅語を全国三万の学校に配布し、「奉読式」を校長に義務づけ、「生徒ヲシテ夙夜ニ佩服スル所アラシムヘシ」とした。

この点に関し三浦『銃口』から引用すれば次の如くである。

「竜太（小学校四年生）はノートを出して、教育勅語を書き写すことにした。

『朕惟《チンオモ》フニ我カ皇祖皇宗國《クニ》ヲ肇《ハシ》ムルコト宏遠ニ徳ヲ樹《タ》ツルコト深厚ナリ我カ臣民克《ヨ》ク忠ニ克ク孝ニ億兆心ヲ一《イッ》ニシテ世々厥《ソ》ノ美ヲ濟《ナ》セルハ此《コ》レ我カ國體《コクタイ》ノ精華《セイクワ》ニシテ教育ノ淵源亦實《エンゲンマタジツ》ニ此《ココ》ニ存ス……』

竜太は驚いた。振仮名があるので読めるものの、習ったことのない字ばかりが、次々に並んでいる。『朕』の字も知らない。『惟フ』の字も習っていない。「皇祖皇宗」が何であるかもわからない。『國ヲ肇ムル』が、国を治めるということがどうかもわからない。『肇ムル』と『始むる』が、どうしてちがう字なのかもわからない。

何もかもわからないが、これが修身の第一頁に書かれてあるということは、四年生に教えるためなのだろうと思う。自分の習う教科書の中に、こんなにむずかしい言葉がたくさんあるのが気にかかる。[45]」

それだけではない。この学校では教師は天皇の「小学教師ニ賜ワリタル勅語」[46]（昭和九年四月三日）も斉唱しなければならなかった。この勅語も引用しておこう。

勅　語

國民道徳ヲ振作シ以《モッ》テ國運ノ隆昌ヲ致スハ其《ソ》ノ淵源スル所實《ジッ》ニ小學教育ニ在《ア》リ事《コト》ニ其《ソ》ノ局ニ當《アタ》ルモノ夙夜《シュクヤ》奮勵努力セヨ

また一九三六年（昭和一一年）の教育勅語に関する事件もあげておこう。これについて一九九五年の新聞記事をあげておこう。

「慶応大学の白井厚教授の連続講座『太平洋戦争と大学』で、先月十八日、立教大学総長の塚田理さん（六五）が『戦時下の立教学院を考える』と題してミッションスクールの受難を語った。

私は新潟県の高田市、現在の上越市の生まれで、父は英国教会系の日本聖公会の牧師でした。私はもの心ついてから敗戦の日まで、『アーメン、ソーメン』『非国民』『国賊』といじめられ、登校拒否児童の一人でした。

また、特高警察が父親の動向をさぐっていました。私にとっては戦争中の体験と立教大学の受難が重なります。

私が文学部長をしていた一九九〇年、キリスト教系の四大学学長が大嘗祭（だいじょうさい）批判声明を出し、弓削達フェリス女学院大学長が自宅を銃撃されました。立教の文学部が四大学学長支持声明を出すと、右翼から『貴下の日ごろの言動は反日・売国・反国体で、日本国民として失格』との警告を受けました。最近の社会の反動化と共に、自由が言動を規制しようとする動向が気になります。

一九三六年四月二十九日、天長節の祝賀礼拝のあと、**チャペルの祭壇の下で教育勅語が読まれました。**配属将校が学生をそそのかし『最上段で読まなかったのは不敬罪だ』と非難し、**木村重治大学長は辞任**に追い込まれました。

英国人ルイス・ハリス教授は『満州事変は侵略行為だ』と発言、学生たちは『日本国民への侮辱』だというので撤回要求のストライキに入り、ハリスは撤回を拒否して帰国した。

四二年、立教はキリスト教を排除し『皇国の道に則（のっと）る教育』を強制され、文学部も閉鎖され、一部の学生は慶応に移った。

戦後、元立教大学教授ポール・ラッシュが米国情報将校として日本に来て戦時中の大学新聞などをチェック、GHQを通じて十一人の教職員が追放されました。

敗戦までの歴史は結局は国家宗教への敗北でした。私学こそ自由な学問を守らなければと思うのですが。」（朝日新聞一九九五年一二月一八日。ゴシック著者）。

(iii) 天皇の御真影と奉安殿　また校舎にはこの勅語謄本（勅語の全文を書き写した文書）と「御真影（天皇・皇后の写真）」とをしまう立派な特別の「奉安殿」がつくられ、火事その他の非常時には校長・教師には「奉護」義務が課せられていた。この義務を履行するために殉職した教師は敗戦までの間に二〇数人をかぞえ、また責任を感じて自殺した例さえあった。

この点に関し前掲『銃口』から引用すれば次の如くである。

「〔小学校〕四年生になった時、教頭先生が屋内運動場に四年生全員を集めて、奉安殿について話をした。教頭先生は小黒板に「奉安殿」と書き、

『読める者』

と、みんなを見まわした。大方の者が読めなかった。教頭先生は仮名をふり、みんなで声を揃《そろ》えて読んだ。

『何のことか、わかるか』

今度は半分以上の者が手を上げた。教員玄関に向かう正門の左手に、赤い煉瓦《れんが》造りの小さな祠《ほこら》とも宮とも小屋ともつかぬ建物がある。

『この奉安殿には何が入っているか、知っているか』

『ご真影《しんえい》』

という声が、あちこちにした。

『ご真影とは何か、わかる者』

指された者が答えた。

『天皇陛下と皇后陛下の写真です』

『そうだ。そのとおりだ。奉安殿にはご真影と教育勅語が入っている。共に、国から預かった大事な大事な宝物である』

教頭先生はおごそかな顔をした。

『どうしてその宝物を学校の中に置かず、そこに置くか、わかる者手を上げなさい』

誰も手を上げない。

『ここが大事なところだ。宝物ですから、焼けては困るのです。万一教室のストーブから火が出て学校が焼ければ、畏《おそ》れ多くもご真影が燃えてしまう。さあこうなったら大変』

教頭先生はちょっと厳しい顔になった。

『ある小学校の校長先生は、ご真影が焼けたため、申し訳なさに、どうしたと思う？』

生徒たちは首を傾けた。四年生にわかるわけがない。
『その校長先生は腹を切って死にました』
声を上げる者がいた。吐息をする者がいた。[47]」

(iv) 法規範（国家権力による強制）　だから教育勅語に反対しようものなら天皇（お上《かみ》）への叛逆として天皇制政府（文部省）によって厳重な処分がなされるだけでなく、治安維持法[48]による処罰（無期・死刑）も待ち構えている。この意味で教育勅語は単なる道徳規範を定めたものではなく、法規範（国家権力による強制）でもあったのである。

つまり「萬世一系の天皇制」が必然的に法と道徳を一体・「一如」たらしめるのである。けだし「現人神」天皇は、旧憲法上唯一・絶対の主権者であるから、法の淵源であると同時に道徳（道義）の淵源でもあるからである。[49]

(c) 内村鑑三の「不敬事件　内村はこのような最高の威厳をもたせた「現人神」の**原本教育勅語**に**礼拝的な最敬礼**をしなかったのであるから、天皇に対する重大な「不敬事件」として学内外で騒然となる。

つまりこの事件は、キリスト教信者内村鑑三が明治二四年一月九日第一高等中学校の教育勅語奉戴式で天皇の署名のある原本勅語に「礼拝的な最敬礼」をしなかった事件である。式後同僚教師や生徒から「不敬漢」として学校内外に喧伝され、国家主義者や仏教徒から激しく非難される。そして辞職に追いこまれる。その上四月一九日には妻加壽子が死去する。次の一文も引用しておこう。「悪い時には悪いことが重なるというけれど、一八九一年（明治二四年）の内村鑑三にとってこれほど身にしみた言葉はなかったろう。『**不敬事件**』後、重い流感で意識不明になった間の彼の筆跡でない辞職願が出されて一高を依願解職となった。国賊といわれ、憔悴《しょうすい》しきったところに妻かずの死が追い打ちをかける。四月一九日のことだ。」（朝日新聞一九九四年四月二〇日）。

(ウ) 「現人神」への強制的帰一　この「不敬事件」によって学内外から苛酷・熾烈な村八分的圧力・弾圧を受け

た内村は、激しいショックを受けた。加えて妻も失うに至ったので焦燥しきった。だから内村はこのショックや恐怖のあまり天皇（内村曰く「吾人の尊敬する日本皇帝陛下」!!）がおこなう戦争（天皇の「其臣下に施せし偉大の事業」）を賛美し大賛成をするという気持になったのであろう。もっとも内村には次のような前科があることから考えれば当然というべきか？　すでに明治二二年に内村は「菊花演説」をおこなっていたのである。明治二二年（一八八九年）の二九歳の時、内村は「十一月、東洋英和学校の天長節式上いわゆる『菊花演説』（壇上の菊花と窓外の富士とを称えつつ、それらにも増して日本が誇るべきは皇室なり、と述べた）を行なう」[50]。

そもそも「現人神」とキリスト教の「神」とは全く相容れないものである。その証拠に前者の「神」（「現人神」天皇）は、明治二七年（一八九四年）の日清戦争、明治三七年（一九〇四年）の日露戦争、昭和六年（一九三一年）の「満州事変」、昭和一二年（一九三七年）の「支那事変」（日中戦争）、昭和一六年（一九四一年）の「大東亜戦争」（太平洋戦争・第二次大戦）、そして昭和二〇年（一九四五年）の日本の敗戦まで長い長い戦争を続け、その挙句の果に強制的に多くの人間の血を流させ続けてきたのである。この血腥い「現人神」天皇は真の神ではなく頭の天辺から足の爪先まで血がたらたらとたれ落ちる血まみれの悪神、つまり偽の神であった。「現人神」天皇の『軍人勅諭』曰く、汝等兵士の「死は鴻毛（つまり鳥の羽）より軽しと覚悟せよ」と。また『戦陣訓』（昭和一六年、一九四一年）曰く、「生きて虜囚の辱を受けず、死して罪禍の汚名を残すこと勿れ」と。完全な人権無視・人間否定の「現人神」なのである。

明治二七年に「吾人の尊敬する日本皇帝陛下」（!?）と叫ぶ内村は敬虔なキリスト教徒ではなくまぎれもなく血走った目の戦争屋・内村に変質していたのである。つまり「現人神」への強制的帰一である。この悪神の夢から内村が日清戦争後にようやく目が覚めはじめ、日露戦争直前の頃から反戦運動をはじめる。しかし後述の如く結局これからも離脱し、沈黙逃避するのである。

三　人権論者福沢諭吉と変節

(1)　『学問のすゝめ』の普及と人権論の衰退　次に死後も「大観院独立自尊居士」と称する「人権論者」[51]福沢諭吉の変節もとりあげる必要があろう。福沢諭吉は明治五年から九年にかけ『学問のすゝめ』なる著作を発行している。この本は有名な「天は人の上に人を造らず、人の下に人を造らずと言えり」にはじまる人権論を展開したものである。明治一三年の本書合本の際の福沢の序文によると「発兌の全数、今日に至るまで凡七十萬冊」に達したと書かれている（この序文の全文については、四〇頁以下参照）。著者も予想しないほどの人気を博した[52]。

このように「発兌の全数が……凡七十萬冊」にも普及するにおよんだ理由はなにか。それは教科書として採用されたという幸運もあるが、基本的には当時の自由民権運動の隆盛に起因しているといえる（この間の自由民権運動の高揚に関しては三七頁以下参照）。

(2)　福沢諭吉の「着実中正」(?)　「明治一四年の政変」、自由民権運動の弾圧、自由民権運動の最高首脳・板垣退助の裏切とともに人権論も次第に衰微していく。福沢諭吉の人権論もまた衰退していく。衰退後の福沢については次のような評価もある。「明治十年後、いはゆる自由民権運動の時代にはひると、福沢は、これまでの新時代の推進的役割りから一歩退いて、むしろ社会の行き過ぎにブレーキをかける老成の忠言者・監視者、ないし批判者のがはに回ることになります。明治十五年に彼は『時事新報』を創刊して、それ以来新聞人としても、精力的な活躍を続けましたが、その言論は、着実中正を旨としたもので、もはや必ずしも時代の先端を切った斬新なものとはいへなかった」[53]。

人権論挫折後の福沢の論旨は「着実中正」を旨としたものであろうか。否といわざるをえない。その本質を端的にいえばそれは天皇および天皇政府への屈服以外のなにものでもないといえるであろう。つまり「人の上に人〔天皇〕を造り、人の下に人〔臣民〕を造る」という論旨に変節したのである。それは絶対主義天皇制への賛美そのものである。

(3)「皇室の藩屛」福沢諭吉　福沢の好戦的な天皇制賛美論を検討してみよう。

(ア)　日清戦争中の明治二七年一〇月三日に福沢は「天皇陛下の御聖徳」と題した一文を発表して、「お上《かみ》」・天皇睦仁を激情的に激賞し、「感涙に咽」んでいる。これでは「天は人の上に人を造らず……」ではなく、天は人間の上に天皇（お上《かみ》）を造ったということになる。その一部分のみをいま一度引用しておこう。「天皇陛下の御聖徳　開戰以來天皇陛下には大本營を廣島に進められて親しく軍旅の事を視させ給ひ晝夜御寢食をも安んぜられざるは**國民一般に聞知して感激に堪えざる所なり**頃日廣島より歸京したる人々の話に據て近時の御消息を窺ひ奉るに軍事の爲め御精勵の程は實に恐入たる次第にして**我輩は竊に傳承して只感涙に咽ぶのみ……**」[54]（なおこの論説の全文については、四一頁以下参照）。

(イ)　既述の如く日清戦争の発端は、明治二七年（一八九四年）七月二五日日本艦隊による宣戦布告なしの不意打ちに始まり、次いで同年八月一日になってようやく天皇の宣戦布告の詔勅がだされたのである。これに関して、「時事新報」社主福沢は早くも明治二七年七月二九日（つまり日本艦隊の不意打ちの四日後）に「日清の戦争は文野（つまり文明と野蛮）の戦争なり」（「時事新報」社説）という一文を発表しているのである。そこでは、「幾千の清兵は何れも無辜の人民にして之を鏖にするは憐れむ可きが如くなれども世界の文明進歩の爲めに其妨害物を排除せんとするに多少の殺風景を演ずるは到底免かれざるの數なれば彼等も不幸にして清国の如き腐敗政府の下に生れたる其運命の拙なきを自から諦むるの外なかる可し」と断定しているのである。

要するに福沢は自ら進んで「現人神」天皇の「文明戦争」宣言（詔勅）の先払い・露払いの役目を買ってでたといってよい。だからこそ「天皇陛下の御聖徳」（!!）なる明治二七年一〇月三日の前掲論説が登場するのである。これは福沢が正に人権無視の「お上《かみ》と下下《しもじも》の法体系」への変節・屈服を物語るものである。

(ウ)　以下「日清の戦争は文野の戦争なり」という福沢の論説を全文引用しておこう。

「朝鮮海豊嶋の附近に於て日清兩國の間に海戰を開き我軍大勝利を得たるは昨日の號外を以て讀者に報道したる所なり抑も今回の葛藤に付き日本政府が注意の上にも注意を加へ只管平和の終結を望みたるは隱れもなき事實なるに世の中に自から身の分限を知らず物の道理を解せざるほど怖しきものはある可らず彼の支那人は自から力の强弱を量らず無法にも非理を推通さんとして毫も悛むる所なきより止むを得ず今日の場合に立至りて開戰第一に我軍をして勝利の名譽を得せしめたり我輩は此一報に接して漫に驚喜して狂するものに非ず開戰第一に我軍の勝利は素より日本國の大名譽として祝す可しと雖も我軍人の勇武に加ふるに文明精鋭の兵器を以て彼の腐敗國の腐敗軍に對す勝敗の數は明々白々、恰も日本刀を以て草を掃ふに異ならず觸るゝ所として倒れざるものなきは尋常一樣の事にして毫も驚くに足らず唯豫め期する所に違はずして日本の軍人果して勇武にして文明の利器果して利なるを喜ぶのみ素より僥倖の事に非ずとして扨日清間の戰爭は世界の表面に開かれたり文明世界の公衆は果して如何に見る可きや戰爭の事實は日清兩國の間に起りたりと雖も**其根源を尋ぬれば文明開花の進歩を謀るものと其進歩を妨げんとするものとの戰にして決して兩國間の爭に非ず**本來日本國人は支那人に對して私怨あるに非ず敵意あるに非ず之を世界の一國民として人間社會に普通の交際を欲するものなれども如何せん彼等は頑迷不靈にして普通の道理を解せず文明開花の進歩を見て之を悅ばざるのみか反對に其進歩を妨げんとして無法にも我に反抗の意を表したるが故に止むを得ずして事の茲に及びたるのみ卽ち日本人の眼中には支那人なく支那國なし只世界文明の進歩を目的として其目的に反對して之を妨ぐるものを打倒したるまでのことなれば人と人、國と國との事に非ずして一種の宗教爭ひと見るも可なり苟も文明世界の人々は事の理非曲直を言はずして一も二もなく我目的の所在に同意を表せんこと我輩の決して疑はざる所なり斯くて海上の戰爭には我軍勝を得て一隻の軍艦を捕獲し千五百の清兵を倒したりと云ふ思ふに陸上の牙山にても既に開戰して彼の屯在兵を鏖にしたることとならん彼の政府の擧動は兎も角も**幾千の清兵は何れも無辜の人民にして之を鏖にするは憐れむ可きが如くなれども世界の文明進歩の爲めに其妨害物を排除せんとするに多少の殺風景を演ずるは到底免かれざるの數なれば彼等も不幸にして清國の如き腐敗政府の下に生れたる其運命の拙なきを自から諦むるの外なかる可し**若しも支那人が今度の失敗に懲り文明の勢力の大に畏る可きを悟りて自から其非を悛め四百餘州の腐雲敗霧を一掃して文明日新の餘光を仰ぐにも至らば多少の損失の如きは物の數にも非ずして寧ろ文明の誘導者たる日本國人に向ひ三拜九拜して其恩を謝することとなる可し我輩は支那人が早く自から悟りて其非を悛めんこと希望に堪へざるなり（明治二十七年七月二十九日）」[55]（ゴシック著者）。

(4)　軍国主義者・福沢諭吉　だから福沢諭吉の明治二七年編時事論集（『時事新報』社説）には、軍国主義天皇制を擁護する福沢の好戦的論説で占められている。「速に出兵する可し」、「牙山の支那兵を一掃す可し」、「日本臣民の覚悟（日清戦争に関して軍国日本の挙国一致を謳う）」、「宣戦の詔勅」、「直ちに北京を衝く可し」、「大本営と行在所」、「眼中清国なし」、「旅順の殺戮無稽の流言」（この論説に関しては後述参照）など枚挙にいとまがない。このうち「宣戦の詔勅」なる福沢論説のみを引用しておこう。

「**日清間の戰争は過日豐嶋の一戰を以て其端を開きたるがいよ〳〵詔勅を以て公に宣戰を發表せられ兩國の平和は茲に全く破れたり**抑も元寇の事は邈たり豐公征韓の役に明軍と戰ひたるも亦三百年の昔に在り一國を擧げて外國との戰争は實に未曾有の出來事にして日本國の運命に關する大事件なれば我國民たるものは此大事件に際して大に覺悟する所なかる可らず日本人は動もすれば彼を輕蔑して支那人畏るゝに足らず一戰に之を打破りて北京の城下を蹂躙する何かあらんとて恰も嚢中の鼠を捕ふるが如く垂死の病人を打倒すが如く容易に言を爲して大に驕るの色なきに非ず一場の説として聞くときは甚だ壯快なれどもいよ〳〵事の實際に臨んで彼我相對すれば彼は老朽の腐敗國に相違なけれど

も兎に角に其國の大なると共に其力も大にして決して侮る可きに非ず事の結局は最後の勝敗如何に在り一二の捷報に接して漫に驕るが如きは戰の大禁物にして大に警しむ可き所なり思ふに我陸海軍は固より此邊の事に如才なくして必ず成算あることならん我輩の信じて疑はざる所なれども喩へば力士の取組に於ても一方は小錦にして一方は幕下の力士とあれば小錦の眼中に敵手なきは勿論なれども扨いよ〳〵土俵に上りて見物人の眼前に勝負を決するの一段となれば注意の上にも注意して萬一の不覺を取らざるの用心肝要なると同様決して油斷す可きに非ず若しも萬一不幸にして世界の表面、晴れの戰爭に失敗を取ることもあらんには苟も日本人たるものは生きて他國人に對するの顏色はある可らず一念こゝに至れば中心自から心配の情に堪へず左れば我が一般の國民は此戰爭を以て帝國の運命分目の勝負と覺悟し平生の萬事を抛て只管この一方に精神を傾け苟めにも**我國の利益と爲る可きものあらば一言一行一品一物の微も忽にせずして奉公の誠を致し全國民一致して畢生の心力を奮ひ以て最後の大勝利大名譽を収めんこと我輩の切望に堪へざる所なり**（明治二十七年八月四日）[56]」（ゴシック著者）。

以上の如く福沢のいずれの論説をとりあげても、福沢は人権無視の好戦的な軍国主義天皇制（「現人神」天皇）への屈服を示す以外のなにものでもない。さらに福沢の思想を全体としてとらえると、その本質は、天皇制国家を「文明国」として粉飾し（「入欧」論）、中国（朝鮮も）を「野蛮国」として蔑視したところの福沢「亜細亜東方の悪友を謝絶す」（一八八五年・明治一八年）（「脱亜」論）まで遡ることができるのである。とにかく福沢ですらこのような状態であるから、日清戦争・「文明戦争」への国論統一はすでに確立されていたといってよい。

四　国際法学者と「現人神」天皇制信奉

(1)　最後に法律学者もあげなければならないであろう。法律学者といっても日清戦争との関係で問題となるのは国際法学者である。しかし明治二〇年代の著名な国際法学者は極めて少ない。日清戦争当時に国際法学者であり、かつまた日清戦争をめぐる国際法論議に参加した者は既に触れたように有賀長雄、高橋作衛ぐらいであろう。有賀は当時陸軍大学校講師であり明治二九年に前掲『日清戦争役国際法論』（陸軍大学校発行）を発刊している。高橋は帝国大学教授（国際法担当）であり、前掲『英船高陞号撃沈』（国際法外交論纂第一、明治三五年）なる論文を発表している。

(2)　両者ともに紛れもない天皇制軍隊の御用法学者といってよかろう。けだし有賀は陸軍大学校の講師であったし、日清戦争中には第二軍（軍司令官大山厳大将）の軍司令部付法律顧問であったからである。また高橋は天皇の官吏である帝国大学教授（明治二〇年の官吏服務紀律一条の適用がある）であり、日清戦争中には政府法律顧問でもあったからである。ちなみに高橋は後に元老山県有朋（日清戦争中第一軍司令官）の「準密偵」[57]となるぐらいであるからその資格は十分に具有していたといえる。したがって両者いずれをとりあげても、「現人神」天皇制の擁護者・崇拝者であり、「文明戦争」論者であることはいうまでもない。これらの者については国論を統一させる必要もなく、はじめから国論統一が完熟しているのである。

(3)　そこでここでは有賀・前掲書から若干の引用をすれば十分であろう。

①有賀・前掲書「序言」で曰く、「日清交戰ノ事アリ我軍**文明戰爭**—法例ヲ應用シテ赫々可觀ノ實蹟アリ」[58]（ゴシック白羽）。

②「蓋日清交戰ニ於テ最モ重要ナル一點ニシテ而モ此ノ戰爭ノ特異ノ性質ヲ成セルモノハ他ナシ、**交戰兩國ノ一方ハ戰爭ノ法律慣例ヲ遵奉セサルニ拘ラス、他ノ一方ハ成ル可ク嚴重ニ之ヲ遵奉セント勉メタルコト是レナリ**。日本ハ詔勅ノ文字ニ就キテ見ルヘキカ如ク戰爭ノ始ヨリ戰律ノ遵奉ニ於ケル互相ノ條件ヲ抛棄シ之ヲ遵奉スルハ人類ニ對スル義務ニシテ獨リ敵ニ對スルノ義務ニ非ストノ觀念ニ依リ敵ハ戰律ニ率由セサルニ拘ラス我カ一方ハ嚴密ニ之ニ率由セント決心シタリ。

余ハ本書ニ於テ常ニ此ノ關係ヲ最モ明瞭ニ表示スルコトヲ勉メタリ、何トナレハ此ノ關係ハ國際法ノ沿革上ニ於テ十分重要ナル所以ノモノアリト信スレハナリ。[59]」（ゴシック白羽）。

③「戰爭ノ始ヨリ　**天皇ハ支那ニ對スル敵對ノ關係ニ於テ總ヘテ文明國ト文明國トノ間ニ行ハル、交戰ノ法律慣例ヲ遵奉スルコトニ決定シ賜ヒ**、國民ノ意志モ亦始ヨリ此ニ一致シタルニ因リ政府カ此ノ主義ヲ體シテ爲シタル命令處分ニ對シ一人ノ異議ヲ唱フルモノ無カリキ、此ノ時ニ當リ諸外國モ日本カ既ニ政治上及社會上ノ改良ヲ施シテ遠ク文明ノ域ニ達シタル事實ヨリ推シテ必スヤ文明交戰の法律慣例ニ準據スルノ決心ナランコトヲ豫期シ、曾テ之ヲ疑ハサリキ。例ヘハ**旅順口攻畧**ノ際ニ於ケル出來事ノ如キハ殆ト世界一般ノ評論スル所ト爲レリ、然レトモ其ノ斯ク世界ノ評論ヲ受ケタルハ取リモ直サス日本カ諸外國ノ信用ヲ受クルコト厚カリシ證據ナリ、……[60]」（ゴシック著者）〔しかし旅順虐殺事件に関しては後述第四節参照〕。

第四節　旅順虐殺事件と天皇制軍国主義

一　旅順虐殺事件の概要

(1)　虐殺実行部隊　まず事件の概要を明らかにした上で、事件の詳細な真相究明に迫ることにしたい。旅順虐殺事件とは、一八九四年（明治二七年）一一月二一日に日本軍が旅順市街に突入し同地を占領した後に惹起したもので、一一月二五日まで虐殺が継続しておこなわれた地獄に等しい惨状を指していう。最初に実行部隊についていえば、日本軍といってもここでの殺戮実行部隊は第二軍（司令官大将大山巖）である。とくにそのうち第一師団（師団長中将山地元治＝「独眼龍将軍」）、第六師団に属する混成第一二旅団（旅団長少将長谷川好道）などが虐殺部隊であった。ちなみにこの第一師団のなかの歩兵第一旅団長にはかの少将乃木希典も配属されていた。[61] またこの第二軍司令部には既述の如く第二軍法律顧問（天皇制軍隊御用法律家）として有賀長雄（陸軍大学校国際法講師）が従軍していた。なお、有賀は後述の日露戦争の際にも法律顧問として従軍している。

(2)　外国人従軍記者とその報道　次に虐殺事件に於ける外国人従軍記者とその活躍について概要を示せば次の如くである。旅順虐殺事件が全世界に報道されるに至ったのは外国人従軍記者の活躍によってである。井上晴樹『旅順虐殺事件』（一九九五年、以下の引用は井上・頁数とする）によれば次のようなものであった。

「〈旅順虐殺〉事件は、第二軍に従軍した外国人新聞記者によって、世界に伝えられたのであった。外国人従軍記者が従軍するにあたっては、武官と同様の手続きを踏まえた上で、大本営の許可が必要であった。九月十四日に大本営は『外國新聞記者従軍心得』を作成し、日本人記者と同じく取材にさまざまな制限を加えた。例えば、発送する通信文は監視する将校の査閲を受けなければならなかったし、司令部が有害な人物と認めたときは、その時点で従軍を打ち切られ、なおかつ在日公使や総領事に通報するという〝処罰〟まであって、従軍中はともかくも軍の意向に背くことはできないようになっていた。

米国『ワールド』の特派員ジェームズ・クリールマンと同『ヘラルド』の特派員A・B・ド・ガーヴィル、のちに前者が事件を報道すれば、後者はそれを否定するということになるこの二人は、奇しくも大山巖宛ての従軍の可否を打診する陸奥の書状（九月十日起草・発遣）のなかに名を連ね、ともに九月十二日に大本営から許可が下りた。英国『スタンダード』『ブラック・アンド・ホワイト』両紙の特派員を兼ねるフレデリック・ヴィリアースは、九月十一日に陸奥から大山宛てに打診がなされ、翌十二日に大本営から許可が下りた。仏国『タン』の特派員ヴィルタール・ド・ラゲリは、十月十二日に許可された。英国『タイムス』特派員トーマス・コーウェンは、十月二十三日に大本営から従軍を許可された。廣島の大本営に出頭したコーウェンは、参観許可を得て十月二十八日に廣島陸軍予備病院を見学するなどし、これがのちの記事に生きることになった。

これら五人のうち、のちに全世界を驚かす報道をなしたのは、ガーヴィルとラゲリを除く三人であった。ガーヴィルは、日本政府の意を汲む方向で行動していたし、コーウェンによればラゲリは、『歐洲《おうしう》の大戰爭《だいせんさう》を見《み》たることある人《ひと》にて旅順《りよじゆん》の役《えき》の如《ごと》きは戰爭《せんさう》と名付《なづ》くべき程《ほど》のものにあらずと稱《しよう》』（『時事新報』二月五日付）していたというから事件を見はしたが、眉を動かすことはなかったようである。」（井上・一二七頁以下）。

(3)　虐殺事件と司令官命令との矛盾　　地獄にも等しい惨状を呈した虐殺と、第二軍司令官大山巌の**命令**とは矛盾するものであった。この矛盾の検討は後に詳論することにし、ここではまず大山の第二軍司令官としての命令の全文を引用することにとどめておく。有賀長雄・前掲書『日清戦役国際法論』による記述によれば大山の命令は次の如くである。

「　　第十三節　第二軍司令官大山大將ノ命令

第二軍ノ司令官タル大山大將ハ帝國ノ政治家中ニテ日本ノ陸軍部内ニ戰律ノ思想ヲ普及セシムルコトニ最モ力ヲ用ヰタル人ナリ。氏ハ恰モ千八百七十年七十一年ノ獨佛戰役ニ際シ軍事視察ノ命ヲ受ケテ佛國ニ在リ、戰爭ノ顚末ヲ目撃シ、獨軍カ勝ニ乘シテ如何ナル擧動ヲ爲シ、國際法上ニ於テ如何ナル批評ヲ受ケシヤヲ自ラ見聞セシ人ナリ。故ニ歸朝ノ後ハ久シク陸軍大臣ノ地位ニ在リテ我カ軍隊ヲシテ文明國民ノ戰律ニ慣レシメンコトニ注意シタリ、日本帝國カジュ子ーブ條約ニ加盟シタル事及陸軍大學校ニ國際法ノ一科ヲ設ケ戰律ヲ以テ參謀官ノ知ラサル可カラサル一科ト爲シタル事ハ皆氏ノ與リテ力アル所ナリ。氏カ明治二十七年十月十五日即チ第二軍ノ將ニ日本ヲ發セントスル前日ニ於テ部下軍隊ニ發シタル命令ハ簡單ナル文辭ノ中ニ凡ソ文明國民ノ遵由スル所タル戰律ノ要點ヲ網羅シ、尚ホ日本特有ノ運搬方使タル人夫ニ關シ將官ノ注意ヲ促シタリ。

古來大軍ヲ以テ敵地ニ入ル者其ノ軍隊ニ向テ同樣ノ命令ヲ發シタルモノ多シト雖此ノ大將ノ命令ハ其ノ最モ善美ナルモノヽ一タルヘシ、其ノ文ニ曰『我軍ハ仁義ヲ以テ動キ文明ニ由テ戰フモノナリ故ニ我軍ノ敵トスル所ハ敵國ノ軍隊耳ニシテ其一個人ニ非ス左レバ敵軍ニ當リテハ固ヨリ勇壯ナルヘシト雖モ其降人俘虜者ノ如キ我ニ抗敵セサル者ニ對シテハ之ヲ愛撫スヘキコト嚮ニ陸軍大臣ヨリ訓示セラレタルカ如シ況ヤ敵國一般ノ人民に對シテハ尤此注意ヲ體シ我カ妨害ヲ爲サヽル限リハ之ヲ遇スルニ仁愛ノ心ヲ以テスヘシ秋毫ノ微ト雖モ決シテ掠メ奪フコトアルヘカラス若シ其服食器具ノ類ニ於テ緊急所要アラハ相當ノ代價ヲ以テ之ヲ購買スヘシ到ル處務メテ人民ヲ撫テ綏ンシテ安堵セシメ我恩徳ニ懷カシムヘシ顧フニ我軍人ハ平素此等ノ教示ヲ受ケ善ク會得セルコトナレハ固ヨリ不法非義ノ擧動ナカルヘシト雖モ人夫等ニ至テハ豫メ教養ヲ經タル者ニアラサレハ特別ニ注意シテ規律ニ服從セシムルヲ要ス若シ違ヒ犯ス者アラハ嚴罰ヲ以テ之ヲ處分シ決シテ宥赦スヘカラス今ヤ我軍將ニ本國ヲ離レテ敵地ニ赴カントス因テ特ニ訓示ス各團長ハ深ク此主意ヲ體シテ部下ヲ戒飾シ我　天皇陛下ノ御仁徳ヲシテ益ゝ海外ニ照明ナラシメ我軍隊ノ義心ヲ世界ニ發輝スヘシ

明治二十七年十月十五日

第二軍司令官伯爵大山　巖』[62]

(4)　殺戮の開始　(ア)　一八九四年（明治二七年）一一月二一日の旅順攻撃命令は、前夜に伝えられ二一日の払暁に第二軍の第一師団が出動し夜明けとともに清国軍の砲台に対して砲撃を開始した。第二軍各部隊の攻撃によって旅順の市街を囲む山々に設けられた清国軍の砲台は午前中には第二軍の手中に落ちた。二一日午後には清国軍および旅順の住民は第二軍の袋の鼠のようになってしまった。このような各部隊の実際の戦闘行動に関する詳細は、参謀本部編『明治二十七八年日清戦史』第三巻、および井上・前掲書を参照されたい。

(イ)　第一師団長山地元治中将を激怒（「婦女老幼ヲ除ク外全部剪除セヨ」との山地の命令）せしめ、旅順虐殺の起因・発端となったいわれる「土城子《とじょうし》の戦闘」も、あらかじめ紹介しておく必要があろう。井上・前掲書（二四七頁）によるとこの土城子の戦闘が「敵討《かたきうち》」としての旅順虐殺事件を発生せしめたと思われるともいう。では「土城子の戦闘」とはどのようにおこなわれたのか。

「市街に突入した兵士は、三日前の十八日に土城子《とじょうし》付近の戦闘で生け捕りにされた三人の日本兵の生首が、道路わきの柳の樹に吊るされているのに、まず出合う。鼻はそがれ、耳もなくなっていた。さらに進むと、家屋の軒先に針金で吊るされた二つの生首があった。土城子付近での戦闘後、清国兵は残虐を極めた方法で傷をつけた第二軍兵士の死体を放置した。死者、あるいは負傷者に対して、首を刎ね、腹部を切り裂き石を詰め、右腕を切り取り、さらに睾丸などまでを切り取り、その死体を路傍に放置したのであった。

　清国兵がそのような行為をしたのは、ひとつには日本兵の首級や身体の各部に対し、懸賞金が出るからであった。実際、『チャイナ・ガゼット』（八月二十七日付）によれば、首級一つが五十両《テール》（「第二軍徴發心得」に記されている換金レートでは、一両＝日本の銀一円四十銭）であった。因に、日本の間諜を捕縛した者に百両、間諜の所在を通報した者に四十両、日本の軍艦を拿捕した者に一万両、軍艦を破壊した者に八千両が、道台より与えられることになっていた。この金額は時と場所によって異なり、金州付近では首級一つが六十両になっていた。

　土城子付近で放置、損壊された死体は、衛生兵に担がれてゆくところを兵士が目撃するか、あるいは、その事実を知ることとなった。コーウェンは、『ジャパン・メール』のインタビューに答え、将校たちがその死体を覆い、『手早《てばや》く兵士等《へいしら》の眼界《がんかい》より取片《とりかた》つけたり』（「二六新報」十二月二十五日付に翻訳転載）と語ったが、かえってその話が第二軍をひとり歩きしたのではないかと、想像できる。ともかく、ここで多くの兵士に仲間の仇を討とうという共通の決意が生まれ、それは軍全体に復讐心を燃え上がらせる結果になったと思われる。これから難攻不落といわれる旅順の要塞を攻略しようという時に、それは軍首脳部にとっては願ってもないことであったはずである。『我軍は仁義を以て動き文明に由て戦ふものなり』とした大山巌の訓令は、敵討《かたきう》ちという『文明』以前の姿に形を変えることになった。そこへ、この吊るされた生首は、兵士たちの激昂をさらに誘った。」（井上・一四六頁）。

では事件の概要の紹介はこの程度にして、以下において旅順虐殺事件の真相を究明することにしよう。そのためにはまず外国人従軍記者の実見からはじめなければならないであろう。

二　旅順虐殺の実見（実態）

(1)　外国人従軍記者による惨状実見

旅順虐殺事件の地獄に等しい惨状を目撃し、それを最初に世界に報道した外国人従軍記者の「実見」から紹介していくことにしよう。外国人従軍記者は旅順市街がよく見渡せる白玉山の山頂に立って、歩兵第二連隊を主力とする将兵が突入しておこなった虐殺の惨状を目撃した。以下、外国人従軍記者の「実見」に関して詳しい井上・前掲書『旅順虐殺事件』から長文になるが引用することにしよう。

(ア)　米国「ワールド」特派員ジェームズ・クリールマンの実見――一二月二〇日付「ワールド」旅順虐殺記事

「ジェームズ・クリールマンは、『ワールド』（十二月二十日付）に書いた。

日本軍が旅順になだれ込んだとき、鼻と耳がなくなった仲間の首が、紐で吊るされているのを見た。また、表通りには、血のしたたる日本人の首で飾られた、恐ろしい門があった。その後、大規模な殺戮が起こった。激怒した兵士たちは、見るもの全てを殺した。

自分のこの目で見た証人として私は、憐れな旅順の人々は、侵略者《インヴエイダーズ》に対して如何なる抵抗をも試みなかったと断言できる。いま日本人は、窓や戸口から発砲されたと述べているが、その供述はまったくのでたらめである。

捕虜にする、ということはなかった。

兵士に跪き慈悲を乞うていた男が、銃剣で地面に刺し通され、刀で首を切られたのを、私は見た。

別の清国人の男は、隅で竦《すく》んでいたが、兵士の一分隊が喜んで撃った。

道に跪いていた老人は、ほぼ真っ二つに切られた。

また、別の気の毒な人は、屋根の上で撃たれた。もう一人は道に倒れ、銃剣で背中を何十回も突かれた。

ちょうど私の足元には、赤十字旗が翻る病院があったが、日本兵はその戸口から出て来た武器を持たない人たちに発砲した。

毛皮の帽子を被った商人は、跪き懇願して手を上に挙げていた。兵士たちが彼を撃ったとき、彼は手で顔を覆った。

翌日、私が彼の死体を見たとき、それは見分けがつかぬほど滅多《めった》切りにされていた。

女性と子どもたちは、彼らを庇ってくれる人とともに丘に逃げるときに、追跡され、そして撃たれた。

市街は端から端まで掠奪され、住民たちは自分たちの家で殺された。

孔馬、驢馬、駱駝の群れが、恐怖に慄く多数の男と子どもとともに旅順の西側から出て行った。逃げ出した人たちは、氷のように冷たい風のなかで震え、そしてよろけながら浅い入江を渡った。歩兵中隊が入江の先端に整列させられ、ずぶ濡れの犠牲者たちに絶え間なく銃撃を浴せたが、弾丸は標的に命中しなかった。

最後に入江を渡ったのは二人の男であった。そのうちの一人は、二人の小さな子どもを連れていた。彼らがよろよろと対岸に着くと、騎兵中隊が駆けつけて来て、一人の男がサーベルで切られた。もう一人の男と子どもたちは海の方へ退き、そして犬のように撃たれた。

道沿いにずっと、命乞いをしている小売商人たちが撃たれ、サーベルで切られているのを、私は見ることができた。

戸は破られ、窓は引っ剝がされた。全ての家は侵入され、掠奪された。

第二連隊の第一線が黄金山砲台に到達すると、そこは見捨てられているのがわかった。それから彼らは逃げる人でいっぱいのジャンクを見つけた。一小隊が埠頭の端までひろがり、男や女、それに子どもたちを一人残らず殺すまでジャンクに発砲した。海にいる水雷艇は、恐怖に打ちのめされた人々を満載したジャンク十隻をすでに沈めていた。五時頃、退却する敵を追って行った乃木以外の全ての将軍が、陸軍大将とともに集った操練場に音楽が流れた。何と機嫌よく、何と手を握りあっていたことか！　楽隊から流れ出る旋律の何と荘重なことか！

その間ずっと、私たちは通りでの一斉射撃の響きを聞くことができ、市街にいる無力な人々が、冷血に殺戮され、その家々が掠奪されているのを知ることができた。

クリールマンはこの文の前に、『旅順占領の物語は、歴史の最も暗い頁のひとつになるだろう』と憂え、日本に対し、『東洋の暗闇のなかで、目下のところかくも穏やかな光を放っていた、アジアの光明が消えるのを見るのは辛いことだ』と記した。」（井上・一五三頁以下）。

この一二月二〇日付「ワールド」の記事は事件の決定的な詳報であったので、この記事が掲載されるや直ちにロンドンでもすべての夕刊紙に転載され、さらに記事は世界中に飛んで各国の新聞がクリールマンの一連の記事を転載しはじめた。第二次伊藤博文内閣の外務大臣陸奥宗光をはじめとして政府閣僚、関係者らは旅順虐殺事件の具体的な状況をこの一二月二〇日付「ワールド」の紙面ではじめて知ったのである[63]。

(イ)　英国「スタンダート」特派員フレデリック・ヴィリアースの実見——一月七日付「スタンダート」記事　「フレデリック・ヴィリアースは二十一日午後に目撃したことを『スタンダード』（一月七日付）で、クリールマンと同じく吊るされた生首について触れたあと、続けて言う。

一時半に、砲兵三中隊と歩兵の大軍勢が、市街地以上に港を見渡せる丘の頂上に移動した。四時十五分前には、今や連隊長伊瀬知大佐の率いる西旅団第二連隊が市街に向かって進軍した。清国軍の縦列が移動するときは常に援護していた偉大なる黄金山砲台は、現在は伊瀬知大佐のいる地の方向へ、二、三発の砲弾を落とし、ほんのわずかな効果をあげているだけであった。そして砲台は突然に砲撃を止め、日本軍は市街に通ずる小さな鉄の橋を渡った。進軍中の歩兵たちは、十八日に敵の手中に落ちた戦友の首が道沿いの一ないし二本の立木の枝に吊るされているという、激怒を誘うような光景を目にした。もっと先には、家屋の低い軒に唇を紐で貫かれて吊るされている、身の毛もよだつもう二つの生首があった。将兵は堪忍袋の緒が切れ、家屋に潜む敗兵の捜索に射撃隊が分遣された。

まもなく、彼らが出会う全てのものに対し発砲が始まった。山地中将のかたわらに控え、清国兵の進撃をくい止める一方で、エシオ山（どの山を指すのか不明）でいつもながらの矢面に立ち昂ぶっていた第二連隊は、血の気の失せた、切断された、死んだ戦友の顔の見世物に激怒し、出会うところの命あるものは何でも射殺しつつ、銃剣で突き殺しつつ、通りに殺到していった。犬、猫、それに迷子の騾馬までもが切り倒された。大山大将の頼りになる声明の効力を恃《たの》みにしていた商人、店主、住民らは、アジア人の敵に叩頭する用意をして立っていた。彼らは西洋風の洗練された軍用マントを着用していたと思われる。侵略者《インヴェイダーズ》が国に隊伍を組んでやって来たとき、民間人の顔に歓迎の臆病な笑みが浮かぶのを私はよく目にした。これらの哀れな民間人たち——年老いた白髪まじりの男たち、青年たち、壮年の男たち——は、それぞれの家の戸口に立っていて切り倒された。村田銃の銃声に対し、この行き過ぎた行為の弁明を正当化する応射は、市街のどこからもなかった。軍隊が船渠《ドック》に到着したとき、作業場や鉄の索具のかげから二、三発が発射され、近くに兵士がいることを警告したに過ぎなかった。四人の英国人が、市街を見渡せる丘から旅順への進撃と通りでの残酷な所業を見ていた。しかし、日本兵は自分たちがしたことの多くに対して、ある弁明があった。彼らの眼前にぶら下がっていた身の毛のよだつような生首の姿は、最も人情のあるヨーロッパの軍隊の胸中にも野蛮さをかき立てるのに十分であった。十一月二十一日午後はこのようなものであった。」（井上・一五六頁以下）。

(ウ)　英国「タイムス」特派員トーマス・コーウェンの実見――一月八日付「タイムス」記事　『タイムス』（一月八日付）に、コーウェンが書いた記事もみなくてはなるまい。先に触れたように、この記事の原稿は一八九四（明治二十七）年十二月三日に神戸で書き上げられたものであった。

二十一日午後二時を少しまわったころ、日本軍が旅順に入ったとき、清国軍は市街の街外《まちはず》れの建物の間に戻るまで、遮蔽物から遮蔽物へと移動しながらゆっくりと退却し、最後まで死物狂いで抵抗した。そしてついに、全ての抵抗が止《や》んだ。彼らは完全に敗北し、なし得る最善のこととして、隠れるか、国内を東から西へと逃げるかしながら、通りを潰走していった。私は『ホワイト・ボウルダー』（＝白い玉石）、日本語で白玉山と呼ばれていた険しい丘の崖縁《がけっぷち》に立っていた。西港が背後に、テーブル・マウンテン（案子山を指すと思われる）砲台が左側に、黄金山砲台と海が右側に、東の砲台が市街越しの前方はるかかなたにと、足元に市街全体の光景を間近に見渡すことができた。私は、日本軍が進撃し、通りや家のなかに繰り出し、進路を横切る全ての生きているものを追跡し殺害するのをみて、その原因を懸命に捜した。私は実際に発砲されるのを全て目にしたが、日本兵以外からのものは何もなかったと疑いもなく誓って言える。多くの清国人が隠れ場所から狩り出され、射ち倒され、切り刻まれるのを目にした。ひとりとして戦おうとはしていなかった。皆、平服を着ていたが、それは無意味であった。何故なら、死にたくない清国兵は、彼ら流に制服を脱いでしまっていたからだ。多くの者が跪き、叩頭の格好で頭を大地に曲げ哀願していた。そのような姿勢のまま、彼らは征服軍に無慈悲にも虐殺されたのであった。逃げた者は跡を追われ、遅かれ早かれ殺された。私の目にした限りでは、家屋からは一発の発砲もなかった。私はモニュメント（一六六六年に起きたロンドン大火の記念円塔）の天《てっ》辺《ぺん》からロンドン・ブリッジをみるように、小さな市街のあらゆる場所がみて取れた。私は自分の目を信じることができなかった。何故なら、私の通信が示しているように、私を温和な日本人に対する称賛の気持で一杯にしてくれたということは、それまでの日本軍の行動に議論の余地がないという証拠であった。そこで私は、これには何らかの理由があるはずだと確信して、必死になってほんのわずかのしるしをも注意深く見ていた。しかし、何も見出せなかった。仮りに私の目が自分を欺いていたのであれば、他の人々も同じ状態にあったことであろう。英国と米国の公使館付き陸軍武官もボウルダー・ヒルにいて、同様に驚き、かつ戦慄していた。彼らが断言したように、それは蛮行のむやみな噴出であり、偽りのやさしさの胸を悪くさせるような放棄であったのだ。

背後での射撃は、私たちの注意をひろい潟へとつながる北の入江へ向けさせた。そこでは、攻囲された市街に遅くまで留まり過ぎたパニック状態の逃亡者、つまり男や女や子どもたちを通常の二倍も乗せたボートの群れが、西へと移動していた。士官に率いられた日本軍の騎兵部隊が入江の上手《かみて》にいて海の方向に発砲し、その射程内の者全てを殺戮した。年老いた男と十歳か十二歳くらいの二人の子どもが入江を渡り始めていた。騎兵が水のなかへ乗り込み、刀で彼らを何十回もなく滅多切りにした。その光景は、死すべき存在としての人間が耐え得る以上のものであった。

私たちが市街の方へ向き直ると、手に何も持たず、私たちと家々の間の、海の方向に流れる、丘の裾にある小川の干上がった川床に沿って農夫の身形をした男が走っていくのがみえた。二十ないし三十発の銃弾が男の跡を追っていった。一度、男は倒れたが、すぐさままた起き上がり、命からがら逃げ出した。日本兵は十分に狙いを定めるには興奮し過ぎていた。男は見えなくなった。だが、最終的に男が倒れたのは、九分九厘確実であった。

別の哀れで不運な男は、侵略者が無差別に発砲しながら正面の扉から入ってくると、家の裏に飛び出した。路地に入った一瞬ののち、男は自分が二つの銃火の間に追い詰められているのに気付いた。私たちには、男が三回土埃《つちぼこ》りのなかに頭を垂れてから十五分間にわたりその悲鳴が聞こえた。三回目には、男はもう立ち上がらなかった。大いに吹聴されていた日本人の慈悲に縋《すが》る形で二つ折れになり、男は横向きに倒れていた。日本兵は男から十歩離れた所に立って、狂喜して男に銃を向け弾丸を注いだ。

さらに多くのこれら哀れな死を、私たちは殺人者の手を止め得ないまま、目にした。もっともっと多く、人が話せる以上に多く、言葉をもって語れることの及ぶところではないほどに、気分が悪くなり悲しくなるまでに目にしたのだ。（中略）私たちが目にしてきたようなことをすることのできる人々のなかに留まらねばならないのは、ほとんど拷問に近かった。」（井上・一五七頁）。

(エ)《天皇制御用新聞の反論》　それだけにクリールマンなどの「外国人従軍記事**憎し**」の風潮が当時の天皇制御用新聞（時事新報など）によって必死に流布された。たとえば「天皇陛下の御聖徳」（続福澤全集第四巻二一三頁以下参照）を讃える福沢諭吉は、その創刊（明治一五年）した「時事新報」社説で、「旅順の殺戮無稽の流言」と題して次の如く主張する。

「**我旅順の大勝に付き外國人などの中には其殺戮の多きを聞て往々説を作る者あり**日本人の勇武にして戰爭に巧なる作戰の計畫寸厘も誤らずして敵の頼み切たる堅固の旅順城を僅々の時間に陷れたる其手際は實に比類稀れなる功名にして只管感嘆の外なけれども惜しむ可し勝に乘じて多數の支那人を屠殺したる一事は世の中の譏を免かれず此慘酷なる最後の擧動は全く戰勝の名譽を抹殺するに足るなど論評して憚からざるものあるよし局外に悠々たる外人等が事の前後に注意せずして一時一處の出來事に耳目を奪はれ匆々見聞して匆々判斷するときは或は此種の論評も無理ならぬ次第なれども事の當局者たる吾々日本國民は凡そ我軍隊の擧動に就て漫然看過するを得ず其一擧一動も頴敏に視察するの常にして自から外人に異なり左れば旅順の事に關しても今日まで我輩の視察し得たる所を以てすれば**我軍人が無**

辜の支那人を屠戮したるが如きは實に跡形もなき誤報なりと云ふの外なし或は日本人は日本の利益の爲に言を左右にするなど邪推する者もあらんなかれども事實は則ち事實にして爭ふ可らず之を其以前に徴せんに日本の軍隊は眞實紛れもなき文明の軍隊にして其敵に對するに寛大にして慈善心に富めるは今更ら喋々するを要せず例へば牙山の如き平壌の如き只敵を打拂ひたるのみにして之を鏖にせざるのみか軍門に降伏したるもの若しくは捕に就きたるものゝ如きは國内安全の地に護送して衣食の自由を得せしめ又負傷者は病院に入れて治療を加へしむる等、其取扱は毫も自國の兵士を遇するに異ならず其待遇の厚きは敵人さへも感激する所にして何人も我日本國の寛仁大度を疑ふものはある可らず然るに今回旅順の戰爭に限りて人を屠戮したりと云ふか、本年夏中より連戰連勝、日本國人が果して無益の殺生を樂しむ者ならんには殺生の機會は一度ならず二度ならず勝手次第に樂しみたる筈なるに曾て其事なくして今回旅順に於て始めて云々とは抑も亦前後辻褄の合はぬ話ならずや然りと雖も**旅順の戰爭に敵の死する者聊か多かりしは事實なるが故に外國人等は唯その數を計へて容易に說を作すことならん**なれども是れは自から止むを得ざるの事情に出でて傍觀者の得て知らざる所のものなり今度旅順の砲臺は支那兵が死力を竭して守りたる所にして實に一萬五六千の兵力あり我兵の奮戰これを陷るや彼等の多數は遁れて四方に散じ其逃げ後れたる者共は市街の民家に濫入して衣服を偸み取り兵士の服裝を脫して之を著替へ恰も普通の平民の如くに裝ひながら其兵器をば捨てずして處々に潜伏し我兵の進んで市街に入るや隱れながら發砲して抵抗を試み甚だ危險なるより止むを得ず家屋内を捜索して變裝の兵士を見出し殺戮に及びたることなり元來支那人が信義を口にして實際に不信不義を恥とせざるは實に言語の外にして迚も普通の人間を以て見る可き人民に非ず例へば牙山の戰爭に我軍は一撃の下に彼を破り最早や戰鬪力を失ひたればとて之を大目に見て別に追窮もせず其逃走を自由ならしめたるに何ぞ圖らん彼等は卑怯にも平壌に走りて再び我軍に抵抗したり又平壌の役にも戰爭半ばにして彼兵は白旗を城門に揭げて休戰を乞ひたるにぞ日本兵は之を諾して發砲を止めたるに彼は兵器の取纏を口實として城の明渡を延引し夜中に及び約束に背て遁げ去りながら更に九連城に據りて又もや我軍と戰ひたり其破廉恥不信不義にして我を欺きたるは一再のみならず最早や懲り〳〵したる所なれば彼が其砲臺を捨てゝ服裝を變じたればとて人數も多くして且つ兵器を隱し所持する上は如何なる抵抗を試みるやも知る可らず日本の軍隊如何に寛大なるも安閑として彼が得意の詐欺手段に罹るの愚を爲す可らず其怪しむ可き者を殺したるは至當の處置にして正當防禦の止むを得ざるに出でたるのみ或は**其殺戮を蒙りたる中には實際兵士に非ずして無辜の人民も多しとの說あれども我輩は全く事實無根を斷言するに躊躇せざるものなり**其次第を如何と云ふに旅順の攻擊は實際豫定の期日より後れて我軍が金州半島に上陸したるより其攻擊の當日までは殆んど一箇月を費したることなれば旅順の市民が敵兵進擊の沙汰を聞て難を避くるの猶豫は充分なりしのみならず實際に彼等は難を避けたるに相違なき其證據には現に旅順の道臺なる龔某の如き戰爭前に家財を取片付けて何處にか逃れたるに非ずや人民保護の職に在る道臺さへも斯る始末なれば其部下の人民等が何として其儘に居殘る可きや滿市街の老若男女は道臺退去の前後これに傚ふて悉く逃去りたるは事實に於て疑ふ可らず或は逃後れたる一二の市民もしくは其家族等が流丸などの爲めに殺傷せられたるものはあらんなれども是れは戰爭の場合に普通の談にして毫も驚くに足らず新聞紙の通信等にて斯る談を聞見し旅順市街の死者に無辜の人民多しなど速了するが如きは全くの想像說にしてます〳〵自家の迂闊を表白するものと云ふ可し彼の反覆常なく陰險測る可らざる支那兵が服裝を變じたりとて直に之を普通の人民と見做して我占領地に出沒せしむるは虎を野に放つと云はんよりは寧ろ無數の病犬と雜居するに等しく其危險云ふ可らず之を殺したるは其人に噬付かんことを恐るゝが爲めにして止むを得ざるの手段に出でたるものなり誰れか之を目して人民を屠殺したりと云ふものぞ我輩は其無稽を警むると共に今後とても斯る場合には遠慮なく殺戮を行ふて毫も差支なきことを敢て斷言するものなり（明治二十七年十二月十四日）」[64]（ゴシック著者）。

また陸羯南《くがかつなん》が改題創刊（明治二二年）した新聞「日本」の社説も当時「自称文明人の無道」と題して同様の主張を試みている。

(2) 日本人従軍記者・実戦兵士による惨状実見　地獄に等しい惨状を眼前に実見したのは外国人従軍記者に限らなかったのである。日本軍司令部の厳しい統制・管理にあったとはいえ、なお日本人従軍記者・実戦兵士の見聞記がなかったわけではない。この実見記も同じく井上・前掲書から長くなるが引用しておくことにしよう。

「昨夜来の烈風は、まだ吹き荒れていた。午前七時の気温はまだ氷点下で、雲は低く垂れ込めていた。一夜明けて前夜の出来事を知らぬ者が旅順市街に入ったとき、凄まじい光景が眼前にひろがっていた。それは、死者の山であった。そして、死者が流した血の河であった。軍関係者や従軍記者は、ただただ息を呑むばかりの光景であった。さしてひろくもない旅順の市街は、死体また死体、そしてその死体が流した夥《おびただ》しい血で染まっていた。記者は、この有り様を、いったいどのように伝えたらいいのであろう。「大阪毎日新聞」（十二月一日付・特派員相島勘次郎「従軍記」）は、死者の姿を数え上げ、次のように書いている。

廿二日《にじふにち》早《さう》起《き》寒風《かんぷう》を侵《おか》して旅順《りよじゆん》に入《い》る敵兵《てきへい》の斃《たふ》るゝ者《もの》、其《そ》の數《かず》を知《し》らず屍《しかばね》積《つ》んで山《やま》を爲《な》すとは此處《ここ》なり彼《か》れの溝《みぞ》に呻《うめ》く者《もの》、市街《しがい》の眞中《まんなか》に斃《たふ》るゝ者《もの》、家《いへ》に隠《かく》れて銃劍《じゆうけん》に刺《さ》されたる者《もの》、劍《けん》を握《にぎ》りたるまゝ石段《いしだん》に寄《よ》る者《もの》、半《なか》ば石段《いしだん》より垂《た》れたる者《もの》、仰向《あふむ》けに殪《たふ》れて瞑《めい》せざる者《もの》、箱《はこ》に凭《もた》れたる者《もの》、敷居《しきゐ》に匍《は》ふ者《もの》、裏《うら》に死《し》する者《もの》、表《おもて》に斫《き》らるゝ者《もの》、實《じつ》に惨憺《さんたん》たるパノラマにして腥風《せいふう》肌《はだ》を襲《おそ》ふ處《ところ》悽愴《せいそう》骨《ほね》を寒《さむ》からしむ

市街の様子は、他紙も伝えている。各紙特派員は、占領された旅順へ入れ替わり立ち替わり訪れており、それぞれが記事を書き、市街の様子が何度も紙面に現れることになった。占領後、民政支庁が設置され、その管理下に置かれるようになってからも、それは変わることはなかった。ともかくも、二十二日の様子を、紙上にみてみる。

旅順市内《りよじゆんしない》は、實《じつ》に屍山血河《しざんけつが》、戰骨累々《せんこつるいるい》たり。（「國民新聞」十二月二日付・特派員筆名枕戈生「旅順雑報」）敵兵《てきへい》の往々抵抗《わうわうていかう》を試《こころ》みて無慘《むざん》の最斯《さいご》を遂《と》げたるもの多《おほ》く其屍《そのかばね》は積《つ》んで山《やま》を爲《な》し血《ち》は流《なが》れて河《かは》となれり市街道路《しがいだうろ》行《い》く處《ところ》として敵《てき》の死體《したい》を認《みと》めざるはなく目下此地《もくかこのち》に生存《せいぞん》する清人《しんじん》は極《きは》めて僅少《きんせう》（下略）（「時事新報」十二月二日付・特派員堀井卯之助「征清從軍記」）

旅順各街到《りよじゆんかくがいいた》る處《ところ》に死《し》屍横《しよこた》はる間《ま》ゝ《ま》身首《しんしゆ》を異《こと》にせしものあり、半《なか》ば首《くび》の切《き》れたるあり、腦味噌《なうみそ》の溢出《いんしゆつ》せしものあり、腹《はらわた》の露出《ろしゆつ》せしものあり、眼球《がんきう》の飛出《とびいだ》せしものあり其《そ》の他手《てき》切れ足碎《あしくだ》け粘々《ねんねん》たる血液《けつえき》の上《うへ》に斃死《へいし》せる樣實《さまじつ》に一見毛《いつけんもう》髪《はつ》の悚立《しようりつ》するを覺《おぼ》ゆ倘《も》し翠帳紅閨《すいちやうこうけい》の中《なか》に人《ひと》と爲《な》りたる貴婦人令孃《きふじんれいぢやう》抔《など》に之《これ》を見《み》せたらんには或《あるひ》は其場《そのば》に驚死《きやうし》するに至《いた》るやも知《し》るべからず（「東京日日新聞」十二月七日付・特派員甲秀輔「第二軍從軍雜記」）

死屍狼藉街巷《ししらうぜきがいかう》に滿《み》ち、五六若《ごろくも》しくは十以上《じふいじやう》の敵人《てきじん》□首《しゆ》を竝《なら》べて斃死《へいし》するを見《み》る、之《こ》れを過《す》ぐれば腥氣人《せいきひと》を襲《おそ》ひ惡臭《あくしう》鼻《はな》を撲《う》つ、（中略）修羅《しゆら》の街吾《まちわ》れ其語《そのご》を聞《き》くなし、而《しか》して慘憺此《さんたんかく》の如《ごと》きの光景《くわうけい》は想像《さうぞう》の及《およ》ぶ所《ところ》に非《あ》らず、（「日本」十二月八日付・特派員筆名鐵巖生「征行録」）

このような情況を目にすれば、兵士にもこれを筆にする者が出てこよう。上等兵伊東連之助は、二十二日夕方になって旅順市街に入った。伊東は、翌年一月九日になって友人に宛て手紙を認め、それは新聞にも転載された。

旅順口戰況《りよじゆんこうせんきやう》の儀《ぎ》は實際新聞紙上《じつさいしんぶんしじやう》より敵兵《てきへい》の死人《しにん》は多《おほ》き樣感《やうかん》ぜられ候野《さふらふの》にも山《やま》にも海《うみ》にも死人累々《しにんるいるい》として腥風鼻《せいふうはな》を衝《つ》き廿一二日頃《にじふいちににちごろ》には旅順市街《りよじゆんしがい》の如《ごと》きは一時敵兵《いちじてきへい》の死者街區《ししやがいく》に塡充《てんじゆう》して死人《しにん》の上《うへ》を通行致候《つうかういたしさふらふ》（「國民新聞」一月二十三日付に転載）

伊東の友人は、一八九六（明治二十九）年になって、伊東からの手紙をまとめ、『征清奇談従軍見聞録』として上梓した。このなかでも同じように記されている。

予等《よら》廿二日《にじふににち》薄暮《はくぼ》旅順《りよじゆん》に至《いた》るに積屍山《せきしやま》の如《ごと》く、郊《かう》の内外《ないぐわい》死軀《しく》累々《るいるい》として腥風《せいふう》鼻《はな》を衝《つ》き、碧血《へきけつ》靴《くつ》を滑《すべ》らして歩行《ほかう》自由《じいう》ならず、已《や》むを得《え》す死人《しにん》の上《うへ》を歩《あゆ》めり、清兵《しんぺい》の狼狽《らうばい》して海《うみ》に投《とう》じ溺死《できし》するもの其數《そのすう》測《はか》るべからず、血《ち》は流《なが》れて杵《きね》を漂《ただよ》はすとは穿《うが》ち得《え》て妙《めう》なり、

第二連隊第四中隊の二等軍曹は、父親宛てに手紙を送り、これが新聞に転載された。

此地《このち》造船所《ざうせんじよ》の如《ごと》き頗《すこぶ》る立派《りつな》なる者《もの》にて市街《しがい》には敵《てき》の死屍山《ししやま》をなし居《を》る様《やう》痛快《つうくわい》の極《きよく》に御座候《ござさふらふ》（「郵便報知新聞」十二月六日付に転載）

高柳直は、二十二日午前九時に毅字軍操練場に集合し、命令を待って数時間待機したのち、旅順市街へ向かった。

高柳の『従軍實記』にも市街の様子が記されている。

市街《しがい》には至《いた》る所《ところ》に敵兵《てきへい》の死屍《しし》累々《るいるい》として横《よこた》はり屋内《おくない》亦《また》二三《にさん》の死屍《しし》あらさるはなく家具《かぐ》散亂《さんらん》民心《みんしん》疑懼《ぎく》其惨々《そのさんさん》たる光《くわう》景腥々《けいせいせい》たる臭風《しうふう》坐《そぞ》ろに愛親覺羅《あいしんかくら》の末世《まつせ》を想《おも》はしめ轉《うた》た憫哀《びんあい》の念《ねん》を起《おこ》さしむ午後三時《ごごさんじ》宿舎地《しゆくしやち》に至《いた》り土民《どみん》の家《いへ》に入《い》る宿舎地《しゆくしやち》には家屋《かおく》十數戸《じふすうこ》あり余等《よら》其内外《そのないぐわい》の死屍《しし》を集《あつ》めて假《かり》に之《これ》を埋《うづ》め以《もつ》て大体《だいたい》の掃除《さうぢよ》を爲《な》したるに其《その》死屍《しし》百以上《ひやくいじやう》に及《およ》ぶ推《お》して以《もつ》て敵死《てきし》の夥多《かた》なるを知《し》るに足《た》れり……」（井上一六九頁以下）。

(3)　法律家（第二軍法律顧問）有賀長雄の実見　本稿の主題からして旅順惨状に関する法律家の実見も記述しておかなければならないであろう。それには実見記（有賀『日清戦役国際法論』）を残している有賀長雄のものを紹介することになる。もっとも有賀は既述の如く法律家といっても天皇制軍隊の御用法律家（第二軍大山司令部付法律顧問）である。それでもなお、有賀は天皇制軍部が好まざる次のような殺戮の惨状を記述せざるをえなかったほどであった。

有賀曰く、「……旅順市街ハ昨夜既ニ攻畧シ了リ、黄金山ノ砲臺モ敵之ヲ遺棄シタルニ因リ戰ハスシテ我軍ノ占領スル所ト爲リタル由ヲ告ケタリ。軍司令部ハ今日正午ヲ以テ旅順市街ニ入ルコトニ決シ、余ハ少シク之ニ先ニ立チテ午

前十時市街ニ入リタリ、而シテ世界ノ話柄ト爲リタル悲惨ナル光景ハ直ニ余ノ眼前ニ現ハレタリ。

旅順市街ハ周圍ニ城壁ヲ設ケス又全ク防禦ノ工事ナシ、唯タ處々ニ鐵門ヲ設ケタルモ是レ平時ニ通行人ヲ嚴密ニ撿シ以テ間諜ノ船隝ニ入ルヲ防ク爲ニ設ケタル所ナリ、之ヲ防戰工事ト看做ス可カラス。市街ノ北ノ入口ヨリ其ノ中央ニ在ル天后宮ト稱スル寺（航海保護ノ神ヲ祭ル處）マテ道ノ兩側ニ民屋連列セリ、而シテ其ノ戸外及戸内ニ在ルモノハ死體ナラサルナク、特ニ横路ノ如キハ累積スル屍體ヲ踏ミ越ユルニ非サレハ通過シ難カリキ。中央ノ天后宮ヨリ東ニ折レテ進ムトキハ道臺衙門及海軍衙門アリ、並ニ巨大ノ建築ナリ、其ノ前ニ船隝ノ入口アリ。船隝ノ前ハ廣場ナリ、此ノ廣場ニ沿ヒテ東西ニ走ル長キ街アリ、又此ノ街ト直角ヲ爲セル三筋ノ街アリ之ヲ東街、中街、西街ト云フ。此等ノ諸街モ皆死體ヲ以テ滿タサレタリ。市街ニ在リシ死體ノ總數ハ無慮二千ニシテ其ノ中五百ハ非鬪戰者ナリ。灣ヲ渉リテ西ニ逃レントシタル者ハ陸ヨリ射撃セラレタリ、是レ水中ニモ多ク死體ヲ存セシ所以ナリ。

茲ニ注目スヘキ一事ハ市街ノ死體ハ大抵盛年ノ男子ニシテ婦女幼兒ハ極メテ少ナキ事是レナリ。女子ハ水中ニ一人及途上ニ一人アリシノミ、孰レモ男子ノ群集ニ雜リテ斃レオレリ。

余カ市街ニ入リシ時ハ日本兵士ハ既ニ各ゝ其ノ部署ニ就キ、街衢ハ靜肅ナリキ。然レトモ二十二、二十三、二十四ノ數日間ハ稀レニ日本兵士カ繩ヲ以テ支那人ヲ三々五々連縛シテ市外ニ引キ行クヲ見タリ、即チ日本軍ニ向テ數多犯ス所アリシニ因リ**殺戮スル爲ニ引キ行クモノナリ**シト云フ。[65]」（ゴシック著者）。

三　虐殺の非難と大山司令官の回答

(1)　日本軍に対する非難と有賀『日清戦役国際法論』

先に見た如く外国人従軍記者や兵士の「実見」から旅順虐殺の噂・非難などの情報が次第に伝播して遂に大本営に達するようになる。そして後述の如くこの虐殺情報に関して参謀総長有栖川宮熾仁より第二軍司令官大山巖大将に対する「推問」となり、大山「回答」をだささるをえなくなる。

そこで大山回答に入る前に、日本軍の旅順虐殺に対する非難なるものを第二軍司令部側がどのようなものとしてとらえていたかをまずもって明らかにすることからはじめなければなるまい。この点に関して第二軍大山司令官と行動をともにしていた司令部法律顧問であった天皇制御用法律家・有賀前掲書『日清戦役国際法論』が間接的資料であるが明らかにしている。

有賀は前掲書の「第二十七節　旅順口ニ於ケル日本軍ノ挙動ニ対スル世評」（つまり非難）と題した節の中で、次の如く述べているからである。

「茲ニ旅順口事件ニ關スル余輩ノ判斷ヲ開示スルニ當リ先ツ説明スヘキ一事アリ。

元來日本ハ清國ニ向テ清國カ自ラ負ヘルヨリモ更ニ重大ニ更ニ不便ナル義務ヲ負フヘキノ理由ナシ、而シテ清國ハ實際ニ於テ全ク戰律ヲ奉セサルモノナレハ、嚴密ニ論スレハ日本モ清國ニ對シ全ク戰律ヲ奉スルノ必要ナク、随テ旅順口事件ニ對シ如何ナル責ヲ負フヘキ必要モ無シ。

然レトモ日本ハ前ニ述ヘタル如ク清國ノ擧動如何ニ拘ラス自ラ進ンテ戰律ニ遵由セント決定シタルモノナリ、故ニ少ナクトモ其ノ自國ノ决心ニ對シテハ責ヲ負フヘキモノナリ。且又日本ハ常ニ歐米ノ諸文明國ニ向ヒ自ラモ一文明國ノ地位ニ立チテ對等ノ交際ヲ爲スノ意志ヲ表示スルモノナリ、故ニ此ノ平生ノ外交主義ニ對シテモ戰勝ヲ得ルノ妨ケト爲ラサル限リハ戰律ヲ遵奉スヘキ義務アルモノナリ。

諸外國ニ於テ旅順口ニ於ケル日本軍の擧動ニ對シ下シタル批評ハ種々ナリト雖、之ヲ概括スルトキハ左ノ三要點ヲ出テス。

(イ)日本軍ハ旅順市街ニ進入ノ當日、即チ明治二十七年十一月二十一日ニ於テ平和ナル人民ト敵ノ兵士トヲ分別セス一

混シテ之ヲ襲撃シタルコト。

(ロ)日本軍ハ二十一日ノ一戦ヲ了リ其ノ後ニ於テ此ニ戦闘力ヲ有セサル敵ノ兵士ヲ殺戮シタルコト。

(ハ)市街ノ民屋ニ於テ財貨ヲ掠奪シタルコト。

以上三點ノ外ニ尚ホ多少ノ非難ヲ爲ス者アリ、例ヘハ强姦ヲ爲シタリト云ヒ、婦女幼兒ニ至ルマテ屠殺シタリト云フカ如シ、……」(66)

以上の如く司令部法律顧問・有賀によると、日本軍に対する非難は上述(イ)(ロ)(ハ)の三点であるという。勿論有賀は大山司令官と行動をともにしていたのであるから、以上三要点も司令官の許可をえて開示したものである。この三点に関する司令官大山の回答は後記（(2)参照）の如く後述するところである。

なお有賀自身は日本軍の旅順虐殺の理由を「土城士《とじょうし》の戦闘」における支那兵の野蛮行為に求めている。有賀曰く、「旅順口事件ニ向テ與ヘラレタル辯解論ノ中ニテ所謂日本軍ノ不法ナル擧動ノ責ヲ輕減スルノ効力最モ大ナルモノハ他無シ、凡ソ此ノ事件ノ場合ニ類似スル場合、委シク言ヘハ一國ノ兵士カ其ノ敵ノ卑劣ナル所爲ニ對シ太《ハナハダ》シク激昂スル場合ニ於テハ同様ノ光景ハ殆ト常ニ起ルモノニシテ不法ハ則チ不法ナリト雖、止ミ難キ形勢トシテ咎ムヘキニ非スト云フ是レナリ。所謂敵ノ卑劣所爲トハ**土城子ノ小衝突**ニ於テ**支那兵カ我カ死傷者ノ臟腑ヲ奪ヒテ其ノ跡ニ土石ヲ塡メオキタルコト**ヲ指スモノナリ。又茲ニ同様ノ思想ニ連繫スル一ノ事實ニシテ從軍中ニ在リシ外國公使館付武官ノ一名カ余ニ語リシ所ノモノアリ、曰、第一師團ノ一部分カ旅順口ノ各兵營ヲ拔キ旅順市街ニ向テ進軍スル途中ニ於テ日本兵士ノ首級三個ヲ路傍ノ柳樹ニ掛ケアルヲ見タリ。日本兵士ニシテ如何ニ冷血ナリトモ爲ニ憤然タヲサルヲ得ンヤ、前ニ土城子ニ於ケル敵ノ實ニ暴戻ナル所爲ヲ記憶シ今又目前ニ旅順口ノ戰友ノ屍體ニ此ノ侮辱ヲ加ヘタルヲ見テハ如何シテ其ノ平氣ヲ保ツコトヲ得ンヤ切齒憤激シテ一刀ノ下ニ敵ヲ屠盡セサレハ則チ止マスト誓フニ至ルハ此ノ如キ場合ニ於テ自然至當ノ感情ナリトス、之ヲ非難スル者ハ與ニ戰鬪ノ實況ヲ談スルニ足ラサル者ナリ。現世紀ノ後半期ニ於テ歐米國民ノ間ニ起リタル戰役ニ際シテモ同様ニ野蠻ナル擧動（土城子ノ虐殺ヲ指ス）ニ因リ同様ニ慨嘆スヘキ結果（旅順口ノ慘狀ヲ指ス）ヲ生シタル實例ハ多々アリ、而シテ文明國ノ軍隊カ半開人民又ハ野蠻ナル種族ニ對シテ行ヒタル遠征ニ於テハ同様ノ事實ハ更ニ多々タルヘシト。」(67)（ゴシック著者）。

(2) 大山司令官の回答

(ア) 前記の有賀が記述した(イ)(ロ)(ハ)の非難に対する大山「回答」もまた有賀・前掲書の記述（**「第二十八節　大本営ニ対スル第二軍司令官ノ答弁」**）にしたがって引用せざるをえない。けだし有賀の次の一文がこれを証明しているからである。

有賀・前掲書の第二十八節冒頭で、有賀曰く、「旅順口ニ於ケル慨嘆スヘキ事件ヲ聞クヤ、大本營ヨリハ使者ヲ第二軍ニ派シテ實況ヲ推問セラレタリ。其ノ使者ハ參謀總長熾仁親王殿下ヨリ大山大將ニ宛テタル書簡ヲ齎シタリ。而シテ此ノ書簡ニ對シ大山大將ノ爲シタル回答ハ卽チ此ノ事件ニ關スル公然ノ解釋ナリ、換言セハ**日本軍隊ノ見解ヲ代表スルモノナリ**。此ノ回答ハ機密書類ニ屬スルヲ以テ未タ世ニ公ニセラレス、然レトモ是レ日本ノ戰史上ニ於テ特別ニ重要ナル所以ノモノアルニ依リ茲ニ**第二軍司令部ノ許可ヲ得テ**其ノ要領ヲ開示セントス、左ノ如シ。」(68)（ゴシック著者）として、前記(イ)(ロ)(ハ)に関する大山回答が記述されているからである。

(イ) 大山「兵士人民混一シテ殺戮」回答　(a) これは前掲「世評」(イ)（「日本軍ハ旅順市街ニ進入ノ當日、即チ明治二十七年十一月二十一日ニ於テ平和ナル人民ト敵ノ兵士トヲ分別セス一混シテ之ヲ襲撃シタルコト」）の回答（つまり第二軍司令官の答弁）である。

「(イ)ニ對スル答辯

左記ノ事實ヲ以テ推究セハ二十一日ニ於テ市街ノ兵士人民ヲ混一シテ殺戮シタルハ實ニ免レ難キ實況ナルヲ知ルヘシ。
一、旅順口ハ敵ノ軍港ニシテ市街ハ多クノ兵員職工ヨリ成立セシ事
二、敗餘ノ敵兵家屋内ヨリ發砲セシ事
三、毎戸ニ兵器彈薬ヲ遺棄シアリシ事
四、我兵ノ同市ニ進入セシハ薄暮ナリシ事[69]」

(b)　この大山答弁に関して、有賀は有賀・前掲書（「第十九節　大山大将ノ答辯ニ対スル批評」）で次のような解説を付加している。

「第二十九節　大山大将ノ答辯ニ對スル批評

(イ)ノ疑問即チ二十一日中ニ市内ノ兵士ト人民トヲ分別セス混一シテ殺戮シタル件ニ付キテハ**大將ハ其ノ事實ノ信ナルヲ承認シ**而シテ之ニ辯解ヲ下セリ。[70]」（ゴシック著者）。

有賀は大山司令官の御用法律家であるから所詮大山答弁の確認・解説にすぎない。つまり大山が明治二七年一一月二一日の旅順虐殺事件を「承認」したこと、それを有賀もまた確認・解説したものである。

(ウ)　大山「捕虜殺戮」回答

(a)　これは前掲「世評」(ロ)（「日本軍ハ二十一日ノ一戰ヲ了リ其ノ後ニ於テ此ニ戰闘力ヲ有セサル敵ノ兵士ヲ殺戮シタルコト）の回答である。

「(ロ)ニ對スル答辯

二十二日以後ニ於テ捕虜中間ミ殺戮セラレタル者是レアリタルモ此等ハ皆頑愚不覺、或ハ抵抗シ或ハ逃亡等ヲ計リタル徒ヲ懲戒スル爲萬止ムヲ得サルニ出テタルノミ。[71]」

(b)　この大山回答に関して有賀・前掲書の解説でも、捕虜殺戮の事実を確認している。有賀曰く、「**(ロ)ノ點**即チ捕

虜ノ中間ニ殺戮セラレタル者アル儀ニ付キテモ**大将ハ其ノ事實タルコトヲ承認シ**、而シテ此等ハ抵抗シ或ハ逃亡ヲ計ル等ノ所爲ヲ懲戒スル爲ナリシトノ事由ヲ以テ之ヲ辯解セリ。」[72]（ゴシック著者）。

捕虜殺戮が極めて残酷無比であっただけに、大山も虐殺の事実を否定することができなかったのである。

(c)「捕虜殺戮」の実見

この虐殺の「惨状実見」を以下紹介すれば次の如くである。

①たとえば「〔前掲〕クリールマンは、この日も一日中、兵士たちが、『恐怖に駆られた人々を家から引きずり出し、撃ったり、ばらばらに切ったりし続けている』（「ワールド」十二月二十日付）のを目撃した。『一本の道路上だけで、二百二十七の死体があった。少なくとも四十名が、手を後ろ手に縛られて射殺されていた』（同前）。この後ろ手に縛られた四十名というのは、つまりは捕虜であろう。コーウェンも、『後ろ手に縛られ数珠つなぎにされ、五分間にわたり銃弾で穴だらけにされたあと、ばらばらに切られた**捕虜の集団**を、私は見た』（「タイムス」一月八日付）」と記している（ゴシック著者）。

また前掲コーウェンは「タイムス」（一月八日付）に「何の罪もない人々が、戦争中に殺されるということは、避け難いことである。私は、そのことだけで日本軍を責めはしない。清国兵は、農夫の身形をし、武器を持ち、変装を隠れ蓑として、可能なときに攻撃した。それゆえに、軍服を着ていようといまいと、全ての清国人を敵と見なすことは、ある程度許されることになる。その点では、日本軍はあきらかに正当化されている。しかし、清国人を敵と見なしたとしても、彼らを殺すことは人道にかなったことではない。彼らは、生かして捕えられるべきである。数百名の人が捕えられ縛られたあと、殺されるのを私は見た。それはおそらく、野蛮な行為ではないのだろう。どうであろうと、それは真実なのだ。」。②さらに「国内の新聞からも、あえて捕虜を作らなかったことが知れる。『比較的《ひかくてき》捕虜《ほりよ》の數《かず》少《すくな》きハ何故《なにゆゑ》ぞや』と『萬朝報』（十二月四日付）は問いかけ、そして答えている。海軍は沿岸を巡羅し、陸軍は金州を押さえている。もし敗兵を捕虜にしようとしたら、おそらく一兵も残さず、望みどおりになるであろう。しかしながら、大量の捕虜を得たところで、さまざまなことに手数を要するだけである。捕虜は第二軍にとって歓迎するところではない。『故《ゆゑ》に敵《てき》の銃砲刀劔《じゆうほうたうけん》を携《たづさ》ふる者及我兵《ものおよびわがへい》に抵抗《ていかう》する者《もの》ハ悉《ことごと》く銃 撃斬殺《じゆうげきざんさつ》せり之《こ》れ捕虜《ほりよ》少《すくな》くして死者《ししや》多《おほ》き所以《ゆゑん》ならん』と[73]」。

第二軍御用法律家有賀は戦場で以上の虐殺を目撃しているだけに上記(ロ)解説の最後に、大山弁護（?）のために次のようにいわざるをえなかった。「故ニ捕虜支那人中抵抗シ又ハ逃亡等ヲ計リタル者アリタルハ事實ナリトスルモ尙ホ果シテ直ニ之ニ對シ兵器ヲ使用スルヲ正當ナリトスル場合ナリシヤ否ヲ究定スルニ非サレハ其ノ殺戮ヲ辯解スルコトヲ得ス、大山大將ノ回答ハ此ノ點ニ就キ詳密ノ説明ヲ與ヘサルニ似タリ。[74]」

(エ)　大山財貨掠奪回答　(a)　これは前掲世評(ハ)（「市街ノ民家ニ於テ財貨ヲ掠奪シタルコト」）の回答である。

「(ハ)ニ對スル答辯

人民ノ財貨ヲ掠奪シタル事實ハ全ク無根ナリ、但シ當夜同市ニ投宿シタル軍隊ノ其ノ宿營用具卽チ机、腰掛、火鉢、茶碗、薪炭等ノ類ヲ徵用シタル事實ハ之レアルヘキモ財貨ノ掠奪ニ至リテハ斷シテ之レ無シ、已ニ一二心得違ノ者ハ夫々處分ヲ終ヘタリ。[75]」

このように大山は(イ)(ロ)の答弁ではそれぞれの事実を「承認」したが、この(ハ)の事実に関しては、「断シテ之レ無シ」として断固否定している。

(b)　そう断言できるであろうか。

(i)　次の前掲外国人従軍記者の惨状「実見」をあげておこう。

「私は、兵士たちがひきつった死体を踏みつけながら、死者の家を掠奪するのを見た。凄まじい犯罪を隠そうともしていなかった。恥というものが、消え失せてしまっていた」と（クリールマン、「ワールド」一二月二〇日付）、また「市街の全ての建物が完全に掠奪された。全ての戸が開け放たれ、全ての箱や簞笥、隅という隅をくまなく漁りまくった。得る価値のあるものは掠奪され、残ったものは壊されるか、溝へ投げ捨てられた」（コーウェン、「タイムス」一月八日付）[76]と。

(ii)　国内新聞でも次のような記事がある。

「分捕は、国家の財産を増やすことである。平壌の戦いのあとには、例えば、『平壌分捕《へいじやうぶんどり》の金銀十六函《きんぎんじふろくはこ》を大本營《だいほんえい》に廻《くわい》致《ち》し來《きた》りしことハ我特派員《わがとくはゐん》の電報《でんぽう》に依《よ》りて已《すで》に記《しる》したるが今目錄《いまもくろく》に依《よ》り其種類《そのしゆるい》を區分《くぶん》すれバ左《さ》の如《ごと》し』（「東京朝日新聞」十月十三日付）という記事が、『分捕金銀の種類』の題のもとに、第一面に掲載されもしたのである。記事はこれに続き箱ごとの詳細を記し、『金《きん》の總量《そうりやう》　廿五貫三百五十目《にじふごくわんさんびやくごじふめ》』『銀《ぎん》の總量《そうりやう》　百十三貫九百十匁《ひやくじふさんくわんきうひやくじふもんめ》』『混合物《こんがふぶつ》四貫六百目《しくわんろつぴやくめ》』『但《ただし》通貨《つうくわ》を除《のぞ》く』と結ばれている。金や銀ばかりでなく、米などの穀類ももちろん、分捕の対象であった。平壌の戦いでは、『正米《せいまい》二千六百石《にせんろつぴやくこく》』『小麦《こむぎ》三百二十石《さんびやくにじつこく》』『玄米《げんまい》三百石《さんびやくこく》』『黍《きび》百石《ひやくこく》』『粟《あは》八百二十石《はつぴやくにじつこく》』『大小豆《だいせうづ》千二百石《せんにひやくこく》』『鹽《しほ》五百俵《ごひやくひやう》』などを分捕った。[77]」

また特異なものとして井上・前掲書には駱駝などの掠奪もあげている。「生きているものも、分捕の対象となった。前日の二十二日、兵士橋爪《はしづめ》武《たけし》は清国兵営を捜索中に二頭の駱駝を発見し分捕り、これを山地元治に贈った。山地はこれに丹頂鶴を添えて、天皇に献上するため、橋爪にこれらを携えて帰国することを命じ、十一月二十九日に献上品は宇品港に陸揚げされた。番《つがい》の駱駝は、翌一八九五（明治二十八）年二月になって、皇太子からの下賜という形で、東京・上野動物園に寄贈され、飼育された。『国民新聞』（十月二十四日付）は、東京・九段の靖国神社境内にある遊就館に展示されている分捕品の見物に訪れる人の数が、浅草や上野への行楽客よりも多いことを伝えている。[78]」。

四　赤十字条約（ジュネーブ条約）と「捕虜殺戮」

(1)　ジュネーブ条約と日本の加盟

(ア)　既述の如く天皇は「宣戦の詔勅」（明治二七年八月一日）で「国際法ニ戻ラサル限リ」全力で戦えと宣言しているのであるから、これらの残酷無比の「捕虜殺戮」はこの詔勅に違反していたことになる。つまりこの殺戮は明らかに「文明戦争」に値しない。それだけではなく、日本軍（第二軍）の残虐行為は一八六四年の赤十字条約（ジュネーブ条約とも呼ぶ）にも違反することになるのである。けだし日本の天皇制政府は一八八六年（明治一九年）にこのジュネーブ条約に加盟しているからである。

(イ)　そこでジュネーブ条約の内容・締結事情をまず明らかにしておく必要があろう。

(a)　一八六三年に赤十字国際委員会の前身である五人委員会がジュネーブで招集した第一回国際会議（一六カ国から非公式の代表が参加）で平時から救済委員会を常設することを申し合わせた。

また戦時には、①負傷者は国籍に関係なく保護すること、②病院、野戦病院および負傷者の救済にあたるすべての人々を尊重すること、③戦場でこれらの救護委員会を見分けるために、純白の地に赤十字の章をつけること、が決議された。

(b)　しかしこれらは非公式なのでこれを国際法上有効な決議とするために一八六四年に一七カ国が参加してジュネーブで外交官会議が開催された。この会議で先の決議を盛込んだ最初の一八六四年の赤十字条約（「戦地軍隊ニ於ケル傷者及病者ノ状態改善ニ関スル条約。なお、一九〇六年・一九二九年改正）が締結された。この条約に既述の如く日本も加盟した。一八九九年にはこの条約は海戦にも拡大された。一九〇四年には病院船、一九二九年には捕虜の待遇にまで及ぶ。さらにこれらは第二次大戦後の一九四九年のジュネーブ条約につながっていく。

(ウ) そこで以下、日本の加盟書と赤十字条約（ジュネーブ条約）を引用しておこう。

(a) 日本の赤十字条約加盟書（勅令）と一八六四年の赤十字条約

「朕西暦千八百六十四年戰時負傷者ノ不幸ヲ救濟スル爲メ瑞西國外十一國ノ間ニ締結セル赤十字條約ニ加入シ茲ニ之ヲ公布セシム

御名御璽

明治十九年十一月十五日（官報十一月十六日）

内閣總理大臣伯爵伊藤博文
外務大臣伯爵井上　馨
陸軍大臣伯爵大山　巖
海軍大臣伯爵大山　巖

西暦千八百六十四年八月二十二日瑞西國ヂュネーヴ府ニ於テ瑞西國外十一國ノ間ニ締結セル赤十字條約加盟書

日本皇帝陛下ハ軍隊出陣負傷者ノ狀體改良ノ件ニ關シ千八百六十四年八月二十二日ヂュネーヴニ於テ瑞西聯邦バード大公殿下白耳義皇帝陛下丁抹皇帝陛下西班牙皇帝陛下佛蘭西皇帝陛下ヘツス大公殿下伊太利皇帝陛下和蘭皇帝陛下葡萄牙及アルガルブ皇帝陛下普魯士皇帝陛下ヴュルタンベール皇帝陛下ノ間ニ締結セシ左ノ條約ヲ識認ス

第一條

戰地假病院及ヒ陸軍病院ハ局外中立ト見做シ患者若クハ負傷者ノ該病院ニ在院ノ間ハ交戰者之ヲ保護シテ侵スコト勿ルヘシ

但戰地假病院及ヒ陸軍病院ハ兵力ヲ以テ之ヲ守ル時ハ其局外中立タルノ資格ヲ失フモノトス

第二條

戰地假病院及ヒ陸軍病院ニ於テ任用スル人員即チ監督員、醫員、事務員、負傷者運搬員幷ニ說教者ハ各其本務ニ從事シ且ツ負傷者ノ入院スヘク若クハ救助スヘキ者アル間ハ局外中立ノ利益ヲ享有スルモノトス

第三條

前條ニ揭ケタル各員ノ從事スル戰地假病院若クハ陸軍病院ハ敵軍ノ占領ニ係ルト雖モ各員ハ依然其本務ヲ行フコトヲ得ヘク若クハ其屬スル隊ニ再ヒ加ハル爲メ退去スルコトヲ得ヘシ

前項ノ場合ニ於テ各員其職ヲ罷ル時ハ占領軍隊ヨリ敵軍ノ前哨ニ之ヲ送致スヘシ

第四條

陸軍病院ノ器具什物等ハ交戰條規ニ從テ處置スヘキモノナリ故ニ該病院附屬ノ各員ハ其退去ノ際各自ノ私有品ヲ除クノ外爾餘ノ物品ヲ携帶スルコトヲ得ス

但戰地假病院ハ前項ノ場合ニ於テモ其器具什物等ヲ保有スルコトヲ得

第五條

負傷者ヲ救助スル土地ノ住民ハ侵スコトヲ得ス且ツ之ヲシテ其自由ヲ得セシメサルヘカラス

交戰國ノ將官ハ住民ニ慈善ノ擧ヲ慫慂シ且ツ慈善ノ擧ニ依テ局外中立タルノ資格ヲ有スルコトヲ得ヘキ旨ヲ豫告スルノ責アルモノトス

家屋内ニ負傷者ヲ接受シ之ヲ看護スル時ハ其家屋ヲ侵スコトヲ得ス又自己ノ家屋ニ負傷者ヲ接受スル者ハ戰時課稅ノ一部ヲ免カレ且ツ其家屋ヲ軍隊ノ宿舍ニ供用スルコトヲ免カルヘシ

第六條

負傷シ又ハ疾病ニ罹リタル軍人ハ何國ノ屬籍タルヲ論セス之ヲ接受シ看護スヘシ司令長官ハ戰闘中ニ負傷シタル兵士

ヲ速ニ敵軍ノ前哨ニ送致スルコトヲ得但右ハ其時ノ狀勢ニ於テ之ヲ送致スルコトヲ得ヘク且ツ兩軍ノ協議ヲ經タル場合ニ限ルモノトス

治療後兵役ニ堪ヘスト認メタル者ハ基本國ニ送還スヘシ

又其他ノ者ト雖モ戰爭中再ヒ兵器ヲ帶ヒサル旨盟約シタル者ハ其本國ニ送還スヘシ

患者負傷者退去スル時ハ其之ヲ率フル人員ト共ニ完全ナル局外中立ノ取扱ヲ受クヘシ

第七條

陸軍病院戰地假病院幷ニ患者負傷者退去ノ標章トシテ特定一樣ノ旗章ヲ用ヒ且ツ其傍ニ必ス國旗ヲ揭クヘシ

局外中立タル人員ノ爲ニ臂章ヲ裝附スルコトヲ許ス但其交付方ハ陸軍官衞ニ於テ之ヲ司トルヘシ旗及ヒ臂章ハ白地ニ赤十字形ヲ畫ケルモノタルヘシ

第八條

此條約ノ實施ニ關スル細目ハ交戰軍ノ司令長官ニ於テ其本國政府ノ訓令ニ從ヒ且ツ此條約ニ明示シタル綱領ニ準據シテ之ヲ規定スヘシ

第九條

此締盟各國ハヂュネーヴ會議ニ全權委員ヲ派遣セサリシ政府ニ此條約ヲ示シ其加盟ヲ請フコトヲ約諾セリ因テ之カ爲メ議事錄中餘白ヲ存ス

第十條

此條約ハ批准ヲ受クヘキモノトス而シテ其批准書ハベルヌニ於テ四月以內若クハ可成ハ其以前ニ交換スヘシ

是ニ於テ下名瑞西聯邦駐劄日本皇帝陛下ノ特命全權公使ハ本件ニ關シ特別ノ權限ヲ帶ヒ此書ヲ以テ日本帝國ノ本條約

ニ加盟スルコトヲ告知ス
右確證ノ爲メ下名ハ千八百八十六年六月五日ベルヌ府ニ於テ此告知書ニ記名調印スルモノナリ
瑞西聯邦駐劄日本特命全權公使侯爵蜂須賀茂韶手署」

(b)　一九〇六年の赤十字条約

赤十字條約（戰地軍隊ニ於ケル傷者及病者ノ狀態改善ニ關スル條約）
千九百六年（明治三十九年）七月六日「ジェネヴァ」ニテ調印
千九百八年（明治四十一年）三月九日批准
同　年　四月二十三日批准書寄託
同　年　六月十二日公布

獨逸國普魯西國皇帝陛下（以下締約國元首名省略）ハ共ニ其ノ力ノ及フ限リ戰爭ニ避クヘカラサル慘害ヲ輕減セムコトヲ冀望シ此ノ目的ヲ以テ戰地軍隊ニ於ケル傷者及病者ノ狀態改善ニ關シ千八百六十四年八月二十二日「ジエネヴア」ニ於テ約定シタル條規ヲ完成補修セムト欲シ之カ爲新條約ヲ締結スルコトニ決定シ各左ノ全權委員ヲ任命セリ（委員氏名省略）因テ各全權委員ハ互ニ其ノ委任狀ヲ示シ其ノ良好妥當ナルヲ認メ以テ左ノ條項ヲ協定セリ

第一章　傷者及病者

第一條　軍人及公務上軍隊ニ附屬スル其ノ他ノ人員ニシテ負傷シ又ハ疾病ニ罹リタル者ハ國籍ノ如何ヲ問ハス之ヲ其ノ權內ニ收容シタル交戰者ニ於テ尊重看護スヘキモノトス
但シ病者及傷者ヲ敵ニ遺棄スルノ已ムヲ得サルニ至リタル交戰者ハ軍事上ノ狀況ノ許ス限リ其ノ看護ヲ幫助セシメムカ爲衛生部員及衛生材料ノ一部ヲ病者傷者ト共ニ遺留スヘシ

第二條　交戰者一方ノ傷者又ハ病者ニシテ他ノ交戰者ノ權內ニ陷リタル者ハ前條ニ依リテ看護ヲ享クルノ外俘虜ト爲リ俘虜ニ關スル國際公法ノ一般規則ヲ適用セラルルモノトス

但シ交戰者ハ俘虜タル傷者病者ニ關シ有益ト認ムヘキ特例又ハ殊遇ノ條項ヲ相互ニ協定スルノ自由ヲ有シ殊ニ左ノ事項ニ付協定ヲ爲スノ權能ヲ有ス

一　戰鬪後戰場ニ遺棄セラレタル傷者ヲ互ニ引渡スコト

一　交戰者カ俘虜トシテ抑留シ置クヲ欲セサル傷者又ハ病者ヲ輸送ニ堪フルニ至リタル後又ハ全治後其ノ本國ニ送還スルコト

一　中立國ノ承諾ヲ得タル上戰爭ノ終了迄留置スル條件ヲ以テ對戰國ノ傷者又は病者ヲ同中立國ニ引渡スコト

第三條　各戰鬪後戰場ノ占領者ハ傷者ヲ搜索シ且掠奪及虐待ニ對シ傷者及死者ヲ保護スルノ措置ヲ執ルヘシ

右占領者ハ死者ノ埋葬又ハ火葬カ其ノ死體ヲ綿密ニ檢査シタル上ニテ行ハルルコトニ注意スヘシ

第四條　各交戰者ハ死者ニ付發見シタル軍隊ノ認識票又ハ身分ヲ證明スヘキ記號及集收シタル傷者又ハ病者ノ人名簿ヲ成ルヘク速ニ其ノ本國官憲又ハ所屬陸軍官憲ニ送付スヘシ

交戰者ハ互ニ其權內ニ在ル傷者及病者ノ留置、移動竝入院及死亡ニ關スルコトヲ知照スヘク又戰場ニ於テ發見セラレ或ハ衞生上ノ固定營造物及移動機關內ニテ死亡シタル傷者又ハ病者ノ遺留ニ係ル一切ノ私用品有價物書狀等ヲ利害關係者ニ其所屬國官憲ヲシテ傳送セシムル爲集收スヘシ

第五條　陸軍官憲ハ住民ノ慈惠心ニ訴ヘ之ニ應シタル者ニハ特別ノ保護及一定ノ特典ヲ與ヘ其ノ監督ノ下ニ兩軍ノ傷者病者ヲ收容看護セシムルコトヲ得ヘシ

第二章　衞生上ノ移動機關及固定營造物

第六條　衞生上ノ移動機關（卽チ戰地軍隊ニ隨伴スヘキモノ）及衞生勤務ノ固定營造物ハ兩交戰者ニ於テ之ヲ尊重保護スヘシ

第七條　衞生上ノ移動機關及固定營造物カ害敵行爲ノ爲ニ使用セラルルトキハ其ノ保護ヲ失フヘシ
第八條　左記ノ事項ハ衞生上ノ移動機關又ハ固定營造物カ第六條ニ依リ保障セラレタル保護ヲ喪失スヘキ性質ノモノト看做サス
第一　移動機關又ハ固定營造物ノ人員カ武裝シ其ノ武器ヲ自己又ハ傷者病者ノ防衞ノ爲ニ使用スルノ事實
第二　武裝看護人ノ在ラサルニ當リ正式ノ命令ヲ携帶スル歩哨又ハ衞兵ヲシテ移転機關又ハ固定營造物ヲ守衞セシムルノ事實
第三　傷者ヨリ取上ケタルモ未タ所轄部署ニ引渡サレサル武器及藥筒カ移動機關又ハ固定營造物内ニ發見セラレタルノ事實

第三章　人　　員

第九條　傷者及病者ノ收容、輸送及治療竝衞生上ノ移転機關及固定營造物ノ事務ニ專ラ從事スル人員、軍隊附屬ノ敎法者ハ如何ナル場合ニ於テモ尊重保護セラルヘク敵手ニ陷リタルトキト雖俘虜トシテ取扱ハルコトナカルヘシ
前項ノ規定ハ第八條第二號ノ場合ニ於テ衞生上ノ移動機關及固定營造物ノ守衞人員ニモ之ヲ適用ス
第十條　本國政府カ適法ニ認可シタル篤志救恤協會ノ人員ニシテ軍隊衞生上ノ移動機關及固定營造物ニ使用セラルル者ハ前條ニ掲ケタル人員ト同一ニ看做サルヘシ但シ該人員ハ陸軍ノ法律規則ニ服從スヘキモノトス
各國ハ其の責任ノ下ニ在リテ軍隊ノ衞生勤務ニ幫助ヲ與フルコトヲ許可シタル協會ノ名稱ヲ平時ヨリ又ハ戰爭開始ノ際若ハ戰爭中何レノ場合ニモ之ヲ有效ニ使用スルニ先チ他ノ一方ノ國ニ通告スルヲ要ス
第十一條　中立國ニ於テ認可セラレタル協會ハ豫メ其ノ國政府ノ承認ヲ得タル上當該交戰者ノ許可ヲ受クルニ非サレハ其ノ人員及衞生上ノ移動機關ヲシテ同交戰者ニ幫助ヲ與ヘシムルコトヲ得ス右救護ヲ承諾シタル交戰者ハ其ノ使用ニ先チ之ヲ敵國ニ通告スヘシ
第十二條　第九條、第十條及第十一條ニ掲ケタル人員ハ敵ノ權内ニ陷リタル後モ指揮ノ下ニ在リテ引續キ各自ノ職務ヲ執行スヘシ

前項人員ノ幫助カ既ニ必要ナキニ至リタルトキハ軍事上ノ必要ト相容ルル時期及通路ニ従ヒ之ヲ所屬軍隊又ハ其ノ本國ニ送還スヘシ
右人員ハ各自ノ私有ニ屬スル被服、器具、武器及馬匹ヲ持去ル得ヘシ
第十三條　敵國ハ第九條ニ掲ケタル人員カ其ノ構内ニ在ル間自國軍隊ノ同一等級ノ者ニ給與スルト同額ノ給養及俸給ヲ之ニ支給スヘシ

第四章　材　料

第十四條　衞生上ノ移動機關ハ敵ノ權内ニ陷ルトキト雖其ノ輸送方法護送人員ノ如何ヲ問ハス所屬材料ヲ保有ス同材料中ニハ輓馬ヲモ包含スルモノトス
但シ所轄陸軍官憲ハ傷者及病者看護ノ爲該材料ヲ使用スルノ權能ヲ有スヘク其ノ材料ハ衞生人員ノ爲ニ定メラレタル條件ニ依リ且成ルヘク衞生人員ト同時ニ之ヲ還付スヘシ
第十五條　固定營造物ノ建物及材料ハ戰爭ノ法規ニ從フ然レトモ傷者及病者ノ爲ニ必要ナル間ハ其ノ用途ヲ他ニ轉スルコトヲ得ス
但シ作戰部隊ノ指揮官ハ重大ナル軍事上ノ必要アルトキハ豫メ固定營造物内ニ在ル傷者及病者ノ安全ヲ謀リタル後便宜之ヲ處分スルコトヲ得ヘシ
第十六條　本條約に定メタル條件ニ從ヒ條約上ノ利益ヲ享有スル救恤協會ノ材料ハ私有ノ財産ト看做サレ之カ爲戰爭ノ法規慣例ニ基キ交戰國ニ屬スル徴發權ニ依ルヲ除クノ外如何ナル場合ニ於テモ尊重セラルヘシ

第五章　後送機關

第十七條　後送機關ハ左ノ特別規定ニ依ルノ外衞生上ノ移動機關トシテ取扱ハルヘシ

第一　後送機關ヲ遮斷スル交戰者カ軍事上ノ必要アル場合ニハ該後送機關ノ收容シタル病者及傷者ヲ引受ケタル後之ヲ解カシムルコトヲ得ヘシ

第二　前號ノ場合ニ於テ第十二條ニ規定セラレタル衞生人員送還ノ義務ハ正式ノ命令ヲ携帶シテ輸送又ハ後送機關ノ護衞ニ任スル一切ノ軍人軍屬ニ及フレシ

第十四條ニ規定シタル衞生材料還付ノ義務ハ特ニ後送ノ爲ニ組織セラレタル鐵道列車及内地航行ノ船舶竝衞生勤務ニ屬スル普通ノ車輛、列車及船舶ノ裝置材料ニ適用セラルヘシ

衞生勤務ニ屬セサル軍隊ノ車輛ハ其ノ輓馬ト共ニ捕獲スルヲ得ヘシ

普通人民及徵發ニ依リテ得タル各種ノ輸送物件ハ國際公法ノ通則ニ從フヘキモノトス同物件中ニハ後送ノ爲ニ使用セラルル鐵道材料及船舶ヲモ包含スルモノトス

第六章　特別記章

第十八條　瑞西國ニ對シ敬意ヲ表スル爲該聯邦國旗ノ著色ヲ顚倒シテ作成シタル白地赤十字ノ紋章ハ軍隊衞生勤務上ノ殊別記章トシテ維持セラルヘシ

第十九條　前條ノ記章ハ所轄陸軍官憲ノ認許ニ依リ衞生勤務ニ關係スル旗、臂章及一切ノ材料ニ表出セラルヘシ

第二十條　第九條第一項、第十條及第十一條ニ依リ保護セラルル人員ハ所轄陸軍官憲ヨリ交付シ且其ノ印章ヲ捺シタル白地赤十字ノ臂章ヲ左腕ニ裝著スヘク陸軍ノ衞生勤務ニ從事スル人員ニシテ軍服ヲ著セサルモノハ認識證明書ヲ併セ携帶スヘシ

第二十一條　本條約ニ依リテ尊重セラルル衞生上ノ移動機關及固定營造物ニシテ陸軍官憲ノ認許ヲ受ケタルモノニ非サレハ本條約ノ記章旗ハ之ヲ揭揚スルコトヲ得ス右記章旗ハ該機關又ハ營造物所屬交戰者ノ國旗ト共ニ揭揚スヘシ

但シ權内ニ陷リタル衞生上ノ移動機關ハ其ノ地位ノ繼續スル間赤十字旗ノ外他ノ國旗ヲ揭揚スヘカラス

第二十二條　第十一條ニ規定シタル條件ニ依リ其ノ勤務ヲ幫助スルノ許可ヲ得タル中立國ノ衛生ノ移動機關ハ本條約ノ記章旗ト共ニ所屬交戰者ノ國旗ヲ掲揚スヘシ

前條第二項ノ規定ハ前項ノ衛生上ノ移動機關ニモ之ヲ適用ス

第二十三條　白地ニ赤十字ノ記章及赤十字又ハ「ジェネヴァ」十字ナル稱號ハ平時ト戰時トヲ問ハス本條約ニ依リテ保護セラルル衛生上ノ移動機關、固定營造物、人員及材料ヲ保護シ又ハ標榜スル爲ニ非サレハ之ヲ使用スルコトヲ得ス

第七章　條約ノ適用及執行

第二十四條　締盟國中ノ二國又ハ數國間ニ戰爭アル場合ニ限リ締盟國ハ本條約ノ規定ヲ遵守スルノ義務アルモノトス此ノ規定ヲ遵守スルノ義務ハ交戰國ノ一カ本條約ノ記名者ナラサル時ヨリ消滅スルモノトス

第二十五條　交戰軍ノ司令長官ハ各其ノ本國政府ノ訓令ニ從ヒ且本條約ノ綱領ニ準據シ前諸條ノ執行ニ關スル細目及規定漏ノ事項ヲ補足處理スヘシ

第二十六條　記名國政府ハ本條約ノ規定ヲ其ノ軍隊及特ニ保護セラルル人員ニ敎示シ且之ヲ國民ニ知悉セシムルカ爲必要ナル手段ヲ執ルヘシ

第八章　濫用及違犯ノ禁制

第二十七條　記名國政府ニシテ其ノ現行法制完全ナラサルモノハ本條約ニ依リ權利ヲ享有スルモノ以外ノ個人又ハ協會ニ於テ「赤十字」又ハ〔「ジェネヴァ」十字〕ナル記章又ハ名稱ヲ使用シ就中商業上ノ目的ヲ以テ製造標又ハ商標ノ方法ニ依リ之ヲ用ヰルコトヲ常ニ防止セムカ爲必要ナル手段ヲ執リ又ハ之ヲ其ノ立法府ニ提案スヘキコトヲ約ス

前項ニ規定シタル記章又ハ名稱ノ使用禁止ハ各國ノ法制ニ依リテ定メラレタル時期ヨリ其ノ效力ヲ生スヘク遲クトモ本條約實施後五年以內ニ其ノ效力ヲ生スヘシ本條約實施後ハ同禁止ニ牴觸スル製造標又ハ商標ノ使用ヲ以テ不法トス

第二十八條　記名國政府ニシテ其ノ陸軍刑法不完全ナル場合ニハ戰時ニ於テ軍隊ノ傷者及病者ニ對スル個人的掠奪及虐待行爲ヲ禁制シ且本條約ニ依リテ保護セラレサル軍人又ハ個人ノ爲シタル赤十字ノ記章旗及臂章ヲ陸軍記章ノ侵犯トシテ處罰スルニ必要ナル手段ヲ執リ又ハ之ヲ其ノ立法府ニ提案スヘキコトヲ約ス

記名國政府ハ遲クトモ本條約批准後五年以内ニ瑞西聯邦政府ヲ經テ右禁制ニ關スル規定ヲ互ニ相通告スヘシ

總　則

第二十九條　本條約ハ成ルヘク速ニ批准スヘシ

批准書ハ「ベルヌ」府ニ保管ス

各批准書ニ付一通ノ保管證書ヲ作リ其ノ認證謄本ヲ外交上ノ手續ニ依リ各締盟國ニ交付スヘシ

第三十條　本條約ハ各締盟國カ其ノ批准書ヲ提供シタル日ヨリ六箇月ノ後其ノ國ニ對シテ效力ヲ生スヘシ

第三十一條　正當ニ批准セラレタル本條約ハ締盟國間ノ關係ニ於テ千八百六十四年八月二十二日ノ條約ニ代ルヘキモノトス

千八百六十四年ノ條約ハ之ニ記名シタルモ本條約ヲ批准セサル諸國間ノ關係ニ付テハ引續キ效力ヲ有スヘキモノトス

第三十二條　本條約ハ千九百六年六月十一日「ジェネヴァ」ニ開會シタル萬國會議ニ代表者ヲ派遣シタル諸國及該萬國會議ニ代表者ヲ派遣セサルモ千八百六十四年ノ條約ニ記名シタル諸國ニ依リ本年十二月三十一日迄ニ記名セラレ得ルモノトス

千九百六年十二月三十一日迄ニ本條約ニ記名セサル諸國ハ其ノ後ニ至リ之ニ加盟スルノ自由ヲ有スヘシ其ノ加盟ハ書面ヲ以テ瑞西聯邦政府ニ通告シ同政府ヨリ更ニ之ヲ各締盟國ニ通知スヘキモノトス

他ノ諸國モ亦同一ノ形式ニ依リ加盟ヲ請求スルヲ得ヘシ但シ其ノ請求ハ瑞西聯邦政府ニ通告ヲ爲シタル日ヨリ一年ヲ經過スルモ締盟國ノ何レヨリモ同政府ヘ異議ヲ申入レサルトキニ限リ始メテ其ノ效力ヲ生スヘキモノトス

第三十三條　各締盟國ハ本條約ヲ廢棄スルノ權能ヲ有ス其ノ廢業ハ書面ヲ以テ瑞西聯邦政府ニ通告シタル後一年ヲ經過スルニ非

サレハ效力ヲ生スルコトナシ瑞西聯邦政府ハ右通告ヲ爾餘ノ締盟國ニ直ニ通知スヘシ前項ノ廢棄ハ之ヲ通告シタル國ニ對シテノミ其ノ效力ヲ生スルモノトス

右證據トシテ各全權委員ハ本條約ニ記名調印スルモノナリ

千九百六年七月六日「ジェネヴァ」ニ於テ本書一通ヲ作リ之ヲ瑞西聯邦政府ノ記錄ニ保管シ其ノ認證謄本ヲ外交上ノ手續ニ依リ締盟國ニ交付スルモノナリ

(2) 日本赤十字社と「捕虜殺戮」との関係

(ア) 明治一九年（一八八六年）に日本がジュネーブ条約に加盟した時に、従来の組織（元の博愛社）を「日本赤十字社」と改称した。「日本赤十字社ハ帝室ヨリ**社資ノ一部分ヲ惠與セラレ**、公文ニ於テ『日本皇帝皇后陛下ノ至貴至尊ナル保護ノ下ニ立ツ』ト云ヘル書式ヲ用ヰルコトヲ許サレ、其ノ社則ノ制定及變更ハ一々**天皇ノ勅裁ヲ仰ケリ**。日本赤十字社ハ常ニ皇族ノ一人之ヲ總裁シ、其ノ下ニ社長副社長アリ、倶ニ**勅任**ナリ。……」[79]。有賀・前掲書（一八二頁以下）によると、日清戦争では日本赤十字社は、「戰鬪部隊ニ於ケル醫務（假綳帶所及綳帶所ノ醫務）ヲ以テ第一線トシ、戰鬪部隊ノ直接後方ニ於ケル醫務（野戰病院及戰地定立病院ノ醫務）ヲ以テ第二線トシ、兵站線路ニ於ケル醫務（患者輸送部及兵站病院ノ醫務）ヲ以テ第三線トシ、留守師團管區內ノ醫務（豫備病院ノ醫務）ヲ以テ第四線トスルトキハ、日本赤十字社ニハ第二線第三線第四線ノ醫務ヲ補充スルコトヲ許サレ、**第一線ノ醫務ヲ補充スルコトヲ許サレサリシモノナリ**。」

つまり第一線（戦闘部隊の衛生勤務）には関与することはできないようになっていた。その理由は、

「一、清國政府ハジュネーブ條約ニ加盟セス故ニ該條約ノ規程ヲ完全ニ執行スル必要ナシ。

二、清國軍隊ハ戰律ヲ奉セス隨テ其ノ敵軍ニ屬スル野戰衞生ノ人員材料ニ對シ中立ノ取扱ヲ爲サヽルニ因リ特志救護

ノ人員材料ヲ敵前ニ出スハ危険ナリ。

三、前方ノ衛生勤務ハ負傷者ニ當坐ノ治療ヲ施シテ速ニ之ヲ後方ニ轉送スルニ在リ故ニ隊屬衛生部員及師團衛生隊ノ人員材料ノミニテ十分ナリ。

四、日本赤十字社ノ人員ハ未タ戰場ノ衛生勤務ニ慣レス、故ニ之ヲシテ前方ノ勤務ニ關係セシムルトキハ不便ト困難トヲ生スヘシ。」ということである。

これでは残酷な旅順虐殺に関する日本赤十字社による「実見」は全く不可能であったということである。

(イ)　第二司令部付きの国際法学者・有賀長雄は旅順虐殺の現場を「実見」していた。有賀自身の実見記述によると次の如くである。

「……市街ハ昨夜既ニ攻畧シ了リ、黄金山ノ砲臺モ敵之ヲ遺棄シタルニ因リ戰ハスシテ我軍ノ占領スル所ト為リタル由ヲ告ケタリ。軍司令部ハ今日正午ヲ以テ旅順市街ニ入ルコトニ決シ、余ハ少シク之ニ先キ立チテ午前十時市街ニ入リタリ、而シテ世界ノ話柄ト為リタル悲惨ナル光景ハ直ニ余ノ眼前ニ現ハレタリ。

旅順市街ハ周圍ニ城壁ヲ設ケス又全ク防禦ノ工事ナシ、唯タ處々ニ鐵門ヲ設ケタルモ是レ平時ニ通行人ヲ嚴密ニ撿シ以テ間諜ノ船隖ニ入ルヲ防ク為ニ設ケタル所ナリ、之ヲ防戰工事ト看做ス可カラス。市街ノ北ノ口ヨリ其ノ中央ニ在ル天后宮ト稱スル寺（航海保護ノ神ヲ祭ル處）マテ道ノ兩側ニ民屋連列セリ、而シテ其ノ戶外及戶内ニ在ルモノハ死體ナラサルナク、特ニ横路ノ如キハ累積スル屍體ヲ踏ミ越ユルニ非サレハ通過シ難カリキ。中央ノ天后宮ヨリ東ニ折レテ進ムトキハ道臺衙門及海軍衙門アリ、並ニ巨大ノ建築ナリ、其ノ前ニ船隖ノ入口アリ。船隖ノ前ハ廣場ナリ、此ノ廣場ニ沿ヒテ東西ニ走ル長キ街アリ、又此ノ街ト直角ヲ為セル三筋ノ街アリ之ヲ東街、中街、西街ト云フ。此等ノ諸街モ皆死體ヲ以テ満タサレタリ。市街ニ在リシ死體ノ總數ハ無慮二千ニシテ其ノ中五百ハ非鬪戰者ナリ。灣ヲ渉リテ西ニ逃レントシタル者は陸ヨリ射撃セラレタリ、是レ水中ニモ多ク死體ヲ存セシ所以ナリ。

茲ニ注目スヘキ一事ハ市街ノ死體ハ大抵盛年ノ男子ニシテ婦女幼兒ハ極メテ少ナキ事是レナリ。女子ハ水中ニ一人及途上ニ一人アリシノミ、孰レモ男子ノ群集ニ雜リテ斃レオレリ。

余カ市街ニ入リシ時ハ日本兵士ハ既ニ各〻其ノ部署ニ就キ、街衢ハ靜肅ナリキ。然レトモ二十二、二十三、二十四ノ數日間ハ稀レニ日本兵士カ繩ヲ以テ支那人ヲ三々五々連縛シテ市外ニ引キ行クヲ見タリ、卽チ日本軍ニ向テ數多犯ス所アリシニ因リ**殺戮スル爲ニ引キ行クモノナリシト云フ**。

請フ尙ホ余輩ノ目擊シタル二三ノ事實ヲ叙セン。

元來市街ニ於テ支那人ヲ見ルコト稀レナリキ、然レトモ遇〻市內ヲ往來スル支那人ハ皆首ニ我カ士官ノ名刺ヲ懸ケ、之ニ『此者ハ何々隊ニ於テ使役スル者ナリ殺スヘカラス』ト書シアリ、又戰鬪以後ニ歸リ來リテ食物酒類ヲ賣ル支那人ノ門ニハ『此ノ家ニ居ル者殺ス可カラス』ノ札ヲ掛ケタリ。

右ハ此ノ如キ名刺ナク、此ノ如キ掛札ナカリセハ其ノ生命ハ安全ナラサリシコトヲ意味スルモノナリ。……」[80]（ゴシック著者）。


しかし実見のいずれについても有賀は赤十字条約違反を追及することがなく、結局第二軍大山司令官の行動の弁解に終始した[81]。かくて有賀は、「国際的な正義の基準（international standard of justic）」の適用を追及しない虚偽の国際法学者といえようか。

五　虐殺事件と条約改正

(1)　本稿の主題が戦争と法律学にある以上、旅順虐殺を当時の焦眉の国際的課題であった「条約改正」との関係でもふれておかなければならないであろう。ところで第二章第二節冒頭で指摘した如く日清戦争と条約改正は不可分の関係にある。明治二七年（一八九四年）七月一六日の日英通商航海条約の調印がその象徴であるといってよい。この条約の調印は、日本にとって一方で宿願の日清戦争をイギリスの支援・掩護の下に遂行することが可能となったし、また他方ではこれまた宿願であった欧米先進資本主義国との条約改正を促進することが可能となった。それは先に指摘した民法典起草委員の補助委員であった仁井田益太郎の発言からも明らかである。「第一着にイギリスが謂ゆる条約改正に應ずることになった。そこで明治二十七年七月十六日にイギリスとの条約改正が出来た。之に依ると五年後に条約が効力を生ずると云ふ事になって居った……」[82]。

しかしこのイギリスとの条約調印、そしてそれに続く欧米先進資本主義国（「文明国」）との条約改正は、日本に対して一つの義務を課した。それは日清戦争を「文明戦争」（福沢・前掲論説「日清戦争は文明戦争なり」参照）として遂行しなければならないということである。つまり「文明国」の国際法（「万国公法」）に従って戦争をしなければならない（天皇の「宣戦の詔勅」（明治二七年八月一日）曰く、「国際法ニ戻ラサル限リ……」）。ということは、日清戦争において日本は先にも指摘したように欧米先進資本主義諸国（「文明国」）が主張する「国際標準（international standard）」主義、国際的な正義の基準（international standard of justice）」主義に基づく国際法（「万国公法」）を遵守することである。

(2)　旅順虐殺事件が事実であれば、日本軍の行動は欧米先進国の国際法（「万国公法」）の「正義の基準」に違反することになるわけである。したがって既述のクリールマンなどの旅順虐殺の「実見」報道は欧米式国際法違反問題、条約改正の進展問題として登場してくるのである。

(ア)　そのなかでも最初の具体的な旅順虐殺事件の報道記事としては、アメリカ・ニューヨーク日刊新聞一八九四年一二月一日付発行の「ワールド」（New York World）のクリールマンの署名入り記事をあげなければならないであろう。これはアメリカにおける日本軍の大虐殺の衝撃的な第一報といってよい。さらに一二月一三日付の「ワールド」

社説でも日本が文明国になるまで新条約の締結をなすべきでないと主張した。

なお、一二月一二日付の「ワールド」の衝撃的な報道記事を含めてクリールマンの「実見」の「ワールド」報道（とくに一八九四年一二月二〇日付記事を参照）に関してはすでに触れたところである。

(イ)　米国国務長官の反応　このアメリカにおける「ワールド」の衝撃的記事は、アメリカ合衆国連邦議会の元老院（Senate）に大きな影響を与えた。日米間の条約改正交渉は順調に進み条約改正の調印（明治二七年〔一八九四年〕一一月二二日）にまでこぎ着け、元老院に送付された。しかしこの段階ではまだ元老院の承認手続が済んでいなかった。つまりアメリカ合衆国憲法第二条第二節（二項一款）によると、条約を締結するには元老院の出席議員の三分の二の賛同が必要なのである。したがって新条約はいまだ批准されていないということになるのである。正にこの時に日本軍の旅順虐殺事件の第一報がアメリカの「ワールド」で報道されたのである。米国国務長官グレシャムは在米特命全権公使栗野慎一郎に対して旅順虐殺事件が真実なら日米新条約の批准は難しくなるだろうと伝えてきた。(83)

この点に関して当時の外相陸奥宗光は自著『蹇蹇録』（第九章　朝鮮事件と日英条約改正）の中で日米条約改正について次の如く述べている。

「米國《べいこく》ハ我國《わがくに》ニ對《たい》シ最《もつと》モ好意《かうい》ヲ懷《いだ》クノ一國《いつこく》ナリ從來條約改正《じゆうらいでうやくかいせい》ノ事業《じげふ》ノ如《ごと》キモ他《た》ノ各國《かくこく》ニ於《おい》テ許多《きよた》ノ異議《いぎ》アル時《とき》ニモ獨《ひと》リ米國《べいこく》ノミハ毎《つね》ニ我請求《わがせいきう》ヲ成《な》ル丈《た》ケ寛容《くわんよう》セムコトヲ努《つと》メタリ特《とく》ニ明治廿七年《めいじにじふしちねん》華盛頓《ワシントン》ニ於《おい》テ彼我兩國《ひがりやうこく》ノ全權委員《ぜんけんゐゐん》カ條約《でうやく》改正《かいせい》ノ會商《くわいしやう》ヲ開始《かいし》セシ以來何等重大《いらいなんらぢゆうだい》ナル故障《こしやう》モナク着々其歩《ちやくちやくそのほ》ヲ進《すす》メ遂《つい》ニ同年十一月二十二日《どうねんじふいちがつにじふににち》ヲ以《もつ》テ調印《てういん》スルヲ得《え》タリ然《しか》ルニ彼國《かのくに》ノ憲法《けんぱふ》ニ據《よ》リ總《すべ》テ外國條約《ぐわいこくでうやく》ハ元老院《げんらうゐん》ノ協贊《けふさん》ヲ待《ま》ツヘキ規定《きてい》ナルヲ以《もつ》テ米國政府《べいこくせいふ》ハ此新條約《このしんでうやく》ヲ元老院《げんらうゐん》ニ送《さう》附《ふ》シタリ其後幾程《そのごいくほど》モナク不幸《ふかう》ニモ彼《か》ノ旅順口虐殺事件《りよじゆんこうぎやくさつじけん》ト云《い》フ一報《いつぽう》カ世界《せかい》ノ新聞紙上《しんぶんしじやう》ニ上《のぼ》ルニ至《いた》レリ。(84)」

しかし日本政府（とりわけ外相陸奥）の必死の外交努力など紆余曲折を経た後ようやく翌年二月五日のアメリカ合衆

国元老院の決議によって日米改正条約は締結されることになる。この間の事情に関して前掲・陸奥『蹇蹇録』から一文を引用しておこう。

「然《しか》ルニ元老院《げんらうゐん》ハ新條約《しんでうやく》ニ協賛《けふさん》スルコトニ遅《ち》々《ち》シタルノ後《のみ》漸《やうや》ク之《これ》ニ一《ひとつ》ノ修正《しうせい》ヲ加《くは》ヘタリ而《しか》シテ其修正《そのしうせい》ノ文字《もじ》ハ僅々《きんきん》ナリシモ殆《ほとん》ト之《これ》カ爲《ため》ニ條約全体《でうやくぜんたい》ヲ破壞《はくわい》スルノ結果《けつくわ》ヲ生《しやう》シタリ因《よつ》テ余《よ》ハ栗野公使《くりのこうし》ニ電訓《でんくん》シ更《さら》ニ米國國務大臣《べいこくこくむだいじん》ト許多《きよた》ノ協議《けふぎ》ヲ盡《つく》サシメ又元老院内有力《またげんらうゐんないいうりよく》ノ議員《ぎゐん》ニ對《たい》シ種々《しゆじゆ》ノ手段《しゆだん》ヲ施《ほどこ》サシメ漸《やうや》ク本年《ほんねん》二月《にぐわつ》ノ初旬《しよじゆん》ニ至《いた》リ元老院《げんらうゐん》ハ之《これ》ヲ再議《さいぎ》ニ附《ふ》スルコトヲ肯《がへん》シ終《つひ》ニ彼我《ひが》共《とも》ニ滿足《まんぞく》スヘキ再修正《さいしうせい》ヲ議決《ぎけつ》スルニ至《いた》リタリ是《こ》レ卽《すなは》チ現今《げんこん》ノ日米新條約《にちべいしんでうやく》トス」(85)

六　天皇制軍国主義の帰結

(1)　最後に旅順虐殺の原因はどこにあったかを明らかにしておく必要があろう。まず問題となるのは旅順虐殺を誰が命令したかである。けだし軍隊（第二軍）である以上軍律に基づいて軍司令官の指揮・命令に従って行動しなければならないからである。ではそれは第二軍司令官大山巖の命令か。そうではないようである。けだし大山は日本出発の際の明治二七年一〇月一五日に次のような命令を第二軍兵士に発表しているからである。いま一度その要点を引用すれば次の如くである。

「我軍ハ仁義ヲ以テ動キ文明ニ由テ戰フモノナリ故ニ我軍ノ敵トスル所ハ敵國ノ軍隊耳ニシテ其一個人ニ非ス左レハ敵軍ニ當リテハ固ヨリ勇壯ナルヘシト雖モ其降人俘虜傷者ノ如キ我ニ抗敵セサル者ニ對シテハ之ヲ愛撫スヘキコト嚮ニ陸軍大臣ヨリ訓示セラレタルカ如シ況ヤ敵國一般ノ人民ニ對シテハ尤此注意ヲ體シ我カ妨害ヲ爲サヽル限リハ之ヲ遇スルニ仁愛ノ心ヲ以テスヘシ秋毫ノ微ト雖モ決シテ掠メ奪フコトアルヘカラス……若シ違ヒ犯ス者アラハ嚴罰ヲ以テ之ヲ處分シ決シテ宥赦スヘカラス今ヤ我軍將ニ本國ヲ離レテ敵地ニ赴カントス因テ特ニ訓示ス各團長ハ深ク此主意ヲ體シテ部下ヲ戒飾シ我**天皇陛下ノ御仁徳ヲシテ益〻海外ニ照明ナラシメ我軍隊ノ義心ヲ世界ニ發輝スヘシ**

明治二十七年十月十五日

第二軍司令官伯爵大山　巖」（ゴシック著者）。

したがって「文明」論を説く第二軍の最高司令官大山の命令通り行動していれば旅順虐殺は起りえない筈である。

(2)　ではなぜ旅順虐殺が起ったのか。第二軍司令部法律顧問（つまり天皇制御用法律家）有賀国際法学者にいわせると、それは日本兵の死体損壊・生首説（有賀・前掲書一一六頁以下）なるものが主張されている。この点に関しては既述（第四節三(1)参照）したところであるが、その要点をいま一度引用すれば次の如くである。

「……所謂敵ノ卑劣所爲トハ土城子ノ小衝突ニ於テ支那兵カ我カ死傷者ノ臓腑ヲ奪ヒテ其ノ跡ニ土石ヲ塡メオキタルコトヲ指スモノナリ。又茲ニ同様ノ思想ニ連繫スル一ノ事實ニシテ從軍中ニ在リシ外國公使館付武官ノ一名カ余ニ語リシ所ノモノアリ、曰、第一師團ノ一部分カ旅順口ノ各兵營ヲ拔キ旅順市街ニ向テ進軍スル途中ニ於テ日本兵士首級三個ヲ路傍ノ柳樹ニ掛ケアルヲ見タリ、日本兵士ニシテ如何ニ冷血ナリトモ爲ニ憤然タラサルヲ得ンヤ、前ニ土城子ニ於ケル敵ノ實ニ暴戻ナル所爲ヲ記憶シ今又目前ニ旅順口ノ戰友ノ屍體ニ此ノ侮辱ヲ加ヘタルヲ見テハ如何シテ其ノ平氣ヲ保ツコトヲ得ンヤ切齒憤激シテ一刀ノ下ニ敵ヲ屠盡セサレハ則チ止マスト誓フニ至ルハ此ノ如キ場合ニ於テ自然至當ノ感情ナリトス、之ヲ非難スル者ハ與ニ戰鬪ノ實況ヲ談スルニ足ラサル者ナリ。……」

(3)　しかしこの生首激昂説には井上・前掲書の反論（同書二九三頁以下）がある。「兵士たちは、たしかに激昂したかもしれない。しかし、軍隊には厳格な規律というものがある。時に当時の日本にあっては、封建時代の意識を引きずって、上からの命令は絶対的なものであったはずである。……生首をみて一時的な心神耗弱状態に陥り、阿修羅のように暴れまくったところで、やがてまたもとに戻るものであろう。そもそも、そういったことを許さないのが、軍隊というものではないか。十月十五日に発せられた大山の訓令に悖る行為は、本来であれば起きることはない。」という。

そこで井上は上からの命令説を主張する。つまり「それは兵士の激昂ぶりがひどかったからなどといった理由によるものではなく、そういったことを可能にする上からの命令があったからとしか思えない。」という。

では「上」とは誰を指すのか。井上によると、それは第一師団長山地天治ではないかという。それによると、「日本軍が旅順口を全面的に占領したのは、十一月二十一日午後五時のことであった。山地天治中将は、狂ったように全世界を驚愕させた密命を発した。『婦女老幼以外、全て殺害して構わぬ』。

この軍の命令によって、全旅順口の二万余りの無辜の庶民が、侵略者の剣の下で命を失うことになった」という。

そしてその根拠は第一師団司令部付き通訳官・向野堅一の『明治二十七八年戦後餘聞戦役夜話』での言、つまり「婦女老幼ヲ除ク外全部剪除セヨ」との山地将軍の命令(86)に求める。

しかし井上・前掲は、一応この山地命令説をたててみたが、「まだ謎が残る」という。謎の第一は山地の上官である大山が旅順虐殺を制止しなかったのは何故か。第二は東京朝日新聞（一八九四年〔明治二七年〕一〇月三一日付）に旅順虐殺事件を予告するような記事があったのは何故か、ということである。この朝日新聞の記事は、第二軍が戦地に上陸し終えたことを伝え、続けて言う。

「旅順口《りよじゆんこう》近傍《きんばう》海陸《かいりく》相應《あひおう》じて驚天動地《きやうてんどうち》の大惨劇《だいさんげき》を演《えん》じたる快報《くわいほう》の來《きた》りて吾《わが》耳《じ》朶《だ》を穿《うが》てるも近日《きんじつ》に在《あ》るべし」と。以上の「謎」から井上・前掲書（二九八頁）は最終的には旅順虐殺事件は「『大本営』の、形はどうあれ当初からの計画であったのかどうか」という疑問を呈示している。

(4)　ところで私に言わしむれば、むしろ井上の大本営計画説の疑問のほうが的中しているのではないか。というわけは第一に一八九四年（明治二七年）九月一五日に軍国主義者・天皇睦仁は、本腰で戦争体制を強化するため大本営をわざわざ広島に移した（明治二六年五月二二日戦時大本営条例参照）。第二に既述の如く大本営参謀本部の「日清戦史」草案がこれを露骨に表明しているといえる。つまり日清戦争の目的は朝鮮に限定されることなく、当初から台湾、澎湖島などの領有までも画策されていたのである。草案曰く、「『湖島ハ水深ク灣廣ク四時風ノ憂少ナキ良港ニシテ其位置ハ臺灣海峽ヲ扼シ黄海支那海ノ關ヲ占メ我對馬ト共ニ東亞無比ノ要衝ナリ』としている。そして『故ニ旅順威海衛ト共ニ之ヲ我領有ニ歸シ以テ清國ノ首尾ヲ扼制スル』ことは、清国の『抵抗力ヲ微弱ナラシムル』とともに、『將來東亞ノ覇權ヲ握リ太平洋ノ海上ヲ制スルニ極メヲ必要ナリ』と澎湖島領有ノ戰略的意義ヲ强調する」[87]。

つまり天皇制政府は当初から遮二無二旅順・威海衛ヲ日本の領有とせんとしていたのである。第三に旅順虐殺は後の日中戦争における日本軍の南京大虐殺[88]や「三光作戦」（奪い尽くし、焼き尽くし、殺し尽くす作戦）のはしりともいえるものである。つまり天皇制日本軍隊の特質のはしりともいうべきものである。

要するに旅順虐殺は日本の天皇制軍国主義の本質的部分から流出したものであるといってよい。そして日本の兵士を「馬より安い肉弾」としか考えていない「現人神」天皇の『軍人勅諭』や後の『戦陣訓』（もっともこの後者は東条英機陸相の「示達」となっている）が正にそれを物語っているといってよかろう。

（1）　東郷平八郎は江戸時代末期に薩摩藩の海軍士官となり、戊辰の役いらい日本が経験した海戦のすべてに参加した。一八九四年の日清戦争の時は浪速艦長（大佐）として、一九〇四年の日露戦争では連合艦隊司令長官として帝制ロシアの第一東洋艦隊（旅順艦隊）、第二東洋艦隊（バルチック艦隊）を全滅させた日本海軍の最長老となった人物である。その後裕仁が皇太子になると東宮御学問所総裁となり、天皇家と縁を深め侯爵の称号まで与えられた。また「国体ノ精華ヲ顕揚スル」ため平沼騏一郎によって結成された「国本社」（大正一三年）の顧問にもなる（白羽祐三「日本法理研究会―法道一如」法学新報一〇二巻五・六号〔一九九六年〕七七頁参照）。

しかしロンドン軍縮条約のとき日本の国力をもってしては補助艦艇保有率対七割もやむなしとする海軍部内の軍縮派に対して、反軍縮派にまわり、事態を紛糾させた。「その生涯における功罪あい半ばする」と軍縮派海軍軍人からいわれた。また彼は一九三四年五月三〇日に死亡し国葬がおこなわれた。六月四日には軍国主義者・天皇裕仁より「故東郷平八郎元帥への誄詞」がおくられた。以上主として千田・前掲書二二一頁によった。

(2) 高橋作衛「英船高陞号之撃沈」国際法外交論纂第一（明治三五年）三五頁以下、植田捷雄「日清戦役と国際法」『外交史及び国際政治の諸問題』（英修道博士還暦記念論文集）（昭和三七年）四九六頁より引用。

なお、高橋作衛（東京大学教授、国際法）は、日清戦争中政府法律顧問であったし、また山県有朋（元老）の準密偵・「国際スパイ」とも指摘されている。後者の点に関しては白羽祐三『民法起草者穂積陳重論』（一九九五年）四頁以下参照。

(3) 高橋・前掲三七頁、植田・前掲四九七頁より引用。

(4) 本書の原文は、仏文である。Nagao Ariga, La Cuerre Sino-Japonaise au point de vue du droit international, Paris, 1896.

(5) 有賀・前掲書一〇頁以下。

(6) 有賀・前掲書三三頁以下。さらに有賀の主張も引用しておこう。

「夫レ然リ如何ナル事件ヲ以テ開戦ノ事實ヲ組成スルモノト看做スヘキヤニ就テハ國際法上ニ於テ一定不動ノ標準アルニ非ス、全ク格段ナル場合ノ形勢ニ依ルモノナリ、故ニ各國自由の形勢判斷ニ一任スルノ外ナシ、而シテ日本ハ既ニ開戦ノ事實アリト認ムルモ外國ハ未タ之ヲ認メサル場合アリ、又其ノ反對ニテ外國ハ開戰ノ事實アリト認ムルモ內國ハ未タ之ヲ認メサル場合アルヲ想像スヘシ。卽チ開戰事實ノ問題ハ絶對的ノ解釋ヲ容レス宜シク各國ノ判斷ニ一任スヘキナリ。

論シテ此ニ至リ餘輩ハ高陞號一件ニ對スル日本ノ所爲ヲ評論セントスルナリ。此ノ船ハ前ニ述ヘタル如ク七月二十五日ニ日本ノ軍艦浪速ノ轟沈スル所ト爲リタリ。卽チ元來ハ『ジャルデーン、エンド、メヂソン』ト稱スル英國商會ノ所有船ニシテ清國軍隊ヲ朝鮮ニ運送スル爲ニ借入レ、二千以上ノ兵員ヲ乘セタリ。餘輩ノ所見ヲ以テスレハ**轟沈事件ノ起リシハ開戰ノ以前タルト以後タルトニ關係ナク是レ單ニ一國ノ正當防禦ノ働ト看做**スヘキモノニシテス全ク法則ニ合ヘリ、委シク言ヘハ浪速艦カ高陞號ニ遭遇シタル時ハ現ニ日本ノ權利々益ニ反對シテ戰鬪スルノ目的ヲ以テ航海スルコト明白ナル二千人ノ兵士ヲ乗セ居タリ、故ニ日本ハ此ノ二千人ヲシテ其ノ航海ヲ繼續セシムルコトアルヘカラス、又之ヲシテ本國ニ歸航セシムヘカラス、唯夕之ヲ護送シテ日本國ノ一港ニ回航シ悉ク之ヲ拘禁スルノ一方アルノミ、是レ即チ浪速艦長ノ命令シタル所ニシテ清兵等若シ此ノ命令ニ服從セシナランニハ固ヨリ何等暴行ヲ加フルノ必要ナカリキ、然ルニ清兵ハ此ノ命令ニスルコトヲ拒ミシニ因リ悉ク之ヲ水底ニ沈メタルハ**自國正當防禦**【!?白羽注】ノ爲ニ萬止ムヲ得サル所ナリ。

此ノ時ニ當リ日本ハ其ノ船舶ノ國籍、旗章カ英吉利ナルヤ否ヤヲ顧ミルヘキ必要ナシ、其ノ船長カ自ヲ責任ヲ以テ清國兵士ヲ日本ニ引渡サヽル以上ハ日本ハ其ノ船ヲ撃沈シ之カ爲ニ生シタル損害ノ賠償ハ他ノ方法ニ依リテ之ヲ爲スニ於テ非議スヘキモノナシ。」（有賀・前掲三四頁以下。傍点・ゴシック著者）。

（7）高橋作衛『戦時国際法要論』（明治四四年）四七頁以下、同前掲・国際法外交論纂第一八八頁以下、Sakuyé Takahashi, Cases on International Law during the Chino-Japanese War, Cambridge, 1899, pp. 45-46. 植田・前掲四九二頁以下。

（8）植田捷雄は、昭和三年東京帝大卒、昭和五年東亜同文書院教授、昭和一四―二一年外務省条約局第二課勤務嘱託、昭和二四年東京大学教授（東洋文化研究所勤務）、昭和四〇年東大退官。第二次大戦（「大東亜戦争」）中の昭和一九年の植田・業績をあげれば次の如くである。「大東亜共栄圏建設と支那」（支那三五巻一号）、「大東亜共同宣言と中国」（新東亜経済三巻一号）、「日華同盟条約の成立」（国際法外交雑誌四三巻一号）などがある。

このうち右掲「大東亜共同宣言と中国」なる論文で次の如くいう。

「……かくの如く、大東亞戰爭が東亞の興亡を賭して悽愴なる決戰を展開しつゝある最中に、東亞六ケ國の代表が一堂に相會して十億結集の決意を新たにしたことは、世界史に比類なきところといふべく、その具體的表現たる**大東亞共同宣言は大東亞憲章とも稱すべきものである**。これによつて大東亞の建設、亞細亞の解放、世界新秩序の實現は大東亞諸國家の協力の下に愈々力強き巨歩を踏み出したものといふことが出來る。

殊に、戰爭遂行の過程に於いて既に獨立すべきは獨立し、大東亞各國の自主的發展はその基礎を完成し、大東亞諸民族の政治的、經濟的、精神的大同團結が大東亞共同宣言を生むに至つたことは、**敵米英が空文に等しい太平洋**

憲章を掲げて戦後の經營を唱えつゝあるのに對し、好箇の對象をなすものと强調せざるを得ない。隨つて、それは米英の假空なる机上案に對する我の事實を以てする政治攻勢であり、米英の戰爭目的がこの結果として大義名分を失ふに至るべきことを信じて疑はない。」（同論文九頁）。

また右掲「日華同盟条約の成立」（「時評」）なる論稿では次の如く說く。

「昭和十八年十月三十日を以て締結せられた日華同盟條約は本條約六箇條、附屬議定書二箇條及び交換公文の三部より成り、我道義に基く大東亞建設を至高の目標とし、相互敦睦、安定確保、互惠平等の三大原則の下に日支關係を永遠に律すべき條約として極めて注目に價する。」（同時評八二頁）。

「今回の日華同盟條約が兩國の完全なる互惠平等と永久の善隣友好とを基礎とし道義に基く大東亞建設と廣く世界平和に對する貢獻とを目標として締結せられたことは、要するに『萬邦をしてその所を得しめ兆民をしてその堵に安んぜしめ道義に基く世界新秩序を建設せん』とする我肇國の大精神を最も嚴肅に表現、具體化したものに外ならず、實に日支關係史上劃期的英斷たるのみならず世界に類を見ざる條約なりといはなければならぬ。」（同八四頁）。

「斯くして、既に滿洲、泰、ビルマ、フィリピンの諸國と道義を基調とする緊密なる協力關係を確立した我國が今また支那との間に兩國提携の新基礎を樹立すべき日華同盟條約を締結するに至つたことは、茲に右の諸國との關係と相俟ち一丸となつて大東亞共榮圈建設の根幹成りたるものといふことが出來る。これを以て汪精衛氏が『中國に對し起死回生の力を與へ…國父の提唱せる大アジア主義は既に理論より實行に進み』たるものとなしたのは蓋し適評となすべきであらう。」（同八五頁）。

（9）この両者の寄稿内容は、Sakuyé Takahashi, Cases on International Law during the Chino-Japanese War, Cambridge, 1899. によった。

（10）ホランドはロンドンタイムスに寄稿して、「敵対行動が朝鮮本土において宣戦前に起ったかどうかは別として、日本軍司令官が高陞号に士官を送つて臨検せしめ、その命に従わない時は、武力に訴うべきことを以て脅迫した行為は、戦争行為であると主張する。また、高陞号はいずれにしても日本軍司令官の命令を受けた瞬間から、戦争の存在を承知したものと考える。」と主張した（Sakuyé Takahashi, Cases on International Law during the Chino-Japanese War, pp.

41, 43.)。植田・前掲四九三頁参照。

(11) 欧米諸列強の独占資本主義の移行は一九世紀末といってよい。フランスでは一九世紀後半（一八六〇年代）に産業革命が完了し、労働者の団結権も自由となり（一八六四年法）、早くも一九世紀末に独占資本主義に移行する。ドイツでも事態は同じである。産業革命の完成後、一八六九年の北ドイツ連邦営業法（Gewerbeordnung für den Norddeutschen Bund, vom 21. Juni 1869）は労働者の団結権を放任する。そして一九世紀末には独占の段階に移行する。産業革命や独占の最先進国イギリスでは、労働者の団結禁止廃止法の如きはすでに一八二四年に制定されている。

アメリカも独占資本主義の形成は一九世紀末からはじまる。もっともその確立は連邦最高裁判所の契約自由判例法理（Allgeyer v. Louisiana, 165 U. S. 578）による。この点に関しては白羽祐三『プロパティと現代的契約自由』（一九九六年）四五頁以下参照。

(12) 吉岡吉典『日本の侵略と膨張』七〇頁以下による。

(13) 昭和一六年一二月八日の「大東亜戦争」海戦の詔書を引用しておこう（前掲・千田『天皇と勅語と昭和史』三二七頁以下より引用）。

詔書

天祐《テンユウ》ヲ保有シ萬世一系ノ皇祚《コウソ》ヲ踐《フ》メル大日本帝国天皇ハ昭《アキラカ》ニ忠誠勇武ナル汝《ナンジ》有衆ニ示ス

朕茲ニ米國及《オヨビ》英國ニ對シテ戰ヲ宣ス朕カ陸海將兵ハ全力ヲ奮テ交戰ニ從事シ朕カ百僚有司ハ勵精職務ヲ奉行し朕カ衆庶ハ各々其《ソ》ノ本分ヲ盡《ツク》シ億兆一心國家ノ總力ヲ擧《ア》ケテ征戰ノ目的ヲ達成スルニ違算《イサン》ナカラムコトヲ期セヨ抑々《ソモソモ》東亞ノ安定ヲ確保シ以《モッ》テ世界ノ平和ニ寄與スルハ丕顯《ヒケン》ナル皇祖考丕承《ヒショウ》ナル皇考ノ作述セル遠猷《ユウ》ニシテ朕カ拳々《ケンケン》措《オ》カサル所而《シカ》シテ列國トノ交誼ヲ篤《アツ》クシ萬邦共榮ノ樂ヲ偕ニスルハ之亦《コレマタ》帝國カ常ニ國交ノ要義ト爲《ナ》ス所ナリ今ヤ不幸ニシテ米英兩國ト釁端《キンタン》ヲ開クニ至ル洵《マコト》ニ已《ヤ》ムヲ得サルモノアリ豈《アニ》朕カ志ナラムヤ中華民國政府曩《サキ》ニ帝國ノ眞意ヲ解セス濫《ミダリ》ニ事ヲ構ヘテ東亞ノ平和ヲ攪亂《コウラン》シ遂《ツイ》ニ帝國ヲシテ干戈《カンカ》ヲ執《ト》ルニ至ラシメ茲《ココ》ニ四年有餘ヲ經タリ幸ニ國民政府更新スルアリ帝國ハ之《コレ》ト善隣ノ誼ヲ結ヒ相提攜《アイテイケイ》スルニ至レルモ重慶ニ殘存スル政權ハ米英ノ庇蔭《ヒイン》ヲ恃《タノ》ミテ兄弟尚未《ナオイマ》タ牆《カキ》ニ相鬩《アイセメ》クヲ悛《アラタ》メス米英兩國ハ殘存政權ヲ支援シテ東亞ノ禍亂《カラン》ヲ助長シ平和ノ美名ニ匿《カ》クレテ東洋制覇ノ非望ヲ逞《タクマシ》ウ

セムトス剰《アマツサ》ヘ與國《ヨコク》ヲ誘ヒ帝國ノ周邊《シユウヘン》ニ於《オイ》テ武備ヲ増强シテ我ニ挑戰シ更《サラ》ニ帝國ノ平和的通商ニ有《ア》ラユル妨害ヲ與《アタ》ヘ遂《ツイ》ニ經濟斷交ヲ敢《アエ》テシ帝國ノ生存ニ重大ナル脅威ヲ加フ朕ハ政府ヲシテ事態ヲ平和ノ裡《ウチ》ニ回復セシメムトシ隱忍久シキニ彌《ワタ》リタルモ彼ハ毫《ゴウ》モ交《コウ》讓ノ精神ナク徒《イタズラ》ニ時局ノ解決ヲ遷延《センエン》セシメテ此《コ》ノ間《カン》却《カエ》ツテ益〻《マスマス》經濟上軍事上ノ脅威ヲ増大シ以《モッ》テ我ヲ屈從セシメントス斯《カク》ノ如《ゴト》クニシテ推移セムカ東亞安定ニ關《カン》スル帝國積年ノ努力ハ悉《コトゴト》ク水泡ニ歸《キ》シ帝國ノ存立亦《マタ》正ニ危殆《キタイ》ニ瀕《ヒン》セリ事既《コトスデ》ニ此《ココ》ニ至ル帝國ハ今ヤ自存自衛ノ爲《タメ》蹶然起《タ》ツテ一切ノ障礙《シヨウガイ》ヲ破碎《ハサイ》スルノ外《ホカ》ナキナリ

皇祖皇宗ノ神靈上ニ在リ朕ハ汝《ナンジ》有衆ノ忠誠勇武ニ信倚シ祖宗ノ遺業ヲ恢弘《カイコウ》シ速ニ禍根ヲ芟除《サンジヨ》シテ東亞永遠ノ平和ヲ確立シ以《モッ》テ帝國ノ光榮ヲ保全セムコトヲ期ス

御名御璽

昭和十六年十二月八日

内閣總理大臣兼内務大臣兼陸軍大臣　東條　英機
文部大臣　橋田　邦彦
國務大臣　鈴木　貞一
農林大臣兼拓務大臣　井野　碩哉
厚生大臣　小泉　親彦
司法大臣　岩村　通世
海軍大臣　嶋田繁太郎
外務大臣　東郷　茂德
遞信大臣　寺嶋　健
大藏大臣　賀屋　興宣
商工大臣　岸　信介
鐵道大臣　八田　嘉明

なお、千田・前掲書三三三頁は、右の詔書を解説して次の如く述べている。「……最初の『詔書』で開戦にいたるまでの経過をるる説明したのち『帝国ハ今ヤ自存自衛ノ爲蹶然起ツテ一切ノ障礙ヲ破砕ス……』すなわち〝大東亜戦争〟とよぶことになる戦争を自存自衛のための防衛戦争と規定していることだ。

それは、他国とくに中国はじめ東南アジアの人たちがどのように理解しようと『詔書』において、あの〝大東亜戦争〟は防衛戦争であったと規定しているということである。

防衛戦争において軍事行動のすべては侵略行爲であるはずがないから、支那事変をふくめあの戦争で日本陸海軍のとった行為は侵略行為ではない。教科書検定において文部省教科書審議官が『侵略』という文字を拒否してきたのも、『勅語・詔書絶対論』者であれば正しいということである。

もしここでそれを『侵略』と認めたら、あらためて『詔勅』をだしたものの戦争責任問題が論議されねばならないことを承知し、それを防止しているともとれないことはない。いや、おそらくそうであろう」と（傍点は千田本人）。

(14) 千田・前掲書三一一頁による。

(15)「硬六派」とは、大日本協会・民協会・政務調査会・立憲改進党・同盟倶楽部・同志倶楽部の諸派をいい、対等条約の締結などを主張して国権の拡張を標榜するいわゆる右翼国権主義者が主力である。

(16) 日清戦争が日本にとって軍事的冒険であるといわれた所以は、当時の日本の国力の限界を超えた巨額の軍事費を投入しなければならなかったからである。日清戦争の軍事費は二億二、五〇〇万円で、このうち五一％が公債に依存していたし、また一カ月あたりの戦費は一般会計歳出月平均の三・七四倍であったからである。さらにこの他に次の日露戦争をめざしての大軍備拡張の費用も加わるからである。また師団数も日清戦争直前には七個師団だった陸軍も日清戦争後に一三個師団に拡張された（高橋・永原・大石編『日本近代史要説』二〇五頁以下参照）。

(17) 副使として、参議木戸孝允、大蔵卿大久保利通、工部大輔伊藤博文、外務少輔山口尚芳が随伴した。

(18) この辞任は横浜領事裁判所の事件の影響が大きい。この事件はイギリス商人が日本に生アヘンを密輸入して発覚したので、日本の税関吏は彼を英国領事に引き渡して処罰を求めた。ところが横浜の領事裁判所は、生アヘンは薬用であり条約にいう輸入禁制品ではないと強弁して無罪の判決を下した。日本国民はこの判決に憤激し条約改正に非をならした。

(19) ノルマントン号（英国汽船）事件とは、同船が紀州沖で難破した際日本人乗客が救助されず全員溺死したが、英国領事館海事裁判所（神戸）が船長ドレイクを無罪にした事件である。そこで同事件と条約改正をめぐって世論は激昂し条約改正交渉は中止される。もっともその後日本政府は同船長を殺人罪で英国領事館（神戸）に告発したので、横浜英国領事裁判所で審理され、同船長は職務怠慢の罪で禁錮刑に処せられる。

(20) 大津事件とは、ロシア皇太子ニコライ・アレクサンドロビッチがウラジオストックにおけるシベリア鉄道起工式に出席のために軍艦で極東に来た折日本にも立寄った一八九一年（明治二四年）五月、滋賀県大津で巡査津田三蔵に斬られて傷を負ったという事件である。日本政府はロシアの怒りをおそれて津田を死刑にするように大審院に密かに命じたが、大審院院長児島惟謙は司法権の独立のためこれを退けて津田を無期徒刑とした。

(21) 白羽祐三「民法典論争の理論的性格」法学新報一〇〇巻一号（一九九四年）二〇頁。

(22) 一九一〇年（明治四三年）には日本の軍事的弾圧の下に韓国皇帝に日韓合邦（一九一〇年八月二二日韓国併合に関する日韓条約調印）を承認させ軍事的支配・抑圧をおこなうに至った。同条約では韓国皇帝が「韓国全部に関する一切の統治権を完全且永久に」日本の天皇に「譲与」し（同一条）、「韓国を日本帝国に併合すること」（同二条）を決定しているのである。

(23) Henry Wheaton (1785-1848) の Elements of International Law (1863) が一八六四年に中国で「万国公法」と訳して出版され、慶応元年（一八六五年）日本でそれを翻刻して以来国際法は「万国公法」と呼ばれるようになったともいわれている。

(24) 『木戸孝允日記第一』（明治元年十一月八日）一三八頁（昭和七年発行）。

(25) これは有賀・前掲書中にあるフォーシュの序文であるが、原文は仏文である。この原文を有賀が自ら帰朝後和文に翻訳したものである。

(26) 穂積重行『明治一法学者の出発——穂積陳重をめぐって——』（一九八八年）三九一頁以下より引用したものである。

(27) かつては国際公法ともいわれたこともあったが現在では単に国際法というのが通説である。

(28) 国際法学会は一八七三年にベルギーのゲントに設立されたもので、世界における最も権威ある国際法の学会である。

わが国にも明治三五年（一九〇二年）以来同名の学会があり、「国際法外交雑誌」を発行している。

(29) James Lorimer, The Institutes of the Law of Nations, Vol. I, Edinburgh 1883.

(30) L. Oppenheim, International Law, Vol. I, London, 1905.

(31) Lorimer, op. cit., pp. 101-103, 216-219. また松井芳郎「伝統的国際法における国家責任の性格」国際外交雑誌八九巻一号（一九九〇年）二五頁以下参照。

(32) In re Ross, Francis Deak, ed., American International Law Cases, 1783-1968, Vol. 8, Oceana, 1974, pp. 181, 201. 松井・前掲二六頁、波多野里望「国家責任における国際標準主義の本質」学習院大学政経学部研究年報第九号（一九六二年）一八五頁以下参照。

(33) E. g., Gerhart Niemeyer, Law Without Force; the Function of Politics in International Law, Princeton, 1941, pp. 58-64; Oliver J. Lissitzyn, International Law Today and Tomorrow, Oceana, 1965, pp. 1-2, 田畑茂二郎『国際法』（第二版、一九六六年）六六―九四頁。なお、この点に関して松井・前掲二七頁参照。

(34) ロリマーと類似した分類をアメリカの民族学者モルガン（一八一八―八一年）がその著作『古代社会』（一八七七年）でおこなっている。つまり野蛮（Wildheit）、未開（Barbarei）、文明（Zivilisation）の区分の提唱がそれである。エンゲルスは『家族・私有財産および国家の起源――ルイス・H・モルガンの研究によせて――』（一八八四年初版。引用はマルクス＝エンゲルス選集一三巻（一九五四年訳）二五五頁以下による）でモルガンを紹介して、「モルガンは、専門の知識をもって人間の先史時代に一定の秩序をあたえようとこころみた、最初の人である」（二七六頁）と指摘している。また「モルガンは、四十年前マルクスによって発見された唯物史観をアメリカで彼一流のやりかたであたらしく発見し」（二五五頁）たものであるという。したがってモルガンの区分はロリマーの如く「優秀な文明人」と対比して「野蛮人」「未開人」を蔑視した法的観点による分類とは全く異なるものである。

したがってエンゲルスは「さしあたり吾々は、モルガンの区分をつぎのように一般化することができる。野蛮――既成の天産物を主として領有する時代、人間の製作品は主としてこの領有の補助道具である。未開――牧畜および耕作を習得する時代、人間の活動によって天然物の生産をたかめる方法を習得する時代。文明――天然物にたいするさらにすすんだ加工、本来の工業および技術を習得する時代」（二八三頁）であると概括している。モルガンの区分やそれに依拠したエンゲルスの区分は法的分類ではなく、生活技術の熟練の度合を基準とした区分なのである。そしてエンゲルスにあってはそれは人類の未来社会（共産主義社会）を展望する原型の把握のためであった。したがってロリマーの如く「野蛮人」・「未開人」に対する蔑視の法的分類ではないのである。

(35) Carlos Calvo, *Le droit international théorique et pratique, précédé d'un exposé historique des progrès de la science du droit des gens*, 5ème ed., Paris, 1896.

(36) *Ibid*., Tom. VI, p. 231.

(37) 一九一九年（大正八年）署名、一九二〇年発効の「国際連盟規約」前文で、「**締約国ハ戦争ニ訴ヘサル義務ヲ受諾シ**、各国間ニ於ケル公明正大ナル関係ヲ規律シ、各国政府間ノ行為ヲ律スル現実ノ規準トシテ国際法ノ原則ヲ確立シ、組織アル人民ノ相互ノ交渉ニ於テ正義ヲ保持シ且厳ニ一切ノ条約上ノ義務ヲ尊重シ、以テ国際協力ヲ促進シ、且各国間ノ平和安寧ヲ完成セムカ為、茲ニ国際連盟規約ヲ協定ス。」と宣言している。日本国はこの規約に一九一九年六月二八日署名（二一月七日批准）しているのである。

(38) 一九二八年（昭和三年）署名、一九二九年発効の不戦条約「戦争抛棄ニ関スル条約」前文で、「独逸国大統領、亜米利加合衆国大統領、白耳義国皇帝陛下、仏蘭西共和国大統領、「グレート、ブリテン」、「アイルランド」及「グレート、ブリテン」海外領土皇帝印度皇帝陛下、伊太利国皇帝陛下、日本国皇帝陛下、波蘭共和国大統領、「チェコスロヴァキア」共和国大統領ハ、人類ノ福祉ヲ増進スベキ其ノ厳粛ナル責務ヲ深ク感銘シ、其ノ人民間ニ現存スル平和及友好ノ関係ヲ永久ナラシメンガ為、国家ノ政策ノ手段トシテ戦争ヲ率直ニ抛棄スベキ時機ノ到来セルコトヲ確信シ、……」と宣言し、また同条約一条で、「締約国ハ、国際紛争解決ノ為戦争ニ訴フルコトヲ非トシ、且其ノ相互関係ニ於テ国家ノ政策ノ手段トシテノ戦争ヲ抛棄スルコトヲ其ノ各自ノ**人民ノ名**ニ於テ厳粛ニ宣言ス。」と規定していたからである。日本国はこの条約を一九二九年六月二七日に批准している。

(39) ガルボ主義、ドラゴン主義に関して、松井・前掲三五頁以下参照。

(40) Elihu Root, "The Basis of Protection to Citizens Residing Abroad", *AJIL*, Vol. 4, 1910, p. 521.

（41）短稿なので全文も引用しておこう。引用（訳文）は河上徹太郎編「内村鑑三集」『明治文学全集39』三〇八―三一一頁による。

「日清戰爭の義（譯文）

歐米人に向ひて我の義を明かにせんと務めたる此一篇は、我邦人に取りて新議論ならざるは勿論なり、且つ其の論旨の歐米的にして文詞の譯讀的の推量を乞ふ。

人類が地球面上に正義を建つるの目的を以て戰場に赴きし時代は、早や既に過ぎ去りしが如し。此物質的時代の人は其戰爭の悉く慾の戰爭たるを承認すると同時に、戰爭の避く可からざるを知るが故に、終に慾を以て戰爭の正當なる唯一理由なりと信じ、慾に依らざる戰爭とは、全く彼等の思惟に上らざるに至れり。『義の爲めの戰爭』とは、今時代の人に取りては、清黨時代の舊習古俗と均しく全く廢弛せられ、人は義戰を口にして之を信ずるものなきに至れり。故に吾人の手に取りし目下の戰爭を評するに同一の精神を以てし、吾人の朝鮮占領を以て吾人の邪念に出づるものとなし、吾人が傲慢無禮なる吾人の隣邦と干戈を交ふるに至りしを見て、吾人に歸するに野心を以てするものあるは、決して怪しむに足らざるなり。

然れども、歴史上義戰のありし事は、何人も疑ふ能はざる所なり。夫のギデオンがミデアン人を迎へ、『神と彼との劍』を以て敵軍の十有二萬人をヨルダン河邊に殺戮せしは義戰なりしなり。夫の希臘人が波斯の大軍を迎へ、之をマラソン、サラミス、プラテアに擁し、鏖滅の敗を以て彼等を破り、亞をして再び歐を蹂躙すること能はざらしめしは義戰なりしなり。夫のグスタヴス、アドルフハスが獨逸の中心に進入し、之を天主教徒の壓制より救ひ出だせしは義戰なりしなり。若し戰爭の多分は慾より來しものとするも、渾ての戰爭は慾の戰爭にあらず、利慾を以て戰爭唯一の理由と見做して、神聖なる人類性の價値を下落せしむる勿れ。

吾人は信ず、日清戰爭は吾人に取りては實に義戰なりと。其義たるの法律的にのみ義なるにあらずして、倫理的に亦然り、此の如き戰爭は、吾人の知らざる戰爭にあらず。是れ吾人固有の教義に則るものにして、吾人の屢々戰ひし所なり。基督教國已に義戰を忘却する今日に當りて、非基督教國たる日本の之に從事するを怪むものあらん。然れども非基督教國若し無智ならば彼等は未だ誠實なり、基督教國が其迷信と同時に忘却せし熱心は、吾人の未だ棄てざる所なり。吾人に一種の義侠あり、死を知らざりし希臘の豪强を挫きし羅馬の勇は、今尙ほ吾人の有する所、西洋已にその熱心時代を過ぎしとするも、東洋は尙ほ未だその中に在り、義戰は未だ吾人の忘却せざる所なり。

今回の衝突たるや吾人の自ら好みて來たせしものならざるは、我邦近來の状況を知るものゝ、充分に承認する所なるべし。吾人を導くに戰争を非常に嫌ふ内閣あり。加ふるに内治の改革將に其緒に就かんとし、隆盛の極に達せんとす。若し利慾にして吾人の最大目的たらん乎。戰争は吾人の最も避く可きもの、非戰争こそ吾人の最終最始の政略たるべきなり。然るに過ぐる二十餘年間、支那の吾人に對するや其妄狀無禮殆ど吾人の忍ぶ可からざるあり。大西郷已に此に見る所あり、卽時に其罪を問はんと欲する彼の熱血的希望は、實に彼の生命を捨てしむるに至り、我邦も之が爲に悲慘なる内亂の害に遇へり。吾人は實に吾人の血肉を殺して隣邦の衝突を避けんとせり。吾人の平和を望む此の如くなりき。然るに明治十五年以後支那の我邦に對する行爲は如何なりしや。朝鮮に於て常に其内治に干渉し、我の之に對する平和的政略を妨害し、對面的に吾人に凌辱を加へて止まざりき。我は朝鮮を開かんとするに、彼は之を閉さんと欲し、朝鮮に課するに彼の滿洲的制度を以てし、長く屬邦として之を保持し、支那其自身が世界の退隱國なる如く朝鮮も其例に倣ひ、彼をして世界の進歩に逆抗せしめんことを勸めたり。過ぐる十年間朝鮮を世界に紹介せし日本は、京城朝廷に於ては邪魔者の位置に居り、我に後れて來りし支那は韓廷統御の座を占めたり。是れ社交的無禮の最も甚しきもの、隣人の交誼を妨げ、其愛を奪ひて己に收めんとするの例なり。吾人は十年の長き之を忍べり、吾人は彼等の妄を以て國際的平和を破るは、兒戲に類する行爲と信じて默視せり。而して支那干渉の結果たるや、東洋に於ける一昇星と望みし朝鮮は、今日猶ほ未だ隱星の一たるに過ぎず。生産擧がらず、收歛行はれ、非政は白晝に横行しつゝあり。人情を有するものにして、何人か近頃朝鮮人金某氏に加へられし暴虐に堪ふるを得んや。彼は長く日本國民の客たりしもの、然るに支那本土に於て支那制御の下にある朝鮮政府の教唆に依りて暗殺せられ、彼の死體は暗殺者と共に支那帝國の軍艦を以て朝鮮國に護送され、死體は肉刑の殘害を經て廣く國内に暴露され、暗殺者は渾ての榮譽を以て冠せられたり。支那は社交律の破壞者なり、人情の害敵なり、野蠻主義の保護者なり。支那は正罰を免かるゝ能《はず》。

而して支那干渉より來りし非政の結果として、東學黨の南朝鮮に起るや、直に傀儡政府に諭して、援兵を支那本國に乞はしむ。其目的たるや恩誼を以て益々羸弱政府を縛らせんとするにありしは、反亂の案外にも微弱にして、外人の手を借らずして、直に鎮壓するに至りしを以て證すべし。支那は朝鮮の不能を計り、之をして長く其依賴國たらしめん事を欲せり。吾人外交歷史を閱するに未だ曾て此の如き卑劣政略に接せし事なし。是れ殘虐なる娼家の主人が其詭計の中にある扶助なき可憐の少女に對して、常に執行する政略なり。頑是なき人靈一千五百萬は世界の最大退步國の悋氣を滿たさんが爲めにのみ無智無防の位置に在り。是れ自由を愛し人權を尊重するものゝ一日も忍び得べき所に非ず、吾人は怪めり、此積惡に對し非難の聲を擧ぐるものは、吾人日本人に止まりし事を。基督教國を以て誇稱する歐米諸國が、此世界の大患を地球面上より排除せん爲め吾人に率先せざりし事を。

爰に至りて法律論者は吾人を擁して云はん、日本の朝鮮に干涉する權利を有せざるは支那と異なる事なし。曰く日本の出兵は支那の出兵と同じく譴責すべきものなり。曰く平和の破裂は日本より來れりと。吾人は之に答へて云ふ。

一、干涉其物は惡事にあらず、經濟學に所謂放任主義（Laissez-faire）なるものは、或る區域内に於てのみ眞理なりとす。吾人は吾人の隣人が吾人と異なる宗教を信ずればとて、吾人と異なる商業に從事すればとて、吾人と異なる嗜好を有すればとて、吾人は彼等に干涉する權利を有せず。然れども隣人が餓死に瀕する時、强盜隣人を犯す時、明白なる吾人の常識が隣人が非常の速度を以て滅亡の絕壁に向ひて走りつゝありと示す時は、吾人は干涉の權利を有し、又實に干涉せざる可からず。若し放任主義なるものにして、隣人の總ての苦厄に對する無情無感覺を意味するものとせん乎。是れ惡主義なり、直に之を放棄して可なり、若し此意味の放任主義にして永遠の天則なりとせん乎、基督、釋迦の世に存せし理由、リビングストン、ジョン、ハワルドの世に來りし理由は何處にあるや。放任の終る所と干涉の始まる所を定むるに一定の法則はなかるべし。然れども世に放任すべきの境遇と干涉すべきの境遇あるは、何人も疑ふこと能はざる所なり。瑞典王グスタブス、アドルフハスが獨逸政治に干涉し、フエルジナンド、バレンスタインの輩をして、彼等の邪意を彼土に逞ふすること能はざらしめしは、高尙義俠の干涉と云はざるを得ず。ルツセン戰場の勇者は人類中最も聖きものゝ一人なり。新敎主義の獨逸が今猶ほ崇拜に近き尊敬を以て彼の威名を慕ふは宜なり。英のクロムウエルが伊太利政治に干涉し、彼の威力を扶助なきピードーモンド人に貸し、殘忍なるサボイ公をして無辜の民に害を加へ得ざらしめしは、高尙なる基督教干涉なりしなり。英人の推察心は其時實に其絕頂に達し、歷史は盲詩人の言を錄し『アルプス山上に凍死せる聖者の散骨』を慰して已まず。世が今日の經濟的時代に入りてより此の如き高尙なる干涉は、全く跡を絕つ鮮政治に干渉するは、彼女の獨立今や危殆に迫りたればなり。世界の最大退歩國が其痲痺的蟠屈の中に彼女を抱懷し、文明の光輝已に彼女の門前に達するにも關せず、慘虐妄行の尙ほ彼女を支配すればなり。吾人は隣人の健全なる平和を妨ぐるの權利を有せず、然れども彼女を救はんが爲には、白晝日を見るよりも明かなる弊害より、彼女を脫せしめんが爲めには、吾人の強く彼女に干渉するは、吾人の有する神聖なる隣友の權利なりと信ずるなり。

二、朝鮮出兵は、明治十八年の天津條約の明文に據れり、故に何人も之に關して吾人に法理的批難を加へざるべし。然れども尙ほ吾人に質すに、我邦派遣の兵數の彼地在留の帝國臣民を保護せんが爲には、餘り多きに過ぐるの故を以てするものあらば、吾人は論者に向ひ、些細なる反亂鎭壓の爲めに送られし支那の兵數と、明治十五年に於ける支那兵の暴狀を委細に調査せられん事を望むのみ。而して淸兵幕を牙山に張るに際して、我兵の直に京城に入りしの辯解を求むる者あらば、吾人は過去の經驗によりて、淸國政治家の信用す可からざるを知りたれば、茲に詭騙の徒に對する正當防禦に備へしなりと答ふるのみ。若し我邦の處置は到底疑惑を免るゝこと能はざるものなりと云ふ人あらば、吾人は斯の如き批評家に問うて曰はんのみ「足下若し我の位置にあらば如何に處置し給ふや」と。吾人は未だ吾人の朝鮮出兵に關して、吾人の過失の何處にあるかを知る能はざるなり。

三、豐島近海に於ける最始の海戰に於て日清孰れが先に廢砲せし乎は、今日未だ判決するを得ざるべしとせん。吾人は彼より廢砲せしと信ず、然れども愛國的偏心が此事に關する吾人の判決を誤まらしめん事を恐る。然れども是れ彼我の義を決するに於ては小問題たるに過ぎず、孰れが戰爭を促し、孰れが戰爭を避けんとせしや、是れ最要問題なり。爰に吾人の論者に注意すべきことあり、卽ち今回葛藤の始まりしより平和の破裂に至りし迄、殆ど滿二ケ月の長きに亙りし事是なり。吾人は始終一徹朝鮮の獨立と保安とを維持し、北京政府を促すに、我と協力して半島政治の改良に從事せんことを以てせり。如何に吾人の平和的議案が橫柄にも却けられしか、如何に京城朝廷にある其使役者が、吾人の改良的方針に妨害を加へんとせし乎。如何に斯くなしつゝありし間に、彼は熾に兵備を整へ、海陸共に我に當らんと用意せし乎は、何人も疑ふ可からざる所。若し外人を斯くの支那人の偏癖の最も著るき實例を見んと欲せば、一千八百九十四年八月一日以前八週間の間に於ける、彼等の日本國に對せし處置に於てするを得べし。吾人は固く信ず、彼等は未だ曾て斯くも自由に外國人を欺きし事はあらじと。若し彼等の對敵にして、彼等の溫良なる東洋の隣人に非ずして、西洋强國の一なりとせん乎。彼等は長時日を待たずして鐵丸已に彼等の身に及び、詐欺と虛言の價値をば、早や已に充分に學び居りしならん。孔子を世界に供せし支那は、今や聖人の道を知らず。文明國が此不實不信の國民に對するの道は、唯一途あるのみ。鐵血の道なり、鐵血を以て正義を求むるの途なり。

然れども今法理的辯論を去りて（吾人は之を輕視するに非ず）、歷史的考察に移らんに、日支の衝突は免かる可らざるものならずや。新文明を代表する小國が、舊文明を代表する大國と相隣して、二者終に必死の衝突に來らざる事は、歷史面上未だ曾て其例を見ず。希臘對波斯、羅馬對カルタゴ、エリザベス女王の英國對フヒリツプ二世の西班牙、――是等は吾人が此所に記載する雙對の著るき例なり。而して兩者衝突してマラソン激戰となり、ザマ血鬪となり、常勝艦隊《インビンシブルアルマダ》の入冦となりし事は、兩主義の和合すべからざるが如く避く可からざる事なりき。而して人類の進化歷史に於て、攝理は、常に小をして新を代表せしめ、大をして舊を代表せしめたり。是れ蓋し肉に對して靈を試み、量に對して質を練らんが爲めなるべし。而して二者衝突するや、幾多の運命循環の後に、勝利の冠は、常に小にして新なるものゝ上に落ちたり。是れ蓋し人類が活ける靈を貴び、死する肉に賴らざらんが爲なるべし。今や再び世界絕東の地に於て同一の大教訓は人類に示されんとす。新にして小なる日本は、舊にして大なる支那と衝突せり。朝鮮戰爭の決する所は、東洋は西洋と均しく進步主義に則るべきや、或は曾て波斯帝國の保護たる所たりし、カルタゴの方針たりし、西班牙の獎勵せし、而して十九世紀の今日滿洲的支那政府が代表する退步の精神は、東洋全體を指揮すべきやにあり。日本の勝利は東洋六億人の自由政治、自由宗教、自由教育、自由商業を意味し、日本の敗北と支那の勝利は、其結果たる吾人の言を煩はさずして明かなり。

此重大なる關係を有する戰爭に於て、何人か人類の友を以て任ずる者にして、日本の味方たらざるものあらんや。北米合衆國をして此衝突に關する其去就を決せしめよ（合衆國は始に吾人を文明の光輝に導きしもの、恰も今日吾人が朝鮮を誘導しつゝあるが如し）。其清黨祖先の精神、其リンコルン、サムナー等、其數知れざる勇者の靈は、異口同意擧て日本主義を贊せんのみ。英國をして同一問題を決せしめよ、其自由の率先者なるモントフオート公サイモンを始め、其ハムブデン、クロンウエル、其清黨時代の聖人、其ウヰルバフオス、コブデン、ブライト、自由と正義を愛せし其渾ての高潔の士は、皆悉く日本の味方たらんのみ。佛國をして同一の問題を決せしめよ、其ラファエット、ミラボーなり、其近世のユーゴーなり、其コリニーとヒユーゲノー黨なり、其義俠に富める壓制政治の激烈なる反對者は、擧て小にして新なる日本に與みせんのみ。獨逸をして同一の問題に答へしめよ、其ルーテルとシルレルとレツシング、光を求めし不滅のゲーテ、其忠實なる「父國」の保護者は東洋に於ける日本の勝利を望みて已まず。伊國をして同一の問に答へしめよ。其ダンテとサバナローラ、リエンジとアルノルド、ガリバルヂとビクトル、エンマヌエル、其吾人の仰慕する熱誠の士は、無學と壓制の下に、東洋を繫がんと欲する支那に與みするものならんや。終に吾人の善良なるスラーブ的隣人をして此問に答へしめよ、其獄刑の嚴に過ぐるに關せず、其印刷條例の寛ならざるを問はず、人類の開明は其偉大なる建國者の精神ならずや。彼得大帝の露西亞は吾人の親友なり、亞細亞の文化を促さんとする吾人、今日の行爲に對して彼は協贊せざるを得ず。然り、宇宙をして此問題に答へしめよ、造化は人類の半數を滿洲的政治の下に置き、支那的文明の惰眠の裡に長く之を沈淪せしめんとするか。匈牙利の愛國者故ルイ、コースト曰へるあり、『余の見る所を以てすれば十九世紀の二大英雄とは、獨のビスマーク公と日本皇帝陛下なり』と。彼が此言を廢せし所以のものは、吾人の尊戴する皇帝陛下が、其臣下に施せし偉大の事業に止まらずして、亞細亞の億兆が將にその餘澤に浴せんとしつゝあればなり。日本は東洋に於ける進歩主義の戰士なり。故に我と進歩の大敵たる支那帝國を除くの外、日本の勝利を望まざるものは、宇內萬邦あるべきにあらず。

吾人が爰に世界の國民に向ひて吾人の義を明かにするの理由は、吾人目前の衝突に於て、彼等の援助を乞はんが爲めにあらず。吾人は此光榮を他の國民に分與するを欲せず、吾人は單獨終極まで戰はんことを欲す。今日吾人の欲する所は、彼等の推察的中立を以て足れり。今は日本が世界に盡すの時なり。日本已に世界の恩澤を享くるや久し。吾人は朝鮮戰爭を以て義戰なりと論定せり。其然るは戰爭局を結びて後に最も明白なるべし。吾人は貧困に迫りし吾人の隣邦の味方となりたり。其物質的に吾人を利する所なきは勿論なり。又支那と雖も、壞滅は吾人の目的にあらず。彼等をして吾人流血の價値を贖はしむれば足れり。吾人の目的は支那を警醒するに在り、其天職を知らしむるにあり、彼をして吾人と協力して東洋の改革に從事せしむるにあり。吾人は永久の平和を目的として戰ふものなり。天よ此義戰に斃るゝ我同胞の士を憐めよ。日本國成りてより國民未だ曾て今日の如き高尚なる目的を以て燃えず、今や吾人は一團となり吾人の讐敵に當らんと欲す。
たとひ絞臺の上にするも、
たとひ戰陣の頭にするも、
死するに高尙なる場所は、
世を救はんが爲め死する場所なり。
（『國民之友』明治二七年九月三日）」

(42) 日本の朝鮮（大韓帝国）の併呑の歴史的事実をここにあげておこう。一九〇四年（明治三七年）の第一次日韓協約と日韓議定書によって朝鮮を日本の属国とした。一九〇五年（明治三八年）には第二次日韓協約で朝鮮を日本の「保護国」とし（伊藤博文が初代朝鮮統監）、一九〇七年（明治四〇年）の第三次日韓協約では朝鮮の軍隊を解散させた。そうした上で一九一〇年（明治四三年）には日本の軍事的弾圧の下に韓国皇帝に日韓合邦（一九一〇年八月二二日韓国併合に関する日韓条約調印）を承認させ軍事的支配・抑圧をおこなうに至った。同条約では韓国皇帝が「韓国全部に関する一切の統治権を完全且永久に」日本の天皇に「譲与」し（同一条）、「韓国を日本帝国に併合すること」（同二条）を決定しているのである。これが歴史的事実である。

(43) 佐々木高行「明治聖上と臣高行」九一〇頁（『明治百年史叢書』原書房昭和四五年復刻）。

(44) なお、官吏全体についても「天皇の官吏」であることを明確にするために、一八八七年（明治二〇年）の官吏服務規律一条で、「凡ソ官吏ハ天皇陛下及天皇陛下ノ政府ニ對シ忠順勤勉ヲ主トシテ法律命令ニ從ヒ各其職務ヲ盡ス可シ」と定めている。

(45) 三浦綾子『銃口上巻』（一九九四年）三六頁。また著者に関する朝日新聞（一九九五年一月一五日）の人物紹介に記事を引用しておこう。
「『銃口』の向こうに何が見えましたか――昭和が終わっても、なお終わらぬものに目をそらすことなく生きつづけるものでありたい――。昨年出版の長編小説『銃口』のあとがきは、こんな言葉で結ばれていた。戦争を抜きには語れない昭和を描いた作品だ。なお終わらぬものとは何ですか。『そんなこと（新聞に）書かないほうがよろしいのではない？』。

本当に何でも話せる時代なのか、との懸念がのぞいた。一九四五年八月十五日。北海道旭川市で小学校教師をしていた。玉音放送を聞き、天皇の写真を飾ってある奉安殿の前で土下座して泣いた。『戦争に勝てなかったことへのおわびの涙だったのね。当時、ごく普通の気持ちだったと思いますよ』。あれから五十年。子どもたちから『あの戦争はどうして起きたの』と聞かれた時、きちんと答えられる大人はどれだけいるか。『戦争は仕方がなかったことだといわれているけれど、本当に仕方がなかったことなのか。自分自身の反省も含めての問いかけでもあるんです』。初めて書いた小説『氷点』が、朝日新聞社の一千万円懸賞小説に入選、作家の道を歩み始め、昨年で三十年。

この間、がんの手術と再発への危ぐ、パーキンソン病。次々と襲う病気と闘いながら、自伝やエッセーを含めた著書は七十冊に及ぶ。その三十年の作家としての歩みをつづる自伝『命ある限り』の連載が月刊誌で始まり、元日から原稿を書いた。パーキンソン病で手足の動きがままならない。歩行や立ったり座ったりも光世さん（七〇）の助けが必要だ。『私ね、だんなに洋服も着せてもらうのよ』。子どものように無邪気な表情になった。写真撮影が始まると、光世さんの手がさりげなく伸びて、額の髪の乱れを直した。（文・武島　靖子）」

(46)　千田・前掲書二一九頁。同書の千田・解説二二〇頁以下も引用しておこう。

「前年二月から四月にかけ〝赤化教員〟の名のもと二百八名の教師が長野県下で検挙されたのにふるえあがった文部省は、盛りあがる小学校教師たちをなんとかおさえこもうと、同七月陸軍・外務省と共同編集で『非常時と国民の覚悟』なる副読本を全国の学校へおくりつけた。

そのことは前にふれたが、昭和九年になると一月から三月にかけ『左傾学生々徒の手記』（全三冊）という思想をおさえこみの指針を自らだすいっぽう、四月三日に御用団体としてつくらせた〝全国連合小学校教員会〟の音頭《おんど》とりで『全国小学校教員精神作興《さっこう》大会』を開いた。

わかりやすくいえば左翼思想の打倒大会である。

多くは意をうけた校長がそれぞれ信頼できる部下教師をつれあつめるという形をとったが、場所はそれにもっともふさわしいところとして、かつて在郷軍人御親閲式《ごしんえつしき》のおこなわれた皇居前がえらばれた。人員は三万五千余名だった。

その会場に天皇が出席（臨幸《りんこう》といった）し『小学校教員に賜はりたる勅語』と題して下賜したのがこの「勅語」であ

る。ちょうど学生のきりかわり時期で春休みにあたる四月三日という日がえらばれていた。

この「勅語」をうけ、ひきつづき全国各地でその地名をつけた『小学校教員精神作興大会』が、これも文部省、各県学務課の指導のもとに開かれていった。

さらに六月一日になるとその文部省は、それまで大学、高等専門学校、中学校の学生生徒の思想調査と善導を目的に設立していた〝学生部〟を拡充し〝思想局〟としていった。検挙取締をおこなうのは全警察機関をつかさどる内務省（警察庁の前身）で、こちらは内務省と連絡をとりつつ学生の段階から思想教育をほどこそうというのであった。

さらにこれと並行し六月一日発足の鹿児島を第一号に、全国各府県ごと〝国民精神文化講習所〟というものをつぎつぎ設立、そこへ中学校小学校の教師をあつめ天皇を現人神《あらひとがみ》とし、八紘一宇《はっこういちう》すなわちその御仁徳《ごじんとく》を全世界にひろめる、もっといえば天皇の支配下におく責務《せきむ》がわれわれ日本人にはある。

それであるのに社会主義とか共産主義とか唯物論、はては自由主義など汚れた思想に眼をむけるのはもってのほかである、とする思想教育を具体的におこなうことにしていった。

この全国各府県ごとに新設されていった〝国民精神文化講習所〟の出発点が、この『勅語』であり、そこでは講習開始の前に明治天皇のだした『教育に関する勅語』とともに、これが必ず奉読されていったのであった。

植民地国家〝満州国〟では、それまで〝執政《しっせい》〟とよばれていた溥儀《ふぎ》が、関東軍司令官により〝満州国皇帝〟とよばれることになり、満州国は〝満州帝国〟と称せられることになった。

六月そのお祝いのため天皇の名代《みょうだい》として秩父宮《ちちぶのみや》が〝満州帝国〟へ派遣された。」

(47) 三浦・前掲書五四頁以下。

(48) 白羽祐三「プロパティと契約自由㈢」法学新報九八巻七・八号（一九九二年）一三三頁参照。

(49) なお、戦後の教育勅語への執着と国会の排除決議についてもふれておこう。
戦後は占領軍の目をごまかすための奉安殿を全国的にしかも短期間に密かに壊したりした。しかし教育勅語自体についてはその威力を温存させようとした。つまり敗戦後もなお学校儀式で校長が勅語を読んでいたところが少なくなかった。また驚くべきことに刑法学者・牧野英一（東京大学名誉教授・昭和二五年昭和天皇より文化勲章受章）の如きは、牧野の門下生の一人である正本亮・矯正協会会長の語るところによると、第二次世界大戦後、正木の娘の結婚式の際に媒酌人・牧野英一は「……**明治天皇の教育勅語**を読みあげてわが国の伝統を鼓吹された。どの学者もみな西洋かぶれになり甚しき彼等〔アメリカ占領軍〕におべっかをつかっている敗戦直後に、わが恩師・牧野英一博士は日本精神のゆるぎなきことを主張とされたのであった」（正本亮「恩師牧野英一博士を偲ぶ」『書斎の窓』一八九号（昭和四五年）六頁）という。

だからこそ一九四八年（昭和二三年）六月一九日に『教育勅語等排除に関する決議』（第二回国会衆議院決議、また同日第二回衆議院でも『教育勅語の失効確認に関する決議』をおこなった）がなされた。衆議院の決議を引用しておこう。

「**教育勅語等排除に関する決議**

民主平和国家として世界史的建設途上にあるわが国の現実は、その精神内容において未だ決定的な民主化を確認するを得ないのは遺憾である。これが徹底に最も緊密なことは教育基本法に則り、教育の革新と振興とをはかることにある。しかるに既に過去の文書となつている**教育勅語**並びに**陸海軍軍人に賜わりたる勅諭**その他の教育に関する諸詔勅が、今日もなお国民道徳の指導原理としての性格を持続しているかの如く誤解されるのは、従来の行政上の措置が不十分であつたがためである。

思うに、**これらの詔勅の根本理念が主権在君並びに神話的国体観に基いている事実は、明かに基本的人権を損い、且つ国際信義に対して疑点を残すもととなる**。よつて憲法第九十八条の本旨に従い、ここに衆議院は院議を以て、これらの詔勅を排除し、その指導原理的性格を認めないことを宣言する。政府は直ちにこれらの詔勅の謄本を回収し、排除の措置を完了すべきである。

右決議する。」（一九四八年・昭和二三年六月一九日、第二回国会衆議院決議、ゴシック著者）。

(50)　前掲「内村鑑三集」三九六頁。

(51)　福沢の墓は東京都元麻布の善福寺境内にある。

(52)　その理由は、伊藤正雄『「学問のすゝめ」講説』（昭和四三年）によると、文部省が教科書として採用したという幸運に恵まれたためだという。

伊藤曰く、「『学問のすゝめ』は、各編十枚内外の簡単なパンフレット形式で続刊されたものでありますが、それは当初からの計画だったわけではない。はじめは、初編一冊だけの予定で公にしたのが、予想外に人気を生んで、世間の需要が多かったために、福沢も乗り気になって、二編・三編と書きついで、つひに十七編に達したものであります。最初の執筆の動機は、明治四年に福沢の郷里九州中津（今の大分県中津市）に、市学校と称する学校が創立されることになったにつき、それら郷党の少年たちに、新時代の国民の心得るべき根本精神を教へる読本として筆を執ったのを、同じことなら、広く世間一般の人々にも読ませた方が一層有効であらうといふ周囲の勧告もあって、慶応義塾からこれを刊行した。それが明治四年十二月の執筆、五年二月の出版にかかる『学問のすゝめ』初編だったわけであります。したがって執筆の動機からいって、それほど計画的なものではなく、ながば偶然の事情に促されたものにすぎません（中津の市学校は、十年間存続して、明治十四年に廃校になりました）。

ただ明治四、五年といふと、丁度はじめて文部省が出来て、これまで至るところにあった古い藩校や寺子屋に代はって、新しい小学校が日本全国に設けられることになった時代であります。ところがそのころは、まだ新しい教育に応ずるだけの官製の教科書が間に合はなかったところから、とりあへず、福沢のやうな知名の学者の手になった民間の著訳書が、どんどん教科書に採用されました。『学問のすゝめ』初編も、さうした時代の幸運に恵まれて、著者も予想しなかったほどの売れ行きを示したので、そこで二編以下は、さうした新たな社会の需要にこたへるために筆を執ったのであります。いはばタイミングのよさが、十七編に及ぶこの書を生み、且つその普及を大ならしめたことは疑ふことができません。福沢は役人ぎらひで、官途に仕へることを自らいさぎよしとしなかったけれども、決して孤高を誇る独善的な反政府主義者ではなかった。彼は、自分の信条たる洋学主義を政府が採用するかぎりは、民間にあって政府の協力者たる努力を惜しまなかったのでありますから、福沢の数多くの啓蒙書は、いはばいづれも政府の開明政策を庶民に徹底させる早わかり書たる役目をつとめたものといふことができませう。『学問のすゝめ』も、やはりその線に沿った好個の社会読本にほかならなかったのであります。」

（53）伊藤・前掲書二頁。

（54）『続福澤全集　第四巻』（昭和八年）〔時事論集・昭治二十七年編〕二二三頁以下。

(55) 前掲『続福澤全集　第四巻』一七〇頁以下。

(56) 前掲『続福澤全集　第四巻』一七四頁。

(57) 白羽祐三『民法起草者穂積陳重論』（一九九五年）四頁以下。

(58) 有賀・前掲書一頁。

(59) 有賀・前掲書九頁。

(60) 有賀・前掲書一六頁以下。

(61) この第二軍の編成の詳細は次のようなものであった。

「第二軍は軍司令部（軍司令官大将大山巖、参謀長歩兵大佐井上光、砲兵部長大佐黒瀬義門、工兵部長大佐勝田四方藏）の下に第一師団（師団長中将山地元治、参謀長歩兵大佐大寺安純）と本来は第六師団に属する混成第十二旅団（旅団長少将長谷川好道）が入り、さらに臨時《りんじ》攻城廠《こうじょうしょう》、野戦電信隊、そして兵站部（兵站監工兵大佐古川宣譽、参謀長工兵中佐山根武亮）があった。軍司令部には軍楽隊、測量班、写真班も付属していた。また、以上の兵力をもってすれば、金州城攻略は十分であるが、旅順攻略には疑問であるとの考えから、必要に応じて第二師団（師団長中将佐久間左馬太、参謀長歩兵大佐大久保春野）を加える手はずになっていた。だが結果的には、第二師団は旅順攻略に参加することはなかった。

　師団の構成はというと、この場合はほかならぬ第一師団のことであるが、歩兵第一旅団（旅団長少将乃木希典）と歩兵第二旅団（旅団長少将西寛二郎）、それに騎兵第一大隊（大隊長少佐秋山好古）、野戦砲兵第一連隊（連隊長大佐今津孝則）、工兵第一大隊（大隊長少佐田村義一）、弾薬大隊（大隊長少佐高木榮之）、輜重《しちょう》兵第一大隊（大隊長少佐岸用和）、そのほかに衛生隊、野戦病院が付属して成り立っていた。

　歩兵第一旅団は、歩兵第一連隊（連隊長中佐隠岐重節・連隊所在地＝東京）と歩兵第十五連隊（連隊長大佐河野通好・同＝高崎）とで、また歩兵第二旅団は、歩兵第二連隊（連隊長大佐伊瀬知好成・同＝佐倉）と歩兵第三連隊（連隊長中佐木村有恆・同＝東京）とで構成されていた。歩兵連隊は三大隊からなり、大隊は四中隊からなっていた。騎兵大隊は二中隊、野戦砲兵連隊は三大隊、大隊は二中隊から、工兵大隊も二中隊と小架橋縦列と大架橋縦列からなっていた。

中隊はいずれも小隊から成り立っていた。縦列というのは、それぞれの部隊に弾薬なり食糧なりを運搬する部隊のことである。

人員数は平時の記録ではあるが、一連隊は戦闘員千六百六十四名、非戦闘員（軍吏、書記、銃工、縫工、靴工、軍医正、軍医、看護婦、看護手など）六十六名、総計千七百三十名からなっていた。同じく騎兵一大隊（平時＝三中隊）は総計五百十四名、野戦砲兵一連隊は総計七百三十七名、工兵一大隊（平時＝三中隊）は総計四百十名などであった。

混成第十二旅団は、歩兵第十四連隊（連隊長中佐益満邦介・連隊所在地＝小倉）と歩兵第二十四連隊（連隊長中佐吉田清一・同＝福岡）、騎兵第六大隊第一中隊（中隊長大尉山本米太郎）、野戦砲兵第六連隊第三大隊（大隊長少佐石井隼太）、工兵第六大隊第二中隊（中隊長大尉下山筆八）、それに第一と第三の歩兵弾薬縦列、第一糧食縦列、衛生隊、第一野戦病院とで構成されていた。」（井上晴樹『旅順虐殺事件』（一九九五年）一一五頁以下）。

(62) 有賀・前掲書六一頁以下。なお、第一軍司令官・山県有朋の申告を引用しておこう。有賀の記述（有賀・前掲書五八頁以下）するところによれば次の如くである。

「第十二節　第一軍司令官山縣大將ノ申告

第一軍ノ司令官タリシ山縣大將ハ部下軍隊ニ對シ申告ヲ爲セリ、其ノ文句ハ宜シク記憶スヘキモノナリ、卽チ交戰前途ヲ説キテ將士ヲ奬勵スルト同時ニ『戰爭ノ目的ヲ達スルニハ敵國ノ軍、勢《フォルスアルメー》ヲ破レハ足レリ、危害ヲ平和ナル敵地住民ニ及ホス可カラス』トノ原則ニ戻ラサランコトヲ注意スルモノナリ、左ノ如シ。

『檄シテ名譽アル我カ帝國軍隊ノ將校ニ告ク東洋ノ平和一タヒ破レ遂ニ亞細亞兩帝國ヲシテ兵馬ノ間ニ相見ユルノ已ムヲ得サルニ至ラシメシハ實ニ古今未曾有ノ事タリ我ハ師ヲ出スニ名アリ而シテ曲ハ彼ニ在リト雖モ其衡ヲ爭ヒ雌雄ヲ決スルニ及ヒ苟モ我軍隊ニシテ最初ノ目的ヲ達セス隨テ、全局勝ヲ制スル能ハスシハ我カ日本帝國二千五百有餘年ノ名譽ハ一朝ニシテ地ニ墜チ以テ海外各國ノ笑ヲ招クノミナラス永ク不測ノ大難ニ陷ルモ亦未タ知ル可カラサルナリ國家士ヲ養フ正ニ今日ノ爲ナリ是固ヨリ將校諸君ノ熟知スル所ナリト雖モ余ハ今新タニ天皇陛下の勅命ヲ奉シ軍司令官トシテ來テ此地ニ臨ミタルヲ以テ更ニ茲ニ一言セサルヲ得ス

嗚呼我カ將校諸君ハ忠肝義膽ヲ有セリ此地ニ進軍シテヨリ以來長キハ數月短キモ數旬ニ亘ル氣候風土已ニ內地ニ同シカ

ラス道途又嶮惡ニシテ宿舍ハ狹隘不潔或ハ露榮野處シ加之百般ノ需用ハ缺乏セリ然ルニ能ク此等ノ艱苦ヲ耐忍シ一號令ノ下ニ勇往直前シ以テ敵國ノ首府ヲ屠ラン事ヲ期スルハ蓋シ將校諸君ノ須臾モ忘ル、能ハサル所ナルヘシ此レ我カ士卒ノ忠肝義膽ノ熱血ヲ灑キ以テ我カ大日本帝國ノ威武ヲ宇内ニ發揚スルハ余カ確信シテ疑ハサル所ナリ。

嗚呼我カ軍隊ハ精鋭剛毅ナリ曩ニ陸ニハ成歡ノ掃蕩占領アリ海ニハ豊島ノ轟沈捕拿アリ初戰ノ勢已ニ此ノ如シ兆吉ナリト謂フヘシ然リト雖モ是レハ初歩ノミ前途ハ尚遼遠タリ敵地ハ廣漠ナリ民人ハ衆多ナリ今日以往我カ軍隊ノ負擔スル所寔ニ重且大ナリトス此際一二回ノ克捷ヲ以テ直ニ敵軍ヲ侮慢スルノ心ヲ啓カシム可ラス嗚呼將校諸君各其部下ヲ戒飭シ宜シク益〻奮勵シ進死ヲ榮トシ退生ヲ辱トシ撓マス屈セス電擊飈馴一日モ早ク城下ノ盟ヲ成シ速ニ宸襟ヲ安シ奉シルヘキ者也。

終リニ於テ尚一言ス我カ敵トスル所ノ者ハ獨リ敵軍トス其他ノ人民ニ在テハ我カ軍隊ニ妨害シ若クハ妨害ヲ加ヘントスル者ノ外ハ我レ敵視スルノ限ニアラス軍人ト雖モ降ル者ハ殺スヘカラス然レトモ其詐術ニ罹ル勿レ且敵國ハ古ヨリ極メテ殘忍ノ性ヲ有セリ戰鬪ニ際シ若シ誤テ其生擒ニ遇ハヽ必ス酷虐ニシテ死ニ勝ルノ苦痛ヲ受ケ卒ニハ野蠻慘毒ノ處爲ヲ以テ其身命ヲ狀賊セラルヽハ必然ナリ故ニ萬一如何ナル非常ノ難戰ニ係ルモ決シテ敵ノ生擒スル所トナル可ラス寧ロ潔ヨク一死ヲ遂ケ以テ日本男兒ノ氣象ヲ示シ以テ日本男兒ノ名譽ヲ全フスヘシ余不敏ナリト雖モ閫外ノ重任ヲ承テ將ニ諸君ト事ニ從ハントスルノ始メニ當リ申告スルコト如此

明治二十七年九月　京城ニ於テ

第一軍司令官陸軍大將伯爵山縣有朋」

なお、山県有朋に関しては二四頁以下参照されたい。

(63)　この一二月二〇日付記事以前にも決定的な詳報ではないが、クリールマンのこの事件に関する以下の如き記事がある。

①一八九四年一二月七日付「ジャパン・メール」この新聞にはクリールマンの談話が掲載されている。井上・前掲書によると次の如くである。

「横濱に来て、監視将校の手を逃れた解放感からか、あるいは同じような役割を果たしていたと思われるガーヴィルが米国へ向け十二月七日に離日するせいか、クリールマンは事件について口を開き始める。六日に、今度は『ジャパン・

メール』記者の来訪を受け、ここで事件について初めて語ることになった。

記事は『旅順占領』と題され、『ジャパン・メール』記者が『旅順陥落の目撃者で米国新聞記者』に語らせる形をとっている。内容は、最初から重い。単なる遼東半島制圧の話ではない。少なくとも語られた順序に記事がまとめられたとすると、この語り手が事件を目撃した衝撃は相当なものであったと思われる。つまりは、旅順占領について語りながらも、我知らず事件の方向へ向かっているのである。最初は、清国兵が如何に残酷に日本兵捕虜と日本人密偵を殺したか、ということが語られる。日本兵たちはこれを知り、これを見、復讐心を燃え上がらせ、悪魔のように闘ったのであり、戦闘終了後も悪魔のように振舞ったのである、と。事件そのものについては後半になって語られている。『その晩、市街で虐殺《マサカ》があったのは疑いない』。日本兵は、彼らが殺したのは市街突入を阻止しようとした者たちだけだと弁解しているけれども、これは無意味なことだ。何故なら、翌日通りにころがっていた死体は、刀でばらばらに切り刻まれていたからだ。突入を阻止しようとして殺された者であれば、銃創か銃剣の刺し傷のみを負っているはずだからだ、と具体的に証拠立てている。この目撃者が語っているのは、復讐という心のなかの暗黒面であり、最終的には日本の文明についてである。

旅順占領後の虐殺は予想外に物凄いものだったので、大いに取り沙汰される可能性がある。日本に敵意を抱く評論家たちが早速この機会を利用しようとすることを、私は疑わない。私としては、日本の安寧を願い、また、その文明が付け焼き刃のものではないことを心から信じている。そして、全ての真の文明がそうであるように、あらゆる邪悪なものの抑圧と人間性のなかの全ての善きものの進化を願っているので、昔の日本では聖なる義務として教え込まれていた復讐というもの、人間の本性が従属するところの最も暗い情熱の一つが、旅順で一時的に噴出したこの件について、私はこのように長いこと、いろいろ思案していたのであった。

『ジャパン・メール』は事件に驚き、取材の翌日（十二月七日）付紙面には、クリールマンのこの談話とともに論説も掲げた。『ジャパン・ウィークリー・メール』は一週間分の『ジャパン・メール』を項目ごとにまとめたもので、毎週水曜日に発行されていたが、十二月八日付の同紙にもクリールマンの談話は収録されていた。」（同書四四頁以下）。

なお「ジャパン・メール」は横浜にあるジャパン・メール社が発行する新聞で、社主はフランシス・プリンクリー。日清・日露戦争当時日本政府の御用新聞で社主プリンクリーは日本政府から月々に補助金を受領していた。

②一八九四年一二月一日付「ワールド」　井上・前掲書（五三頁）によると、「十二月十一日、クリールマンは横濱から米国ニューヨークの日刊紙『ワールド』へ、短文を打電した。事件の目撃者による初めてのより具体的な記事であった。栗野が十二月二日に外務省に宛てた公信にあるように、これまで『清國人《しんこくじん》ノ野蠻的《やばんてき》ノ行爲《かうゐ》ハ日本《にほん》ニ對《たい》スル米國《べいこく》ノ好感情《かつかんじやう》ヲ好《よ》クスルノ傾《かたむ》キ』があったが、それは未だ事件を知らぬ時点のことであって、十二日付『ワールド』第一面に載ったわずか百一語からなるクリールマンの署名記事は、ニューヨークやワシントンを中心に〝激震〟を引き起こした。記事には、『日本軍大虐殺《ア・ジャパニーズ・マサカ》』と大見出しがつき、続いて『ワールド戦争特派員、旅順での虐 殺《ブッチャリー》を報告す』と中見出しが入り、『三日間にわたる殺人《マーダー》』『無防備で非武装の住民、住居内で殺戮《スロータード》さる』『死体、口にできぬほど切断《ミュータレイテイド》さる』『恐ろしい残虐行為《アトロシティ》に戦き外国特派員、全員一団となって日本軍を離脱す』と、小見出しが記事の要点を語っていた。」

③その後も「ワールド」紙面（一二月一八日、一二月一九日付など）には旅順虐殺事件の記事は掲載されたが、クリールマンの決定的な詳報は、なんといっても本文中の一二月二〇日付「ワールド」の記事であった。クリールマンはこの記事で、「朝鮮解放のための苦しみは、突如として征服のための向こうみずで野蛮な戦争と化した。それはもはや**文明と野蛮との間の葛藤ではない**。日本はそれまでつけていた仮面をはずし、**最後の四日間、征服軍の足の下に文明を蹂躙した**。」（井上・前掲書八〇頁、ゴシック著者）と書き始めている。

(64)　前掲『続福澤全集第四巻』二三五頁以下所収。
(65)　有賀・前掲書一〇七頁以下。
(66)　有賀・前掲書一一四頁以下。
(67)　有賀・前掲書一一六頁以下。
(68)　有賀・前掲書一一八頁。
(69)　有賀・前掲書一一八頁以下。
(70)　有賀・前掲書一二〇頁。
(71)　有賀・前掲書一一九頁。
(72)　有賀・前掲書一二四頁。
(73)　以上の引用は、井上・前掲書一八四頁以下による。

(74) 有賀・前掲書一二五頁以下。
(75) 有賀・前掲書一一九頁。
(76) 以上井上・前掲書一九〇頁参照。
(77) 井上・前掲書一九〇頁。
(78) 井上・前掲書一九一頁以下。
(79) 有賀・前掲書一七〇頁。
(80) 有賀・前掲書一〇八頁。
(81) 有賀・前掲書一二四頁以下参照。
(82) 「仁井田博士に民法典編纂事情を聴く座談会（仁井田益太郎・穂積重遠・平野義太郎）」法律時報一〇巻七号（昭和一三年）一六頁以下。
(83) 井上・前掲書五五頁参照。
(84) 井上・前掲書二五五頁参照。
(85) 井上・前掲書一〇三頁参照。
(86) この点に関する向野堅一の言を引用しておこう。
「余談《よだん》ニナリマスガ旅順《りよじゆん》デ山路《やまぢ》（山地の誤記・以下同）将軍《しやうぐん》ガ非戰闘員《ひせんとうゐん》ヲモ捕《とら》ヘテ惨殺《ざんさつ》シタト云《い》フコトガ當時新聞《たうじしんぶん》デ大分《だいぶ》八ヶ間敷《やかましく》ナツタコトガアリマシタガ是《こ》レハ旅順戰《りよじゆんせん》ノ初《はじ》メ我《わ》カ騎兵斥候隊《きへいせつこうたい》約《やく》二十名《にじふめい》ガ旅順《りよじゆん》ノ土城子《とじようし》デ捕《とら》ヘラレ隊長《たいちやう》中萬《ちゆうまん》（名は徳次）中尉《ちゆうゐ》ヲ初《はじ》メ各兵士《かくへいし》ハ皆首級《みなしゆきふ》ヲ切《き》リ落《おと》サレ且《か》ツ其《そ》ノ瘡口《そうこう》カラ石《いし》ヲ入《い》レ或《あるひ》ハ睾丸《かうぐわん》ヲ切斷《せつだん》シタルモノモアルト云《い》フ實《じつ》ニ言語《げんご》ニ絶《ぜつ》スル惨殺《ざんさつ》ノ狀《じやう》ヲ目撃《もくげき》セラレタル山路將軍《やまぢしやうぐん》ハ大《おほい》ニ怒《いか》リ此《かく》ノ如《ごと》キ非人道《ひじんだう》ヲ敢《あへ》テ行《おこな》フ國民《こくみん》ハ婦女老幼《ふじよらうえう》ヲ除《のぞ》ク外全部剪除《ほかぜんぶせんぢよ》セヨト云《い》フ命令《めいれい》ガ下《くだ》リマシテ旅順《りよじゆん》デハ実《じつ》ニ惨又惨《さんまたさん》、旅順港内《りよじゆんかうない》恰《あたか》モ血河《けつか》ノ感《かん》ヲ致《いた》シマシタ」（井上・前掲書二九五頁以下）に求める。
(87) 吉岡・前掲書七〇頁以下。
(88) ション・ラーベ『南京の真実』（平野卿子訳、一九九七年）参照。なお、南京大虐殺の詳細は後章の日中戦争参照。

第三章　日露戦争と法律学

第一節　日清戦争と日露戦争の相違

一　国際法上の相違

(1)　法律学的視点からは、日清戦争と日露戦争との法的相違から明らかにする必要があろう。けだしこの相違によって日本の戦争に対する法的対応（つまり日本法のあり方）も異なってくるからである。まずもって問題となるのは、赤十字条約（「戦場ニ於ケル軍隊中ノ負傷軍人ノ状態ニ関スル条約」、ジュネーブ条約ともいう）についてである。この条約は一八六四年に国際会議で採択され、日本も一八八六年（明治一九年）にこの条約に加盟したことは先に指摘したところである。この条約が日清戦争にも日露戦争にも適用になることはいうまでもないし、それを無視することはできない。だからこそ日清戦争における日本の清国に対する宣戦布告の詔勅（一八九四年〔明治二七年〕八月一日）で、「朕茲ニ清國ニ對シテ戦ヲ宣ス朕カ百僚有司ハ宜ク朕カ意ヲ體シ陸上ニ海面ニ清國ニ對シテ交戦ノ事ニ従ヒ以テ國家ノ目的ヲ達スルニ努力スヘシ苟モ**國際法ニ戻ラサル限り**各〻權能ニ應シテ一切ノ手段ヲ盡スニ於テ必ス遺漏ナカムルコトヲ期セヨ」と宣言したのもこのためである。また日露戦争における日本の露国に対する宣戦布告（一九〇四年〔明治三七年〕二月一〇日）でも、「朕茲ニ露國ニ對シテ戦ヲ宣ス朕カ陸海軍ハ宜ク全力ヲ極メテ露國ト交戦ノ事ニ従フヘク朕カ百僚有司ハ宜ク各〻其ノ職務ニ率ヒ其ノ權能ニ應シテ國家ノ目的ヲ達スルニ努力スヘシ凡ソ**國際條規ノ範圍ニ於テ**一切ノ手段ヲ盡シ遺算ナカラムコトヲ期セヨ」と宣言したのもまたこのためである。

(2) もっとも日清戦争では法律的には日本に赤十字条約が適用になるといっても、既に旅順虐殺事件で詳論した如く、その実体は適用なかったと同じであった。しかし一九〇四年（明治三七年）の日露戦争では、そのようなわけにはいかなかった。けだし日清戦争と日露戦争の間にはハーグ平和会議なる国際会議があったからである。つまり一八九九年（明治三二年）に第一回ハーグ平和会議なる国際会議がハーグ（Hague）で開催されたからである。[1] そしてそこでは後述の国際紛争平和的処理条約・陸戦ノ法規慣例ニ関スル条約（ハーグ陸戦条約とも呼ばれている）などが締結されたからである。

その上日本もこの国際会議に参加し条約・宣言を締結していたのであるから、日露戦争ではこの国際会議で締結された国際条約や宣言を無視するわけにいかなかったのである。したがって日本も日露戦争の開戦当初から各部隊に国際法学者も配置せざるをえなかったほどである。日露戦争においては、たとえば満州軍総司令部国際法事務嘱託であった有賀長雄（法学博士・文学博士）編集『日露陸戰國際法論』（明治四四年東京偕行社発行）によれば次のようなものであった。[2]

(3) 「日本陸海軍ノ大元帥タル　天皇陛下ガ我カ陸海軍ノ行動ヲシテ國際法ノ原則ニ準據セシムル事ヲ以テ念慮トシ賜ヘルハ一朝一夕ニ非ス。故ニ戰爭ノ法規慣例ニ關スル總ベテノ國際條約ニ加盟セシメ給ヒ、又陸海軍ノ參謀勤務ニ服スル將校ヲシテ此ノ法律ノ原則ニ曉通セシムルタメ、陸軍大學校及海軍大學校ニ於テ國際法ノ講座ヲ設ケセシメタリ。卽チ明治二十七八年戰役ノ當時、陸軍大學校ヲ卒業シテ樞要職務ニ就ケル者ハ五十餘名アリシガ、日露戰役ニハ三百數十名アリ、之ヲ各部團隊ノ參謀部ニ配屬シテ其ノ兵學校及戰術上ノ知識ヲ實地ニ應用スルト同時ニ其ノ國際法ニ於ケル鍛錬ニ依リ日本軍隊ノ行動ヲシテ文明戰爭ノ法規慣例ニ副ハシメンコトニ努メタルノ成績ハ實ニ顯著ナルモノアリ。然レトモ　天皇陛下ハ獨リ參謀勤務ニ服スル者ヲシテ文明戰爭ノ法規慣例ニ熟通セシムルノミヲ以テ足レリトシ給ハズ、又陸海軍ノ行政機關ヲシテ此等ノ法規慣例ニ依リ準備ヲ爲サシムルタメ平時ヨリ陸海軍省ニ參事官ノ名義ニテ國際法ノ專門家ヲ置キ、國際法ニ關スル各種法令ノ起草ニ任セシメ、戰時ニ至レバ陸海軍大臣ヲ輔ケ國際法ニ依リ事務ヲ處理セシメラレタリ、卽チ我カ陸軍省ハ法學博士秋山參事官アリ、氏ハ國際法ノ專門家ニシテ曾テ公使館書記官トシテ聖比得堡ニ駐在シ、又邦語ニテ平時國際法及戰時國際法ヲ著述シ、日露戰役ニ際シテハ內地ニ在リテ陸軍大臣ノ貴重ナル補助員ニ備ハリ、傍ラ俘虜情報局員トシテ始メテ俘虜ニ關スル一八九九年七月二十九日海牙條約ノ規定ヲ實地ニ適用スル事ニ任シ、氏ノ事業ノ一部分ハ既ニ「日露戰爭中日本ニ於ケル露國臣民」トシテ「國際法及比較法制雜誌」ニ掲載セラレタリ。海軍省ニハ法學博士山川參事官、遠藤參事官アリ、共ニ法律ヲ專門トシ海軍行政ニ關シ秋山參事官ノ陸軍行政ニ於ケルト同樣ノ地位ニ立チ、尙ホ山川參事官ハ横須賀捕獲審檢所、遠藤參事官ハ佐世保捕獲審檢所ノ評定官ニ任シ、實地ノ審檢事務ニ參與セラレタリ、日露戰爭ニ於ケル日本海軍ノ事務ニシテ國際法ニ關係ヲ有スルモノハ、極メテ豐富ニシテ、將來此ノ學問ノ研究ノタメ最モ有益ノ材料タルヘク、久シカラズシテ兩參事官ノ手ニ依リ世ニ公ニセラルヘシ。其ノ果シテ世ニ公ニセラルルノ日ニハ世界ハ兩氏ニ於テ卓越セル少壯國際法學者ヲ發見スヘキナリ。天皇陛下ハ斯クノ如クニシテ陸海軍ノ統帥事務及軍政事務ヲ國際法規ニ契合セシムルコトニ重キヲ置カセ給ヒ、而シテ一旦開戰ニ至ルヤ殊サラ一般文武官ニ訓示シテ國際法ノ適用ヲ周密ニセシメ給ヘリ。卽チ開戰ノ詔勅ニ曰。

『朕茲ニ露國ニ對シテ戰ヲ宣ス朕ガ陸海軍ハ宜シク全力ヲ極メテ露國ト交戰ノ事ニ從フヘク朕ガ百僚有司ハ宜シク各〻其ノ職務ニ率ヒ其ノ權能ニ應シテ國家ノ目的ヲ達スルニ努力スヘシ凡テ國際條約ノ範圍ニ於テ一切ノ手段ヲ盡シ

遺算ナカランコトヲ期セヨ……』。ト。同様ノ文字ハ明治二十七年ノ清國ニ對スル宣戰詔勅ニモ存シタリ。日清戰役國際法論第三十七頁參看此ノ如ク君主ガ開戰ノ宣言ニ於テ特ニ國際法ヲ尊重スル義務ヲ明示スルコトハ他國ノ歴史ニ多ク其ノ類ヲ見サル所ナリ。」

また「天皇陛下ハ其ノ國際法ニ於ケル意圖ノ更ニ實行セラレンコトヲ期スルタメ、各軍ニ二名ノ専門家ヲ附セラレタリ。此等ノ専門家ハ大抵東京ニ於ケル國際法學會ノ會員中ヨリ選拔セラレ、其ノ中二三名ハ一年志願兵トシテ現ニ將校ノ資格ヲ豫備將校ノ資格ヲ以テ勤務ヲ命セラレタリ。而シテ將校ノ分限ナキ者モ、出征軍中ニ在リテハ、高等文官トシテ相當官ノ待遇ヲ受ケ、帶劍シ、唯タ左臂ニ星形ノ徽章ヲ着ケタルト、靴履ニ拍車ノ無キコトニ因リ普通將校ト區別スヘカリキ。彼等ハ高等司令部ニ於テ陸戰ノ法規慣例ニ關スル事件アル毎ニ諮詢ヲ受ケ、或ハ之ニ關スル訓令及規則ノ立案ヲ命セラレタリ[3]」。

(4) さらに各軍の国際法事務掛に関していえば次の如くである。

(a) 第Ⅰ軍（黒木軍） 国際法事務掛は法学士・蜷川新、加福豊次である[4]。

(b) 第Ⅱ軍（奥軍） 国際法事務掛は、法学士・佐竹準、仏国法学士・田中遜である[5]。

(c) 第Ⅲ軍（乃木軍） 国際法事務掛は法学士・弁護士・篠田活策、陸軍編修官・兵藤爲三郎である[6]。

(d) 第Ⅳ軍（野津軍） 国際法事務嘱託・法学士・皆川広（判事・関西大学教授）、高橋粲二である[7]。

(e) その他韓国駐劄軍（鴨緑江軍・北韓軍）の国際法事務として野沢武之助（スイスジュネーブ大卒）を嘱託とするなどである。

以上の事情からして日清戦争と日露戦争との法律的相違を論ずるには、まずもってハーグ平和会議で締結された国際条約などを解明しておかなければならないであろう。

二　日本帝国主義の確立と国際法の重要性

(1)　ところで日本の国際法的地位を考えるには、日本帝国主義の発展と国際関係との関連を考察しなければならない。日清戦争の敗北によって清国は、帝国主義列強の分割の餌食とされる。このような清国の傾向は、日本に対するかの三国（ロシア、ドイツ、フランス）干渉の頃から強化されたといってよい。このため中国民衆の生活は激しく圧迫され苦境におちいり、遂には帝国主義列強に対する民衆の大規模な反帝闘争が一九〇〇年（明治三三年）に爆発することになる。これがかの義和団事件である。この義和団の闘争は次第に中国全土に拡大したので、これに驚いた帝国主義列強（ロシア、イギリス、フランス、ドイツ、アメリカ、オーストリア、イタリア）は連合軍を組織して鎮圧せんとした。弱小帝国主義国にすぎなかった日本は「中国略奪の地理的便宜」からこれを好機として進んで帝国主義連合軍の主力（三二、〇〇〇人の連合軍のうち一二、〇〇〇人は日本軍）として参加する。これによって弱小国・日本は、帝国主義列強の「極東の憲兵」としての役割を担うに至った。

(2)　しかし日本が「極東の憲兵」になるということは、同時に日本が古い国際法（欧州強盗集団の掟である「万国公法」(8)）に強く拘束されることを意味する。その現れが前記の天皇の宣戦布告の詔勅の言葉（一九〇四年〔明治三七年〕の「国際条規ノ範囲ニ於テ」）である。

(3)　イギリスの日清戦争における日本支持、ロシアなどの三国干渉に対する日本の恨み、義和団鎮圧後のロシアの満州占拠などの諸事情は、大陸への帝国主義的進出をねらっていた日本をして、対ロ抗争の途を選ぶことになる。一九〇二年（明治三五年）一月の日英同盟の締結がその現われである。つまり日本は当時の主要帝国主義国イギリスの支持の下に、強力な帝国主義国ロシアと敵対して戦争を遂行しようとしていた。したがって日英同盟下の日本帝国主義国として古い国際法（欧米強盗集団の掟である「万国公法」）に拘束され、それを無視することができなかった。

しかし他方で丁度その頃この古い国際法そのものの矛盾が露呈しはじめていた。そこには、外部から古い国際法への批判としてアルゼンチンのカルヴォ（Calvo）主義、ドラゴー（Drago）主義の主張が出現しはじめていた。[9] またそれだけではない。古い国際法の主張（欧米先進帝国主義者集団）内部からも大勢として古い秩序への反省が現われていた。それは欧米先進帝国主義者集団の植民地の掠奪・分割による戦争の激化に由来するものであった。つまりこの種の戦争の激化は巨額な戦費を必要とし国民生活を圧迫せざるをえなくする。そこで世界の大勢として戦争よりは平和（軍備制限）をという声を増大させていった。そしてこの声が、一八九九年（明治三二年）の第一回ハーグ平和会談へと結実していく。

しかしながらハーグ平和会議に結実していったといっても、その実態は次のようなものであった。各国は口先では平和（軍備制限）を唱えているといっても列強は古い国際法を固守し、軍備拡張競争に狂奔していたといってもよかろう。たとえば古い国際法（欧米帝国主義強盗集団の掟「万国公法」）を力強く説く一八八三年（明治一六年）のロリマーの著作（J. Lorimer, The Institutes of the Law of Nations, Vol. I, Edinburgh 1883.）や一九〇五年（明治三八年）のオッペンハイムの著作（L. Oppenheim, International Law, Vol. I. London, 1905.）が通用しているのである。また一九世紀末の世界情勢をみると、欧米式国際法が確立された一九世紀末（一八七〇年代末から一九〇〇年頃）にはヨーロッパでは先進資本主義諸国がすでに独占資本主義・帝国主義の段階に入っていた。それだけに国際法が必要であったのである。けだし先進資本主義国間で植民地掠奪競争が激化しだしていたからである。加えて欧米資本主義諸国の発展も不均等であったため遅れて登場した帝国主義国は植民地の掠奪（「無所有者」から「所有者」へ）・再分割（旧「所有者」から新「所有者」へ）を求めて一層激しい帝国主義戦争を繰返していた時期でもあった。つまり軍備拡張競争の時代に入っているのである。[10] 要するに一九世紀末から二〇世紀当初には、世界の状況は、独立国といえるような国は地球上に僅か二〇カ国位しかなかったのである。その他の残りの国はすべて大国（欧米先進資本主義国の強盗集団）の植民地、半植民地、従属国となっていたのである。

加えて普仏戦争（一八七〇年、明治三年）の勝利者である「ドイツ帝国」（一八七一年にはドイツ帝国《ライヒ》成立）、日清戦争（一八九四年、明治二七年）の勝利者でありさらに日露戦争（一九〇四年、明治三七年）を宿願としていた「大日本帝国」の存在は軍備制限の気運を益々消極的なものにした。

以上の経緯からして日露戦争そのものに入る前にハーグ平和会議との関係を明らかにしておく必要があろう。

第二節　日露戦争と第一回ハーグ平和会議（Hague Peace Conferences）との関係

一　第一回ハーグ平和会議は、ロシア皇帝ニコライ二世[11]（Nikolai II）が提唱し、正式招請はオランダ政府によりなされた。会議は一八九九年（明治三二年）五月一八日から七月二九日にわたってオランダのハーグで二六カ国が参加して開催された。この会議の目的は、一九世紀末における欧米帝国主義国の軍備増強とその費用負担の増大を漸減・防止しあわせて世界平和を探求するためであった。しかし軍備制限に関してはその成果をあげることができなかった。とはいえ多くの国が参加して世界的規模で国際平和会議を開催したこと、そしてとにもかくにも一堂に会して世界平和の探求をめぐる討議が、はじめておこなわれたことは大きく評価してよいし、画期的な出来ごとといってよい。少なくとも新しい時代を切り開く端緒となったといえようか。

二　この平和会議の参加国は、ヨーロッパの主要国、アメリカ、極東からは日本・清国など二六カ国である。二六カ国の国名をあげれば次の如くである。

ドイツ、オーストリア・ハンガリー、ベルギー、清国、デンマーク、スペイン、アメリカ、メキシコ、フランス、イギリス、ギリシア、イタリア、日本、ルクセンブルグ、モンテネグロ、オランダ、ペルシア、ポルトガル、ルーマニア、ロシア、セルビア、シャム、スウェーデン、スイス、トルコ、ブルガリア。

これらの二六カ国は、後述の如く条約調印のために全権委員を任命・派遣している。日本からはベルギー駐在公使本野一郎が特命全権委員に任命されている。なお日本の専門委員として陸軍より上原大佐、海軍より坂本大佐、外務省嘱託として前記国際法学者・有賀長雄が任命されている。

会議は、総会と三委員会・小委員会で討議・検討がなされた。

三 しかし第一回の平和会議においては、既述の如く希望（平和・軍備制限）と現実（欧米帝国主義諸国の軍備競争）との矛盾という状況の中では、大勢として軍備制限（平和）条約は現実のものとならなかった。とりわけ軍備強化を主張する普仏戦争の勝利者・ドイツ「帝国」の強い軍備制限反対はこれに拍車をかけたといえよう。さらに日清戦争の勝利者であり、戦後の膨大な軍備拡張（六師団から一二師団倍増）[12]しかも日露戦争開始を宿願としている日本「帝国」もこれまた同様である。

それだけに第一回ハーグ平和会議の評価に関しては賛否両論が対立していた。しかし第二回平和会議への多数の参加国をみるとき同会の開会の辞で述べられている如く第一回の会議も、軍備制限（平和）を除けば一応成功であったと評価すべきであろう。[13]したがって軍備制限に関しては将来に希望を託しつつも、当面次のような三条約と三宣言書にとどまった。

四 まず第一は、「国際紛争平和的処理条約」（明治三十三年十一月二十一日勅令無號）である。この条約は戦争を前提した上で紛争を国際的に平和的に処理しようとするものである。だから、「第一章　一般平和ノ維持　第一條　列國間ノ關係ニ於テ兵力ニ訴フルコトヲ成ルヘク制止セムカ為記名國ハ國際紛議ヲ平和ニ處理スルコトニ其ノ全力ヲ竭サムルコトヲ約定ス」と定めている。

また処理方法の中心は「仲裁裁判」制度である。前文にも次の如く述べている。「一般ノ平和ヲ維持スルコトニ協力セムコトヲ切ニ希望シ全力ヲ竭シテ國際紛争ヲ平和的に處理スルコトヲ幇助スルニ決シ文明國團ノ各員ヲ結合スル所ノ連帯責務ヲ識認シ法ノ領域ヲ擴張スルト共ニ國際的正義ノ感ヲ鞏固ナラシメムコトヲ欲シ諸獨立國ノ間ニ各國ノ頼ルヲ得ヘキ常設仲裁裁判制度ヲ置クコトハ前記ノ目的ヲ達スルニ最モ有効ナルヘキヲ確信シ仲裁手續ニ關スル一般且正則ノ組織ヲ設クルノ有效ナルヲ察シ……」としている。

ところでこの条約は、第二回平和会議でも討議され、改定の対象となるので、まず本条約の内容を全文引用しておくことにしよう。

「朕和蘭國海牙ニ於テ萬國平和會議ニ賛同シタル帝國全權委員ト各國全權委員ノ記名調印シタル國際紛争平和的處理條約ヲ批准シ玆ニ之ヲ公布セシム

御　名　御　璽

明治三十三年十一月二十一日（官報十一月二十二日）

内閣總理大臣臨時代理

樞密院議長侯爵西園寺公望

外務大臣　加藤高明

國際紛爭平和的處理條約

獨逸國普魯西國皇帝陛下、墺地利國『ボヘミヤ』國洪牙利國皇帝陛下、白耳義國皇帝陛下、丁抹國皇帝陛下、西班牙國皇帝陛下並同皇帝陛下ノ名ヲ以テスル攝政皇后陛下、亞米利加合衆國大統領、墨西哥合衆國大統領、佛蘭西共和國大統領、大不列顚及愛蘭聯合王國兼印度國皇帝陛下、希臘國皇帝陛下、伊太利國皇帝陛下、日本國皇帝陛下、盧森堡國大公『ナッソー』公殿下『モンテネグロ』國公殿下、和蘭國皇帝陛下、波斯國皇帝陛下、葡萄牙國及『アルガルヴ』皇帝陛下、羅馬尼亞國皇帝陛下、全露西亞國皇帝陛下、塞爾比亞國皇帝陛下、暹羅國皇帝陛下、瑞典諾威國皇帝陛下、瑞西聯邦政府、土耳其國皇帝陛下及勃爾牙利國公殿下ハ一般ノ平和ヲ維持スルコトニ協力セムコトヲ切ニ希望シ全力ヲ竭シテ國際紛爭ヲ平和的ニ處理スルコトヲ幇助スルニ決シ文明國團ノ各員ヲ結合スル所ノ連帶責務ヲ識認シ法ノ領域ヲ擴張スルト共ニ國際的正義ノ感ヲ鞏固ナラシメムコトヲ欲シ諸獨立國ノ間ニ各國ノ賴ルヲ得ヘキ常設仲裁裁判制度ヲ置クコトハ前記ノ目的に達スルニ最モ有効ナルヘキヲ確信シ仲裁手續ニ關スル一般且正則ノ組織ヲ設クルノ有效ナルヲ察シ萬國平和會議ノ至尊ナル發議者ト共ニ國安民福ノ基礎タル公平正理ノ原則ヲ國際的協商ニ依テ定立スルノ須要ナルヲ認メ之カ爲ニ條約ヲ締結セムト欲シ各各左ノ全權委員ヲ任命セリ

獨逸國普魯西國皇帝陛下

佛國駐箚獨逸國特命全權大使伯爵ド、ミュンステル

墺地利國『ボヘミヤ』國洪牙利國皇帝陛下

特命全權大使伯爵エル、ヴェルセルスハインブ

和蘭國駐箚特命全權公使アレキサンドル、オコリクサニー、ドコリクスナ

白耳義國皇帝陛下

國務大臣衆議院議長オーギュスト、ペルネルト

和蘭國皇帝陛下ノ闕下ニ駐箚スル特命全權公使伯爵ド、グレル、ロジエー
　上院議員シュヴァリエー、デカン
清國皇帝陛下
　露國駐箚特命全權公使楊儒
丁抹國皇帝陛下
　大不列顚國皇帝陛下ノ闕下ニ駐箚スル特命全權公使侍從エフ、エ、ド、ピル
西班牙國皇帝陛下竝同皇帝陛下ノ名ヲ以テスル攝政皇后陛下
　前外務大臣公爵デ、テツアン
　白耳義國皇帝陛下ノ闕下ニ駐箚スル特命全權公使ドブルヴェ、ラミーレス、デ、ヴィーリヤ、ウルーチャ
　和蘭國皇帝陛下ノ闕下ニ駐箚スル特命全權公使アルツーロ、デ、バゲール
亞米利加合衆國大統領
　獨逸國皇帝陛下ノ闕下ニ駐箚スル特命全權大使アンドリュー、ヂー、ホワイト
　紐育『コロンビヤ』大學總長『オノレーブル』セッス、ロウ
　和蘭國皇帝陛下ノ闕下ニ駐箚スル特命全權公使スタンフォード、ニュウェル
　海軍大佐アルフレッド、チー、マハン
　陸軍砲兵大尉ウヰリアム、クロジエー
墨西哥合衆國大統領
　佛蘭西共和國政府ノ下ニ駐箚スル特命全權公使ド、ミエー

白耳義國皇帝陛下ノ闕下ニ駐箚スル辨理公使セニール

佛蘭西共和國大統領
前内閣議長前外務大臣衆議院議員レオン、ブルージョア
和蘭國皇帝陛下ノ闕下ニ駐箚スル特命全權公使ジョールジュ、ビウール
特命全權公使衆議院議員男爵デツールネル、ド、コンスタン

大不列顚及愛蘭聯合王國兼印度國皇帝陛下
樞密顧問官亞米利加合衆国駐箚聯合王國特命全權大使『サー』ジュリアン、ボーンスフォート
和蘭國駐箚特命全權公使『サー』ヘンリー、ホワード

希臘國皇帝陛下
前内閣議長前外務大臣佛蘭西共和國政府ノ下ニ駐箚スル特命全權公使ニー、デリアンニ

伊太利國皇帝陛下
墺國駐箚伊太利國特命全權大使上院議員伯爵ニーグラ
和蘭國駐箚特命全權公使伯爵ア、ツァンニーニ
伊太利國衆議院議員コンマンドール、ギード、ポンピューリー

日本國皇帝陛下
白耳義國駐箚特命全權公使本野一郎

盧森堡國大公『ナッソー』公殿下
内閣議長國務大臣アイシェン

『モンテネグロ』國公殿下
大不列顛國皇帝陛下ノ闕下ニ駐箚スル露國全權大使『コンセイエー、プリヴェー、アクチュエル』ド、スタール
和蘭國皇帝陛下
前外務大臣下院議員ヨンクヘール、アー、ぺー、、チュー、ファン、カルネベーク
前陸軍大臣參事院議官將官ヨツト、チェー、チェー、デン、ベール、ポールチュゲール
參事院議官テー、エム、チェー、アッセル
上院議員エー、エヌ、ラヒュセン
波斯國皇帝陛下
全露西亞國皇帝陛下及瑞典諾威國皇帝陛下ノ闕下ニ駐箚スル特命全權公使侍從武官將官ミルザ、リザ、カン（アルファ、ウッドウレー）
葡萄牙國及『アルガルヴ』皇帝陛下
前海軍及殖民大臣西班牙國皇帝陛下ノ闕下ニ駐箚スル特命全權公使『ペール、ヂュ、ロワイヨーム』伯爵デ、マセーヅ
全露西亞國皇帝陛下ノ闕下ニ駐箚スル特命全權公使『ペール、ヂュ、ロワイヨーム』ドルネーラス、デ、ヴァスコンセーロス
和蘭國皇帝陛下ノ闕下ニ駐箚スル特命全權公使伯爵デ、セリール
羅馬尼亞國皇帝陛下
獨逸國皇帝陛下ノ闕下ニ駐箚スル特命全權公使アレキサンドル、ペルヂマン

和蘭國皇帝陛下ノ闕下ニ駐箚スル特命全權公使ジャン、ヱヌ、パピニウ
全露西亞國皇帝陛下
大不列顚國皇帝陛下ノ闕下ニ駐箚スル特命全權大使『コンセイエー、プリヴェー、アクチュエル』ド、スタール
『コンセイエー、プリヴェー』ド、マルテンス
皇帝陛下ノ侍從『コンセイエー、デター、アクチュエル』ド、バシリー
塞爾比亞國皇帝陛下
英國及和蘭國駐箚特命全權公使ミヤトヴィッチ
暹羅國皇帝陛下
佛蘭西共和國政府ノ下ニ駐箚スル特命全權公使ピア、スリヤ、ヌヴァトル
和蘭國皇帝陛下及大不列顚國皇帝陛下ノ闕下ニ駐箚スル特命全權公使ピア、ヴィ、スッダ
瑞典諾威國皇帝陛下
伊太利國皇帝陛下ノ闕下ニ駐箚スル特命全權公使男爵ド、ビルト
瑞西聯邦政府
獨逸國駐箚特命全權公使博士アルノルド、ロート
土耳其國皇帝陛下
前外務大臣參事院議官チュルカン、パシャー
外務省書記官長ヌーリー、ベー
勃爾牙利國公殿下

露西亞帝國政府ノ下ニ在勤スル外交事務官博士ヂミトリ、イ、スタンショッフ
在塞爾比亞國公使館附武官勃爾牙利國參謀官陸軍少佐クリスト、ヘッサブチェッフ
因テ各全權委員ハ互ニ其ノ委任状ヲ示シ其ノ良好妥當ナルヲ認メ以テ條項ヲ協定セリ

第一章　一般平和ノ維持

第一條　列國間ノ關係ニ於テ兵力ニ訴フルコト成ルヘク制止セムカ爲記名國ハ國際紛議ヲ平和ニ處理スルコトニ其ノ全力ヲ竭サムコトヲ約定ス

第二章　周旋及居中調停

第二條　記名國ハ重大ナル意見ノ衝突又ハ紛爭ヲ生シタル場合ニハ兵力ニ訴フルニ先チ事情ノ許ス限リ其ノ交親國中ノ一國若ハ數國ニ周旋又ハ居中調停ヲ依頼スルコトヲ約定ス

第三條　記名國ハ右依頼ノ有無ニ拘ラス紛爭以外ニ立ツ一國又ハ數國カ事情ノ許ス限リ自ラ進テ周旋又ハ居中調停ヲ紛爭國ニ提供スルコトヲ有益ト認ム
紛爭以外ニ立ツ國ハ交戰中ト雖其ノ周旋又ハ居中調停ヲ提供スルノ權利ヲ有ス
紛爭國ハ右權利ノ行使ヲ目シテ友誼ニ戻レルモノト爲スコトヲ得ス

第四條　居中調停者ノ本分ハ紛爭國雙方ノ申分ヲ和解シ且其ノ間ニ生スルコトアルヘキ惡感情ヲ融和スルニ在ルモノトス

第五條　居中調停者ノ職務ハ其ノ提出シタル和解方法ノ採納セラレサルコトヲ紛爭國ノ一方又ハ調停者自ラ宣言シタルトキ直ニ終止スルモノトス

第六條　周旋及居中調停ハ紛爭國ノ依頼ニ由ルト紛爭以外ニ立ツ國ノ發意ニ出ツルトニ論ナク全ク勸告ノ性質ヲ有ス

ルニ止リ決シテ拘束ノ效力ヲ有セサルモノトス

第七條　反對ノ約束アル場合ノ外ハ居中調停ヲ承諾シタルカ爲動員其ノ他ノ戰鬪準備ヲ中止シ遲延シ又ハ障碍スルノ結果ヲ生スルコトナシ

若戰鬪開始ノ後ニ於テ居中調停起リタルトキハ反對ノ約束アル場合ノ外之カ爲進行中ノ軍事的動作ヲ中止スルコトナシ

第八條　記名國ハ事情ノ許ス限リ左ノ手續ヲ以テスル特別居中調停ノ適用ヲ可トスルコトニ同意ス

平和ヲ破ルノ虞アル重大ナル紛議ヲ生シタル場合ニハ紛爭國ハ平和ノ破裂ヲ豫防スル爲各各一國ヲ選定シ他ノ一方ノ選定シタル國ト直接ノ交渉ヲ開クノ任務ヲ附託ス

右附託ノ期間ハ反對ノ規約アル場合ノ外三十日ヲ超エサルモノトシ期間中紛爭事件ニ關スルコトハ調停國ニ一任シタルモノト看做シ紛爭國ハ自ラ直接ノ交渉ヲ爲スコトヲ中止ス右調停國ハ紛議ヲ處理スルニ全力ヲ竭スヘキモノトス

平和ノ既ニ破レタル後ト雖右調停國ハ平和ヲ回復スルノ機會アル毎ニ之ヲ利用スルノ共同任務ヲ負フモノトス

第三章　國際審査委員

第九條　名譽又ハ重要ナル利益ニ關係セス單ニ事實上ノ見解ノ異ルヨリ生シタル國際紛爭事件ニシテ外交上ノ手段ニ依リ其ノ妥協ヲ遂クルコト能ハサリシ場合ニハ紛爭國ハ事情ノ許ス限リ國際審査委員ヲ設ケ之ヲシテ公平誠實ナル審査ニ依リテ事實問題ヲ明カニシ紛爭ノ結了ヲ幇助スルノ任ニ當ラシムルヲ以テ記名國ハ有益ナリト認ム

第十條　國際審査委員ハ紛爭國間ノ特別條約ヲ以テ之ヲ設置ス

審査條約ハ審査スヘキ事實及委員ノ權限ヲ明瞭ニ規定ス

審査條約ハ審査手續ヲ規定ス
審査ハ雙方對審ノ上之ヲ行フ
遵守スヘキ方式及期限ニシテ審査條約ニ規定ナキモノハ委員自ラ之ヲ定ム
第十一條　國際審査委員ハ反對ノ規約ナキ限リ本條約第三十二條ニ定メタル方法ニ依リ之ヲ設置ス
第十二條　紛爭國ハ係爭事實ヲ完全ニ知悉シ且精確ニ會得スルニ必要ナル一切ノ方法及便宜ヲ其ノ爲シ得ヘシト認ムル限リ充分ニ國際審査委員ニ提供スルコトヲ約定ス
第十三條　國際審査委員ハ各委員ノ記名シタル報告書ヲ紛爭國ニ提出ス
第十四條　國際審査委員ノ報告書ハ單ニ事實ノ記述ニ止ルモノキシテ決シテ仲裁宣告ノ性質ヲ有セス此ノ記述ニ對シ如何ナル結果ヲ付スヘキヤハ全ク紛爭國ノ自由タルヘシ

第四章　萬國仲裁裁判

第一節　仲裁裁判

第十五條　萬國仲裁裁判ハ紛爭國ノ選定セル裁判官ヲシテ法ヲ尊重スルノ基礎ニ據リ國ト國トノ間ニ生シタル紛議ヲ處理セシムルコトヲ以テ目的トス
第十六條　法律問題就中國際條約ノ解釋又ハ適用ニ關スル問題ニ就テハ記名國ハ外交上ノ手段ニ依リ結了スルコト能ハサリシ紛議ヲ處理スルニハ仲裁裁判ヲ以テ最モ有效ニシテ且最モ公平ナル方法ト認ム
第十七條　仲裁裁判條約ハ既ニ生シタル紛議又ハ將來生スルコトアルヘキ紛議ノ爲ニ締結ス
仲裁裁判條約ハ總テノ紛議又ハ特ニ指定シタル種類ノ紛議ノミニ關スルコトヲ得
第十八條　仲裁裁判條約ハ誠實ニ仲裁宣告ニ服從スルノ約束ヲ包含ス

第十九條　仲裁裁判ニ依賴スヘキ義務ヲ記名國ニ對シテ現ニ規定シタル一般若ハ特別條約ノ有無ニ拘ラス記名國ハ仲裁裁判ニ付スルコトヲ得ヘシト思料スル一切ノ場合ニ義務的仲裁裁判ヲ普及セシメムカ爲本條約批准前又ハ其ノ後ニ於テ一般若ハ特別ノ新協定ヲ爲スノ權利ヲ保留ス

第二節　常設仲裁裁判所

第二十條　外交上ノ手段ニ依リテ處理スルコト能ハサリシ國際紛議ヲ直ニ仲裁裁判ニ付スルニ便ナラシムルノ目的ヲ以テ記名國ハ何時タリトモ依賴スルコトヲ得ヘキ且紛爭國間ニ反對ノ規約ナキ限ハ本條約ニ掲ケタル手續ニ依リテ其ノ職務を行フヘキ常設仲裁裁判所ヲ構成スルコトヲ約定ス

第二十一條　常設仲裁裁判所ハ紛爭國ノ間ニ特別ノ裁判所ヲ設置スルノ協約アル場合ノ外一切ノ仲裁事件ヲ管轄スルモノトス

第二十二條　海牙ニ萬國事務局ヲ設置シ仲裁裁判所書記局ノ事務ニ當ラシム

右事務局ハ裁判所ノ開廷ニ關スル通信ノ媒介者トス

事務局ハ記錄ノ保管ヲ掌リ一切ノ行政事務ヲ處理ス

記名國ハ相互ノ間ニ定メタル一切ノ仲裁裁判規約ノ認證謄本竝其ノ當事者タル場合ニ特別裁判所カ下シタル仲裁宣告ノ認證謄本ヲ海牙萬國事務局ニ交付スルコトヲ約定ス

記名國ハ仲裁裁判所ノ下シタル宣告ノ執行ヲ證明スルコトアルヘキ法律規則及文書も亦同シク右事務局ニ交付スルコトヲ約定ス

第二十三條　各記名國ハ本條約批准後三箇月以内ニ國際法上ノ問題ニ堪能ノ名アリテ德望高ク且仲裁裁判官ノ任務ヲ受諾スルノ意アル者四名以下ヲ指定スヘシ

右指定ヲ受ケタル者ハ仲裁裁判所裁判官トシテ名簿ニ記入シ事務局ヨリ之ヲ各記名國ニ通知スヘシ
仲裁裁判官ノ名簿ニ異動アル毎ニ事務局ヨリ之ヲ記名國ニ通知ス
二國若ハ數國相約シテ共同ニ一名又ハ數名ノ仲裁裁判官ヲ指定スルコトヲ得
同一人ニシテ數國ヨリ指定セラルルコトヲ得
仲裁裁判所裁判官ハ其ノ任期ヲ六箇年トス但シ再任セラルルコトヲ得
仲裁裁判所裁判官中死亡又ハ退職スル者アルトキハ其ノ任命ノ爲ニ定メタル方法ニ依リ之ヲ補缺ス

第二十四條　記名國ハ其ノ相互ノ間ニ生シタル紛議ヲ處理セムカ爲常設仲裁裁判所ニ訴ヘムト欲スルトキハ其ノ紛議ヲ裁定スヘキ當該裁判部ヲ組織スル仲裁裁判官ノ選定ハ仲裁裁判所裁判官總名簿ニ就テ之ヲ爲スヘシ
仲裁裁判部ノ構成ニ關シ紛争國相互間ニ直接ノ協定ナキ場合ニハ左記ノ方法ニ從フヘキモノトス
雙方ニ於テ各二名ノ仲裁裁判官ヲ選定シ右仲裁裁判官ハ共同シテ更ニ一名ノ上級仲裁裁判官ヲ選定ス
其ノ投票相半ハシタル場合ニハ雙方ノ協議ヲ以テ指定シタル第三國ニ上級仲裁裁判官ノ選定ヲ委託ス
若右指定ニ關スル協議成立セサルトキハ雙方ニ於テ各各異リタル一國ヲ指定シ其ノ指定セラレタル兩國ノ協議ヲ以テ上級仲裁裁判官ヲ選定ス
右ノ如ク仲裁裁判部ノ構成ヲ了リタルトキハ雙方ヨリ常設仲裁裁判所ニ訴フル決意及仲裁裁判官ノ氏名ヲ事務局ニ通知ス
仲裁裁判部ハ雙方ノ定メタル期日ニ開延ス

第二十五條　仲裁裁判部ハ通常之ヲ海牙ニ設置ス
仲裁裁判部ハ不可抗力ノ場合ノ外雙方ノ承諾ヲ經ルニ非サレハ其ノ所在地ヲ變更スルコトヲ得ス

第二十六條　海牙萬國事務局ハ其ノ廳舍及局員ヲ記名國ノ爲特別仲裁裁判所ノ用ニ供スルコトヲ得
常設仲裁裁判所ノ管轄ハ雙方ニ於テ其ノ裁判ニ訴フルコトヲ協定シタルトキハ規則ニ定メタル條件ニ從ヒ之ヲ非記名國間又ハ記名國ト非記名國トノ間ニ生シタル紛議ニ及ホスコトヲ得
第二十七條　記名國ハ其ノ二國又ハ數國ノ間ニ激烈ナル紛爭ノ起ラムトスル場合ニハ常設仲裁裁判所ニ訴フルノ途アルコトヲ紛爭國ニ注意スルヲ以テ其ノ義務ナリト認ム
故ニ記名國ハ紛爭國ニ向テ本條約ノ規定アルコトヲ注意シ且平和ノ大切ナル利益ヲ保タムカ爲常設仲裁裁判所ニ訴フヘキコトヲ勸告スルハ全ク周旋ノ行爲ニ外ナラサルモノト看做スヘキコトヲ宣言ス
第二十八條　少クトモ九箇國ニ於テ本條約ヲ批准シタル後ハ成ルヘク速ニ常設評議會ヲ海牙ニ設置シ同府ニ駐箚スル記名國ノ外交代表者及和蘭國外務大臣ヲ以テ之ヲ組織シ和蘭國外務大臣ヲ推シテ其ノ議長トス
評議會ハ萬國事務局ヲ創設組織スルノ任務ヲ有シ竝之指揮監督ス
評議會ハ仲裁裁判所ノ構成ヲ各國ニ通知シ及其ノ開廳ノ設備ヲ爲ス
評議會ハ其ノ事務章程及其ノ他必要ナル諸規則ヲ定ム
評議會ハ仲裁裁判所ノ職務執行ニ關シテ生スルヨトアルヘキ行政事務上一切ノ問題ヲ決定ス
評議會ハ事務局ノ役員及雇員ノ任命停職及罷免ニ關スル全權ヲ有ス
評議會ハ俸給及手當ヲ定メ竝全般ノ經費ヲ監督ス
評議會ハ正當ニ招集セラレタル會合ニ於テ五名以上ノ出席者アルトキハ有效ノ評議ヲ爲スコトヲ得決議ハ投票ノ多數ニ依ル
評議會ハ其ノ制定シタル諸規則ヲ速ニ記名國ニ通知シ且每年仲裁裁判所ノ事業行政事務ノ執行及經費ニ關スル報告

書ヲ記名國ニ提出ス
第二十九條　萬國事務局ノ經費ハ萬國郵便聯合事務局ノ爲ニ定メタル比例ニ依リ記名國ニ於テ之ヲ負擔ス

第三節　仲裁裁判手續

第三十條　仲裁裁判ノ發達ヲ助クルノ目的ヲ以テ記名國ハ紛爭國カ別段ノ規則ヲ協定セサル場合ニ於テ仲裁裁判手續ニ適用スヘキ左ノ規則ヲ定ム
第三十一條　仲裁裁判ニ依頼スル諸國ハ其ノ係爭事件ノ趣旨並仲裁裁判官ノ權限ヲ明瞭ニ確定シタル特別條約（仲裁契約）ニ記名ス右條約ハ雙方ニ於テ誠實ニ仲裁宣告ニ服從スルノ約束ヲ包含ス
第三十二條　仲裁ノ職務ハ雙方ニ於テ隨意ニ指定シ若ハ本條約ニ依リテ設置シタル常設仲裁裁判所ノ裁判官中ヨリ雙方ノ選定シタル一名又ハ數名ノ仲裁者ニ委託スルコトヲ得
紛爭國相互間ニ仲裁裁判所ノ構成ニ關シ直接ノ協定ナキ場合ニハ左記ノ方法ニ從フヘキモノトス
雙方ニ於テ各二名ノ仲裁裁判官ヲ選定シ右仲裁裁判官ハ共同シテ更ニ一名ノ上級仲裁裁判官ヲ選定ス
其ノ投票相半ハシタル場合ニハ雙方ノ協議ヲ以テ指定シタル第三國ニ上級仲裁裁判官ノ選定ヲ委託ス
若右指定ニ關スル協議成立セサルトキハ雙方ニ於テ各各異リタル一國ヲ指定シ其ノ指定セラレタル兩國ノ協議ヲ以テ上級仲裁裁判官ヲ選定ス
第三十三條　君主其ノ他國ノ元首ニシテ仲裁者ニ選定セラレタルトキハ仲裁裁判手續ハ仲裁者自ラ之ヲ定ム
第三十四條　上級仲裁裁判官ハ當然裁判長タルヘシ
仲裁裁判所ニ上級仲裁裁判官ナキトキハ裁判所自ラ其ノ裁判長ヲ指定ス
第三十五條　仲裁裁判官中死亡シ辭職シ又ハ原因ノ如何ニ拘ハラス故障ヲ生シタル者アルトキハ其ノ任命ノ爲ニ定メ

タル方法ニ依リ之ヲ補缺ス
第三十六條　仲裁裁判所ノ所在地ハ雙方ニ於テ之ヲ指定ス其ノ指定ナキトキハ海牙ヲ以テ所在地トス
前項ノ所在地ハ不可抗力ノ場合ノ外雙方ノ承諾ヲ經ルニ非サレハ仲裁裁判所ニ於テ之ヲ變更スルコトヲ得ス
第三十七條　紛爭國ハ自國ト仲裁裁判所トノ間ニ在リテ媒介者タル任務ヲ帶フル所ノ委員又ハ特別代理人ヲ該裁判所ノ下ニ派遣スルノ權利ヲ有ス
紛爭國ハ尚顧問又ハ辯護人ヲ任命シ仲裁裁判所ニ於テ其ノ權利及利益ヲ辯護セシムルコトヲ得
第三十八條　仲裁裁判所ハ法延ニ於テ自ラ使用シ及其ノ使用スルコトヲ許スヘキ國語ヲ選定ス
第三十九條　仲裁裁判手續ハ大體ニ於テ之ヲ準備書面ノ提出及口頭辯論ノ二種トス
準備書面ノ提出トハ雙方ノ派遣員ヨリ印刷シ又ハ筆記シタル一切ノ公文及訴訟上援用スル理由ヲ掲ケタル一切ノ書類ヲ仲裁裁判所裁判官及相手方ニ提出スルヲ謂フ右書類ノ提出ハ本條約第四十九條ノ規定ニ基キ仲裁裁判所ニ於テ定メタル方式及期限ニ從ヒ之ヲ爲スヘシ
口頭辯論トハ法延ニ於ケル雙方理由ノ口頭演述ヲ謂フ
第四十條　紛爭國ノ一方ヨリ提出シタル書類ハ總テ之ヲ他ノ一方ニ通知スヘキモノトス
第四十一條　口頭辯論ハ裁判長之を指揮ス
口頭辯論ハ紛爭國ノ承諾ヲ經テ爲シタル仲裁裁判所ノ決定ニ依ルノ外之ヲ公開セス
口頭辯論ハ裁判長ノ指定スル書記ノ作リタル調書ニ之ヲ記載シ此ノ調書ノミヲ以テ公正ナル性質ヲ有スルモノトス
第四十二條　仲裁裁判所ハ準備書面ノ提出終結ノ後ハ紛爭國ノ一方ヨリ他ノ一方ノ承諾ヲ得スシテ提出スル新ナル一切ノ公文又ハ書類ニ付論議スルコトヲ拒絶スルノ權利ヲ有ス

第四十三條　仲裁裁判所ハ紛爭國ノ派遣員又ハ顧問カ其ノ注意ヲ求ムルコトアルヘキ新ナル公文又ハ書類ヲ參酌スルノ自由ヲ有ス
前項ノ場合ニ於テ仲裁裁判所ハ右公文又ハ書類ノ提出ヲ要求スルノ權利ヲ有ス但シ其ノ趣ヲ相手方に告知スルノ義務アルモノトス
第四十四條　仲裁裁判所ハ尙雙方ノ派遣員ニ一切ノ公文ノ提出ヲ要求シ且必要ナル一切ノ說明ヲ請求スルコトヲ得若之ヲ拒ミタル場合ニハ其の旨ヲ記錄ス
第四十五條　雙方ノ派遣員及顧問ハ其ノ訴訟ヲ辯護スル爲ニ有益ナリト認ムル一切ノ理由ヲ口頭ニテ仲裁裁判所ニ申立ツルコトヲ得
第四十六條　雙方ノ派遣員及顧問ハ抗辯ヲ爲シ及中間ノ爭ヲ起スノ權利ヲ有ス此ノ點ニ關スル仲裁裁判所ノ決定ハ確定ニシテ更ニ之ヲ論議スルコトヲ許サス
第四十七條　仲裁裁判所裁判官ハ雙方ノ派遣員及顧問ニ質問ヲ爲シ且疑ハシキ事項ニ關シテ其ノ說明ヲ求ムルノ權利ヲ有ス
辯論ノ進行中仲裁裁判所裁判官カ爲シタル質問又は注意ハ仲裁裁判所全體若ハ其ノ裁判官自己ノ意見ヲ表彰シタルモノト看做スコトヲ得ス
第四十八條　仲裁裁判所ハ仲裁契約其ノ他紛爭事件ニ關シテ援用セラルヘキ諸條約ヲ解釋シ且國際法ノ原則ヲ適用シテ自ラ其ノ權限ヲ定ムルコトヲ得
第四十九條　仲裁裁判所ハ訴訟取扱手續ニ關スル命令ヲ發シ各當事者ノ結論ヲ爲スヘキ方式及期限ヲ定メ且證據扱ノ爲適當ナル一切ノ手續ヲ履行スルノ權利ヲ有ス

第五十條　雙方ノ派遣員及顧問ヨリ各各其ノ訴訟ヲ辯護スル一切ノ説明及證據ヲ提出シ了リタルトキハ裁判長は辯論ノ終結ヲ宣告ス

第五十一條　仲裁裁判所ノ評議ハ祕密會トス
決議ハ總テ裁判官ノ多數ニ依ル
裁判官中表決ノ數ニ加ハルコトヲ拒ム者アルトキハ其ノ旨ヲ調書ニ記入スヘシ

第五十二條　投票多數ニ依リテ決定シタル仲裁宣告ニハ其ノ理由ヲ付ス右宣告ハ書面ニ認メ各裁判官ニ記名ス
裁判官中少數ニ屬シタル者ハ記名ノ際其ノ不同意ノ旨ヲ記入スルコトヲ得

第五十三條　仲裁宣告ハ雙方ノ派遣員及顧問在廷シ又ハ之ニ對シ正當ノ呼出ヲ發シタル仲裁裁判所ノ公開延ニ於テ之ヲ朗讀ス

第五十四條　正當ニ言渡ヲ爲シ且雙方ノ派遣員ニ通知シタル仲裁宣告ハ確定ニシテ上告ヲ許サス

第五十五條　紛爭國ハ仲裁契約ニ於テ仲裁宣告ノ再審ヲ請求スルノ權利ヲ保留スルコトヲ得
前項ノ場合ニハ再審ノ請求ハ反對ノ約束ナキ限リ最初宣告ヲ爲シタル仲裁裁判所ニ之ヲ爲スヘシ右ノ請求ハ口頭辯論終結ノトキ仲裁裁判所モ又再審ヲ要求シタル一方ノ紛爭國モ共ニ覺知セサリシ新事實ニシテ其ノ性質宣告ニ斷乎タル影響ヲ與ヘ得ヘキモノヲ發見シタル場合ノ外之ヲ爲スコトヲ得ス
再審ノ手續ハ特ニ新事實ノ存在スルコトヲ確認シ其ノ事實ハ前項ニ掲ケタル性質ヲ有スルコトヲ識認シ且之カ爲再審ノ請求ノ受理スヘキモノタルコトヲ宣言スル仲裁裁判所ノ決定ニ依ルノ外之ヲ開始スルヲ得ス
再審ノ請求ヲ提出スヘキ期限ハ仲裁契約ニ於テ之ヲ定ム

第五十六條　仲裁宣告ハ仲裁契約ヲ締結シタル紛爭國ニ對スルノ外效力ヲ有スルコトナシ

仲裁契約ニシテ紛争國以外ノ諸國カ加盟セル條約ノ解釋ニ關スルモノナルトキハ紛争國ハ其ノ締結シタル仲裁契約ヲ右諸國ニ通告スヘシ右諸國ハ各各訴訟ニ參加スルノ權利ヲ有ス若其ノ一國又ハ數國ニ於テ此ノ權能ヲ利用シタルトキハ宣告文中ニ記載シタル解釋ハ其ノ國ニ對シテモ亦均ク效力ヲ有スルモノトス

第五十七條　紛争國ハ各各自國ニ係ル費用ヲ負擔シ且仲裁裁判所費用ヲ等分ニ負擔ス

総　則

第五十八條　本條約ハ成ルヘク速ニ批准スヘシ

批准書ハ海牙ニ保管ス

各批准書ニ付一通ノ保管證書ヲ作リ其ノ認證謄本ヲ外交上ノ手續ニ依リ海牙萬國平和會議ニ贊同シタル各國ニ交付セヘシ

第五十九條　萬國平和會議ニ贊同シタル諸國ニシテ本條約ニ記名セサルモノハ他日之ニ加盟スルコトヲ得此ノ場合ニ於テ其ノ加盟ヲ締盟國ニ通知スルニハ書面ヲ以テ和蘭國政府ニ通告シ同國政府ヨリ更ニ之ヲ爾餘ノ締盟國ニ通知スヘシ

第六十條　萬國平和會議ニ贊同セサリシ諸國カ本條約ニ加盟シ得ヘキ條件ハ他日締盟國間ノ協商ニ依リ之ヲ定ム

第六十一條　若締盟國中ノ一國ニ於テ本條約ヲ廢棄スルトキハ書面ヲ以テ其ノ旨ヲ和蘭國政府ニ通告シタル後一箇年ヲ經過スルニ非サレハ廢棄ノ效力ヲ生スルコトナシ右通告ハ和蘭國政府ヨリ直ニ爾餘ノ締盟國ニ通知ス

右廢棄ノ效力ハ之ヲ通告シタル國ノミニ止ルモノトス

右證據トシテ各全權委員ハ本條約ニ記名調印スルモノナリ

千八百九十九年七月二十九日海牙ニ於テ本書一通ヲ作リ之ヲ和蘭國政府ノ記録ニ保管シ其ノ認證謄本ヲ外交上ノ手續

ニ依リ締盟國ニ交付スルモノナリ

獨　逸　國　ミュンステル印

墺地利洪牙利國　ヴェルセルスハインブ印

オリコクサニー印

白　耳　義　國　ア、ベルネルト印

伯爵ド、グレル、ロジェー印

シュヴァリエー、デカン印

清　　　國　楊儒印

丁　抹　國　エフ、ビル印

西　班　牙　國　公爵デ、テツアン印

ドブルヴェ、エル、デ、ヴィーリャ、ウルーチャ印

アルツーロ、デ、バゲール印

亞米利加合衆國　アンドリュー、ヂー、ホワイト印

セッス、ロウ印

スタンフォード、ニュウェル印

エー、チー、マハン印

ウヰリアム、クロジェー印

千八百九十九年七月二十五日萬國會議ノ總會ニ於テ爲セル宣言ヲ保留ス

墨西哥合衆國　ド、ミエー印
セニール印
佛蘭西共和國　レオン、ブールジョワ印
ジェー、ビウール印
デツールネル、ド、コンスタン印
大不列顛及愛蘭國　ジュリアン、ポーン、スフォート印
ヘンリー、ホワード印
希臘國　ニー、デリアンニ印
伊太利國　ニーグラ印
ア、ツァンニーニ印
ポンピーリー印
日本國　本野一郎印
盧森堡國　アイシェン印
『モンテネグロ』國　スタール印
和蘭國　ファン、カルネベーク印
デン、ベール、ポールチュゲール印
テー、エム、チェー、アッセル印
エー、エヌ、ラヒュセン印

波斯國　ミルザ、リザ、カン（アルファ、ウッドウレー）印

葡萄牙國　伯爵デ、マセーヅ印
ドル子ーラス、デ、ヴァスコンセーロス印
伯爵デ、セリール印

羅馬尼亞國　アー、ベルヂマン印
ジャン、エヌ、パピニウ印
｝本條約第十六條第十七條及第十九條ニ關シテ表彰シ（調査委員提出案第十五條第十六條及第十八條ナリ）千八百九十九年七月二十日ノ第三委員會ノ議事錄ニ掲ケタル保留ヲ以テ

露西亞國　スタール印
ア、バシーリ印

塞爾比亞國　ミヤドヴィッチ印｛千八百九十九年七月二十日第三委員會ノ議事錄ニ掲ケタル保留ヲ以テ

暹羅國　ピア、スリヤ、ヌヴァトル印
ヴィスッダ印

瑞典諾威國　ビルト印

瑞西國　ロート印

土耳其國　チュルカン印
ヌーリー印｝千八百九十九年七月二十五日萬國會議ノ總會ニ於テ爲セル宣言ヲ保留ス

勃爾牙利國　博士デ、スタンショッフ印
陸軍少佐ヘッサプチエッフ印

天佑ヲ保有シ萬世一系ノ帝祚ヲ踐ミタル日本國皇帝(御名)此書ヲ見ル有衆ニ宣示ス
朕明治三十二年七月二十九日和蘭國海牙ニ於テ萬國平和會議ニ賛同シタル帝國全權委員ト各國全權委員トノ間ニ協議決定シ記名調印シタル國際紛爭平和的處理條約ノ各條目ヲ親シク閲覧點檢シタルニ善ク朕カ意ニ適シ間然スル所ナキヲ以テ右條約ヲ嘉納批准ス
神武天皇卽位紀元二千五百六十年明治三十三年九月三日東京宮城ニ於テ親ラ名ヲ署シ璽ヲ鈐セシム

御　名　國　璽

外務大臣子爵青木周造　印」

五　第二は、「陸戦法規慣例ニ関スル条約」（明治三十三年十一月二十一日勅令無號）である。これは戦争法規条例というべきものである。つまり従来の戦争に関する慣習を成文法化したものである（一八七四年のベルギーのブリュッセル宣言に従って法規化したものである）。本条例の前文がそのことを明らかにしている。すなわち「獨逸國普魯西國皇帝陛下、墺地利國『ボヘミヤ』國洪牙利國皇帝陛下、白耳義國皇帝陛下、丁抹國皇帝陛下、西班牙國皇帝陛下竝同皇帝陛下ノ名ヲ以テスル攝政皇后陛下、亞米利加合衆國大統領、墨西哥合衆國大統領、佛蘭西共和國大統領、大不列顚及愛蘭聯合王國兼印度國皇帝陛下、希臘國皇帝陛下、伊太利國皇帝陛下、日本國皇帝陛下、盧森堡國大公『ナッソー』公殿下、『モンテネグロ』國公殿下、和蘭國皇帝陛下、波斯國皇帝陛下、葡萄牙國及『アルガルヴ』皇帝陛下、羅馬尼亞國皇帝陛下、全露西亞國皇帝陛下、塞爾比亞國皇帝陛下、暹羅國皇帝陛下、瑞典諾威國皇帝陛下、土耳其國皇帝陛下及勃爾牙利國公殿下ハ平和ヲ維持シテ諸國間ノ戰鬪ヲ制止スルノ方法ヲ講スルト同時ニ其ノ所願ニ反シテ萬避クルコト能ハサル事變ノ爲ニ兵力ニ訴フルコトアルヘキ場合ヲ豫想スルノ必要ナルコトヲ察シ斯ノ如キ非常ノ場合ニ於テモ尚能ク人類ノ福利ト文明ノ駸駸止ムコトナキ需要トニ副ハムコトヲ希望シ之カ爲戰鬪ニ關スル一般ノ法規慣例ハ一層精確ナラシムヲ目的トシ又ハ成ルヘク戰鬪ノ慘苦ヲ減殺スヘキ制度ヲ設クルヲ目的トシテ之ヲ修正スルノ必要ヲ認メ二十五年前卽チ千八百七十四年比律悉會議ノ當時ニ於ケルカ如ク今日モ亦賢明慈仁ナル先見ヨリ出テタル前記ノ目的ヲ體シ陸戰慣習ヲ明確ニ規定スルヲ目的トスル許多ノ條規ヲ採用セリ」という。また条例第一条でも次の如く定めている。「第一條　締盟國ハ各各其ノ陸軍ニ對シ本條約附屬ノ陸戰ノ法規慣例ニ關スル規則ニ遵依スル所ノ訓令ヲ發スヘシ」と。

そこで「条約附属書」で、詳細な『陸戦ノ法規慣例ニ関スル規則』を定めた。この規則の中には第一款　交戦者、第二款　戦闘、第三款　敵国ノ版図内ニ於ケル軍衙ノ権力、第四款　中立国内ニ留置スル交戦者及救護スル傷者で構成されている。

かくしてこの条例・規則によって日本政府は日清戦争（明治二七年）のような旅順虐殺事件（一二〇頁以下参照）を容易におこなうことはできなくなった。たとえば若干の条文をあげれば次のようなものがあるからである。規則「第四條　俘虜ハ敵國政府ノ權內ニ屬シ之ヲ捕獲シタル個人又ハ軍團ノ權內ニ屬スルコトナシ

俘虜ハ博愛ノ心ヲ以テ之ヲ取扱フヘシモノトス

兵器馬匹及軍用書類ヲ除キ凡ソ俘虜ノ一身ニ屬スルモノハ依然其ノ所有タルヘシ」

さらに同「第四十六條　家族ノ名譽及權利個人ノ生命及利有ノ財產竝宗敎ノ信仰及其ノ遵行ハ之ヲ尊重セサルヘカラス

私有財產ハ之ヲ沒收スルコトヲ得ス」

同「第四十七條　掠奪ハ之ヲ嚴禁ス」の如きである。

またこの陸戦法規は明治三二年に公布された戦争法規であるから日露戦争（明治三七年）にも当然に適用されたので、

種々の問題を提起することになる。ここではまず明治三三年公布の条例・規則の全文を引用しておくことにする。

「朕和蘭國海牙ニ於テ萬國平和會議ニ賛同シタル帝國全權委員ト各國全權委員ノ記名調印シタル陸戰ノ法規慣例ニ關スル條約ヲ批准シ茲ニ之ヲ公布セシム

御名御璽

明治三十三年十一月二十一日（官報十一月二十二日）

内閣總理大臣臨時代理
樞密院議長侯爵西園寺公望
外務大臣　加藤高明

陸戰ノ法規慣例ニ關スル條約

獨逸國普魯西國皇帝陛下、墺地利國『ボヘミヤ』國洪牙利國皇帝陛下、白耳義國皇帝陛下、丁抹國皇帝陛下、西班牙國皇帝陛下竝同皇帝陛下ノ名ヲ以テスル攝政皇后陛下、亞米利加合衆國大統領、墨西哥合衆國大統領、佛蘭西共和國大統領、大不列顚及愛蘭聯合王國兼印度國皇帝陛下、希臘國皇帝陛下、伊太利國皇帝陛下、日本國皇帝陛下、盧森堡國大公『ナッソー』公殿下、『モンテネグロ』國公殿下、和蘭國皇帝陛下、波斯國皇帝陛下、葡萄牙國及『アルガルヴ』皇帝陛下、羅馬尼亞國皇帝陛下、全露西亞國皇帝陛下、塞爾比亞國皇帝陛下、暹羅國皇帝陛下、瑞典諾威國皇帝陛下、土耳其國皇帝陛下及勃爾牙利國公殿下ハ平和ヲ維持シテ諸國間ノ戰鬪ヲ制止スルノ方法ヲ講スルト同時ニ其ノ所願ニ反シテ萬避クルコト能ハサル事變ノ爲ニ兵力ニ訴フルコトアルヘキ場合ヲ豫想スルノ必要ナルコトヲ察シ斯ノ如キ非常ノ場合ニ於テモ尙能ク人類ノ福利ト文明ノ駸駸止ムコトナキ需要トニ副ハムコトヲ希望シ之カ爲戰鬪ニ關スル一般ノ法規慣例ハ一層精確ナラシムルヲ目的トシ又ハ成ルヘク戰鬪ノ慘苦ヲ減殺スヘキ制限ヲ設クルヲ目的トシテ之ヲ修正スルノ必要ヲ認メ二十五年前卽チ千八百七十四年比律悉會議ノ當時ニ於ケルカ如ク今日モ亦賢明慈仁ナル先見ヨリ出テタル前記ノ目的ヲ體シ陸戰慣習ヲ明確ニ規定スルヲ目的トスル許多ノ條規ヲ採用セリ

締盟國ノ所見ニテハ右條規ハ軍事上ノ必要ト相容ルル限リ努メテ戰鬪ノ慘害ヲ輕減スルノ希望ニ出テタル成案ニシテ交戰國相互間竝人民トノ關係ニ於ケル交戰國ノ行動ノ準則タルヘキモノトス實際ニ發生スル一切ノ場合ニ普ク適用スヘキ規定ヲ今ヨリ豫メ協定シ置クコト能ハスト雖明文ナキノ故ヲ以テ總テ規定ナキ場合ヲ擧テ軍司令官ノ擅斷ニ放任スルハ締盟國ノ意思ニ非ス

締盟國ハ一層完備シタル戰鬪法典ノ編纂セラルルニ至ル迄ハ其ノ採用シタル條規ニ漏レタル場合ニ於テハ人民及交戰者カ從來文明國民ノ間ニ存立スル慣習、人情ノ原理竝公共良心ノ要求ヨリ生スル萬民法ノ原則ニ依リテ保護セラレ且之ニ服從スヘキモノト宣言スルヲ以テ適當ト認ム

締盟國ハ其ノ採用シタル規則中殊ニ第一條及第二條ハ右ノ趣旨ヲ以テ解スヘキモノナルコトヲ宣言ス

締盟國ハ之カ爲條約ヲ締結セムコトヲ欲シ各各左ノ全權委員ヲ任命セリ

獨逸國普魯西國皇帝陛下

佛國駐劄獨逸國特命全權大使伯爵ド、ミュンステル

墺地利國『ボヘミア』國洪牙利國皇帝陛下

特命全權大使伯爵エル、ヴェルセルスハインブ

和蘭國駐劄特命全權公使アレキサンドル、オコリクサニー、ドコリクスナ

白耳義國皇帝陛下

國務大臣衆議院議長オーギュスト、ベルネルト

和蘭國皇帝陛下ノ闕下ニ駐箚スル特命全権公使伯爵ド、グレル、ロジェー
上院議員シュヴァリエー、デカン
丁抹國皇帝陛下
大不列顛國皇帝陛下ノ闕下ニ駐箚スル特命全権公使侍従エフ、エ、ド、ビル
西班牙國皇帝陛下竝同皇帝陛下ノ名ヲ以テスル攝政皇后陛下
前外務大臣公爵デ、テツアン
白耳義國皇帝陛下ノ闕下ニ駐箚スル特命全権公使ドブルヴェ、ラミーレス、デ、ヴィーリャ、ウルーチャ
和蘭國皇帝陛下ノ闕下ニ駐箚スル特命全権大使アルツーロ、デ、バゲール
亞米利加合衆國大統領
和蘭國駐箚特命全権公使スタンフォード、ニュウェル
墨西哥合衆國大統領
佛蘭西共和國政府ノ下ニ駐箚スル特命全権公使ド、ミエー
白耳義國皇帝陛下ノ闕下に駐箚スル辨理公使セニール
佛蘭西共和國大統領
前内閣議長前外務大臣衆議院議員レオン、ブールジョア
和蘭國皇帝陛下ノ闕下ニ駐箚スル特命全権公使ジョールジュ、ビウール
特命全権公使衆議院議員男爵デツールネル、ド、コンスタン
大不列顛及愛蘭聯合王國兼印度國皇帝陛下

樞密顧問官亞米利加合衆國駐箚特命全權大使『サー』ジュリアン、ボーンスフォート
和蘭國駐箚特命全權公使『サー』ヘンリー、ホワード
希臘國皇帝陛下
前內閣議長前外務大臣佛蘭西共和國政府ノ下ニ駐箚スル特命全權公使ニー、デリアンニ
伊太利國皇帝陛下
墺國駐箚伊太利國特命全權大使上院議員伯爵ニーグラ
和蘭國駐箚特命全權公使伯爵ア、ツァンニーニ
伊太利國衆議院議員コンマンドール、ギード、ポンピーリー
日本國皇帝陛下
白耳義國駐箚特命全權公使本野一郎
盧森堡國大公『ナッソー』公殿下
內閣議長國務大臣アイシェン
『モンテネグロ』國公殿下
大不列顚國皇帝陛下ノ闕下ニ駐箚スル露國全權大使『コンセイエー、プリヴェー、アクチュエル』ド、スタール
和蘭國皇帝陛下
前外務大臣下院議員ヨンクヘール、アー、ペー、チェー、ファン、カルネベーク
前陸軍大臣參事院議官將官ヨット、チェー、チェー、デン、ベール、ポールチュゲール
參事院議官テー、エム、チェー、アッセル

上院議員エー、エヌ、ラヒュセン

波斯國皇帝陛下

全露西亞國皇帝陛下及瑞典諾威國皇帝陛下ノ闕下ニ駐箚スル特命全權公使侍從武官將官ミルザ、リザ、カン（アルファ、ウッドウレー）

葡萄牙國及「アルガルヴ」皇帝陛下

前海軍及殖民大臣西班牙國皇帝陛下ノ闕下ニ駐箚スル特命全權公使『ペール、ヂュ、ロワイヨーム』伯爵デ、マセーヅ

全露西亞國皇帝陛下ノ闕下ニ駐箚スル特命全權公使『ペール、ヂュ、ロワイヨーム』ドルネーラス、デ、ヴァスコンセーロス

和蘭國皇帝陛下ノ闕下ニ駐箚スル特命全權公使伯爵デ、セリール

羅馬尼亞國皇帝陛下

獨逸國皇帝陛下ノ闕下ニ駐箚スル特命全權公使アレキサンドル、ベルヂマン

和蘭國皇帝陛下ノ闕下ニ駐箚スル特命全權公使ジャン、エヌ、パピニウ

全露西亞國皇帝陛下

大不列顛國皇帝陛下ノ闕下ニ駐箚スル特命全權大使『コンセイエー、プリヴェー、アクチュエル』ド、スタール

『コンセイエー、プリヴェー』ド、マルテンス

皇帝陛下ノ侍從『コンセイエー、デター、アクチュエル』ド、バシリー

塞爾比亞國皇帝陛下

英國及和蘭國駐箚特命全權公使ミヤトヴィッチ

暹羅國皇帝陛下

佛蘭西共和國政府ノ下ニ駐箚スル特命全權公使ピア、スリヤ、ヌヴァトル

和蘭國皇帝陛下及大不列顚國皇帝陛下ノ闕下ニ駐箚スル特命全權公使ピア、ヴィスッダ

瑞典諾威國皇帝陛下

伊太利國皇帝陛下ノ闕下ニ駐箚スル特命全權公使男爵ド、ビルト

土耳其國皇帝陛下

前外務大臣參事院議官チュルカン、パシャー

外務省書記官長ヌーリー、ベー

勃爾牙利國公殿下

露西亞帝國政府ノ下ニ在勤スル外交事務官博士ヂミトリ、イ、スタンショップ

在塞爾比亞國公使館附武官勃爾牙利國參謀官陸軍少佐クリスト、ヘッサプチェッフ

因テ各全權委員ハ互ニ其ノ委任狀ヲ示シ其ノ良好妥當ナルヲ認メ以テ左ノ條項ヲ協定セリ

第一條　締盟國ハ各各其ノ陸軍ニ對シ本條約附屬ノ陸戰ノ法規慣例ニ關スル規則ニ遵依スル所ノ訓令ヲ發スヘシ

第二條　締盟國中ノ二國又ハ數國ノ間ニ戰ヲ開キタル場合ニ限リ締盟國ハ第一條ニ揭ケタル規則ノ規定ヲ遵守スルノ義務アルモノトス

右規定ヲ遵守スルノ義務ハ締盟國間ノ戰鬪ニ於テ一ノ非締盟國カ交戰國ノ一方ニ加ハリタル時ヨリ消滅スルモノトス

第三條　本條約ハ成ルヘク速ニ批准スヘシ
批准書ハ海牙ニ保管ス
各批准書ニ付一通ノ保管證書ヲ作リ其ノ認證謄本ヲ外交上ノ手續ニ依り各締盟國ニ交付スヘシ
第四條　非記名國ハ本條約ニ加盟スルコトヲ得ヘシ
非記名國カ其ノ加盟ヲ締盟國ニ通知スルニハ書面ヲ以テ和蘭國政府ニ通告シ同國政府ヨリ更ニ之ヲ爾餘ノ締盟國ニ通知スヘシ
第五條　若締盟國中ノ一國ニ於テ本條約ヲ廢棄スルトキハ書面ヲ以テ其ノ旨ヲ和蘭國政府ニ通告シタル後一箇年ヲ經過スルニ非サレハ廢棄ノ效力ヲ生スルコトナシ右通告ハ和蘭國政府ヨリ直ニ爾餘ノ締盟國ニ通知ス
右廢棄ノ效力ハ之ヲ通告シタル國ノミニ止ルモノトス
右證據トシテ各全權委員ハ本條約ニ記名調印スルモノナリ
千八百九十九年七月二十九日海牙ニ於テ本書一通ヲ作リ之ヲ和蘭國政府ノ記録ニ保管シ其ノ認證謄本ヲ外交上ノ手續ニ依リ締盟國ニ交付スルモノナリ

獨　逸　國　ミュンステル印
墺地利洪牙利國　ヴェルセルスハインブ印
オコリクサニー印
白　耳　義　國　ア、ベルネルト印
伯爵ド、グレル、ロジェー印
シュヴァリエー、デカン印

丁抹國　エフ、ビル印
西班牙國　公爵デ、テツアン印
ドブルヴェ、エル、デ、ヴィーリャ、ウルーチャ印
アルツーロ、デ、バゲール印
亞米利加合衆國　スタンフォード、ニュウェル印
墨西哥合衆國　ド、ミエー印
セニール印
佛蘭西共和國　レオン、ブールジョア印
ジェー、ビウール印
デツールネル、ド、コンスタン印
大不列顚及愛蘭國　ボーンスフォート印
希臘國　ニー、デリアンニ印
ア、ツァンニー二印
伊太利國　ニーグラ印
ボンピーリー印
日本國　本野一郎印
盧森堡國　アイシェン印
『モンテネグロ』國　スタール印

和　蘭　國　ファン、カルネベーク印
デン、ベール、ポールチュゲール印
テー、エム、チェー、アッセル印
エー、エヌ、ラヒュセン印
波　斯　國　ミルザ、リザ、カン（アルファ、ウッドウレー）印
葡　萄　牙　國　伯爵デ、マセーヅ印
ドルネーラス、デ、ヴァスコンセーロス印
伯爵デ、セリール印
羅　馬　尼　亞　國　アー、ベルヂマン印
ジャン、エヌ、パピニウ印
露　西　亞　國　スタール印
アー、バシリー印
塞　爾　比　亞　國　ミヤトヴィッチ印
暹　羅　國　ピア、スリヤ、ヌヴァトル印
ヴィスッダ印
瑞　典　諾　威　國　ビルト印
土　耳　其　國　チュルカン印
ヌーリー印

勃爾牙利國　博士デ、スタンショッフ印

陸軍少佐ヘッサプチエッフ印

天佑ヲ保有シ萬世一系ノ帝祚ヲ踐ミタル日本國皇帝（御名）此書ヲ見ル有衆ニ宣示ス

朕明治三十二年七月二十九日和蘭國海牙ニ於テ萬國平和會議ニ贊同シタル帝國全權委員ト各國全權委員トノ間ニ協議決定シ記名調印シタル陸戰ノ法規慣例ニ關スル條約ノ各條目ヲ親シク閲覽點檢シタルニ善ク朕カ意ニ適シ間然スル所ナキヲ以テ右條約ヲ嘉納批准ス

神武天皇卽位紀元二千五百六十年明治三十三年九月三日東京宮城ニ於テ親ラ名ヲ署シ璽ヲ鈐セシム

御名國璽

外務大臣子爵青木周藏　印

條約附屬書

陸戰ノ法規慣例ニ關スル規則

第一款　交戰者

第一章　交戰者ノ資格

第一條　戰鬪ノ法規及權利義務ハ獨リ之ヲ軍ニ適用スルノミナラス左記ノ條件ヲ具備スル所ノ民兵及義勇兵團ニモ亦之ヲ適用ス

第一　部下ノ爲ニ責任ヲ負フ者其ノ頭ニアルコト

第二　遠方ヨリ看別シ得ヘキ固著徵章ヲ有スルコト

第三　公然武器ヲ携帶スルコト
第四　其ノ動作ニ於テ戰鬪ノ法規慣例ヲ遵守スルコト
民兵又ハ義勇兵團ヲ以テ軍ノ全部又ハ一部ヲ組織スル國ニ於テハ之ヲ軍ノ名目中ニ包含ス
第二條　未タ占領セラレサル地方ノ人民ニシテ敵ノ接近スルニ方リ第一條ニ遵テ編成スルノ遑ナク自然武器ヲ操リテ侵入軍隊ニ抗敵スル者ニシテ戰鬪ノ法規慣例ヲ遵守スル者ハ交戰者ト看做スヘシ
第三條　交戰國ノ兵力ハ戰鬪員及非戰鬪員ヲ以テ之ヲ編成スルコトヲ得敵ニ捕獲セラレタル場合ニハ二者均ク俘虜ノ取扱ヲ受クルノ權利ヲ有ス

第二章　俘虜

第四條　俘虜ハ敵國政府ノ權内ニ屬シ之ヲ捕獲シタル個人又ハ軍團ノ權内ニ屬スルコトナシ
俘虜ハ博愛ノ心ヲ以テ之ヲ取扱フヘキモノトス
兵器馬匹及軍用書類ヲ除キ凡ソ俘虜ノ一身ニ屬スルモノハ依然其ノ所有タルヘシ
第五條　俘虜ハ之ヲ市邑城寨陣營其ノ他ノ場所ニ留置シ一定ノ境界以外ニ出テサル義務ヲ負ハシムルコトヲ得ヘシ但シ已ムヲ得サル保安手段ニ出ツル場合ノ外之ヲ幽閉スルコトヲ得ス
第六條　國家ハ俘虜ヲ其ノ階級及技能ニ應シテ勞務者トシテ使役スルコトヲ得但シ其ノ勞務ハ過度ナルヘカラス又一切作戰動作ニ關ス係ヲ有スヘカラス
俘虜ハ公衙一個人又ハ自己ノ爲ニ勞務スルコトヲ許可セラルルコトアルヘシ
國家ノ爲ニスル勞務ハ内國陸軍軍人ヲ同一勞務ニ使役スル場合ニ適用スルト同一ノ割合ニテ賃銀ヲ支給スヘシ
他ノ公衙又ハ一個人ノ爲ニスル勞務ニ關シテハ陸軍官衙ト協議ノ上條件ヲ定ムヘシ

俘虜ノ賃銀ハ其ノ境遇ノ難苦ヲ輕減スルノ用ニ供シ剰餘ハ其ノ解放ノ時之ヲ交付ス但シ其ノ中ヨリ給養ノ費用ヲ控除スヘシ

第七條　政府ハ其ノ權內ニ在ル俘虜ヲ給養スヘキ義務アリ

交戰國間ニ特別ノ協定ナキ場合ニハ食料寢具及被服ニ關シ俘虜ハ之ヲ捕獲シタル政府ノ軍隊ト對等ノ取扱ヲ受クヘシ

第八條　俘虜ハ之ヲ權內ニ屬セシメタル國ノ陸軍現行法律規則及命令ニ服從スヘシ

總テ不從順ノ行爲アルトキハ俘虜ニ對シテ必要ナル嚴重手段ヲ施スコトヲ得

逃走シタル俘虜ニシテ其ノ軍ニ達スル前又ハ之ヲ捕獲シタル軍ノ占領セル地方ヲ離ルル前ニ再ヒ捕ヘラレタル者ハ懲罰ニ付セラルヘシ

俘虜逃走ヲ遂ケタル後再ヒ俘虜ト爲リタル者ハ前ノ逃走ニ對シテハ何等罰ヲ受クルコトナシ

第九條　俘虜其ノ氏名及階級ニ付訊問ヲ受ケタルトキハ實ヲ以テ答フヘキモノトス若之ニ背クトキハ同種ノ俘虜ニ相應スル利益ヲ減殺セラルルコトアルヘシ

第十條　俘虜ハ其ノ本國ノ法律カ之ヲ許ストキハ宣誓ノ後解放セラルルコトアルヘシ此ノ場合ニ於テハ本國政府竝之ヲ捕獲シタル國ノ政府ニ對シ一身ノ名譽ヲ賭シテ誓約ヲ嚴密ニ履行スルノ義務ヲ有ス

前項ノ場合ニ於テ俘虜ノ本國政府ハ之ニ對シ其ノ宣誓ニ違反スル勤務ヲ命シ又ハ之ニ服セムトノ申出ヲ受諾スヘカラサルモノトス

第十一條　俘虜ヲ强迫シテ宣誓解放ヲ受ケシムルコトヲ得ス又敵國政府ハ必スシモ宣誓解放ヲ得ムトスル俘虜ノ請願ニ應スルノ義務ナシ

第十二條　宣誓解放ヲ受ケタル俘虜ニシテ其ノ名譽ヲ賭シテ誓約ヲ爲シタル政府又ハ其ノ政府ノ同盟國ニ對シテ兵器ヲ操リ再ヒ捕ヘラレタル者ハ俘虜ノ取扱ヲ受クルノ權利ヲ失ヒ軍法會議ニ付セラルルコトアルヘシ

第十三條　新聞通信員及探訪者酒保用達人等ノ如キ直接ニ軍ノ一部ヲ爲ササル從軍者ニシテ敵ノ權内ニ陷ル所ト爲リ敵ニ於テ之ヲ抑留スルヲ有益ナリト認ムルトキハ其ノ所屬陸軍官衙ノ證認狀ヲ携帶スル者ニ限リ俘虜ノ取扱ヲ受クルノ權利ヲ有ス

第十四條　戰鬪開始ノ時ヨリ各交戰國及場合ニ依リテハ交戰者ヲ版圖内ニ收容スル中立國ニモ俘虜情報局ヲ設置ス該局ハ俘虜ニ關スル一切ノ問合ニ答フルノ任務ヲ有シ各俘虜ニ關スル銘銘票ヲ作ル爲各當該官衙ヨリ總テ必要ナル通報ヲ受領ス俘虜ノ留置移動入院竝死亡ニ關スル現況ハ該局ヲシテ之ヲ知悉セシム

情報局ハ尚戰場ニ於テ發見セラレ又ハ病院若ハ繃帶所ニ於テ死亡セシ俘虜ノ遺シタル一切ノ自用品有價證劵書狀等ヲ收集シテ之ヲ其ノ關係者ニ傳送スルコトヲ擔任ス

第十五條　慈善行爲ノ媒介者タル目的ヲ以テ其ノ國ノ法律ニ從ヒ正當ニ組織セラレタル俘虜救恤協會及其ノ正當ノ委任ヲ受ケタル代理者ハ其ノ博愛ナル業務ヲ有效ニ遂行セムカ爲軍事上ノ必要及行政上ノ規則ニ依リテ定メタル範圍内ニ於テ交戰國ヨリ一切ノ便宜ヲ受クルコトヲ得ヘシ右協會派出員ハ陸軍官衙ヨリ當人ヘ交付シタル免許狀ニ據リ且該官衙ノ定メタル一切ノ秩序及風紀維持ニ關スル法則ニ服從スヘキ旨書面ヲ以テ約スルトキハ俘虜ノ留置所及其ノ送還途中ノ休泊所ニ於テ救恤品ヲ分配スルコトヲ許サルヘシ

第十六條　情報局ハ郵税免除ノ特典ヲ享有ス凡ソ俘虜ニ宛テ又ハ俘虜ヨリ發送スル書狀郵便爲替有價物竝小包郵便物ハ發受ノ兩國竝通過國ニ於テ總テ郵税ヲ免除セラルヘシ

俘虜ニ宛テタル贈與及救恤ノ現品ハ輸入税其ノ他ノ諸税及國有鐵道ノ運賃ヲ免除セラルヘシ

第十七條　俘虜將校ハ本國ノ規則ニ其ノ規定アルトキハ俘虜ノ地位ニ在リテ給與セラルヘキ給料ヲ受クルコトヲ得但シ右ハ其ノ本國政府ヨリ償還スヘキモノトス
第十八條　俘虜ハ陸軍官衙ノ定メタル秩序及風紀維持ニ關スル法則ニ服従スルノ範圍内ニ於テ宗教ヲ遵行スルノ自由ヲ許サレ且其ノ宗門ノ禮拜式ニモ亦參與スルコトヲ許サルヘシ
第十九條　俘虜ノ遺言書ハ内國陸軍軍人ト同一ノ條件ヲ以テ之ヲ收領シ又ハ調製ス
俘虜ノ死亡證書及埋葬ニ關シテモ亦同一ノ規則ニ遵ヒ且其ノ身分階級ニ相當シタル取扱ヲ爲スヘシ
第二十條　和約締結ノ上ハ成ルヘク速ニ俘虜ヲ其ノ本國ニ送還スヘシ

第三章　病者及傷者

第二十一條　病者及傷者ノ取扱ニ關スル交戰者ノ義務ハ千八百六十四年八月二十二日『ジェネヴァ』條約及將來之ニ加フルコトアルヘキ修正ニ據ル

第二款　戰闘

第一章　害敵手段攻圍及砲擊

第二十二條　交戰者ハ害敵手段ノ選擇上無限ノ權利ヲ有スルコトナシ
第二十三條　特別ノ條約ヲ以テ定メタル禁止ノ外特ニ禁止スルモノ左ノ如シ
（イ）　毒又ハ毒ヲ施シタル兵器ヲ使用スルコト
（ロ）　敵ノ國民又ハ軍ニ屬スル者ヲ欺罔ノ行爲ヲ以テ殺傷スルコト
（ハ）　兵器ヲ捨テ又ハ自衛ノ手段盡キテ降ヲ乞ヘル敵兵ヲ殺傷スルコト
（ニ）　助命セサルノ宣言ヲ爲スコト

（ホ）　無益ノ苦痛ヲ與フヘキ兵器彈丸其ノ他ノ物質ヲ使用スルコト
（ヘ）　濫ニ軍使旗及國旗其ノ他軍用ノ標章竝敵兵ノ制服及『ジェネヴァ』條約ノ徽章ヲ使用スルコト
（ト）　戰爭ノ必要上萬已ムヲ得サルノ外敵ノ財產ヲ破壞シ又ハ押收スルコト
第二十四條　奇計竝敵情地形探知ノ爲必要ナル手段ノ行使ハ適法ト看做ス
第二十五條　防守セサル市府町村落居宅又ハ建物ヲ攻擊又ハ砲擊スルヲ禁ス
第二十六條　攻擊軍隊ノ指揮官ハ强襲ノ場合ノ外砲擊ヲ始ムル前ニ其ノ旨ヲ官廳ニ通告スル爲凡ソ其ノ權內ニ屬スル總テノ手段ヲ盡スヘキモノトス
第二十七條　攻圍及砲擊ニ於テハ宗敎技藝學術及慈善ノ爲設ケラレタル建物病院竝病者傷者ノ收容所ハ其ノ現ニ軍事上ノ目的ニ供セラレサルニ於テハ成ルヘク之ニ害ヲ加ヘサル爲必要ノ手段ヲ施スヘシ
被圍者ハ豫メ攻圍者ニ通知シタル看易キ特別ノ徽章ヲ以テ此等ノ建物又ハ收容所ヲ表示スルノ義務アリ
第二十八條　突擊ヲ以テ攻拔シタル市府又ハ其ノ他ノ地域ト雖掠奪ヲ行フコトヲ禁ス

第二章　間諜

第二十九條　一方ノ交戰者ニ通知スルノ意思ヲ以テ他ノ一方ノ作戰地帶內ニ於テ隱密ニ行動シ又ハ虛妄ノ口實ヲ構ヘテ各種ノ情報ヲ收集シ若ハ收集セムトスル者ノ外之ヲ間諜ト看做スコトヲ得ス
故ニ假扮セサル軍人ニシテ情報ヲ收集セムカ爲敵軍ノ作戰地帶內ニ進入シタル者ハ之ヲ間諜ト看做サス又軍人タルト否トヲ問ハス自國ノ軍又ハ敵國ノ軍ニ宛テタル信書ヲ傳達スルノ任務ヲ公然執行スル者モ亦之ヲ間諜ト看做サス信書ヲ傳達スル爲及總テ一軍又ハ一地方ノ各部間ノ聯絡ヲ通スル爲輕氣球ニテ派遣セラレタル者モ均ク此ノ部類ニ屬スルモノトス

第三十條　現行中捕ヘラレタル間諜ハ先ツ裁判ニ付シタル上ニ非サレハ之ヲ罰スルコトヲ得ス
第三十一條　一日所屬軍ニ復歸シタル後ニ至リ敵ノ爲ニ捕ヘラレタル間諜ハ俘虜トシテ取扱ハルヘク其ノ前ノ間諜行爲ニ對シテハ何等ノ責ヲ負フコトナシ

第三章　軍使

第三十二條　交戰者ノ一方ノ命ヲ帶ヒ他ノ一方ト談判ヲ開ク爲白旗ヲ掲ケテ來ル者ハ之ヲ軍使トス軍使竝之ニ隨從スルコトアルヘキ喇叭手鼓手旗手及通譯者ハ不可侵權ヲ有ス
第三十三條　軍使ヲ差向ケラレタル軍隊ノ司令官ハ必スシモ之ヲ受クルノ義務ナキモノトス
司令官ハ軍使カ其ノ使命ヲ利用シテ軍情ヲ探知スルヲ防クニ必要ナル一切ノ手段ヲ施スコトヲ得
司令官ハ軍使カ其ノ特權ヲ濫用シタル場合ニハ一時之ヲ抑留スルノ權利ヲ有ス
第三十四條　軍使特權ヲ利用シテ欺罔ノ行爲ヲ爲シ又ハ之ヲ教唆シタルノ證迹分明掩フヘカラサルトキハ其ノ不可侵權ヲ失フ

第四章　降伏規約

第三十五條　雙方ノ間ニ協定スル降伏規約ニハ軍人ノ名譽ニ關スル慣例ヲ參酌スヘキモノトス
降伏規約確定ノ上ハ雙方ニ於テ嚴密ニ之ヲ遵守スヘキモノトス

第五章　休戰

第三十六條　休戰ハ交戰者雙方ノ合意ヲ以テ作戰動作ヲ中止ス若其ノ期限ノ定メナキトキハ交戰者ハ何時ニテモ再ヒ之ヲ開始スルコトヲ得但シ休戰ノ條件ニ遵依シ約定ノ時期ニ於テ其ノ旨ヲ敵ニ通告スヘキモノトス
第三十七條　休戰ハ全部ニ亙リ又ハ一局部ニ限ルコトヲ得其ノ全部ニ亙ルモノハ普ク交戰國間ノ作戰動作ヲ中止シ其

ノ一局部ニ限ルモノハ單ニ特定ノ地域内ニ於テ交戰軍ノ或ル一部間ニ之ヲ中止スルモノトス
第三十八條　休戰ハ時機ヲ失ハス之ヲ關係官衙及軍隊ニ公然通告スヘシ通告ノ後卽時ニ又ハ約定ノ時期ニ至リ戰鬪ヲ中止ス
第三十九條　戰地ニ於テ交戰者ト人民トノ間及交戰者相互間ニ爲シ得ヘキ交通ハ規約者ニ於テ休戰規約ノ條項ヲ以テ規定スルモノトス
第四十條　休戰規約者ノ一方ニ於テ容易ナラサル規約違反アルトキハ他ノ一方ハ規約廢棄ノ權利アルノミナラス緊急ノ場合ニ於テハ直ニ戰鬪ヲ開始スルコトヲ得
第四十一條　一個人カ自己ノ發意ヲ以テ休戰規約ノ條款ニ違反シタルトキハ唯其ノ違反者ノ處罰ヲ要求シ若損害ヲ受ケタルトキハ其ノ賠償ヲ要求スルノ權利ヲ生スルニ止ルヘシ

第三款　敵國ノ版圖内ニ於ケル軍衙ノ權力

第四十二條　一地方ニシテ事實上敵軍ノ權力内ニ歸シタルトキハ之ヲ占領セラレタルモノト看做ス
占領ハ右權力ノ成立シテ且行使セラルヘキ地域ヲ以テ限トス
第四十三條　正當ノ權力事實上占領者ノ手ニ移リタル以上ハ占領者ハ萬已ムヲ得サル場合ノ外占領地ノ現行法律ヲ尊重シテ成ルヘク公ノ秩序及衆庶ノ生活ヲ回復保障スルノ目的ヲ以テ其ノ權内ニ屬スル總テノ手段ヲ施スヘシ
第四十四條　占領地ノ人民ヲ强迫シテ其ノ本國ニ敵對スヘキ作戰動作ニ加ハラシムルコトヲ禁ス
第四十五條　占領地ノ人民ヲ强迫シテ其ノ本國ニ臣從ノ誓ヲ爲サシムルコトヲ禁ス
第四十六條　家族ノ名譽及權利個人ノ生命及私有ノ財產竝宗教ノ信仰及其ノ遵行ハ之ヲ尊重セサルヘカラス
私有財產ハ之ヲ沒收スルコトヲ得ス

第四十七條　掠奪ハ之ヲ嚴禁ス
第四十八條　占領者若占領地内ニ於テ從來國家ノ爲ニ設ケタル租稅賦課金及通行稅ヲ徵收スルトキハ成ルヘク現行ノ賦課規則ニ依テ之ヲ徵收スヘシ此ノ場合ニ於テハ占領者ハ占領地行政ノ費用ヲ支辨スルコト一ニ正當政府カ支辨セシ所ト同様ノ程度ニ於テスルノ義務アルモノトス
第四十九條　占領者若占領地ニ於テ前條ニ掲ケタル租稅ノ外他ノ取立金ヲ命スル場合ニハ軍又ハ占領地行政上ノ需要ニ應スルノ外之ヲ爲スコトヲ得ス
第五十條　人民ニ對シ其ノ聯帶ノ責アリト認ムヘカラサル一個人ノ行爲ノ爲金錢其ノ他ノ連坐罰ヲ科スヘカラス
第五十一條　凡ソ取立金ハ高級司令官ノ責任ノ下ニ命令書ヲ以テスルノ外之ヲ徵收スルコトヲ得ス
右取立金ハ成ルヘク現行ノ租稅賦課規則ニ據ルニ非サレハ之ヲ徵收スヘカラス
凡ソ取立金ニ對シテハ其ノ納付者ニ領收證ヲ交付スヘシ
第五十二條　現品ノ徵發及課役ハ占領軍需要ノ爲ニスルニ非サレハ市町村又ハ住民ニ對シテ之ヲ要求スルコトヲ得ス徵發ハ其ノ地方ノ資力ニ相應シ且人民ヲシテ其ノ本國ニ敵對スル作戰動作ニ與ルノ義務ヲ負ハシメサル性質ノモノタルコトヲ要ス
右徵發及課役ハ占領シタル一局地ニ於ケル司令官ノ許可アルニ非サレハ之ヲ要求スルコトヲ得ス
現品ノ供給ハ成ルヘク卽金ニテ之ヲ支拂フヘク否ラサレハ領收證ヲ與ヘテ之ヲ證明スヘシ
第五十三條　一地方ヲ占領シタル軍ハ本來國有ニ屬スル現金基金有價證劵兵器廠輸送材料倉庫糧秣其ノ他總テ作戰動作ニ供スルコトヲ得ヘキ國有動產ノ外之ヲ押收スルコトヲ得ス
鐵道材料陸上電信電話海上法ノ規定外ニ在ル汽船其ノ他ノ船舶兵器廠其ノ他一切ノ軍需品ハ會社若ハ個人ニ屬スル

モノタリトモ均ク作戰動作ニ供スヘキ性質ヲ有スルモノニ屬ス然レトモ平和回復ノ際ニハ之ヲ返還シ及之カ補償ヲ爲スヘキモノトス

第五十四條　中立國ヨリ來レル鐵道材料ハ該國ノ國有タルト會社又ハ個人ノ所有タルトヲ問ハス成ルヘク速ニ之ヲ還送スヘシ

第五十五條　占領者タル國ハ敵國ノ國有ニ屬シ其ノ占領地内ニ存在スル公有ノ建物不動産森林及農作地ノ管理者タリ且其ノ用益權者タルニ過キサルモノト心得此等財産ノ基本ヲ保護シ用益權ノ規則ニ依リテ之ヲ管理セサルヘカラス

第五十六條　市町村ノ財産竝宗教慈善教育技藝及學術ノ爲設ケラレタル營造物所屬ノ財産ハ國有ニ屬スルモノト雖私有財産同樣之ヲ取扱フヘシ

總テ這般ノ營造物歴史上ノ紀念建造物技藝及學術上ノ製作品ヲ故意ニ押收シ破壞シ又ハ毀損スルコトヲ禁ス犯ス者ハ之ヲ訴追スヘキモノトス

第四款　中立國内ニ留置スル交戰者及救護スル傷者

第五十七條　交戰軍ニ屬スル軍隊ヲ其ノ版圖内ニ收容シタル中立國ハ成ルヘク之ヲ戰場ヨリ遠隔シタル地ニ留置スヘシ

中立國ハ此等軍隊ヲ陣營内ニ監守シ又ハ城寨若ハ特ニ之カ爲ニ設備シタル場所ニ幽閉スルコトヲ得ヘシ

將校ヲシテ許可ナクシテ中立國ノ版圖以外ニ出テサル旨ヲ宣誓セシメ以テ解放スルト否トハ中立國ノ決スル所トス

第五十八條　特別ノ條約ナキトキハ中立國ハ其ノ留置シタル人員ニ食料被服ヲ給與シ人情ニ訴ヘテ必要ト認ムル救助ヲ與フヘシ

留置ノ爲ニ生シタル費用ハ平和回復ノ上償却セラルヘシ

第五十九條　中立國ハ交戰軍ニ屬スル傷者及病者カ其ノ版圖内ヲ通過スルヲ許スコトヲ得ヘシ但シ之ヲ輸送スル列車ニハ戰鬪ノ人員及材料ヲ搭載セサルヲ條件トスヘシ斯ノ如キ場合ニ於テハ中立國ハ之カ爲必要ナル保安及監督ノ處置ヲ施スヘキモノトス

前記ノ條件ニ依リテ甲交戰國カ乙交戰國ニ屬スル傷者及病者ヲ中立國ノ版圖内ニ伴レ來ルトキハ中立國ハ之ヲ監守シテ再ヒ作戰動作ニ與ルコト能ハサラシムヘキ甲交戰國ヨリ依頼ヲ受ケタル傷者及病者ニ對シテモ亦同一ノ義務ヲ有スヘシ

第六十條　『ジェネヴァ』條約ハ中立國ノ版圖内ニ留置シタル病者及傷者ニモ亦之ヲ適用ス」

六　その他、「一八六四年八月二二日『ジェネヴァ』条約ノ原則ヲ海戦ニ応用スル条約」がある。また宣言書としては次の三宣言がある。「軽気球上より又は類似した他の方法により投射物及び爆発物を投下することを禁止する宣言、窒息せしむべきガスたまは有毒ガスの散布を禁止する宣言、ダムダム弾禁止の宣言」である。

第三節　日露戦争と第二回ハーグ平和会議との関係

一　第二回ハーグ平和会議は一九〇七年（明治四〇年）に開催されているので、そこで締結された諸条約は日露戦争（一九〇四―〇五）には適用されることはない。しかし逆に日露戦争の実戦の諸事情が第二回平和会議の条約論議に少からざる影響を与えた。たとえば新たな戦争法規の制定の希望や第一回平和会議で制定した陸戦法規の改正その他をめぐる諸問題を惹起した。ここではまず最初に第二回平和会議の開催事情から明らかにすることにしよう。

(1)　第二回ハーグ平和会議はローズヴェルト（Roosevelt, Theodore）アメリカ大統領の発議、ニコライ二世の提議によるが正式招請は、オランダ政府によってなされた。会議は一九〇七年六月一五日から一〇月一八日にわたってオランダのハーグで、四四カ国が参加して開催された。この会議の参加国は前回よりはるかに多く当時の世界の大部分といってもよいほどの四四カ国が参加した。この会議に参加した当時の諸国の模様を、倉知鐵吉・外務省参事官が記しているので引用しておこう。

「此會議に參列しました國は四十五箇國（？　四四ヵ国の誤・白羽注）であります、此前の第一回平和會議には中央亞米利加及南亞米利加の諸國が參列しなかつたのでありまして、其數は非常に少うムいました、今回は是等の國及其他の第一回平和會議の召集漏になつた國も總體出ましたから、其總數四十五箇國の多きに至つたのであります、今日世界に國を立てて居るものは少し怪しい國まで入れまして五十幾つと云ふことになつて居るのであります、其五十幾つの中で今度の會議に參集しなかつたのはアビシニヤ、アフガニスタン、コンゴー、コスタリカ、朝鮮、リベリア、モナコ、モロツコと云ふ樣な國でありまして多くは獨立の名あつて實なき國か或は表向きも實際も共に獨立に缺くる所ある樣な國であります、そうして見ますと世界の五十何箇國の中の四十五箇國と云ふのは非常な多數の國を代表して居ると云つて宜いのであります、又此殘りの各國に就て調べて見ますと云ふと、コスタリカ一國を除くの外は大抵何か故障のある國であります、從てコスタリカ一國を除いた以外の總べての國は今度の會議に參列したと云つても宜いかと思ふのであります

此の如く四十五箇國、卽ち世界の殆んど總べての國が會議に參列しました結果、色色樣樣の人種、言語、法律、風俗、習慣が此會議に代表せられて居るのであります、是等の事柄は些細な事と致しまして、國力の相違と云ふものは實に驚くべきものであるのであります、英吉利、露西亞と云ふ樣な大きな國があるかと思ひますと云ふと、非常な小さな國が隨分澤山又代表されて居るのであります、例へば面積に就て云いますというと、モンテネグロの如きは三千六百

三十方哩と云ふのであつて、我四國の半はにも及ばぬ位であります、もつと小さなルクセンブルヒは九百九十八方哩というので、我北海道の三十五分の一又は四十分の一に當るかと思ふのであります、ソウイウ國でも矢張り一國として出て來る以上は、他の大國と肩を比べ同一の權利を以て會議に參列するのであります、人口に附いて云ひますれば一番少いのはパナマの三十何萬、我京都市にも及ばないのであります、モンテネグロはもつと少さく二十何萬分で、我名古屋市より猶ほ總人口が少いのであります、斯ういう少い國民を持つて居る國と雖も、世界に國として立て居る以上は他の大きな國と同樣な權利を以て此會議に參列することになるのであります、是は後で關係がありますから殊更に申上げて置きます」[14]。

四四カ国の国名をあげれば次の如くである。ドイツ、アメリカ、アルゼンチン、オーストリア・ハンガリー、ベルギー、ボリビア、ブラジル、ブルガリア、チリ、清国、コロンビア、キューバ、デンマーク、ドミニカ、エクアドル、スペイン、フランス、イギリス、ギリシア、グアテマラ、ハイチ、イタリア、日本、ルクセンブルク、メキシコ、モンテネグロ、ニカラグア、ノルウェー、パナマ、パラグアイ、オランダ、ペルー、ペルシア、ポルトガル、ルーマニア、ロシア、サルバドル、セルビア、シャム、スウェーデン、スイス、トルコ、ウルグアイ、ベネズエラ。

これらの四四カ国は後述の如く条約調印のためにそれぞれ全権委員を任命している（もっともニカラグアは全権委員が欠如している）。各国の全権委員の詳細に関しては後述の条約中に記載されている。日本から特命全権大使都筑馨六、和蘭国駐在時特命全権公使佐藤愛麿が任命されている（条約の署名者は、佐藤愛麿）。

(2) 全権委員などに関する補足的説明を加えておこう。前出・倉知外務省参事官によれば次の如くであった。

「**委員**は全權委員に専門委員及書記官から成つて居るのであります、全權委員の數は百二十人餘であります、専門委員の數が四十人餘、書記官の數が五十人許り、合計二百何人と云ふ數が此會議に寄つたのであります、ちよつと之に付き御話を申上げて置うと思ふのは、日本では元から全權委員より専門員夫れから直ぐ書記官と云ふ役割になるのであります、然るに餘所の國では其間にちよつと良い種類のものを持つて居る、それは全權委員、専門委員の次に専門副委員といふものを持つて居る、書記官の數が頗る少くて、書記官の上席の者は必ず専門副委員になつて居る是は何でもない樣なことでありますが、大變良い考であります、萬國會議になりますと人の數が多うムいますから何か或る一つの制限を附けなければならぬ、そこで大抵全權委員、専門委員及副委員と云ふ所でくきりを附ける、何かの時になると専門副委員以上を一團とし、書記官を他の一團として區別する傾がある、是は待遇の上に止まれば宜いのですが、仕事の上にまで及んで來る、専門委員及専門副委員ならば當然議場に席を設くるか、書記官に至ると明いて居れば無論這入つて宜しいか、明いて居ない時は書記官丈けは除くと云ふ譯になり易い、又いつも大會議の時は委員會が澤山で自由に大きな部屋の數が具へ兼ねますから往往人の數を制限する必要が起る、さういう時には書記官から拔けるということになります、又書類を送付する時も或程度迄限らなければならぬから専門副委員まで送附を受けると云ふ樣な事になる、會議の時は隨分忙しいので、今日書類が來て明日迄に直ぐ意見を立てなければならぬと云ふ樣なことがあるのでありますから、書類は幾らも貰ひたい、そういう爲めにも専門副委員と云ふものを作つて置く方が宜い樣に思ふ、餘所の國の専門副委員を見ると陸軍大尉位のものが往往専門副委員になつて居るのでありますから、日本の書記官位のものは専門副委員にして權衡上無論おかしいことはないのであります、是迄は日本でいつも専門副委員を設けなんだのでありますが、今後萬國會議がある時は場合に依りて之を設けた方が宜いことがあろーかと思ふのであります

委員の選任に附ては各國でも餘程心を用ひたものらしいのであります、從て各國の有名の人が多く代表者となつて來たのであります、先づ一例を申上げますれば、露西亞からしてネリドフ（卽ち日露講和談判の際に全權委員に指名せられ

たと云ふ噂の有た人であります）が來て居る、獨逸ではマーシャル、フォン、ビーベルスタイン（是は青木子爵が獨逸公使で有た時に外務大臣をして居つて日本の今の通商條約を締結した人であります）佛蘭西からしてブルジョワ（是は御承知の有名人で、度度大統領の候補者にも指名せらるる人であります）伊太利からトルニエリー伯（是は四十年ばかり外交官をして居て、巴里にばかりでも二十年大使をして居る在佛大使の筆頭で、年は七十幾つであるがなか〱元氣な人である、歸りに伊太利に寄りました時に、私は遲れて間に合ひませんでムりましたが、私共の一行が皇帝に謁見した時トルニエリーは位伯爵に成て居て、此以上上げ様はなく勳章も亦一番高い、今度の平和會議に對する功勞は非常に多かつたけれども、どうも褒美の遣り様がないから皇帝自筆の手紙をやつて其功を賞する積りだと云ふことを皇帝が言つて居られたそうであります、伊太利の外交官の中ではえらい一人だそうであります）白耳義からはベルナー（是は皆さん御承知の通りであります）、南亞米利加からは**「ドラゴ」主義を以て有名なドラゴ氏**も來て居ります、ベネジユラの委員の如きは會議中にベネジユラの大統領に選擧せられた、ブラジルからはバルボサと云ふ人が委員で來て居たが、次の大統領の選擧には選擧せらるるだろうと云ふことであります、そう云ふ風で**各國からしては第一流、少くも第二流位の人を選拔**して會議に出して居た樣に思はれるのであります、學者の方面に至りますと云ふと佛蘭西からはルノー、ルノーの弟子に若い人でフロマジヨーと云ふ人が參りましたが、是は屹度今にえらく成るで有りましよう、夫れから露西亞のマルテンス、和蘭のアツセル、瑞西のボレル、英吉利からはクロー、亞米利加からはスコツト、獨逸からはツオルン、墺地利からはランマフン、希臘からはスツライトなどが來て居ります、是は何れも國際法では有名な人であります」[15]（ゴシック著者）。

(3) 第二回ハーグ平和会議の開会挨拶　挨拶はオランダ女王ウィルヘルミナ（Wilhelmina, Helena P. M.）の代理としてオランダの外務大臣がおこなった。法学士遠藤源六（後に海軍省参事官・明大教授となる。日露戦役国際法論（明治四一年）などがある）によれば次の如くである。

「第二回萬國平和會議は一千九百七年六月十五日午後三時和蘭國海牙の第三騎士公堂に於て四十七箇國の代表者參集し和蘭國外務大臣ワン、テッツ、ワンクトリアン氏の挨拶を以て開會せられたり

氏は先つ議長席に就き佛語を以て演說して曰く余は女皇陛下の代理として玆に諸君に向つて敬意を表するの光榮を荷へり我　陛下に於かせられては本首府を以て高尙なる集會地と爲されたるを滿足に思召さるると共に露國皇帝陛下か列國に向ひ第二回平和會議に委員を派遣せられんことを勸誘せられたる意思の被爲在る所にも亦深く贊同せられたる所なり次に余は我政府より本席に於て平和會議の發意首唱者に在らせらるる露國皇帝陛下に對し深厚なる敬意と誠實なる感謝を言明すへきを命せられたり

回顧すれは一千八百九十九年に第一回平和會議を開かれしより既に八年の星霜を經過した其の間に於ける成績の見るへきもの夥多なるは既に諸君の熟知せらるる所なれは再ひ贅するの必要なかるへしと雖も余は一言ルーズベルト閣下に感謝せさるへからす閣下は實に北米合衆國の國政を支配さるる非凡なる統治者にして露國皇帝陛下の播種せられたる平和會議の萌芽に顯著なる幇助を與へられたる者なれはなり蓋し露國皇帝の深意は國際法の規定を明晰にし益〻之を完全ならしめんとするに在り而して第一回平和會議の結果に就ては或は冷酷なる非難を加ふる者あり或は又之を蔑視するより會議の盡力を無效に歸せしめんとする者ありと雖も此等の障碍は毫も平和會議を成立せしめたる精神を沮喪せしむへきものに非さることは現に各國人民及其政府か一般思想の進歩に伴ひ斯く多數の委員を簡派せられたるに徵して明なりとす蓋し此協力的趨勢は實に會議の前途に向いて一縷の光明を認めたるものに非すして何そや抑も平和會議の目的たる頗る高遠なれは今回の會議の如きは其の終局に非すして恰も彼岸に達せんとする途中の一驛たるに過きす從て將來に於て列國委員か再三海牙に參集するを見ることあらんと信す而して平和會議の發展に向ひ囑望し得へき事實は各國代表者の增加（第一回に比し今回は約二倍の增加）か之を證明したり爾後の會議に

於ても其の増加を見るも決して減少を見るか如きことはなかるへしと確信す一千八百九十九年の會議場に充てたる公堂は今回の委員を容るるに足らすして爲に適當の建物を他に求むるの餘義なきに至り稍〻適當と認めしものは則ち諸君か現に著席し居らるる所の公堂なり此の公堂たるや十三世紀に於て「ホルランド」伯なるウエリゲリム二世の建設せられたるものにして多少の歴史を有せさるにあらさるも第二回平和會議の公堂に充てられ世界列國の代表者の會合せられたる事實は更に歴史上に偉大の光輝を放つものと謂ふへし余は終に臨み諸君に提議せんとするもの二あり一は露國皇帝陛下に對し「第二回平和會議は開會に際し深厚なる敬意を以て一千八百九十九年以來此の會議の首唱者として宸襟を勞せらるるに感激し會議は如何なる難問題を提出さるるとも全力を盡くして解決すへきことを陛下に於て確信せられんことを奉願す」との電文を奏上せんことにして他の一も無論諸君の賛成せらるることなるへく卽ち第二回平和會議の議長たることを事務に老練なる露國大使ネリドフ氏に於て承諾せられんこと是れなり

云云と陳へ降壇せり

ネリドフ氏は和蘭國外務大臣の推薦承認を得て議長に推されたるに依り聽て議長席に就き開口一番本會議の議長に推薦せられたるの光榮を荷ひしを謝し蘭國外務大臣ワンテッツ氏を名譽議長に蘭國先任委員ボーフォール氏を副議長に推薦したる後會議の方針としては可成効果を收むるを以て專一として亂雜を招き易きものは努めて之を避けんとする旨を告け平和會議の名を以て和蘭國女皇に『第二回平和會議に列する四十七國の代表者は優渥なる恩遇を謝し併て茲に誠實なる敬虔の衷情を表す』との電文を奏達せんことを提議し平和會議の歴史に遡り陳へて曰く

抑も本會議の成立するに至れるは米國大統領の與りて大に力ある所にして殆と總ての立憲國代表者を一堂に網羅するを得たり思ふに是れ熱熾なる平和思想の致す所にして列國政府をして各〻其の秀俊なる人材を簡派し本會議に參加せしむるに至りたるは吾人をして深く感激せしむる所なり而して人道の爲め無上の幸福として顯るへきものは平

和と條理の二なりとす故に余は希望す委員諸君は此の觀念を以て會議の問題を解決せられんことを然らんには大に其の成効に幇助する所あることを信して疑はさるなり蓋し會議の問題と爲すへき要點は國際紛議を平和手段に依りて調停し彼の國交を斷絕し干戈に訴へて以て其の紛議を解決せんとするものを可成防遏すること竝に若し不幸戰端を開かるるに至れる場合には交戰國は勿論之と間接の關係を有する第三者に對しても戰爭の爲め蒙むるへき苦痛を可成輕減せしめんとすることの二者に在るのみ或は說を爲す者あり交戰國相互の人民に總ての苦痛を深く感せしむるは結局人民に戰爭の終局の速なるを希望せしむると同時に之を再ひするの念を斷つに至らしむるものなりと是れ實に不條理の甚しきものなり抑も第一回平和會議か國際間に一道の光明を放ちしものは人道的行爲を益〻發揮せしめんとするに在りて毫も戰鬪上に便宜を加へたること無之のみならす列國をして大に耐忍の觀念をは深からしめ且つ戰爭の慘苛たるを顧慮せしめんと爲せしか故のみ之を以て吾人は一千八百九十九年に開かれたる主意を以て飽まで武步を進めんとするものなり而して國際紛議を調停するに平和と權利とを尊重したる第一回平和會議の効果を收め得たるは贅言を待たさる所にして恰も普通の民事裁判に於けるか如く國際の紛議に對し仲裁裁判に依り事件の落著を委したるもの一千八百九十九年に三十三件の多きに達し頗る複雜を極め到底平和の見込なからんと思はれし四事件の如きも此の仲裁裁判所に提出されたるを視ても明なるに非すや夫れ斯の如く吾人の前任者の功績は吾人に文明の愛護者として益〻其の事業を繼續せしめんことを奬勵するものなり

夫れ個人の生活狀態に於て嚴密なる法規を以て行爲の準則を示さるると雖も時宜に依り敢て論爭、不服及ひ强迫等を爲ささるを得さる場合には感情上其の名譽、品格及ひ利益を賭しても其の初一念を貫徹せんとすることあると等しく國家の生存上に於ても亦免れ難き場合あることを忘るへからす假し國家にして之れありしとて世界の爲めに平和を謀り列國をして恰も兄弟の如く互に親愛を保たしめんとする吾人の意思は毫も挫折さるへきものに非すして却て益〻奮て之か爲めに盡さんとするの理想を熾んならしむへきものたり而して斯く吾人か人民の爲めには戰爭の慘苦を輕減し國家の爲めには國際間に紛議を避けしめんと努力する所以のものは總て各國人民の宜しく其政府に對して感謝せさる可からさるものなり

と語を結ひ降壇して散會す」。[16]

(4)　第二回平和会議の委員・総会・議事運営方法　総会は、第二回平和会議規則にしたがっておこなわれた。それによると次のような会議・委員会構成でおこなわれた。

「六月十九日第二回委員總會を開く當日の議題種種ある中に第二回平和會議規則もあり、修正の上決定せられたるもの左の如し

第一條　第二回平和會議は一千八百九十九年第一回平和會議の條約規定に調印若くは加盟せる各國より出せる全權委員專門委員より成る

第二條　平和會議は其の役員組織後委員會を組織し以て議事項目に包含せらるる諸問題の講究に當らしむ列國の全權委員は自己の便宜とする委員會に入り又は之に參與す可き專門委員を隨意指名す

第三條　平和會議は各委員會の議長竝に數名の副議長を任命す

各委員會は其の書記官及ひ報告委員を任命す

第四條　各委員會は更に分科することを得而して分科部は各其部役員を組織す

第五條　平和會議は其の討議の初期に於て編纂委員を任命し以て會議の決定せる諸條規を整理し之か最後の編纂に任せしむ

第六條　派遣員一行は總て平和會議の總會に於て討議に與るを得又委員會委員は其委員會の討議に與るを得同一國

の派遣員は其派遣員中に於て彼此代て參與することを得

第七條　委員會に參列する平和會議委員にして該委員會委員にあらさるものは該委員會議長の特許あるに非されは討議に與るを得す

第八條　投票は派遣員各一國に就き一票とす

投票は代表列國名ＡＢＣ順に依る點呼投票とす

第九條　平和會議の討議と爲すへき解決案希望案は總て通則として先つ書き物として議長に提出することを要す而して討議に付するに先ち印刷配付さるへきものとす

第十條　公衆は議長の承認を經て書記官長か配付する許可券を有するときは總會に入場するを得

第十一條　總會竝に委員會の議事錄は討議の大要を記す

議事錄の校本は相當の時期に委員に配付すへく各會議の冒頭に朗讀することなかる可し

各委員は事務局に提出せる文書に對する公然の宣言を全部挿入す可きことを要求し又議事錄中に自己の意見を記入せしむるの權を有す委員會竝に其分科部の報告は討議に先ち印刷配付す可きものとす

第十二條　平和會議の討議竝に決議竝に決議書の公用語は佛語とす

佛語以外の國語にて爲したる演說は演說者と協議の上書記官長の計ひを以て口頭を以て佛語に其大要を通譯せらるへし

右の決議に基き議長は四箇の委員會を設け議事の項目を分擔せしむることとなし議長、名譽議長、副議長等を推薦したり其分科左の如し

第一　委　員　會

仲裁裁判　國際裁判委員竝に之に附屬する諸問題

第二　委　員　會

陸戰の法規慣例規定中の改正

戰鬪行爲の開始

千八百九十九年の宣言

陸上に於ける中立國の權利義務

第三　委　員　會

海軍力を以てする港、市、村の砲擊

水雷の敷設等

中立港に於て交戰國艦船の服從せさる可からさる規定

千八百六十四年のゼネバ條約の主義を海戰に應用することに就て定めたる千八百九十九年の條約を千九百六年ゼネバ條約に加へたる改正に伴ひ改正すること

第四　委　員　會

商船を軍艦に變更すること

海上私有財產

商船に與ふ可き恩惠期間

戰時禁制品

封　鎖

中立捕獲物を不可抗力に依りて破壊すること
海戰にも應用せられ得可き陸戰法規
又各委員會の名譽議長、議長及副議長は左の如し
第一　委　員　會
名譽議長　墺國のメレー、フオン、カボシ、メレ、英國のサー、ヱドワルド、フライ、伯刺西爾のリユー、バルボゾ
議長　佛國のブールジヨア
副議長　獨國のクリーグ、伊國のフシナトー、墨其西のヱステナ
第二　委　員　會
名譽議長　獨國のマルシアル、フオン、ビベルシテーン、北米合衆國のボルテル、葡國の侯爵デソウエラリ
議長　伯國のジアナヱールト
副議長　丁抹のブライン、ルーマニアのベルデマン、瑞典のカーリエー
第三　委　員　會
名譽議長　北米合衆國のチヨート、清國のルージンジヤン、土國のツールハン、パシヤ
議長　伊國のトルニヱリ
副議長　瑞典のハンマルスクヨルド、亞爾然丁のドラゴー、佛國のデスールネル、ド、コンスタン
第四　委　員　會
名譽議長　西國のデ、ウヰルラ、モルチア、日本の都筑馨六

議長　露國のマルテンス
副議長　英國のサトー、墺國のランマツシユ、諾國のハゲルツブ」。[17]
(ア)　なお、委員名およびその選出の補足説明に関しては、前出(2)を参照されたい。
(イ)　会議の議事方法の補足説明　　倉知外務省参事官によれば次の如くであった。
「會議の議事の方法は先づ總會議と云ふのがある、總會議と云ふのは全權委員及び專門委員全體の寄る會議であります、其次ぎに委員會と云ふものがある、其委員會と云ふものは會議の議題を四つに分けまして其一つ毎に一委員會を設けたものであります、そうして各國から一名若くは數名、適宜に人を出して、そうして小さい會を組織するものでありますす、併し何分四十五箇國が各一名出しても四十五名でありまして、中には二三人出す所がありますから直ぐ六七十人にはなるのであります、從で委員會と云ふ名は小さい樣で厶いますが、其實一つの大きな會議で厶ります、其次に委員會か分科會と云ふものに分れて居るのであります、大抵第一分科會、第二分科會と云ふものに分けてある、是れは委員會丈けではまだ問題が大過ぎる爲めに更らに分擔を定めて分科會を作つたのであります、夫れで第一第二第三の各委員會は各分科會を設けた、只第四委員會丈は其擔任事項の互に相貫聯する所から分科會を設けなかつた、其分科會の下に亦審査會と云ふものがある、審査會と云ふものは委員會に依て名は違つて居ります、或時には『コミチー、デキザマン』卽ち調査委員とも申しますが、或時は『コメチー、ヅー、レダクシヨン』卽編纂委員と云ふ、名は違て居りますが要するに特に或る問題を審査する一つの小さい委員會であります、夫れで先づ或る問題が出ますと云ふと、總會議に持つて行かないで、大抵は直ちに之を委員會又は其專門の事項を擔當して居る分科會に出す、分科會は大體論をやる、玆で六箇敷なつて來るが話が纏らぬとなると、審査會に附して小人數で調査をなし又は調停の方法を講じさせる、又特題が簡單で大體論が直ちに纏る時には、法文の書き方等を研究する爲めに審査會に付する、審査會に於ては審査の末其の結果を分科會に報告する、分科會から委員會に報告し、委員會の結果を總會議に報告する、總會議で決定したのが確定と云ふ順序であります、併し場合に依ると審査會の報告を直ちに委員會に持つて來る、或は分科會に報告した上で委員會を抜きにして直ちに總會議に報告する、茲で審査會と云ふものが一番大切で有て、其處で大抵な問題は研究し盡すのであります、夫れ故日本では審査會に重きを置いて、審査會の中に必ず日本委員を一名或は二名加へたのであります、唯公然日本の意見を發表して工合の悪い事件丈けに付て審査會の會員に這入らなかつたのであります、審査會は常設にして有るものもありますが、問題毎に選ぶのもあります、大抵は重な國の委員に議案を出した國の委員を加えて審査會を組織する、夫れで中には審査會に這入る爲めに無理に議案を出す國がある、甲の國から例へば中立捕獲船は之を破壊することを禁ずと云ふ議案が出ると云ふと、乙の國からして中立國船にして捕獲せられたるものは之を破壊することを得ずと云ふ様な案を出して而かして審査會の委員を出すのであります、**日本は幸にして國の地位が高くなつた**のと、一つは議案を提出したのが多かつたものでありますから、**何れの審査會にも必ず這入て居非常な便利を得た**のであります、審査會で審査が濟みますと報告委員と云ふもの（是は大抵學者のルノーとかストライトとかスコットと云ふ人がなる）より此案は評議の際斯う云ふ議論があつて、結局斯ふ極たと云ふことを報告する、是は學者としては非常に面白い仕事の様に思ふ、自分の意見を附加へることが出來るし、學問の有る人でないと色色な說を調和し分類して報告書を書くことは困難なことであろと思ふ、而して此報告には或る案が可決した時は斯う云ふ理由で可決したと云ふことを書き其案を添へて分科會又は委員會を經て總會議に出ますのであります、否決された時には報告委員が到底話が纏まらなかつたと云ふことを報告する、是は案がないのでありますから、委員會又は分科會は其報告を是認し、夫れから總會議に行て、總會が亦之を是認すれば否決したと云ふことになるのであります、只今四つの委員會と申しましたが、詳しく云へば此委員會の外にもふ一つ最終編纂委員會と云ふものがある、是は委員會から色色樣樣な人の手に依て出來た案が總會議に出て來て、而して總會議は大體で議決して仕舞ふのでありますから、法文の體裁など區區になつて居る、夫れを編纂委員會で纏めて、ルノー先生などが頑張て居つて、自分の考で文字を改めたり、衝突しない様に法文の體裁を改めたりするのであります、中には編纂委員が職務を超へて自分の意見を修正することもある様であります、けれども編纂委員會の報告も亦總會議に附するのでありますから、法律上では總會議で之を是認し貰つて最終の案文になるのであります[18]」（ゴシック著者）。

二　会議運営の困難性

最後に大きな国際会議の運営の困難性を指摘しなければならないであろう。倉知外務省参事官によると次のような困難性が総括されている。

「平和會議と云ふものは一體其事業が頗る困難なものであります、是れは色色理由がありますが、先づ重なものを擧げて見ますと云ふと、第一に其議する所が甚だ六箇敷いのである、やさしい問題は論じ盡して濟んで居るのでありますから、今殘て居るのは此前纏らなかつた六箇敷い問題が多いのである、御承知の如く國際公法上の原則など云ふものは何百年間と掛つて漸く今日の有様に達したのでありますから、今日新規に百二十六日やそこらの間に各國の都合の好い規則を制定し様と云ふのは仕事自身が困難なのであります、次に困難なのは各國の利益が決して一致しないのであります、先刻御話申上げた様に大變大きな國もあれば、大變小さい國もある、**大きい國の中でも英吉利の樣な商船を澤山持ち、軍艦を澤山持ち、植民地を澤山持つて居る國**もあれば、露西亞の様な非常に廣い地面を持て居るが、不凍港の一つもないと云ふ國もある、又或は此兩極端の中間に位して居る國もある、そこで大國と小國との意見は往往合はぬのである、而して大國小國の中でも海軍國と陸軍國との意見には合はぬことが多い、其間には又色色程度があるから各國の意見を調和することは非常に困難である、第三の困難は、國際法上を國家は大小强弱に拘はらず同等の權を持つて居る、卽ち平等權とか何とか云ふものを持つて居るのであります、夫れが如何なる**小さい國と雖も大きい國と同じ發言權、同じ投票權を持て居る**從て小國にして世界の大國と意見を異にすることが有た場合に他の小國が其味方をすれば大きな國が負けることになるのであります、然るに人口を比較しても面積を比較しても負けた國の方が多いと云ふ様なことが出來るのであります、國内の議會でも議員の投票權は同じことであるが、國内の議會には選擧區が必ずある選擧區の割方は人口か面積か富の程度か何か標準として、各平等になる様に拵へてあるのである、夫れ故にそれから出た議員は同等の權を持て居ても仕方がない、然るに平和會議に至ると基礎たる國の力が非常に違つて居る、然るに其處から出た者は苛も一國を代表して居る以上は平等權だと云て居られたときは小國の非常に小さい利害關係の爲めに世界の大きな利害關係を打毀すと云ふことが能く出來得るのであります、是等も亦會議の事業を進める上に於て非常な困難を感ぜしむる原因である、第四には内國の會議に於ては必ず會議の依るべき規則があるのであります、最も簡單のことを申上げますれば必ず多數決の方〔法〕と云ふものがある、小數者は多數の者に壓倒せられて默つて居らなければならぬと云ふことに極つて居る、然るに國際會議に於ては多數決と云ふ制限がない、各國が各平等權を以つて居る以上は多數を得た者の爲めに小數者が壓倒されなければならぬと云ふことはない、又多數決に依らなければならぬと極めたらば是は非常な事になるだらうと思ふ、**此の如く多數決の法に依らぬのであるから、或る案に付き一國でも不同意を云へば平和會議では纏らぬ**と云ふことになるのである、會議は四十五箇國の會議で有て其内の或る國丈の寄る會議ではないのであるから、異存がある者は引込めと云ふことは出來ないのである、四十五箇國の内より或る者を引込まして會議を開けば夫れは會議以外に一つの會議を起すことになる、各國全權委員は平和會議に臨む權限あれども、其外の會議に臨む權限がないのである、夫れで故障が多いから我我同志でやらうじやないかと或る國丈で話を纏め様としても夫れは行はれないことになるのであります、然らば全體を纏めると云ふこととすると、是は四十五箇國の利害を一致させねばならぬと云ふことであるから餘程六箇敷いことになるのであります、是に於て窮した結果、棄權と云ふものは贊否どつちに勘定するかと云ふ問題が起つた、一つの說では贊成と云はぬのは不服だから云はないのである、棄權は反對の部類に勘定しなければならぬと云ふ論であつた、併しそうやつたらば會議で問題が一つも成立たぬことになる、そこで色色評議の結果棄權は反對と云はなかつたのだから反對ではないものと見ると云ふことになつて、そうして始めて大抵の議案が成立た、夫れでも中にはブラジルなど云ふ國が自分獨りで頑張て反對を唱へることがある、反對があるからだのだと云ふこととなるも如何に多數の國の贊成で案が出來た所でブラジル一つの爲に壞されると云ふことになる、そこで此の如き場合にはブラジルの委員の所に行て御機嫌を伺ふ、貴國は今度の案には反對だと云つて居るが、夫れは自分丈反對なので、人が拵へたとて異存がないのであるか又はどうして人が作るものにも反對だと云ふことであるがどうかと言つて聞く、ブラジルの委員はいやあなた方がオヤリになる丈なら異存はないと云ふ、夫れならば此案は平和會議での事業と致しますと云て成立させる、斯う云ふ窮屈なことをやらなければならぬのであります、此の如く問題が六箇敷い上に各國の利害が一致せず、而して各國とも平等權を持て居つて多數決の制度が無いと云ふのでありますから、平和會議の事業は實に困難であります、併し此困難は平和會議に限りませぬ、苟も大きな萬國會議を開くと云ふことになると何とか方法を設けなければ何時も斯うなるのであります、從て此勢で行つたならば或は萬國會議と云ふものは餘り利益が無いものだと云ふ感を人に起させはせぬかと思ふ、是迄萬國會議は度度あつた併しながら四十五箇國と云ふ如き多數の國が代表されたのは今度が始めてであり又問題ば澤山有たのも今度が始めてでありますから、今度の困難は是迄感じなかつたであろうと思ふ、今後は今度の經驗に拘はらず尙ほ續て大萬國會議を設ける樣になるであろうが、或は大萬國會議が段段減つて來て、大きな國丈けが寄て大抵の事を極めて仕舞ひ、外の國に押付けると云ふ傾になるか、これは見ものだろうと思ふ、私の考では先づ大切な問題は**今後大國丈けが極める様になりはせないかと思ふのであります**、例へば今年の秋英吉利で海上法に關する國際會議を開くことに成て居りますが、恐らく此會議の如き最先きに大國丈け寄せはしないかと思ふ、**大國とは此度の會議で略〻相場が極た通り英、米、獨、佛、日、露、澳、伊の八箇國**は決して抜けることがないに違ひない、若し之に他の國を加へるならば西班牙位でも入れるようになろうかと思ふのであります

平和會議は斯う云ふ困難がありしに拘はらず辛ふじて十四の條約と七つの決議とを議定したのであります、決議は決議した儘で直に效力を生ずるのでありますが、十四の條約は調印し且つ之を批准する必要があるのであります、然るに十四の條約に就ては各國の委員に於て色色意見があるのであり、卽決し兼ねる人も多く又外の國の模様を見て極め様と云ふ人もある様でありますから**調印の期限は十三の條約は本年の六月三十日迄**と定められ、殘りの一つの國際捕獲審檢所設置條約は明年の六月三十日迄に調印すれば宜いと云ふことになり、それまでは記名の部分を明けて待つて居るのであります、無論是は最終期間を定めたのでありますから其前に調印することは差支ないのであります、從て旣に調印して歸つた委員も澤山あります、併ながら調印しない國も亦澤山あるのであります、獨逸の如き澳地利の如き、伊太利の如き、英吉利の如き、又**日本の如きは皆調印しないのであります**卽ち是等諸國は十三の條約に付ては本年の六月三十日までに意見を定めて調印するや否やを決し、尙ほ國際捕獲審檢所設置條約の方は來年の六月三十日までに調印すれば宜いことになつて居るのであります」(19)（ゴシック著者）。

三　第二回ハーグ平和会議の評価

まず、国際法雑誌上の無名氏の評価をかかげておこう。

「第二回平和會議も一八九五年の第一回平和會議に於けると同様戰爭を止むる手段方法に關する案件こそ目的を達するを得されとも之等會議の開かれたるか爲め如何に多く國際法の發達に貢獻する處ありしか縷縷説明を要する迄もなく

第一回會議に於て決議したる陸戰の法規慣例に關する條約、ゼネバ條約を海戰に適用する條約を始め『ダムダム』彈の使用禁止、有害瓦斯の散布を唯一の目的とする投射物の禁止、輕氣球より爆發物を投下するの禁止等作戰方法の制限に關する宣言其他國際紛爭を平和的に處理する方法に關する條約等ありて國際間の慣例を一定したるか爲め戰時國際公法の上に幾段の進歩を示して戰鬪の慘害を減し中立國民の利益を庇護するにも幾多の便宜ありしかは**現に過ぐる日露戰爭に於ても之を證明したるにあらすや**第二回平和會議は以上諸條約の**增補修正**と第一回平和會議に於て將來の國際平和會議に審議の希望を表白せる中立及海戰に關する諸問題其他戰時國際公法に關する種種の問題を審議決定せるを以て國際公法の發達を計る點より見る時は第二回平和會議は一大成效と云はざるべからず之を以て國際間の紛爭を平和的に解決する議案及**列國の軍備を制限し軍費の負擔を輕減するを目的とする問題等が有名無益の宣言に終はりたりとて直ちに以て目的を達せざりしと云ふべからず**特に此等の諸問題を攻究するに當てや列國多數の委員一堂に集まり親しく意見を交換するを以て各國の主張する處も明白となり其説の異同をも比較研鑽することを得深く之れか利害得失をも商議し餘す處なからしむるを得れは之れのみを以ても國際法の上に著大なる進歩を來さしむるものあるや固より疑を容れざる所なりとす仍りて我輩は決議の項目に亘り其重〔要〕なるものに付成行の概要を窺ひ以て議事の眞想を明にすると同時に問題に對する列國の態度は必ずしも正義人道に從て進退離合するに非らずして多くは自國の利害より討究打算して贊否を決するに外ならざる事實をも示さんと欲す」[20]。

第二回ハーグ平和会議も、第一回平和会議と同じように希望（平和・軍備制限）と現実（欧米帝国主義諸国・極東の日本「帝国」の軍備競争）との矛盾という状況の中で軍備制限（平和）条約は現実のものとはならなかった。これが最大の欠点であった。しかし無名氏が指摘する如く戦争を前提としたところの戦争法規条約に関しては、日露戦争にみられる通り「幾段の進歩」（!?）を証明したといえようか。とにかく第二回ハーグ平和会議では、第三回平和会議（しかしこの会議は、第一次世界大戦の勃発のため中止された）に希望を託しつつ、次のような一三条約と一宣言を採択するにとどまった。

採択された**条約**は、①国際紛争平和的処理条約、②契約上ノ債務回収ノ為ニスル兵力使用ノ制限ニ関スル条約、③開戦ニ関スル条約、④陸戦ノ法規慣例ニ関スル条約、⑤陸戦ノ場合ニ於ケル中立国及中立人ノ権利義務ニ関スル条約、⑥開戦ノ際ニ於ケル敵ノ商船取扱ニ関スル条約、⑦商船ヲ軍艦ニ変更スルコトニ関スル条約、⑧自動触発海底水雷ノ敷設ニ関スル条約、⑨戦時海軍力ヲ以テスル砲撃ニ関スル条約、⑩「ジェネヴァ」条約ノ原則ヲ海戦ニ応用スル条約、⑪海戦ニ於ケル捕獲権行使ノ制限ニ関スル条約、⑫国際捕獲審検所設立ニ関スル条約、⑬海戦ノ場合ニ於ケル中立国ノ権利義務ニ関スル条約である。**宣言**は、軽気球上ヨリ投射物及爆裂物ノ投下ヲ禁止スルコトニ関スル宣言、である。また宣言は旧宣言の有効期限五年が既にきれているため、同趣旨の宣言を採択したものである（なお日本は、国際捕獲審検所設立に関する条約には署名しなかったが（同条約は結局不成立）、他の条約には署名し、一一年一一月六日に批准し、一二月一三日に批准書を寄託した。また軽気球に関する宣言にも署名しなかった）。

四　日露戦争と採択条約　　ここでは日露戦争が主題であるから、これらの採択された一三条約をすべて論ずるわけにはいかない。ここでは日露戦争との関係で問題となるような以下の条約に関して若干の解説を試みるにとどめておく。

(1)　「国際紛争平和的処理条約」（明治四十五年一月十二日条約第一号）　まずこの条約（天皇の勅令）にふれなければならないであろう。けだし第一回平和会議（一八九九年、明治三二年）で約定された同条約第一条に、「列國間ノ闘ニ於テ兵力ニ訴フルコトヲ成ルヘク制止セムカ爲記名國ハ國際紛議ヲ平和ニ處理スルコトニ其ノ全力ヲ竭サムコトヲ約定ス」と定め平和が強調されているにもかかわらず早くも日露戦争（一九〇四年、明治三七年勃発）が開始されているのである。これだけでも同条約の再検討・修正の必要を物語るものである。それだけではない。同条約で強調された「仲裁裁判」制度の効用も第二回平和会議の会開の辞で次の如く指摘されている。「第一回平和会議の効果を収め得たるは贅言を待たさる所にして……國際の紛議に対し仲裁裁判に依り事件の落著を委したるもの一千八百九十九年に三十三件の多さに達し頗る複雑を極め到底平和の見込なからんと思はれし四事件の如きも此の仲裁裁判所に提出されたるを視ても明なるに非や」[21]。したがって第二回平和会議でも「仲裁裁判」制度を中心とした同条約の重要性にかんがみ、その増補改定が指摘された。それによると次の如く同条約の旧前文は新前文で修正され、さらに「仲裁裁判」制度が強化された。

そこで新前文を「……審査委員會及仲裁裁判部ノ實地ノ運用ヲ一層確實ニ保障シ且簡易ナル手續ニ依リ得ヘキ性質ノ紛争ヲ仲裁裁判ニ付スルコトヲ容易ナラシメムコトヲ希望シ國際紛争平和的處理ニ關スル第一回平和会議ノ事業ニ若干ノ修正ヲ加ヘ且之ヲ増補スルヲ必要ト認メタリ締約國ハ之カ爲新ナル條約ヲ締結スルニ決シ……」とした。その上で新「仲裁裁判」制度を三七―九〇条にわたって追加改定した。したがって、以下新条約の内容を引用しておく必要があろう。

「朕樞密顧問ノ諮詢ヲ經テ明治四十年十月十八日和蘭國海牙ニ於テ第二回萬國平和會議ニ賛同シタル帝國及各國全權委員ノ間ニ議定シ帝國全權委員カ第四十八條第三項、第四項、第五十三條第二項及第五十四條ヲ留保シテ署名シタル國際紛争平和的處理條約ヲ批准シ茲ニ之ヲ公布セシム

御　名　御　璽

明治四十五年一月十二日

内閣總理大臣　侯爵西園寺公望
外　務　大　臣　子爵内田康哉

條約第一號（官報號外　一月十三日）

國際紛争平和的處理條約

獨逸皇帝普魯西國皇帝陛下、亞米利加合衆國大統領、亞爾然丁共和國大統領、墺地利國皇帝『ボヘミヤ』國皇帝洪牙利國皇帝陛下、白耳義國皇帝陛下、『ボリヴィア』共和國大統領、伯剌西爾合衆大統領、勃爾牙利國公殿下、智利共和國大統領、淸國皇帝陛下、格倫比亞共和國大統領、玖馬共和國臨時總督丁抹國皇帝陛下、『ドミニカ』共和國大統領、『エクァドル』共和國大統領、西班牙國皇帝陛下、佛蘭西共和國大統領、大不列顚愛蘭聯合王國大不列顚海外領土皇帝印度皇帝陛下、希臘國皇帝陛下「グヮテマラ共和國大統領、『ハイチ』共和國大統領、伊太利國皇帝陛下、日本國皇帝陛下、盧森堡國大公『ナッソー』公殿下、墨西哥合衆國大統領、『モンテネグロ』國公殿下、諾威國皇帝陛下、巴奈馬共和國大統領、『パラグェー』共和國大統領、和蘭國皇帝陛下、祕露共和國大統領、波斯國皇帝陛下、葡萄牙國及『アルガルヴ』皇帝陛下、羅馬尼亞國皇帝陛下、全露西亞國皇帝陛下、『サルヴァドル』共和國大統領、塞爾比亞國皇帝陛下、暹羅國皇帝陛下、瑞典國皇帝陛下、瑞西聯邦政府、土耳其國皇帝陛下、東『ウルグェー』共和國大統領、『ヴェネズェラ』合衆國大統領ハ一般平和ノ維持ニ協力スルノ堅實ナル意思ヲ有シ全力ヲ竭シテ國際紛争ノ友好的處理ヲ幇助スルニ決シ文明國團ノ各員ヲ結合スル連帶責務ヲ認識シ法ノ領域ヲ擴張スルト共ニ國際的正義ノ感ヲ鞏固ナラシメムコトヲ欲シ諸獨立國ノ間ニ於ケル各國ノ賴ルヲ得ヘキ仲裁裁判ノ常設制度カ右ノ目的ヲ達スルニ有效ナルヘキヲ確信シ仲裁裁判手續ニ關スル一般且正則ナル組織ノ有益ナルコトヲ考慮シ萬國平和會議ノ至尊ナル發議者ト共ニ國安民福ノ基礎タル公平正理ノ原則ヲ國際的合意ニ依リテ定立スルノ須要ナルヲ認メ之カ爲審査委員會及仲裁裁判部ノ實地ノ運用ヲ一層確實ニ保障シ且簡易ナル手續ニ依リ得ヘキ性質ノ紛爭ヲ仲裁裁判ニ付スルコトヲ容易ナラシメムコトヲ希望シ国際紛爭平和的處理ニ關スル第一回平和會議ノ事業ニ若干ノ修正ヲ加ヘ且之ヲ增補スルヲ必要ト認メタリ締約國ハ之カ爲新ナル條約ヲ締結スルニ決シ各左ノ全權委員ヲ任命セリ

獨逸皇帝普魯西國皇帝陛下

國務大臣、土耳其國駐箚特命全權大使、男爵マルシャル、ド、ビーベルスタイン

本會議特派委員、『コンセイエー、アンチーム、ド、レガション』、帝國外務省法律顧問、常設仲裁裁判所裁判官、『ドクトル』ヨハンネス、クリーゲ

亞米利加合衆國大統領

特命大使ジョセフ、エッチ、チョート

特命大使ホレェス、ポーター

特命大使ユリアー、エム、ローズ

和蘭國駐箚特命全權公使デヴィッド、ジェーン、ヒル

海軍少將、全權公使チャールス、エス、スペリー

陸軍少將、合衆國陸軍軍法會議長、全權公使ジョージ、ピー、デーヴィス

全權公使ウィリアム、アイ、ブカナン

亞爾然丁共和國大統領

前外務大臣、伊國駐箚特命全權公使、常設仲裁裁判所裁判官ロケ、サエンツ、ペニヤ

前外務及教務大臣、下院議員、常設仲裁裁判所裁判官ルイス、エム、ドラゴ

前外務及教務大臣、常設仲裁裁判所裁判官カルロス、ロドリゲス、ラレタ

墺地利國皇帝『ボヘミヤ』國皇帝洪牙利國皇帝陛下

『コンセイエー、アンチーム、』特命全權大使ゲータン、メレー、ド、カポスメレー

希臘國駐箚特命全權公使、男爵シャール、ド、マッキオ

白耳義國皇帝陛下

國務大臣、代議院議員、佛國學士院會員、白耳義國學士院會員、羅馬尼亞國學士院會員、國際法學會名譽會員、

常設仲裁裁判所裁判官ベルナール

國務大臣、前司法大臣ジー、ウァン、デン、ヒューベル

和蘭國駐箚特命全權公使、羅馬尼亞國學士院會員、男爵ギーヨーム

『ボリヴィア』共和國大統領

外務大臣、常設仲裁裁判所裁判官クラウヂオ、ピニラ

英國駐箚特命全權公使フェルナンド、エ、グワチャラ

伯刺西爾合衆國大統領

特命全權大使、常設仲裁裁判所裁判官ルイ、バルボサ

和蘭國駐箚特命全權公使エヅアルド、エフ、エス、サントス、リスボア

勃爾牙利國公殿下

陸軍參謀少將、侍從將官ヴルバン、ヴィナロフ

大審院検事總長イヴァン、カランジューロフ

智利共和國大統領

英國駐箚特命全權公使ドミンゴ、ガナ

獨逸國駐箚特命全權公使アウグスト、マッテ

前陸軍大臣、前代議院議長、前亞爾然丁國駐箚特命全權公使カルロス、コンチャ

清國皇帝陛下

特命大使陸徵祥

和蘭國駐箚特命全權公使錢恂

格倫比亞共和國大統領

陸軍將官ホルヘ、ホルグィン

サンチアゴ、ペレス、トリアナ

佛國駐箚特命全權公使、陸軍將官マルセリアノ、ヴァルガス

玖馬共和國臨時總督

『ハヴァナ』大學國際法教授、上院議員アントニオ、サンチェス、デ、ブスタマンテ

米國駐箚特命全權公使ゴンザロ、デ、クェサダ、イ、アロステグィ

前『ハヴァナ』中學校長、上院議員マヌエル、サングィリー

丁抹國皇帝陛下

侍從、米國駐箚特命全權公使コンスタンチン、ブロン

海軍少將クリスチアン、フレデリック、シェルレル

侍従、外務省課長アクセル、ヴェデル
『ドミニカ』共和國大統領
前外務大臣、常設仲裁裁判所裁判官フランシスコ、ヘンリケス、イ、カルヴァハル
共和國専門學校長、常設仲裁裁判所裁判官アポリナル、テヘラ
『エクアドル』共和國大統領
佛國駐箚兼西班牙國駐箚特命全權公使ヴィクトル、レンドン
代理公使エンリケ、ドルン、イ、アルスア
西班牙國皇帝陛下
上院議員、前外務大臣、英國駐箚特命全權大使ドブルヴェ、エル、デ、ヴィーリヤウルーチヤ
和蘭國駐箚特命全權公使ホセ、デ、ラ、リカ、イ、カルヴォ
下院議員、伯爵ガブリエル、マウラ、イ、ガマゾ、デ、モルテラ
佛蘭西共和國大統領
特命大使、上院議員、前内閣議長、前外務大臣、常設仲裁裁判所裁判官レオン、ブールジョア
上院議員、一等全權公使、常設仲裁裁判所裁判官、男爵デスツールネル、ド、コンスタン
巴里大學法科大學教授、名譽全權公使、外務省法律顧問、佛國學士院會員、常設仲裁裁判所裁判官ルイ、ルノー
和蘭國駐箚特命全權公使マルスラン、ペレ
大不列顛愛蘭聯合王國大不列顛海外領土皇帝印度皇帝陛下
樞密顧問官、特命大使、常設仲裁裁判所裁判官『サー』エドワード、フライ

樞密顧問官、常設仲裁裁判所裁判官『サー』アーネスト、メーソン、サトウ
樞密顧問官、前國際法學會長、男爵ドーナルド、ジェームス、マッケー、レー
和蘭國駐箚特命全權公使『サー』ヘンリー、ハワード
希臘國皇帝陛下
獨逸國駐箚特命全權公使クレオン、リツォ、ランガベ
雅典大學国際法教授、常設仲裁裁判所裁判官ジョールジュ、ストレイト
『グヮテマラ』共和國大統領
和蘭國駐箚兼英國駐箚代理公使、常設仲裁裁判所裁判官ホセ、チブレ、マチャド
獨逸國駐箚代理公使エンリケ、ゴメス、カリリヨ
『ハイチ』共和國大統領
佛國駐箚特命全權公使ジャン、ジョセフ、ダルベマル
米國駐箚特命全權公使ジー、エヌ、レジェー
前國際公法教授『ポルトープランス』組合辯護士ピエール、ユヂクール
伊太利國皇帝陛下
上院議員、佛國駐箚特命全權大使、常設仲裁裁判所裁判官、伊國委員長、伯爵ジョセフ、トルニエリ、ブルサチ、
ヂ、ヴェルガノ
下院議員、外務次官『コンマンドール』ギド、ポンピリ
參事院議官、下院議院、前文部大臣、『コンマンドール』ギド、フジナト

日本國皇帝陛下

特命全權大使都筑馨六

和蘭國駐箚特命全權公使佐藤愛麿

盧森堡國大公『ナッソー』公殿下

國務大臣、内閣議長アイシェン

獨逸國駐箚代理公使、伯爵ド、ヴィレー

墨西哥合衆國大統領

伊國駐箚特命全權公使ゴンザロ、ア、エステヴァ

佛國駐箚特命全權公使セバスチアン、ベー、ド、ミエー

白耳義國駐箚兼和蘭國駐箚特命全權公使フランシスコ、エル、デ、ラ、バラ

『モンテネグロ』國公殿下

『コンセイエー、プリヴェ、アンペリアル、アクチュエル』、佛國駐箚露國特命全權大使ネリドフ

『コンセイエー、プリヴェ、アンペリアル』、露國外務省常任顧問官ド、マルテンス

『コンセイエー、デタ、アンペリアル、アクチュエル』、和蘭國駐箚露國特命全權公使チャリコフ

諾威國皇帝陛下

前内閣議長、前法學教授、和蘭國駐箚兼丁抹國駐箚特命全權公使、常設仲裁裁判所裁判官フランシス、ハーゲルプ

巴奈馬共和國大統領

ベリサリオ、ポラス
『パラグェー』共和國大統領
佛國駐箚特命全權公使エウセビオ、マチャイン
比律悉駐在領事、伯爵ジェー、ヂュ、モンソー、ドベルジャンダル
和蘭國皇帝陛下
前外務大臣、下院議員ドブルヴェ、アッシュ、ド、ボーフォール
國務大臣、參事院議官、常設仲裁裁判所裁判官テー、エム、セー、アッセル
退職陸軍中將、前陸軍大臣、參事院議官『ヨンクヘール』ジー、セー、セー、デン、ベール、ポールチュゲール
特務侍從武官、退職海軍中將、前海軍大臣、『ヨンクヘール』ジー、アー、ローエル
前司法大臣、下院議員ジー、アー、ロエフ
祕露共和國大統領
佛國駐箚兼英國駐箚特命全權公使、常設仲裁裁判所裁判官カルロス、ジェー、カンダモ
波斯國皇帝陛下
佛國駐箚特命全權公使、常設仲裁裁判所裁判官サマド、カン、モムタゾスサルタネー
和蘭國駐箚特命全權公使ミルヅァ、アーメッド、サヂグ、ウル、ムルク
葡萄牙國及『アルガルヴ』皇帝陛下
參事院議官、『ベール、ヂュ、ロワイヨーム』、前外務大臣、英國駐箚特命全權公使、特命全權大使、侯爵デ、ソヴェラル

和蘭國駐箚特命全權公使、伯爵デ、セリール
瑞西國駐箚特命全權公使アルベルト、ドリヴェイラ
羅馬尼亞國皇帝陛下
獨逸國駐箚特命全權公使アレキサンドル、ベルヂマン
和蘭國駐箚特命全權公使エドガール、マヴロコルダト
全露西亞國皇帝陛下
『コンセイエー、プリヴェ、アクチュエル』、佛國駐箚特命全權大使ネリドフ
『コンセイエー、プリヴェ』、外務省常任顧問官、常設仲裁裁判所裁判官ド、マルテンス
『コンセイエー、デタ、アクチュエル』、侍從、和蘭國駐箚特命全權公使チャリコフ
『サルヴァドル』共和國大統領
佛國駐箚代理公使、常設仲裁裁判所裁判官ペドロ、ジー、マテウ
英國駐箚代理公使サンチアゴ、ペレス、トリアナ
塞爾比亞國皇帝陛下
陸軍將官、參事院議長サヴァ、グルーイッチ
伊國駐箚特命全權公使、常設仲裁裁判所裁判官ミロヴァン、ミロヴァノヴィッチ
英國駐箚兼和蘭國駐箚特命全權公使ミシェル、ミリチェヴィッチ
暹羅國皇帝陛下
陸軍少將モム、チャチデー、ウドム

公使館參事官セー、コラヂオニ、ドレリ
陸軍大尉ルアング、ビュヴァナルト、ナリューバル
瑞典國、『ゴッツ』及『ヴァンド』皇帝陛下
前司法大臣、丁抹國駐箚特命全權公使、常設仲裁裁判所裁判官クヌート、ヒャルマル、レオナルド、ハムマルスキョルド
前無省大臣、前高等法院評定官、常設仲裁裁判所裁判官ヨハンネス、ヘルネル
瑞西聯邦政府
英國駐箚兼和蘭國駐箚特命全權公使ガストン、カルラン
陸軍參謀大佐、『ジェネヴァ』大學法學教授ユージェーン、ボレル
『チューリヒ』大學法學教授マックス、フーベル
土耳其國皇帝陛下
特命大使、『ミニストル、ド、レヴカフ』チェルカン、パシャ
伊國駐箚特命全權大使レシッド、ベー
海軍中將メヘメッド、パシャ
東『ウルグェー』共和國大統領
前大統領、常設仲裁裁判所裁判官ホセ、バトレ、イ、オルドニェス
前上院議長、佛國駐箚特命全權公使、常設仲裁裁判所裁判官ファン、ベー、カストロ
『ヴェネズエラ』合衆國大統領

獨逸國駐箚特命代理公使ホセ、ヒル、フォルトウル
因テ各全權委員ハ其ノ良好妥當ナリト認メラレタル委任狀ヲ寄託シタル後左ノ條項ヲ協定セリ
第一章　一般平和ノ維持
第一條　國家間ノ關係ニ於テ兵力ニ訴フルコトヲ成ルヘク豫防セムカ爲締約國ハ國際紛爭ノ平和的處理ヲ確保スルニ付其ノ全力ヲ竭サムコトヲ約定ス
第二章　周旋及居中調停
第二條　締約國ハ重大ナル意見ノ衝突又ハ紛爭ヲ生シタル場合ニ於テ兵力ニ訴フルニ先チ事情ノ許ス限其ノ交親國中ノ一國又ハ數國ノ周旋又ハ居中調停ニ依賴スルコトヲ約定ス
第三條　締約國ハ右依賴ニ關係ナク紛爭以外ニ立ツ一國又ハ數國カ事情ノ許ス限自己ノ發意ヲ以テ周旋又ハ居中調停ヲ紛爭國ニ提供スルコトヲ有益ニシテ且希望スヘキコトト認ム
紛爭以外ニ立ツ國ハ交戰中ト雖其ノ周旋又ハ居中調停ヲ提供スルノ權利ヲ有ス
紛爭國ハ右權利ノ行使ヲ友誼ニ戻レルモノト看做スコトヲ得ス
第四條　居中調停者ノ本分ハ紛爭國ノ主張ヲ調停シ且其ノ間ニ惡感情ヲ生シタルトキ之ヲ融和スルニ在ルモノトス
第五條　居中調停者ノ職務ハ其ノ提供シタル調停方法ノ受諾セラレサルコトヲ紛爭當事者ノ一方又ハ居中調停者ニ於テ認メタル時終止スルモノトス
第六條　周旋及居中調停ハ紛爭國ノ依賴ニ因ルト紛爭以外ニ立ツ國ノ發意ニ出ツルコトヲ問ハス全ク勸告ノ性質ヲ有スルニ止リ決シテ拘束力ヲ有スルコトナシ
第七條　居中調停ノ受諾ハ反對ノ約定アルニ非サレハ之カ爲動員其ノ他戰爭ノ準備ヲ中止シ遲延シ又ハ阻害スルノ結

果ヲ生スルコトナシ
開戰ノ後右ノ受諾アリタルトキハ反對ノ約定アルニ非サレハ之カ爲進行中ノ軍事的行動ヲ中止スルコトナシ
第八條　締約國ハ事情ノ許ス限左ノ手續ニ依ル特別居中調停ノ適用ヲ慫慂スルコトニ一致ス
平和ヲ破ルノ虞アル重大ナル紛爭ヲ生シタル場合ニ於テハ紛爭國ハ平和關係ノ斷絶ヲ豫防スル爲各一國ヲ選定シ他方ノ選定シタル國ト直接ノ交渉ヲ開クノ任務ヲ委託ス
右委任ノ期間ハ反對ノ規定アルニ非サレハ三十日ヲ超エサルモノトシ其ノ期間中紛爭國ハ紛爭事件ヲ居中調停國ニ一任シタルモノト看做シ之ニ關スル一切ノ直接交渉ヲ中止ス右居中調停國ハ紛爭ヲ處理スルニ全力ヲ竭スヘキモノトス
平和關係ノ現實ニ斷絶シタル場合ニ於テ右居中調停國ハ尙平和ヲ囘復スルノ機會アル毎ニ之ヲ利用スルノ共同任務ヲ負フモノトス

第三章　國際審査委員會

第九條　締約國ハ名譽又ハ重要ナル利益ニ關係セス單ニ事實上ノ見解ノ異ナルヨリ生シタル國際紛爭ニ關シ外交上ノ手段ニ依リ妥協ヲ遂クルコト能ハサリシ當事者カ事情ノ許ス限國際審査委員會ヲ設ケ之ヲシテ公平誠實ナル審理ニ依リテ事實問題ヲ明ニシ右紛爭ノ解決ヲ容易ニスルノ任ニ當ラシムルヲ以テ有益ニシテ且希望スヘキコトト認ム
第十條　國際審査委員會ハ紛爭當事者間ノ特別條約ヲ以テ之ヲ構成ス
審査條約ハ審理スヘキ事實ヲ明定シ委員會組織ノ方法及期限竝委員ノ權限ヲ定ム
審査條約ハ又場合ニ依リ委員會ノ開會地及之ヲ變更スルノ權能、委員會ノ使用スヘキ國語及委員會ニ於テ使用スルコトヲ許スヘキ國語、各當事者カ事實ノ說明書ヲ提出スヘキ期日其ノ他當事者間ニ約定セル一切ノ條件ヲ定ム

当事者カ補助委員ノ任命ヲ必要ト認ムルトキハ審査條約ヲ以テ其ノ任命方法及權限ヲ定ム
第十一條　審査條約ヲ以テ委員會ノ開會地ヲ指定セサリトキハ海牙ニ於テ開會スルモノトス
審査委員會ハ當事者ノ承諾ヲ得ルニ非サレハ一旦定メタル開會地ヲ變更スルコトヲ得ス
審査條約ヲ以テ使用スヘキ國語ヲ定メサリシトキハ委員會之ヲ定ム
第十二條　審査委員會ハ反對ノ規定アルニ非サレハ本條約第四十五條及第五十七條ニ定メタル方法ニ依リ之ヲ組織スルモノトス
第十三條　委員ノ一人又ハ補助委員アル場合ニ於テ其ノ一人死亡シ辭任シ又ハ原因ノ如何ニ拘ラス支障アルトキハ其ノ任命ノ爲ニ定メタル方法ニ依リ之ヲ補闕ス
第十四條　當事者ハ自己ヲ代表シ且自己ト審査委員會トノ間ノ媒介者タルヘキ特別代理人ヲ審査委員會ニ簡派スルコトヲ得
當事者ハ又顧問又ハ辯護人ヲ任命シテ委員會ニ於テ自己ノ利益ヲ開陳辯護セシムルコトヲ得
第十五條　常設仲裁裁判所國際事務局ハ之ヲ海牙ニ開會スル委員會ノ書記局ニ充テ且其ノ廳舍及施設ヲ審査委員會執務ノ爲締約國ノ用ニ供スヘシ
第十六條　委員會ハ海牙以外ノ地ニ開會スルトキハ書記官長一人ヲ任命シ其ノ事務所ヲ以テ委員會ノ書記局ニ充ツ
書記局ハ委員長ノ指揮ノ下ニ委員會會場ノ設備、調書ノ作成及審査繼續中記錄ノ保管ヲ掌リ記錄ハ後之ヲ海牙國際事務局ニ引渡スヘキモノトス
第十七條　締約國ハ審査委員會ノ設置及執務ヲ容易ナラシムル爲當事者ニ於テ別段ノ規則ヲ採用セサル限左ノ規定ヲ審査手續ニ適用スルコトヲ慫慂ス

第十八條　委員會ハ特別審査條約又ハ本條約中ニ規定セサル手續ノ細目ヲ定メ且證據調ニ關スル一切ノ手續ヲ行フ

第十九條　審査ハ對審ノ上之ヲ行フ

各當事者ハ豫定ノ期日ニ於テ場合ニ依リ事實ノ説明書及如何ナル場合ニ於テモ事實ノ眞相ヲ示スニ有益ナリト認メタル證書、文書其ノ他書類竝陳述ヲ爲サシメムト欲スル證人及鑑定人ノ名簿ヲ委員會及他ノ當事者ニ送付スヘシ

第二十條　委員會ハ當事者ノ承諾ヲ得タル上取調ノ爲有益ナリト認メタル地ニ一時移轉シ又ハ一人若ハ數人ノ委員ヲ同地に派遣スルコトヲ得但シ右取調ヲ爲スヘキ地ノ所屬國ノ許可ヲ得ルコトヲ要ス

第二十一條　一切ノ事實上ノ檢證及實地ノ臨検ハ當事者ノ代理人及顧問出席ノ上又ハ之ニ對シ正式ニ呼出ヲ爲シタル後之ヲ行フコトヲ要ス

第二十二條　委員會ハ有益ナリト認ムル説明又ハ報告ヲ一方又ハ他方ノ當事者ニ請求スルコトヲ得

第二十三條　當事者ハ係爭事實ヲ完全ニ知悉シ且精確ニ會得スルニ必要ナル一切ノ方法及便宜ヲ其ノ爲シ得ヘシト認ムル限充分ニ審査委員會ニ提供スヘキモノトス

當事者ハ委員會ノ呼出ヲ受ケタル自國領土ニ在ル證人又ハ鑑定人ノ出頭ヲ保障スル爲國内法規ニ依リ爲シ得ル手段ヲ盡スヘキモノトス

證人又ハ鑑定人ニシテ委員會ニ出頭スルコト能ハサルトキハ當事者ハ其ノ當該官憲ヲシテ之カ訊問ヲ爲サシムヘシ

第二十四條　委員會カ締約國タル第三國ノ領土ニ於テ爲スコトアルヘキ一切ノ通告ハ委員會ヨリ直接ニ當該國政府ニ宛テ之ヲ爲スヘシ實地ニ就キ一切ノ證據蒐集手續ヲ行フトキ亦同シ

右請求ヲ受ケタル國ハ其ノ國内法規ニ遵ヒ爲シ得ヘキ方法ニ依リ其ノ請求ヲ履行スヘク且其ノ主權又ハ安寧ニ害アリト認ムル場合ヲ除クノ外之ヲ拒ムコトヲ得ス

委員會ハ又常ニ其ノ開會地ノ所屬國ノ媒介ヲ依賴スルコトヲ得

第二十五條　證人及鑑定人ノ呼出ハ當事者ノ請求ニ依リ又ハ職權ヲ以テ委員會之ヲ爲シ且如何ナル場合ニ於テモ證人及鑑定人所在地ノ所屬國政府ノ媒介ニ依ルモノトス

證人ノ訊問ハ委員會ノ定ムル順序ニ從ヒ代理人及顧問出席ノ上順次各別ニ之ヲ行フ

第二十六條　證人ノ訊問ハ委員長之ヲ行フ

委員會ノ委員ハ各證人ニ對シ其ノ供述ヲ明瞭ナラシメ若ハ之ヲ補充スル爲又ハ事實ノ眞相ヲ明ニスルニ必要ナル程度ニ於テ證人ニ關係アル一切ノ事項ヲ取調フル爲適當ナリト認ムル質問ヲ爲スコトヲ得

當事者ノ代理人及顧問ハ證人ノ供述ヲ中斷シ又ハ證人ニ直接ノ質問ヲ爲スコトヲ得ス但シ其ノ有益ナリト認ムル補足的質問ヲ證人ニ對シテ爲サムコトヲ委員長ニ請求スルコトヲ得

第二十七條　證人ハ供述ヲ爲スニ當リ何等ノ文案ヲモ朗讀スルコトヲ得ス但シ報告スヘキ事實ノ性質上覺書又ハ文書ヲ用井ルコトヲ必要トスルトキハ委員長ノ許可ヲ得テ之ヲ使用スルコトヲ得

第二十八條　證人供述ノ調書ハ卽時ニ之ヲ作成シ證人ニ讀聞カスヘシ證人ハ之ニ對シ所要ノ變更又ハ追加ヲ爲スコトヲ得右變更及追加ハ之ヲ供述ノ次ニ記載ス

供述ノ全部ヲ讀聞カセタル後ハ證人ヲシテ署名ヲ爲サシムヘシ

第二十九條　代理人ハ審査ノ進行中又ハ其ノ終ニ於テ事實ノ眞相ヲ知ル爲有益ナリト認ムル言明、請求又ハ事實ノ要領ヲ書面ヲ以テ委員會及相手方ニ提出スルコトヲ得

第三十條　委員會ノ評議ハ祕密會ニ於テ之ヲ行ヒ且之ヲ祕密ニ付ス

一切ノ決定ハ委員ノ多數決ニ依ル

委員中投票ニ加ルコトヲ拒ム者アルトキハ其ノ旨調書ニ記載スヘシ

第三十一條　委員會ハ公開セス且審査ニ關スル調書其ノ他ノ文書ハ當事者ノ同意ヲ得テ爲シタル委員會ノ決定ニ依ルニ非サレハ之ヲ公表セス

第三十二條　當事者ヨリ一切ノ説明及證據ヲ提出シ各證人ノ訊問終了シタルトキハ委員長ハ審査ノ終結ヲ宣告シ委員會ハ評議及報告書調製ノ爲停會ス

第三十三條　委員會ノ各委員ハ報告書ニ署名ス

委員中署名ヲ拒ム者アルトキハ其ノ旨ヲ記載ス但シ報告書ハ之ニ拘ラス有效トス

第三十四條　委員會ノ報告書ハ當事者ノ代理人及顧問出席ノ上又ハ之ニ對シ正式ニ呼出ヲ爲シタル後公開廷ニ於テ之ヲ朗讀ス

各當事者ニ報告書ノ謄本ヲ交付ス

第三十五條　委員會ノ報告書ハ單ニ事實ノ認定ニ止リ仲裁判決ノ性質ヲ有スルコトナシ右認定ニ對シ如何ナル結果ヲ付スヘキヤハ全ク當事者ノ自由タルヘシ

第三十六條　當事者ハ各自ノ費用ヲ負擔シ且委員會ノ費用ヲ均等ニ分擔ス

第四章　國際仲裁裁判

第一節　仲裁裁判

第三十七條　國際仲裁裁判ハ國家間ノ紛爭ヲ其ノ選定シタル裁判官ヲシテ法ノ尊重ヲ基礎トシ處理セシムルコトヲ目的トス

仲裁裁判ニ依頼スルコトハ誠實ニ其ノ判決ニ服從スルノ約定ヲ包含ス

第三十八條　締約國ハ法律問題就中國際條約ノ解釋又ハ適用ノ問題ニ關シ外交上ノ手段ニ依リ解決スルコト能ハサリシ紛爭ヲ處理スルニハ仲裁裁判ヲ以テ最有效ニシテ且最公平ナル方法ナリト認ム
故ニ前記問題ニ關スル紛爭ヲ生シタルトキハ締約國ニ於テ事情ノ許ス限仲裁裁判ニ依賴セムコトヲ希望ス
第三十九條　仲裁裁判條約ハ既ニ生シタル又ハ將來生スルコトアルヘキ紛爭ノ爲ニ之ヲ締結ス
仲裁裁判條約ハ總テノ紛爭又ハ特種ノ紛爭ノミニ關スルコトヲ得
第四十條　締約國間ニ仲裁裁判ニ依賴スヘキ義務ヲ現ニ規定シタル總括的又ハ特別的條約ノ有無ニ拘ラス締約國ハ仲裁裁判ニ付スルコトヲ得ヘシト認ムル一切ノ場合ニ義務的仲裁裁判ヲ普及セシメムカ爲總括的又ハ特別的新協定ヲ締結スヘキコトヲ留保ス

第二節　常設仲裁裁判所

第四十一條　締約國ハ外交上ノ手段ニ依リテ處理スルコト能ハサリシ國際紛爭ヲ直ニ仲裁裁判ニ付スルコトヲ容易ナラシムルノ目的ヲ以テ何時タリトモ依賴スルコトヲ得ヘク且當事者間ニ反對ノ規約ナキ限本條約ニ掲ケタル手續ニ依リテ其ノ職務ヲ行フヘキ常設仲裁裁判所ヲ第一回平和會議ニ依リ設置セラレタル儘維持スルコトヲ約定ス
第四十二條　常設裁判所ハ特別裁判ヲ開クコトニ付當事者間ニ協定アル場合ヲ除クノ外一切ノ仲裁事件ヲ管轄スルモノトス
第四十三條　常設裁判所ハ之ヲ海牙ニ置ク
國際事務局ハ之ヲ裁判所書記局ニ充テ裁判開廷ニ關スル通信ヲ媒介シ記錄ヲ保管シ及一切ノ事務ヲ處理ス
締約國ハ其ノ相互間ニ定メタル仲裁裁判所ニ關スル一切ノ約款及自國ニ關シ特別裁判ニ於テ爲シタル一切ノ仲裁判決ノ認證謄本ヲ成ルヘク速ニ事務局ヘ送付スルコトヲ約定ス

締約國ハ又裁判所ノ下シタル判決ノ執行ヲ證スルニ足ルヘキ法律、規則及文書ヲ事務局ニ送付スルコトヲ約定ス

第四十四條　各締約國ハ國際法上ノ問題ニ堪能ノ名アリテ德望高ク且仲裁裁判官ノ任務ヲ受諾スルノ意アル者四人以下ヲ任命ス

前項ニ依リ任命セラレタル者ハ裁判所裁判官トシテ名簿ニ記入シ右名簿ハ事務局ヨリ之ヲ各締約國ヘ通告スヘシ

事務局ハ仲裁裁判官ノ名簿ニ變更アル毎ニ之ヲ締約國ニ通告ス

二國又ハ數國ハ協議ノ上一人又ハ數人ノ裁判官ヲ共同ニ任命スルコトヲ得

同一人ハ數國ヨリ任命セラルルコトヲ得

裁判所裁判官ノ任期ハ六年トス但シ再任セラルルコトヲ得

裁判所裁判官中死亡又ハ退職シタル者アルトキハ其ノ任命ノ爲ニ定メタル方法ニ依リ更ニ六年ヲ任期トシテ之カ補闕ヲ行フ

第四十五條　締約國カ其ノ相互間ニ生シタル紛爭ヲ處理セムカ爲常設裁判所ニ訴ヘムト欲スル場合ニ於テ其ノ紛爭ヲ判定スルニ付當該裁判部ヲ組織スヘキ仲裁裁判官ノ選定ハ裁判所裁判官ノ總名簿ニ就キテ之ヲ爲スコトヲ要ス

仲裁裁判部ノ構成ニ付當事者ノ合意ナキ場合ニ於テハ左ノ方法ニ依ル

當事者ハ各自二人ノ仲裁裁判官ヲ指定スヘシ其ノ内一人ニ限リ自國民又ハ自國カ常設裁判所裁判官トシテ任命シタル者ノ中ヨリ之ヲ選定スルコトヲ得右仲裁裁判官ハ合同シテ一人ノ上級仲裁裁判官ヲ選定ス

投票相半シタル場合ニ於テハ當事者ノ協議ヲ以テ指定シタル第三國ニ上級仲裁裁判官ノ選定ヲ委託ス

右指定ニ關スル合意成立セサルトキハ當事者ハ各自異ナル一國ヲ指定シ其ノ指定セラルタル國ハ協議ヲ以テ上級仲裁裁判官ヲ選定ス

二月ノ期間内ニ右兩國間ニ合意成立シ能ハサルトキハ兩國ハ常設裁判所裁判官名簿ニ就キ當事者ノ指定シタル裁判官ニ非ス且當事者ノ孰レノ國民ニモ非サル者ノ中ヨリ各二人ノ候補者ヲ出シ抽籤ヲ以テ該候補者中上級仲裁裁判官タルヘキ者ヲ定ム

第四十六條　裁判部構成セラルタルトキハ當事者ハ直ニ裁判所ニ訴フルノ決意、仲裁契約ノ正文及仲裁裁判官ノ氏名ヲ事務局ニ通告スヘシ

事務局ハ遲滯ナク各仲裁裁判官ニ對シ仲裁契約及其ノ裁判部ノ他ノ裁判官ノ氏名ヲ通知スヘシ

裁判部ハ當事者ノ定メタル期日ヲ以テ開廷シ事務局ハ其ノ準備ヲ爲スヘシ

裁判部裁判官ハ其ノ職務ノ執行ニ關シ自國以外ニ於テ外交官ノ特權及免除ヲ享有ス

第四十七條　事務局ハ仲裁裁判ニ關スル一切ノ特別裁判ノ執務ノ爲其ノ廳舍及施設ヲ締約國ノ用ニ供スルコトヲ得

常設裁判所ノ裁判權ハ當事者カ其ノ裁判ニ訴フルコトヲ約定シタルトキハ規則ニ定メタル條件ニ從ヒ之ヲ非締約國間又ハ締約國ト非締約國トノ間ニ存スル紛爭ニ及ホスコトヲ得

第四十八條　締約國ハ其ノ二國又ハ數國ノ間ニ激烈ナル紛爭ノ起ラムトスル場合ニ於テハ常設仲裁裁判所ニ訴フルノ途アルコトヲ之ニ注意スルヲ以テ其ノ義務ナリト認ム

故ニ締約國ハ紛爭當事者ニ對シ本條約ノ規定アルコトヲ注意シ且平和ノ重要ナル利益ノ爲常設裁判所ニ訴フルヘキコトヲ勸告スルハ全ク周旋ノ行爲ニ外ナラサルモノト認ムヘキコトヲ宣言ス

兩國間ニ紛爭ヲ生シタル場合ニ於テハ其ノ一方ハ何時ニテモ國際事務局ニ宛テ該紛爭ヲ仲裁裁判ニ付スルノ意向アル旨ノ宣言ヲ含ム文書ヲ送ルコトヲ得

事務局ハ直ニ右宣言ヲ他ノ一方ニ通知スルコトヲ要ス

第四十九條　常設評議會ハ和蘭國ニ駐箚スル締約國ノ外交代表者及和蘭國外務大臣ヲ以テ組織シ國際事務局ヲ指揮監督ス和蘭國外務大臣ハ議長ノ職務ヲ行フ

評議會ハ庶務規程其ノ他必要ナル諸規則ヲ定ム

評議會ハ裁判所ノ職務執行ニ關シテ生スルコトアルヘキ事務上ノ一切ノ問題ヲ決定ス

評議會ハ事務局ノ役員及雇員ノ任命、停職及罷免ニ關スル全權ヲ有ス

評議會ハ俸給及手當ヲ定メ且全般ノ支出ヲ監督ス

評議會ハ正式ニ召集セラレタル會合ニ於テ九人以上ノ出席者アルトキハ有效ノ評議會ヲ爲スコト得決議ハ多數決ニ依ル

評議會ハ其ノ採用シタル諸規則ヲ遲滯ナク締約國ニ通知シ毎年裁判所ノ事業、事務ノ執行及支出ニ關スル報告書ヲ締約國ニ提出ス報告書中ニハ又本條約第四十三條第三項及第四項ニ基キ各國ヨリ事務局ニ送付スル書類中重要事項ノ要領ヲ掲クヘシ

第五十條　事務局ノ費用ハ萬國郵便聯合總理局ノ爲ニ定メタル比例ニ依リ締約國之ヲ負擔ス

加盟國ノ負擔スヘキ費用ハ其ノ加盟カ效力ヲ生スル日ヨリ之ヲ計算ス

第三節　仲裁裁判手續

第五十一條　仲裁裁判ノ發達ヲ助クルノ目的ヲ以テ締約國ハ當事者カ別段ノ規則ヲ協定セサリシ場合ニ於テ仲裁裁判手續ニ適用スヘキ左ノ規則ヲ定ム

第五十二條　仲裁裁判ニ依頼スル諸國ハ其ノ紛爭ノ目的、仲裁裁判官ヲ指定スヘキ期間、第六十三條ノ送達ヲ爲スヘキ方式、順序及期間竝各當事者カ費用ノ豫納金トシテ寄託スヘキ金額ヲ定メタル仲裁契約ニ記名ス

仲裁契約ハ又必要ニ應シ仲裁裁判官指定ノ方法、裁判部ノ有スルコトアルヘキ一切ノ特別權能、其ノ開廷地、其ノ使用スヘキ國語及裁判部ニ於テ使用スルコトヲ許スヘキ國語其ノ他當事者間ニ約定セル一切ノ條件ヲ定ム

第五十三條　常設裁判所ハ當事者カ仲裁契約ノ作成ヲ該裁判所ニ委託スルコトニ一致シタルトキハ之ヲ作成スルノ權限ヲ有ス

裁判所ハ左ノ場合ニ於テハ外交上ノ手段ニ依リ合意ノ成立セサリシ後ハ單ニ當事者ノ一方ヨリ請求アルトキニ於テモ亦前項ノ權限ヲ有ス

一　本條約實施後締結セラレ又ハ更新セラレタル總括的仲裁裁判條約ニシテ各紛爭ニ付仲裁契約ノ作成ヲ豫見シ且明白ニモ又暗默ニモ其ノ作成ニ關スル裁判所ノ權限ヲ否認セサルモノノ中ニ規定スル紛爭ニ關スルトキ但シ他ノ當事者ニ於テ該紛爭カ義務的仲裁裁判ニ付スヘキ紛爭ノ種類ニ屬セスト認ムルコトヲ宣言シタルトキハ仲裁裁判條約カ此ノ先決問題ヲ決定スルノ權能ヲ仲裁裁判部ニ付與シタル場合ヲ除クノ外裁判所ノ干與スル限ニ在ラス

二　一國ニ對シ他ノ一國カ其ノ國民ニ支拂ハルヘキモノトシテ請求スル契約上ノ債務ヨリ生シタル紛爭ニシテ其ノ解決ニ付仲裁裁判ノ提議カ受諾セラレタルモノニ關スルトキ但シ他ノ方法ニ依リ仲裁契約ヲ定ムルコトヲ受諾ノ條件トシタルトキハ右規定ヲ適用セス

第五十四條　前條ノ場合ニ於テハ第四十五條第三項乃至第六項ニ定メタル方法ニ依リテ指定セラルル五人ノ委員ヲ以テ組織スヘキ委員會ニ於テ仲裁契約ヲ作成ス

第五ノ委員ハ當然委員長タルモノトス

第五十五條　仲裁裁判ノ職務ハ之ヲ當事者カ隨意ニ指定シ又ハ本條約ニ依リテ設置シタル常設仲裁裁判所ノ裁判官中

ヨリ選定シタル一人又ハ數人ノ仲裁裁判官ニ委託スルコトヲ得
裁判部ノ構成ニ付當事者ノ合意ナキトキハ第四十五條第三項乃至第六項ニ規定スル方法ニ從フモノトス
第五十六條　君主其ノ他國ノ元首ニシテ仲裁者ニ選定セラレタルトキハ仲裁裁判手續ハ仲裁者之ヲ定ム
第五十七條　上級仲裁裁判官ハ當然裁判長タルモノトス
裁判部ニ上級裁判官ナキトキハ裁判部自ラ其ノ裁判長ヲ指定ス
第五十八條　第五十四條ニ規定スル委員會ニ於テ仲裁契約ヲ作成シタル場合ニハ反對ノ規約アルニ非サレハ該委員會自ラ仲裁裁判部ヲ組織ス
第五十九條　仲裁裁判官中死亡シ辭職シ又ハ原因ノ如何ニ拘ラス支障ヲ生シタル者アルトキハ其ノ指定ノ爲ニ定メタル方法ニ依リ之カ補闕ヲ行フ
第六十條　裁判部ハ當事者ニ於テ指定ヲ爲ササルトキハ之ヲ海牙ニ開ク
裁判部ハ第三國ノ領土ニ於テハ其ノ同意ヲ得ルニ非サレハ開廷スルコトヲ得ス
裁判部ハ當事者ノ承諾ヲ得ルニ非サレハ一旦定メタル開廷地ヲ變更スルコトヲ得ス
第六十一條　仲裁契約ヲ以テ使用スヘキ國語ヲ定メサリシトキハ裁判部之ヲ定ム
第六十二條　當事者ハ自己ト裁判部トノ間ノ媒介者タルヘキ特別代理人ヲ裁判部ニ箇派スルコトヲ得
當事者ハ又顧問又ハ辯護人ヲ任命シ裁判部ニ於テ其ノ權利及利益ヲ辯護セシムルコトヲ得
常設裁判所裁判官ハ之ヲ裁判所裁判官ニ任命シタル國ノ爲ニスルノ外代理人、顧問又ハ辯護人ノ職務ヲ行フコトヲ得ス
第六十三條　仲裁裁判手續ハ原則トシテ準備書面提出及辯論ノ二段ニ分ツ

準備書面提出トハ各代理人ヨリ陳述書、答辯書及必要アルトキハ辯駁書ヲ裁判部裁判官及相手方ニ送達スルヲ謂フ当事者ハ右書面ニ其ノ申立中ニ援用シタル一切ノ文書其ノ他ノ書類ヲ添附ス送達ハ仲裁契約ヲ以テ定メタル順序及期間ニ於テ直接ニ又ハ國際事務局ヲ經テ之ヲ行フモノトス

仲裁契約ヲ以テ定メタル期間ハ合意アルトキハ當事者ニ於テ又裁判部カ正當ナル決定ヲ與フル爲必要アリト認ムルトキハ裁判部ニ於テ之ヲ伸長スルコトヲ得

辯論トハ裁判部ニ於ケル當事者ノ事由ノ口頭演述ヲ謂フ

第六十四條　當事者ノ一方ヨリ提出シタル一切ノ文書ハ其ノ認證謄本ヲ他ノ一方ニ送達スヘキモノトス

第六十五條　特別ナル事情アル場合ヲ除クノ外裁判部ハ準備書面提出終結ノ後ニ非サレハ開廷セス

第六十六條　辯論ハ裁判長之ヲ指揮ス

辯論ハ當事者ノ承諾ヲ經テ爲シタル裁判部ノ決定ニ依ルノ外之ヲ公開セス

辯論ハ之ヲ裁判長ノ任命スル書記官ノ作成スル調書ニ記載シ裁判長及書記官ノ一名之ニ署名ス此ノ調書ニ限公正ナル性質ヲ有ス

第六十七條　裁判部ハ準備書面提出終結ノ後ハ當事者ノ一方ヨリ相手方ノ承諾ヲ得スシテ提出セムト欲スル新ナル一切ノ證書其ノ他ノ書類ニ付辯論ヲ拒絶スルコトヲ得

第六十八條　裁判部ハ當事者ノ代理人又ハ顧問カ其ノ注意ヲ求ムルコトアルヘキ新ナル證書其ノ他ノ書類ヲ參酌スルノ自由ヲ有ス

右ノ場合ニ於テ裁判部ハ右證書其ノ他ノ書類ノ提出ヲ請求スルコトヲ得但シ其ノ旨相手方ニ通知スルコトヲ要ス

第六十九條　裁判部ハ又當事者ノ代理人ニ一切ノ證書ノ提出ヲ請求シ且必要ナル一切ノ説明ヲ求ムルコトヲ得其ノ拒

絶アリタル場合ニハ其ノ旨ヲ記錄ス
第七十條　當事者ノ代理人及顧問ハ其ノ申立ヲ辯護スル爲有益ナリト認ムル一切ノ事由ヲ口頭ニテ仲裁裁判部ニ陳述スルコトヲ得
第七十一條　當事者ノ代理人及顧問ハ抗辯ヲ爲シ又ハ中間爭議ヲ起スコトヲ得之ニ關スル裁判部ノ決定ハ確定的ニシテ更ニ之ヲ論議スルコトヲ得サルモノトス
第七十二條　裁判部裁判官ハ當事者ノ代理人及顧問ニ質問ヲ爲シ且疑ハシキ事項ニ關シテ說明ヲ求ムルコトヲ得辯論ノ進行中裁判部裁判官カ爲シタル質問又ハ發言ハ裁判部全體又ハ裁判官各員ノ意見ヲ表明シタルモノト認ムルコトヲ得ス
第七十三條　裁判部ハ仲裁契約事件ニ關シテ援用シ得ヘキ其ノ他ノ證書及書類ヲ解釋シ且法律上ノ原則ヲ適用シテ自己ノ權限ヲ定ムルコトヲ得
第七十四條　裁判部ハ裁判指揮ノ爲手續上ノ命令ヲ發シ各當事者カ辯論ヲ終結スヘキ方式、順序及期間ヲ定メ且證據調ニ關スル一切ノ手續ヲ行フコトヲ得
第七十五條　當事者ハ紛爭決定ノ爲必要ナル一切ノ方法ヲ其ノ爲シ得ヘシト認ムル限充分ニ裁判部ニ提出スヘシ
第七十六條　裁判部カ締約國タル第三國ノ領土ニ於テ爲スヘキ一切ノ通告ハ裁判部ヨリ直接ニ當該國政府ニ宛テ之ヲ爲スヘシ實地ニ就キ一切ノ證據蒐集手續ヲ行フトキ亦同シ
右ニ關スル請求ヲ受ケタル國ハ其ノ國內法規ニ遵ヒ爲シ得ヘキ方法ニ依リ其ノ請求ヲ履行スヘク且其ノ主權又ハ安寧ニ害アリト認ムル場合ヲ除クノ外之ヲ拒ムコトヲ得ス
裁判部ハ又常ニ其ノ開廷地ノ所屬國ノ媒介ニ依賴スルコトヲ得

第七十七條　當事者ノ代理人及顧問カ各其ノ申立ヲ支持スル一切ノ説明及證據提出ヲ終リタルトキハ裁判長ハ辯論ノ終結ヲ宣告ス
第七十八條　裁判部ノ評議ハ祕密會ニ於テ行ヒ且之ヲ祕密ニ付ス
一切ノ決定ハ裁判官ノ多數決ニ依ル
第七十九條　仲裁判決ニハ理由ヲ附シ裁判官ノ氏名ヲ掲ケ裁判長及裁判部書記局員又ハ其ノ職務ヲ行フ書記官之ニ署名ス
第八十條　判決ハ當事者ノ代理人及顧問出席ノ上又ハ之ニ對シ正式ノ呼出ヲ爲シタル後公開廷ニ於テ之ヲ朗讀ス
第八十一條　正式ニ言渡ヲ爲シ當事者ノ代理人ニ通告シタル判決ハ確定的ニ終審トシテ紛爭ヲ決定ス
第八十二條　判決ノ解釋及執行ニ關シ當事者間ニ起ルコトアルヘキ一切ノ紛爭ハ反對ノ規約アルニ非サレハ該判決ヲ言渡シタル裁判部ノ裁判ニ付スヘシ
第八十三條　當事者ハ仲裁契約ニ於テ仲裁判決ニ對スル再審ノ請求ヲ留保スルコトヲ得
右ノ場合ニ於テハ反對ノ規約アルニ非サレハ判決ヲ爲シタル裁判部ニ請求ヲ爲スコトヲ要ス右請求ハ判決ニ對シ決定的影響ヲ與フヘキ性質ヲ有スル新事實ニシテ辯論終結ノトキ裁判部及再審ヲ請求スル當事者カ知ラサリシモノヲ發見シタル場合ニ限之ヲ爲スコトヲ得
再審ノ手續ハ裁判ニ於テ特ニ新事實ノ存在ヲ確認シ其ノ事實カ前項ニ掲クル特質ヲ有スルコトヲ認識シ且之ニ因リ請求カ受理スヘキモノナルコトヲ宣言スル決定ヲ爲スニ非サレハ之ヲ開始スルコトヲ得ス
再審ノ請求ヲ爲スヘキ期間ハ仲裁契約ニ於テ之ヲ定ム
第八十四條　仲裁判決ハ紛爭當事者ニ對シテノミ效力ヲ有ス

若紛爭當事者以外ノ諸國カ加ハリタル條約ノ解釋ニ關スルモノナルトキハ紛爭當事者ハ適當ノ時期ニ之ヲ各記名國ニ通知スヘシ右諸國ハ各訴訟ニ參加スルノ權利ヲ有ス一國又ハ數國カ此ノ權能ヲ利用シタルトキハ判決中ニ包含スル解釋ハ其ノ國ニ對シテモ亦等シク效力ヲ有スルモノトス

第八十五條　當事者ハ各自ノ費用ヲ負擔シ且裁判部ノ費用ヲ均等ニ負擔ス

第四節　仲裁裁判簡易手續

第八十六條　締約國ハ簡易ナル手續ニ依リ得ヘキ性質ノ紛爭ニ關シ仲裁裁判ノ運用ヲ容易ナラシムル爲別段ナル規約ナキ場合ニ適用スヘキ次ノ規定ヲ設ク但シ第三節ノ條項ニシテ右規定ニ牴觸セサルモノハ之ヲ適用ス

第八十七條　紛爭當事者ハ各一人ノ仲裁裁判官ヲ指定ス右兩人ノ仲裁裁判官ハ一人ノ上級仲裁裁判官ヲ選定ス若其選定ニ關シ合意成立セサルトキハ仲裁裁判官ハ常設裁判所裁判官ノ總名簿ニ就キ各當事者ノ指定シタル裁判官ニ非ス且其ノ孰レノ國民ニモ非サル者ノ中ヨリ各二人ノ候補者ヲ出シ抽籤ヲ以テ該候補者中上級裁判官タルヘキ者ヲ定ム上級仲裁裁判官ハ裁判長ト爲ル裁判部ノ決定ハ多數決ニ依ル

第八十八條　裁判部ハ豫メ何等ノ合意ナキトキハ其ノ構成後直ニ當事者雙方ヨリ陳述書ヲ提出スヘキ期間ヲ定ム

第八十九條　各當事者ハ一人ノ代理人ヲシテ裁判部ニ於テ自己ヲ代表セシム右代理人ハ裁判部ト之ヲ任命シタル政府トノ間ノ媒介者タルヘキモノトス

第九十條　裁判手續ハ悉ク書面ニ依ルモノトス但シ各當事者ハ證人及鑑定人ノ出頭ヲ請求スルコトヲ得裁判部ハ當事者雙方ノ代理人竝出頭セシムルヲ有益ナリト認メタル鑑定人及證人ニ對シ口頭ノ説明ヲ求ムルコトヲ得

第五章　附則

第九十一條　本條約ハ正式ニ批准セラレタル上締約國間ノ關係ニ於テ千八百九十九年七月二十九日ノ國際紛爭平和的

處理條約ニ代ルヘキモノトス
第九十二條　本條約ハ成ルヘク速ニ批准スヘシ
批准書ハ海牙ニ寄託ス
第一回ノ批准書寄託ハ之ニ加リタル諸國の代表者及和蘭國外務大臣ノ署名シタル調書ヲ以テ之ヲ證ス
爾後ノ批准書寄託ハ和蘭國政府ニ宛テ且批准書ヲ添附シタル通告書ヲ以テ之ヲ爲ス
第一回ノ批准書寄託ニ關スル調書、前項ニ掲ケタル通告書及批准書ノ認證謄本ハ和蘭國政府ヨリ外交上ノ手續ヲ以テ直ニ之ヲ第二回平和會議ニ招請セラレタル諸國及本條約ニ加盟スル他ノ諸國ニ交付スヘシ前項ニ掲ケタル場合ニ於テハ和蘭國政府ハ同時ニ通告ヲ接受シタル日ヲ通知スルモノトス
第九十三條　第二回平和會議ニ招請セラレタル諸國ニシテ記名國ニ非サルモノハ本條約ニ加盟スルコトヲ得
加盟セムト欲スル國ハ書面ヲ以テ其ノ意思ヲ和蘭國政府ニ通告シ且加盟書ヲ送付シ之ヲ和蘭國政府ノ文庫ニ寄託スヘシ
和蘭國政府ハ直ニ通告書及加盟書ノ認證謄本ヲ第二回平和會議ニ招請セラレタル爾餘ノ諸國ニ送付シ且通告書ヲ接受シタル日ヲ通知スヘシ
第九十四條　第二回平和會議ニ招請セラレサリシ諸國カ本條約ニ加盟シ得ヘキ條件ハ後日締約國間ノ協商ニ依リテ之ヲ定ム
第九十五條　本條約ハ第一回ノ批准書寄託ニ加リタル諸國ニ對シテハ其ノ寄託ノ調書ノ日附ヨリ六十日ノ後ニ批准シ又ハ加盟スル諸國ニ對シテハ和蘭國政府カ右批准又ハ加盟ノ通告ヲ接受シタルトキヨリ六十日ノ後ニ其ノ效力ヲ生スルモノトス

第九十六條　締約國中本條約ヲ廢棄セムト欲スルモノアルトキハ書面ヲ以テ其ノ旨和蘭國政府ニ通告スヘシ和蘭國政府ハ直ニ通告書ノ認證謄本ヲ爾餘ノ諸國ニ送付シ且通告書ヲ接受シタル日ヲ通知スヘシ

廢棄ハ其ノ通告カ和蘭國政府ニ到達シタルトキヨリ一年ノ後右通告ヲ爲シタル國ニ對シテノミ其ノ效力ヲ生スルモノトス

第九十七條　和蘭國外務省ハ帳簿ヲ備ヘ置キ第九十二條第三項及第四項ニ依リ爲シタル批准書寄託ノ日竝加盟（第九十三條第二項）又ハ廢棄（第九十六條第一項）ノ通告ヲ接受シタル日ヲ記入スルモノトス

各締約國ハ右帳簿ヲ閲覽シ且其ノ認證抄本ヲ請求スルコトヲ得

右證據トシテ各全權委員本條約ニ署名ス

千九百七年十月十八日海牙ニ於テ本書一通ヲ作リ之ヲ和蘭國政府ノ文庫ニ寄託シ其ノ認證謄本ヲ外交上ノ手續ニ依リ締約國ニ交付スヘキモノトス

第　一　獨　逸　國　マルシャル

クリーゲ

第　二　亞米利加合衆國　ジョセフ、エッチ、チョート
ホレェス、ポーター
ユー、エム、ローズ
デヴィッド、ジェーン、ヒル
シー、エス、スペリー
ウイリアム、アイ、ブカナン
千九百七年十月十六日ノ總會議ニ於テ爲シタル宣言ヲ留保ス

第　三　亞爾然丁國　ロケ、サエンツ、ペニヤ
ルイス、エム、ドラゴ
セー、ロドリゲス、ラレタ

第　四　墺地利洪牙利國　メレー
男爵マッキオ

第　五　白耳義國　ア、ベルナール
ジー、ヴァン、デン、ヒューベル
ギーヨーム

第　六　『ボリヴィア』國　クラウヂオ、ピニラ

第　七　伯剌西爾國　ルイ、バルボサ〔第五十三條第二項、第三項及第四項ヲ留保ス

第　八　勃爾牙利國　陸軍少將ヴィナロフ

イヴァン、カラン、ジューロフ

第九　智利國　ドミンゴ、ガナ
アウグスト、マッテ
カルロス、コンチャ

（アウグスト、マッテ及カルロス、コンチャ）十月七日ノ第一委員會第七回會議ニ於テ第三十九條ニ關シテ爲シタル宣言ヲ留保ス

第十　清國　陸徴祥
錢恂

第十一　格倫比亞國　ホルヘ、ホルグィン
エス、ペレス、トリアナ
エム、ヴァルガス

第十二　玖馬共和國　アントニオ、エス、デ、ブスタマンテ
ゴンザロ、デ、クェサダ
マヌエル、サングィリー

第十三　丁抹國　セー、ブロン

第十四　『ドミニカ』共和國　ドクトル、ヘンリケス、イ、カルヴァハル
アポリナル、テヘラ

第十五　『エクァドル』共和國　ヴィクトル、エム、レンドン
エ、ドルン、イ、デ、アルスア

第十六　西班牙國
ドブルヴェ、エル、デ、ヴィーリヤウルーチヤ
ホセ、デ、ラ、リカ、イ、カルヴォ
ガブリエル、マウラ

第十七　佛蘭西國
レオン、ブールジョア
デスツールネル、ド、コンスタン
エル、ルノー
マルスラン、ペレ

第十八　大不列顛國
エドワード、フライ
アーネスト、サトウ
レー
ヘンリー、ハワード

第十九　希臘國
クレオン、リツォ、ランガベ
ジョールジュ、ストレイト
（以上二名）第五十三條第二項ヲ留保ス

第二十　『グヮテマラ』國
ホセ、チブレ、マチャド

第二十四　『ハイチ』國
ダルベマル、ジャン、ジョセフ
ジー、エヌ、レジェー
ピエール、ユヂクール

第二十二　伊太利國

ポンピリ
ジェー、フジナト

第二十三　日本國

佐藤愛麿（第四十八條第三項、第四項、第五十三條第二項及第五十四條ヲ留保ス

第二十四　盧森堡國

アイシェン

第二十五　墨西哥國

伯爵ド、ヴィレー
ジェー、ア、エステヴァ
エス、ベー、ド、ミエー
エフ、エル、デ、ラ、バラ

第二十六　『モンテネグロ』國

ネリドフ
マルテンス
エヌ、チャリコフ

第二十七　『ニカラグヮ』國

第二十八　諾威國

エフ、ハーゲルプ

第二十九　巴奈馬國

ベー、ポラス

第三十　『パラグェー』國

ジェー、ヂュ、モンソー

第三十一　和蘭國

ドブルヴェ、アッシュ、ド、ポーフォール
テー、エム、セー、アッセル
デン、ベール、ポールチュゲール

ジー、アー、ローエル
ジー、アー、ロエフ

第三十二　祕露國
セー、ジェー、カンダモ

第三十三　波斯國
モムタゾスサルタネー、エム、サマド、カンサヂグ、ウル、ムルク、エム、アーメッド、カン

第三十四　葡萄牙國
侯爵デ、ソヴェラル
伯爵デ、セリール
アルベルト、ドリヴィエラ

第三十五　羅馬尼亞國
エドガトル、マヴロコルダト（千八百九十九年七月二十九日ノ國際紛争平和的處理條約ニ署名ノ際羅馬尼亞國全權委員ノ爲シタルト同一ノ留保ヲ爲ス）

第三十六　露西亞國
ネリドフ
マルテンス
エヌ、チャリコフ

第二十七　『サルヴァドル』國
ペー、ジー、マテウ
エス、ペレス、トリアナ

第三十八　塞爾比亞國
エス、グルーイッチ
エム、ジェー、ミロヴァノヴィッチ

エム、ジェー、ミリチェヴィッチ

第三十九　暹羅國　モム、チャチデー、ウドム
セー、コラヂオニ、ドレリ
ルアング、ビュヴァナルト、ナリューバル

第四十　瑞典國　ヨハンネス、ヘルネル

第四十一　瑞西國　カルラン｝第五十三條第二號ヲ留保ス

第四十二　土耳其國　チュルカン｛千九百七年十月十六日ノ第九回總會議ノ議事録ニ記入セラレタル宣言ヲ留保ス

第四十三　『ウルグェー』國　ホセ、バトレ、イ、オルドニェス

第二十二　『ヴェネズエラ』國　ジー、ヒル、フォルトウル

天佑ヲ保有シ萬世一系ノ帝祚ヲ踐メル日本國皇帝（御名）此ノ書ヲ見ル有衆ニ宣示ス

朕明治四十年十月十八日和蘭國海牙ニ於テ第二回萬國平和會議ニ賛同シタル帝國及各國全権委員ノ間ニ議定シ帝國全權委員カ第四十八條第三項、第四項、第五十三條第二項及第五十四條ヲ留保シテ署名シタル國際紛爭平和的處理條約ヲ閲覽點検シ其ノ留保ヲ存シテ之ヲ嘉納批准ス

神武天皇卽位紀元二千五百七十一年明治四十四年十一月六日東京宮城ニ於テ親ラ名ヲ署シ璽ヲ鈐セシム

御名　國璽

外務大臣　子爵内田康哉

(2)「契約上ノ債務回収ノ爲ニスル兵力使用ノ制限ニ關スル條約」（明治四十五年一月十二日條約第二號）　この条約（天皇の勅令）は、既述のドラゴー主義（公債と武力干渉の制限）に関係するものである。[22] そもそもドラゴー主義とは、一九〇二年ベネズエラの債務不履行を理由にドイツ政府がイギリス、イタリアの協力をえて武力でベネエズエラの港湾を封鎖し関税収入を押収しようとしたことに端を発したものである。アルゼンチン外相ドラゴー（Luis M. Drago）はカルヴォ主義を根拠に帝国主義列強の債務取立のための武力干渉を批判した。

しかし今回の条約の中味は、ドラゴー主義のように公債だけではなく、すべての契約上の債務に適用されるのでその適用範囲は広い。つまり条約第一条一項によると、「締約國ハ一國ノ政府ニ對シ他ノ一國ノ政府カ其ノ國民ニ支拂ハルヘキモノトシテ請求スル**契約上ノ債務**ヲ回収スル爲ニ兵力ニ訴ヘサルコトヲ約定ス」と定めているからである。しかし同条約第一条**第二項**には、「右規定ハ債務國ト仲裁裁判ノ申出ヲ拒絶スルカ之ニ對シテ回答ヲ與ヘサルカ之ヲ受諾スルモ仲裁契約ノ作成ヲ不能ナラシムルカ又ハ仲裁裁判ノ後其ノ判決ニ遵ハサル場合ニハ**其ノ適用ナキモノトス**」（ゴシック著者）となっているので、究極的には武力行使の合法性が確保されているのである。だからこそ帝国主義列強も進んで同条約に賛同することになった。

以上の論述からも明らかのようにこの条約そのものは日露戦争との直接の関係はない。とはいえ次の点の相違は注目してよかろう。すなわち日露戦争なるものは正に当初から武力によってことを決しようとするものである（日本の「宣戦布告なき開戦」参照）。そこには天皇制日本軍国主義と帝国主義的好戦精神が満ち満ちている。しかしドラゴー主義や、本条約を結局支持したアルゼンチンをはじめとするラテン・アメリカ諸国は、**非**帝国主義的平和精神が満ち満ちているのである（後述の「留保」をみよ）。確かに当面は究極的には条約第一条二項があるとはいえ、そこにはそこにいたるまでには「仲裁裁判」を徹底させようとする精神（平和的精神）が旺盛なのである。そしてこのラテン・アメリカ諸国の精神たるやそれを徹底していけば、それは一九二〇年（発効）の国際連盟の前文、一九二九年（発効）の不戦条約（「戦争抛棄ニ関スル条約」）にまで連なるのである。[23]

最後に本条約の全文を引用しておこう（なお引用文中の亞爾然丁〔アルゼンチン〕、格倫比亞〔コロンビア〕、祕露〔ペルー〕などの南米や北米などの諸国の「留保」に特に注目されたい）。

「朕樞密顧問ノ諮詢ヲ經テ明治四十年十月十八日和蘭國海牙ニ於テ第二回萬國平和會議ニ贊同シタル帝國及各國全權委員ノ間ニ議定シ帝國全權委員ノ署名シタル契約上ノ債務囘收ノ爲ニスル兵力使用ノ制限ニ關スル條約ヲ批准シ茲ニ之ヲ公布セシム

御名御璽

明治四十五年一月十二日

内閣總理大臣　侯爵西園寺公望

外務大臣　子爵内田康哉

條約第二號（官報號外一月十三日）

契約上ノ債務囘收ノ爲ニスル兵力使用ノ制限ニ關スル條約

獨逸皇帝普魯西國皇帝陛下、亞米利加合衆國大統領、亞爾然丁共和國大統領、墺地利國皇帝『ボヘミヤ』國皇帝洪牙利國皇帝陛下、『ボリヴィア』共和國大統領、勃爾牙利國公殿下、智利共和國大統領、格倫比亞共和國大統領、玖馬共和國臨時總督、丁抹國皇帝陛下、『ドミニカ』共和國大統領、『エクァドル』共和國大統領、西班牙國皇帝陛下、佛蘭西共和國大統領、大不列顚愛蘭聯合王國大不列顚海外領土皇帝印度皇帝陛下、希臘國皇帝陛下、『グヮテマラ』共和國大統領、『ハイチ』共和國大統領、伊太利國皇帝陛下、日本國皇帝陛下、墨西哥合衆國大統領、『モンテネグロ』國公殿下、諾威國皇帝陛下、巴奈馬共和國大統領、『パラグェー』共和國大統領、和蘭國皇帝陛下、祕露共和國大統領、波斯國皇帝陛下、葡萄牙國及『アルガルヴ』皇帝陛下、全露西亞國皇帝陛下、『サルヴァドル』共和國大統領、塞爾比亞國皇帝陛下、土耳其國皇帝陛下、東『ウルグェー』共和國大統領ハ一國ノ政府ニ對シ他ノ一國ノ政府カ其ノ國民ニ支拂ハルヘキモノトシテ請求スル契約上ノ債務ヨリ生スル金錢上ノ原因ニ基ク武力的衝突ノ國家間ニ生スルヲ避ケムコトヲ希望シ之カ爲條約ヲ締結スルニ決シ各左ノ全權委員ヲ任命セリ

獨逸皇帝普魯西國皇帝陛下

國務大臣、土耳其國駐箚特命全權大使、男爵マルシャル、ド、ビーベルスタイン

本會議特派委員、『コンセイエー、アンチーム、ド、レガション』、帝國外務省法律顧問、常設仲裁裁判所裁判官、『ドクトル』ヨハンネス、クリーゲ

亞米利加合衆國大統領

特命大使ジョゼフ、エッチ、チョート

特命大使ホレェス、ポーター

特命大使ユリアー、エム、ローズ

和蘭國駐箚特命全權公使デヴィド、ジェーン、ヒル

海軍少將、全權公使チャールス、エス、スペリー

陸軍少將、合衆國陸軍軍法會議長、全權公使ジョージ、ビー、デーヴィス

全權公使ウイリアム、アイ、ブカナン

亞爾然丁共和國大統領
前外務大臣、伊國駐箚特命全權公使、常設仲裁裁判所裁判官ロケ、サエンツ、ペニヤ
前外務及教務大臣、下院議員、常設仲裁裁判所裁判官ルイス、エム、ドラゴ
前外務及教務大臣、常設仲裁裁判所裁判官カルロス、ロドリゲス、ラレタ
墺地利國皇帝『ボヘミヤ』國皇帝洪牙利國皇帝陛下
『コンセイエー、アンチーム』、特命全權大使ゲータン、メレー、ド、カポスメレー
希臘國駐箚特命全權公使、男爵、シャール、ド、マッキオ
『ボリヴィア』共和國大統領
外務大臣、常設仲裁裁判所裁判官クラウヂオ、ピニラ
英國駐箚特命全權公使フェルナンド、エ、グヮチャラ
勃爾牙利國公殿下
陸軍參謀少將、侍從將官ヴルバン、ヴィナロフ
大審院檢事總長イヴァン、カランジューロフ
智利共和國大統領
英國駐箚特命全權公使ドミンゴ、ガナ
獨逸國駐箚特命全權公使アウグスト、マッテ
前陸軍大臣、前代議院議長、前亞爾然丁國駐箚特命全權公使カルロス、コンチャ
格倫比亞共和國大統領

陸軍將官ホルヘ、ホルグィン
サンチアゴ、ペレス、トリアナ
佛國駐箚特命全權公使、陸軍將官マルセリアノ、ヴァルガス
玖馬共和國臨時總督
『ハヴァナ』大學國際法教授、上院議員アントニオ、サンチェス、デ、ブスタマンテ
米國駐箚特命全權公使ゴンザロ、デ、クェサダ、イ、アロステグィ
前『ハヴァナ』中學校長、上院議員マヌエル、サングィリー
丁抹國皇帝陛下
侍從、米國駐箚特命全權公使コンスタンチン、ブロン
海軍少將クリスチアン、フレデリック、シェルレル
侍從、外務省課長アクセル、ヴェデル
『ドミニカ』共和國大統領
前外務大臣、常設仲裁裁判所裁判官フランシスコ、ヘンリケス、イ、カルヴァハル
共和國專門學校長、常設仲裁裁判所裁判官アポリナル、テヘラ
『エクァドル』共和國大統領
佛國駐箚兼西班牙國駐箚特命全權公使ヴィクトル、レンドン
代理公使エンリケ、ドルン、イ、デ、アルスア
西班牙國皇帝陛下

上院議員、前外務大臣、英國駐箚特命全權大使ドブルヴェ、エル、デ、ヴィーリヤウルーチヤ
和蘭國駐箚特命全權公使ホセ、デ、ラ、リカ、イ、カルヴォ
下院議員、伯爵ガブリエル、マウラ、イ、ガマゾ、デ、ラ、モルテラ

佛蘭西共和國大統領
特命大使、上院議員、前內閣議長、前外務大臣、常設仲裁裁判所裁判官レオン、ブールジョア
上院議員、一等全權公使、常設仲裁裁判所裁判官、男爵デスツールネル、ド、コンスタン
巴里大學法科大學教授、名譽全權公使、外務省法律顧問、佛國學士院會員、常設仲裁裁判所裁判官ルイ、ルノー
和蘭國駐箚特命全權公使マルスラン、ペレ

大不列顚愛蘭聯合王國大不列顚海外領土皇帝印度皇帝陛下
樞密顧問官、特命大使、常設仲裁裁判所裁判官、『サー』エドワード、フライ
樞密顧問官、常設仲裁裁判所裁判官、『サー』アーネスト、メーソン、サトウ
樞密顧問官、前國際法學會長、男爵ドーナルド、ジェームス、マッケー、レー
和蘭國駐箚特命全權公使、『サー』ヘンリー、ハワード

希臘國皇帝陛下
獨逸國駐箚特命全權公使クレオン、リツォ、ランガベ
雅典大學國際法教授、常設仲裁裁判所裁判官ジョールジュ、ストレイト

『グヮテマラ』共和國大統領
和蘭國駐箚兼英國駐箚代理公使、常設仲裁裁判所裁判官ホセ、チブレ、マチャド

獨逸國駐箚代理公使エンリケ、ゴメス、カリリヨ
『ハイチ』共和國大統領
佛國駐箚特命全權公使ジャン、ジョセフ、ダルベマル
米國駐箚特命全權公使ジー、エヌ、レジェー
前國際公法教授、『ポルトープランス』組合辯護士ピエール、ユヂクール
伊太利國皇帝陛下
上院議員、佛國駐箚特命全權大使、常設仲裁裁判所裁判官、伊國委員長、伯爵ジョセフ、トルニエリ、ブルサチ、ヂ、ヴェルガノ
下院議員、外務次官、『コンマンドール』ギド、ポンピリ
參事院議官、下院議員、前文部大臣、『コンマンドール』ギド、フジナト
日本國皇帝陛下
特命全權大使都筑馨六
和蘭國駐箚特命全權公使佐藤愛麿
墨西哥合衆國大統領
伊國駐箚特命全權公使ゴンザロ、ア、エステヴァ
佛國駐箚特命全權公使セバスチアン、ベー、ド、ミエー
白耳義國駐箚兼和蘭國駐箚特命全權公使フランシスコ、エル、デ、ラ、バラ
『モンテネグロ』國公殿下

『コンセイエー、プリヴェ、アンペリアル、アクチュエル』、佛國駐箚露國特命全權大使ネリドフ
『コンセイエー、プリヴェ、アンペリアル』、露國外務省常任顧問官ド、マルテンス
『コンセイエー、デタ、アンペリアル、アクチュエル』、和蘭國駐箚露國特命全權公使チャリコフ

諾威國皇帝陛下

前内閣議長、前法學教授、和蘭國駐箚兼丁抹國駐箚特命全權公使、常設仲裁裁判所裁判官フランシス、ハーゲルプ

巴奈馬共和國大統領

ベリサリオ、ポラス

『パラグェー』共和國大統領

佛國駐箚特命全權公使エウセビオ、マチャイン

比律悉駐在領事、伯爵ジェー、ヂュ、モンソー、ド、ペルジャンダル

和蘭國皇帝陛下

前外務大臣、下院議員ドブルヴェ、アッシュ、ド、ボーフォール

國務大臣、參事院議官、常設仲裁裁判所裁判官テー、エム、セー、アッセル

退職陸軍中將、前陸軍大臣、參事院議官、『ヨンクヘール』ジー、セー、セー、デン、ベール、ボールチュゲール

特務侍從武官、退職海軍中將、前海軍大臣『ヨンクヘール』ジー、アー、ローエル

前司法大臣、下院議員ジー、アー、ロエフ

祕露共和國大統領

佛國駐箚兼英國駐箚特命全權公使、常設仲裁裁判所裁判官カルロス、ジェー、カンダモ

波斯國皇帝陛下

佛國駐箚特命全權公使、常設仲裁裁判所裁判官サマド、カン、モムタゾスサルタネー

和蘭國駐箚特命全權公使ミルヅァ、アーメッド、カン、サヂグ、ウル、ムルク

葡萄牙國及『アルガルヴ』皇帝陛下

參事院議官、『ペール、ヂュ、ロワイヨーム』、前外務大臣、英國駐箚特命全權公使、特命全權大使、侯爵デ、ソヴェラル

和蘭國駐箚特命全權公使、伯爵デ、セリール

瑞西國駐箚特命全權公使アルベルト、ドリヴェイラ

全露西亞國皇帝陛下

『コンセイエー、プリヴェ、アクチュエル』、佛國駐箚特命全權大使ネリドフ

『コンセイエー、プリヴェ』、外務省常任顧問官、常設仲裁裁判所裁判官ド、マルテンス

『コンセイエー、デタ、アクチュエル』、侍從、和蘭國駐箚特命全權公使チャリコフ

『サルヴァドル』共和國大統領

佛國駐箚代理公使、常設仲裁裁判所裁判官ペドロ、ジー、マテウ

英國駐箚代理公使サンチアゴ、ペレス、トリアナ

塞爾比亞國皇帝陛下

陸軍將官、參事院議長サヴァ、グルーイッチ

伊國駐劄特命全權公使、常設仲裁裁判所裁判官ミロヴァン、ミロヴァノヴィッチ
英國駐劄兼和蘭國駐劄特命全權公使ミシェル、ミリチェヴィッチ
土耳其國皇帝陛下
特命大使、『ミニストル、ド、レヴカフチュルカン、パシャ』
伊國駐劄特命全權大使レシッド、ベー
海軍中將メヘッド、パシャ
東『ウルグェー』共和國大統領
前大統領、常設仲裁裁判所裁判官ホセ、バトレ、イ、オルドニェス
前上院議長、佛國駐劄特命全權公使、常設仲裁裁判所裁判官フアン、ペー、カストロ
因テ各全權委員ハ其ノ良好妥當ナリト認メラレタル委任狀ヲ寄託シタル後左ノ條項ヲ協定セリ
第一條　締約國ハ一國ノ政府ニ對シ他ノ一國ノ政府カ其ノ國民ニ支拂ハルヘキモノトシテ請求スル契約上ノ債務ヲ回收スル爲ニ兵力ニ訴ヘサルコトヲ約定ス
右規定ハ債務國カ仲裁裁判ノ申出ヲ拒絶スルカ之ニ對シテ回答ヲ與ヘサルカ之ヲ受諾スルモ仲裁契約ノ作成ヲ不能ナラシムルカ又ハ仲裁裁判ノ後其ノ判決ニ遵ハサル場合ニ其ノ適用ナキモノトス
第二條　前條第二項ニ揭クル仲裁裁判ハ國際紛爭平和的處理ニ關スル海牙條約第四章第三節ニ規定セル手續ニ依ルモノトス仲裁裁判ノ判決ハ當事者間ニ特別ナル取極アルニ非サレハ請求ノ當否、債務ノ金額竝支拂ノ時期及方法ヲ定ム
第三條　本條約ハ成ルヘク速ニ批准スヘシ

批准書ハ海牙ニ寄託ス
第一回ノ批准書寄託ハ之ニ加リタル諸國ノ代表者及和蘭國外務大臣ノ署名シタル調書ヲ以テ之ヲ證ス爾後ノ批准書寄託ハ和蘭國政府ニ宛テ且批准書ヲ添附シタル通告書ヲ以テ之ヲ爲ス
第一回ノ批准書寄託ニ關スル調書、前項ニ掲ケタル通告書及批准書ノ認證謄本ハ和蘭國政府ヨリ外交上ノ手續ヲ以テ直ニ之ヲ第二回平和會議ニ招請セラレタル諸國及本條約ニ加盟スル他ノ諸國ニ交付スヘシ前項ニ掲ケタル場合ニ於テハ和蘭國政府ハ同時ニ通告書ヲ接受シタル日ヲ通知スルモノトス
第四條　記名國ニ非サル諸國ハ本條約ニ加盟スルコトヲ得
加盟セムト欲スル國ハ書面ヲ以テ其ノ意思ヲ和蘭國政府ニ通告シ且加盟書ヲ送付シ之ヲ和蘭國政府ノ文庫ニ寄託スヘシ
和蘭國政府ハ直ニ通告書及加盟書ノ認證謄本ヲ第二回平和會議ニ招請セラレタル爾餘ノ諸國ニ送付シ且右通告書ヲ接受シタル日ヲ通知スヘシ
第五條　本條約ハ第一回ノ批准書寄託ニ加リタル諸國ニ對シテハ其ノ寄託ノ調書ノ日附ヨリ六十日ノ後又其ノ後ニ批准シ又ハ加盟スル諸國ニ對シテハ和蘭國政府カ右批准又ハ加盟ノ通告ヲ接受シタルトキヨリ六十日ノ後ニ其ノ效力ヲ生スルモノトス
第六條　締約國中本條約ヲ廢棄セムト欲スルモノアルトキハ書面ヲ以テ其ノ旨和蘭國政府ニ通告スヘシ和蘭國政府ハ直ニ通告書ノ認證謄本ヲ爾餘ノ諸國ニ送付シ且右通告書ヲ接受シタル日ヲ通知スヘシ
廢棄ハ其ノ通告カ和蘭國政府ニ到達シタルトキヨリ一年ノ後右通告ヲ爲シタル國ニ對シテノミ效力ヲ生スルモノトス

第七條　和蘭國外務省ハ帳簿ヲ備ヘ置キ第三條第三項及第四項ニ依リ爲シタル批准書寄託ノ日竝加盟（第四條第二項）又ハ廢棄（第六條第一項）ノ通告ヲ接受シタル日ヲ記入スルモノトス

各締約國ハ右帳簿ヲ閲覧シ且其ノ認證抄本ヲ請求スルコトヲ得

右證據トシテ各全權委員本條約ニ署名ス

千九百七年十月十八日海牙ニ於テ本書一通ヲ作リ之ヲ和蘭國政府ノ文庫ニ寄託シ其ノ認證謄本ヲ外交上ノ手續ニ依リ締約國ニ交付スヘキモノトス

第　一　獨　逸　國　マルシャル
クリーゲ
第　二　亞米利加合衆國　ジョセフ、エッチ、チョート
ホレェス、ポーター
ユー、エム、ローズ
デヴィッド、ジェーン、ヒル
シー、エス、スペリー
ウィリアム、アイ、ブカナン

第三　亞爾然丁國
ルイス、エム、ドラゴ
ロケ、サエンツ、ペニヤ
セー、ロドリゲス、ラレタ

亞爾然丁共和國ハ左ノ留保ヲ爲ス
一　一國ノ人民ト外國政府トノ間ニ於ケル普通ノ契約ニ基ク債務ニ關シテハ豫メ一切ノ手續ヲ盡シタルモ尚契約ヲ爲シタル國ノ裁判所カ裁判ヲ爲ササル特別ノ場合ニ非サレハ仲裁裁判ニ依ルコトナカルヘシ
二　證券ノ發行ヲ以テスル公債ニシテ國債ヲ成スモノハ如何ナル場合ニ於テモ亞米利加諸國ノ土地ニ對シ軍事的侵略又ハ事實的占領ノ原由ト爲ルコトナカルヘシ

第四　墺地利洪牙利國
メレー

第五　白耳義國
男爵マッキオ

第六　『ボリヴィア』國
クラウヂオ、ピニラ（第一委員會ニ於テ表明シタル留保ヲ爲ス

第七　伯剌西爾國

第八　勃爾牙利國
陸軍少將ヴィナロフ
イヴァン、カランジューロフ

第九　智利國
ドミンゴ、ガナ
アウグスト、マッテ
カルロス、コンチャ

第十　清國

第十一　格倫比亞國
ホルヘ、ホルグィン
エス、ペレス、トリアナ
エム、ヴァルガス
格倫比亞國ハ左ノ留保ヲ爲ス
格倫比亞國ハ如何ナル場合ニ於テモ債務ノ性質如何ニ拘ラス之ヲ回收スル爲兵力ヲ使用スルコトヲ承諾セス又債務國ノ裁判所ノ確定判決ノ後ニ非サレハ仲裁裁判ニ付スルコトヲ承諾セス

第十二　玖馬共和國
アントニオ、エス、デ、ブスタマンテ
ゴンザロ、デ、クェサダ
マヌエル、サングィリー

第十三　丁抹國
セー、ブロン

第十四　『ドミニカ』共和國
ドクトル、ヘンリケス、イ、カルヴァハル
アポリナル、テヘラ
千九百七年十月十六日ノ總會議ニ於テ爲シタル留保ヲ爲ス

第十五　『エクァドル』共和國
ヴィクトル、エム、レンドン
エ、ドルン、イ、デ、アルスア
千九百七年十月十六日ノ總會議ニ於テ爲シタル留保ヲ爲ス

第十六　西班牙國
ドブルヴェ、エル、デ、ヴィーリヤウルーチヤ
ホセ、デ、ラ、リカ、イ、カルヴォ
ガブリエル、マウラ

第十七　佛蘭西國
レオン、ブールジョア
デスツールネル、ド、コンスタン
エル、ルノー

第十八　大不列顚國　マルスラン、ペレ
エドワード、フライ
アーネスト、サトウ
レー
ヘンリー、ハワード

第十九　希臘國　クレオン、リツォ、ランガベ
ジョールジュ、ストレイト
十月十六日ノ總會議ニ於テ爲シタル留保ヲ爲ス

第二十　『グァテマラ』國　ホセ、チブレ、マチャド
一　一國ノ人民ト外國政府トノ間ニ於ケル普通ノ契約ニ基ク債務ニ關シテハ豫メ一切ノ手續ヲ盡シタルモ尚契約ヲ爲シタル國ノ裁判所カ裁判ヲ爲サザル特別ノ場合ニ非サレハ仲裁裁判ニ依ルコトナカルヘシ
二　證券ノ發行ヲ以テスル公債ニシテ國債ヲ成スモノハ如何ナル場合ニ於テモ亞米利加諸國ノ土地ニ對シ軍事的侵略又ハ事實的占領ノ原由ト爲ルコトナカルヘシ

第二十一　『ハイチ』國　ダルベマル、ジャン、ジョセフ
ジー、エヌ、レジェー
ピエール、ユヂクール

第二十二　伊太利國　ポンピリ
ジェー、フジナト

第二十三　日　本　國	佐藤愛麿
第二十四　盧　森　堡　國	
第二十五　墨　西　哥　國	ジェー、ア、エステヴァ
	エス、ベー、ド、ミエー
	エフ、エル、デ、ラ、バラ
第二十六　『モンテネグロ』國	ネリドフ
	マルテンス
	エヌ、チャリコフ
第二十七　『ニカラグヮ』國	
第二十八　諾　威　國	エフ、ハーゲルプ
第二十九　巴　奈　馬　國	ベー、ポラス
第　三　十　『パラグェー』國	ジェー、ヂュ、モンソー
第三十一　和　蘭　國	ドブルヴェ、アッシュ、ド、ボーフォール
	テー、エム、セー、アッセル
	デン、ベール、ポールチュゲール
	ジー、アー、ローエル
	ジー、アー、ロエフ

第三十二　祕　露　國　セー、ジェー、カンダモ ｝本條約ニ定メタル原則ハ一國ト外國臣民トノ間ニ締結シタル契約ニ基ク要求又ハ紛争ニ付右ノ契約中ニ要求又ハ紛争カ該國ノ裁判官及裁判所ニ訴ヘルヘキコトヲ明白ニ規定シタル場合ニ之ヲ適用シ得サルコトヲ留保ス

第三十三　波　斯　國　モムタゾスサルタネー、エム、サマド、カン
サヂグ、ウル、ムルク、エム、アーメッド、カン

第三十四　葡　萄　牙　國　侯爵デ、ソヴェラル
伯爵デ、セリール
アルベルト、ドリヴェイラ

第三十五　羅馬尼亞國

第三十六　露　西　亞　國　ネリドフ
マルテンス
エヌ、チャリコフ

第三十七　『サルヴァドル』國　ベー、ジー、マテウ
エス、ペレス、トリアナ ｝上記亞爾然丁國ト同一ノ留保ヲ爲ス

第三十八　塞爾比亞國　エス、グルーイッチ
エム、ジェー、ミロヴァノヴィッチ
エム、ジェー、ミリチェヴィッチ

第三十九　暹羅國
第四十　瑞典國
第四十一　瑞西國
第四十二　土耳其國　チュルカン
第四十三　『ウルグェー』國　ホセ、バトレ、イ、オルドニェス
（委員ハ疑議又ハ紛争ヲ生セシメタル契約以前ノ債務國ノ基本法ニ於テ又ハ該契約ニ於テ右疑議又ハ紛争カ該國ノ裁判所ニ依リ決定セラルヘキモノナルコトヲ定メタルトキハ常ニ當然仲裁裁判ヲ拒絶シ得ヘキモノト認ムルヲ以テ第一條第二項ヲ留保ス）
第四十四　『ヴェネズエラ』國

天佑ヲ保有シ萬世一系ノ帝祚ヲ踐メル日本國皇帝（御名）此ノ書ヲ見ル有衆ニ宣示ス
朕明治四十年十月十八日和蘭國海牙ニ於テ第二回萬國平和會議ニ賛同シタル帝國及各國全權委員ノ間ニ議定シ帝國全權委員ノ署名シタル契約上ノ債務回收ノ爲ニスル兵力使用ノ制限ニ關スル條約ヲ閲覽點検シ之ヲ嘉納批准ス
神武天皇卽位紀元二千五百七十一年明治四十四年十一月六日東京宮城ニ於テ親ラ名ヲ署シ璽ヲ鈐セシム
御名御璽
外務大臣　子爵内田康哉」

(3)　「開戦ニ関スル條約」（明治四十五年一月十二日條約第三號）　この条約（天皇の勅令）が締結されたのは、日露戦争における日本の「宣戦布告なき開戦」に原因があったとされている。

(4)「陸戦ノ法規慣例ニ関スル條約」(明治四十五年一月十二日條約第四號)　この条約(天皇の勅令)は日露戦争の経験を生かした新しい戦争法規とでもいうべき条約である。

(1)　最近注目すべき会議として、第一回ハーグ平和会議の一〇〇周年を記念した「ハーグ平和市民会議」が開催された。まず、この一九九九年の「ハーグ平和市民会議」と、本稿の一八九四年の「ハーグ第一回平和会議」とを比較しておこう。前者の国際会議は非政府組織(NGO)の会議であるから政府は関与していないが、後者の国際会議は政府(第一回二六カ国、一九〇七年の第二回四四カ国。本稿本論参照)が参加した会議である。したがって後者の会議では各国が特命全権大使を派遣し、政府間の条約(第一回三条約、第二回一三条約)を締結している。これに対し後者の会議は非政府組織であるから条約が締結されることはない。その代りに「二一世紀の平和と正義への課題」(ハーグ・アジェンダ)を採択し、アナン国連事務総長に手渡したにとどまる。

現代の事態がこのようになっているのは、次のような事情に由来する。現代の少数国家(安全保障理事会の常任理事国〔米英仏ソ中五カ国〕国連憲章二三条)が核兵器の独占保有国(核兵器不拡散条約〔NPT〕によって核兵器の独占を保証する)となり、世界を独占核兵器で支配しているからである。その中でも最大の強国アメリカはソ連邦消滅(一九九一年一二月二六日)後のいまもなお一万発以上の「核兵器」(広島型原爆の千倍以上の威力をもつ水爆=「戦略核弾頭」)を保有・独占(NPTによる五大国独占)し、それを海外の米軍事基地に配備している。正に「悪魔の核兵器」による全世界の支配者となった。だからこそ国連の安全保障理事会の決議なしにユーゴスラビア空爆を決行したのはNATOの支配者(その支配者もまたアメリカ)でもある。

以下、一九九九年の「ハーグ平和市民会議」に関する新聞記事をあげておこう。

①「第一回ハーグ平和会議の一〇〇周年を記念し、非政府組織(NGO)の国際会議「ハーグ平和アピール一九九九(HAP99」が一二日から、オランダ・ハーグで始まる。各国の平和運動家、政治家、学者のほか戦争被害者らも含め数千人が集まり、「戦争のない二一世紀」に向けて話し合う。提言は、続いて開かれる政府間会議に出される予定だ。**日本**

からは四〇〇人以上が参加、施行五二周年を迎えた「平和憲法」の理念を訴える場にしたいという。」（朝日新聞一九九九年五月三日）

② 「世界百カ国以上から平和運動家ら約八千人が集い、十二日からオランダ・ハーグで開かれている非政府組織（NGO）主催の「ハーグ平和市民会議」は、軍縮への基礎を築いた第一回ハーグ平和会議百周年を記念し、『戦争のない二十一世紀』に向けた行動計画を、十五日に採択する予定だ。だが、同じ欧州の一角、ユーゴスラビアでは北大西洋条約機構（**NATO**）軍による空爆が続くという、重い現実が会議にのしかかっている。平和運動の真価が問われる中、目の前の『戦争』を止める具体案は提示できないままだ。一方、四百人もの参加者を送り込んだ日本のNGOは当初予定になかった『コソボ声明』を準備するなど、従来の運動から一歩踏み出した積極的な役割を模索し始めている。（ハーグ＝山本敦子、深津弘、斎賀孝治）」（朝日新聞一九九九年五月一五日）

③ 「『平和憲法を世界に』・ハーグ平和市民会議「ジャパン・デー」

【ハーグ（オランダ）13日＝深津弘、斎賀孝治】戦争のない二十一世紀をめざす「ハーグ平和市民会議」の二日目の十三日、日本の非政府組織（NGO）の呼びかけによる「ジャパン・デー」が国際会議場で開かれた。日本国憲法の理念や日本の平和運動の現状を世界に伝え、連帯を求めようというもので、米国の『憲法九条を広める会』のチャールズ・オーバビー会長も『全人類の普遍理念である九条への支援』を訴えた。核廃絶や日米安保への取り組みなど、日本の多様な平和運動を伝えようと、日本反核法律家協会やピースボートなどで組織する『日本連絡会』が準備した。ハーグ会議の主催団体の一つである核戦争防止国際医師の会（IPPNW）のロナルド・マッコイ共同会長は、平和憲法を評価しながらも、『日本は核軍縮を進める大きな力を十分に発揮できないでいる』と指摘。『原爆投下による直接被害を受けた唯一の国。市民の方々ができるだけ努力して日本政府を説得して欲しい』と呼びかけた。

続いて日本からの参加者の代表たちがあいさつした。沖縄県の大田昌秀前知事は『沖縄では自分の土地を米軍に提供しない人たちがいる。なぜなら、基地は人間の幸せに寄与せず、幸せに結びつく生産の場にしたいからだ』と述べた。

広島市の秋葉忠利市長は、開会式の壇上に被爆者の姿がなかったことを挙げ、『原爆投下が今世紀の世界最大の悲劇と言われるが、被爆者の声はまだ反映されていない』と訴えた。長崎市の伊藤一長市長は『対人地雷全面禁止条約が成立した背景にはNGOの力がある。核廃絶に向けた交渉が始まるよう、被爆地と世界の市民の力を結集したい』と連帯を呼びかけた。ジャパン・デーは十四日も開かれ、『日本からのメーセージ』として、被爆者や沖縄の米軍基地撤去を求めているグループ、市民団体の代表が訴える。」（朝日新聞一九九九年五月一四日）

④「【ハーグ（オランダ）15日＝山本敦子】非政府組織（NGO）主催で十二日から開かれていた「ハーグ平和市民会議」は十五日、提言と行動計画からなる『二十一世紀の平和と正義への課題』（ハーグ・アジェンダ）を採択、アナン国連事務総長に手渡し、四日間の日程を終えた。アジェンダの中に『公正な国際秩序のための基本十原則』を設け、第一項には『各国議会は日本の憲法九条を見習い、自国政府に戦争をさせないための決議を採択すべきだ』との文言が盛り込まれた。日本国憲法の理念が世界の平和運動の新たな旗印として掲げられた形で、日本のNGOは大きな成果をあげた。アジェンダは前文で『今世紀は最も残虐な戦争を経験した。世紀末の今、次の世代に戦争を体験させないための発件づくりをしなければならない』とうたった。

十原則は憲法九条の理念を盛り込み、各国政府に戦争放棄を迫ったほか、▽政府、国際機関、市民社会の協力による『新しい外交』を追求する▽国際刑事裁判所設立条約と地雷禁止条約の批准▽核軍縮交渉の進展▽小火器取引の規制▽国際司法裁判所の裁判権の無条件受け入れ▽平和教育の尊重▽『経済上の権利』も重要な市民的権利として受け止めること▽戦争回避のための世界行動計画を平和的な世界秩序の基礎とすることなどを求めている。

また、『人道上の危機を傍観することは許されない』として、外交努力が尽きた場合の武力介入を認めたが、その際には国連の権威が必要であるとして、安保理決議なしにユーゴスラビア空爆に踏み切った北大西洋条約機構（NATO）を暗に批判した。」（朝日新聞一九九九年五月一六日）

（2）有賀長雄「日露陸戦国際法論」（明治四四年）一頁以下の「自序」によれば有賀の経歴などに関して次の如く記述されている。

「著者ノ滿洲軍總司令部附國際法事務囑託トシテ從軍スルヤ、一日滿洲渡航ノ船内ニ開カレタル參謀會議ニ於テ、日清戰爭ノ先蹤ニ依リ、此ノ戰役ヲシテ文明戰爭タルノ性質ヲ全世界ニ向テ公證センガ爲ニハ、平和ノ後ニ至リ、特ニ此ノ戰役ニ關スル國際法上ノ著述ヲ爲シ、海外ニ於テ之ヲ刊行スル必要アルベキヲ建議シ、賢明ナル大山總司令官及兒玉總參謀長ハ直ニ其ノ議ヲ容レラレ、平和成リ歸朝ノ後、特ニ著者ニ向テ編輯ヲ囑託セラレタリ。而シテ著者ハ凱旋ノ後直ニ之ニ從事シ、日々戰史部ニ在ル記錄ヲ涉獵シ、又他ノ諸軍ニ命ゼラレタル國際法事務係諸君ノ意見ヲ徵シ、約二年ニシテ編纂ノ業ヲ了ヘ、之ヲ參謀本部第四部ニ提出シ、第四部ニ於テ事實ノ正確ヲ期スル爲周密調査ヲ遂ゲラレ、主任者ヲ改ムルコト前後四回、終ニ著者ノ意見ト參謀本部第四部ノ意見ト全ク一致スルニ至ルヲ待テ、今同偕行社ヨリ發行ノ運ト爲レリ。此ノ如ク本書ノ編述ト刊行トノ間ニ年ヲ閲スル三、四、其ノ間ニ官職ノ異動隨テ多シト雖、本文ニ於テハ概ネ戰役中ノ官職ニ依リタリ。」

また「著者ハ陸軍大學校ニ於テハ明治二十三年以降、海軍大學校ニ於テハ同二十九年以降、國際法ノ敎授ヲ擔任シタルヲ以テ、日露戰役中名ヲ我ガ陸海軍ノ參謀部ニ列シタル將校諸君トハ大抵相識ノ榮ヲ擔ヒ、且此ノ戰役中ハ滿洲軍總司令部ノ國際法事務係ヲ囑託セラレタルヲ以テ、親シク其ノ經過ヲ追躡スル便ヲ得タリ。」

(3) 有賀・前掲書一三頁以下。
(4) 有賀・前掲書九頁。
(5) 有賀・前掲書一二頁。
(6) 有賀・前掲書一四頁。なお、次の記述（一五頁）も引用しておこう。
「旅順開城後ノ國際法ニ關スル問題陸續トシテ起リ、篠田、兵藤ノ二氏ハ開城受取委員ニ加ハリテ要塞内ニ於ケル公私ノ財産ヲ整理シ、司法上及行政上ノ文書ヲ受領スル等ノ事ヲ擔任シタリ。兵藤氏ハ第三軍ノ北進ト共ニ進發シテ新民廳ノ整理ニ從事シ、篠田氏ハ止マリテ旅順市ノ行政ヲ輔助シ、三十八年八月下旬一旦第三軍ニ復歸シ、十月上旬ヨリ旅順要塞司令部ニ轉任シテ殘留財産ノ處分ニ從事セラレタリ。兵藤氏ハ平和ノ後命ニ依リ第三軍ノ國際法ニ關スル書類ヲ集錄分類セラレ」た。
(7) 有賀・前掲書一七頁。
(8) 二章六二頁以下。
(9) 二章七二頁。
(10) 列強の植民地領有（単位—面積一〇〇万平方キロメートル、人口一〇〇万人）の資料をいま一度引用しておこう。

	植民地				本国		合計	
	一八七六年		一九一四年		一九一四年		一九一四年	
	面積	人口	面積	人口	面積	人口	面積	人口
イギリス	二二・五	二五一・九	三三・五	三九三・五	〇・三	四六・五	三三・八	四四〇・〇
ロシア	一七・〇	一五・九	一七・四	三三・二	五・四	一三六・二	二二・八	一六九・四
フランス	〇・九	六・〇	一〇・六	五五・五	〇・五	三九・六	一一・一	九五・一
ドイツ	―	―	二・九	一二・三	〇・五	六四・九	三・四	七七・二
合衆国	―	―	〇・三	九・七	九・四	九七・〇	九・七	一〇六・七
日本	―	―	〇・三	一九・二	〇・四	五三・〇	〇・七	七二・二
六大強国総計	四〇・四	二七三・八	六五・〇	五二三・四	一六・五	四三七・二	八一・五	九六〇・六
その他の諸国（ベルギー、オランダ、その他）の植民地							九・九	四五・三
半植民地（ペルシア、中国、トルコ）							一四・五	三六一・二
その他の諸国							二八・〇	二八九・九
全世界							一三三・九	一、六五七・〇

（11）　ロシア皇帝ニコライ二世に関する資料を参考までに引用しておこう。

①　「ロシア最後の皇帝『聖人』に受難のニコライ2世一家に光正教会「負の遺産」清算【モスクワ15日＝副島英樹】――ロシア革命後の一九一八年にボリシェビキ政権に銃殺された帝政ロシア最後の皇帝、ニコライ二世の一家七人が、ロシア正教会の『聖人』の列に加えられる。モスクワで開かれた正教会の主教会議が十四日、正式決定した。革命政権の処刑された皇帝の『名誉回復』は、新生ロシアが引きずってきたソ連時代の「負の遺産」を二十一世紀を目前に清算する、象

徴的な意味を持つ。

家族7人処刑――『(皇帝一家の)幽閉生活の苦難、受難の死の中で、悪に打ち勝つキリスト教の光が示された』。主教会議の決定は聖人化の理由をそう表現した。ニコライ二世(一八六八―一九一八年)は退位後の一八年七月、幽閉先のエカテリンブルク郊外でアレクサンドラ皇后、皇太子アレクセイ、四姉妹のオリガ、タナアナ、マリア、アナスタシアと共に処刑された。

皇帝一家の遺骨は七九年に見つかっていたが、その事実が公表されたのはソ連崩壊の年の九一年。遺伝子鑑定で最終的には『本物』と認定され、ロシア政府はエリツィン前大統領時代の九八年、『国民の和解と悔恨』を掲げて皇帝一家の葬儀を国家式典として実施、歴代皇帝の眠るサンクトペテルブルクに埋葬した。

しかし、ロシア正教会の総主教アレクシー二世は『遺骨が本物との確証はない』と葬儀を欠席。聖人化の論議にも影を落とした。

批判も根深く――ソ連崩壊後、新アイデンティティーの模索を求める流れに乗り、皇帝の聖人化の検討が始まる。問題はソ連時代に『悪人視』された皇帝一家を聖人に認定する根拠だった。一九〇五年には『血の日曜日事件』で一般民衆に銃口を向け、相次ぐ戦争で国民を疲弊させ、怪僧ラスプーチンの政治介入を許した――など、批判も根深かった。

一方、推進派の中には『皇帝はユダヤ人に殺された』と考える信者が多い。聖人化を認めればユダヤ系を悪とみなして民族的な波乱を招くとの危ぐも働き、総主教も慎重な立場を堅持。九七年の主教会議では却下された。だが今回は、『無神論者の犠牲になった受難者』として全会一致で認定された。

『新聖人』860人――ロシア正教では数千人の聖人がいるとされ、聖人の列に加わるとイコン(聖像画)に描かれたり、信仰の対象となる。今回、皇帝一家を含む八百六十人が聖人に列した。異例に多いのは、苦難の世紀の裏返しでもある。列聖の儀式は二十日、新生ロシア下で再建されたモスクワの救世主キリスト聖堂で行われる。」(朝日新聞　二〇〇一・九・一四)

② 「皇帝の汗が語った『真実』――ニコライ2世の骨はやはり偽物。大論争を再燃させる新証拠を、因縁浅からぬ日本の研究者がつかんだ。――

80回余りの国際学会に出た。しかし、『これだけ注目され、興奮したのは初めて』と北里大学の長井辰男教授（60）。北西ドイツのミュンスター市で8月28日から9月1日まで開かれた第19回国際法遺伝学会で、長井さんは満員の聴衆を前に、ロシアのロマノフ王朝最後の皇帝ニコライ2世の遺骨の鑑定は誤りであり、現在サンクトペテルブルクの大聖堂にまつられている骨は偽物と断言した。

『ジル博士、どこにいますか』。同学会の重鎮であり、本物との鑑定をした著名な英国の研究者の名前を壇上から叫んだ。討論するつもりで、ジル博士が必ず参加する国際学会を待って発表したのだった。『日本と英国のボクシング』と会議前から大きな話題を呼んでいた。

処刑から80年の98年夏、正式な葬儀も行われてようやく安住の地を得たかに見えながら、これで再びさまようことになったロシア・ロマノフ王朝最後の皇帝ニコライ2世。写真を見ると、風貌《ふうぼう》は立派だが、やや頼りない性格だったようだ。運にも恵まれなかった。皇太子時代、巡査に切りつけられた大津事件の被害者であり、日露戦争で敗北し、日本を嫌っていたといわれる。ロシア革命で17年退位、家族ともどもシベリアのエカテリングルクに幽閉された。

翌年7月16日夜、ニコライ2世夫妻、皇太子・皇女5人と、主治医、料理人など4人、計11人が幽閉先の邸宅で銃殺・撲殺された。遺体は廃坑の縦穴に投げ込まれたが、痕跡を消すため、別の穴に移された。この時、皇太子と皇女1人が焼かれ、投げ込まれたのは9体。その後、盗掘や埋め戻し、旧ソ連政府関係者の調査など、幾度となく人の手が入った。

93年、ロシア政府の依頼でＤＮＡ鑑定を引き受けたのが、英国内務省法医学研究所のペーター・ジル博士とロシア科学アカデミーのＰ・イワノフ博士。9人の遺骨を皇帝一家のものと断定した。

長井さんは北里大学大学院（法医学）と医療衛生学部（臨床血液学）の教授を兼務する。医療衛生学部の前身の衛生学部卒の第一期生だ。東京大学や帝京大学で麻薬や覚せい剤、遺伝子などの研究をしてきたが、医師でないことや学閥のせいで研究費もほとんどもらえない悲哀を味わってきた。

母校の教授になってからは『学問に国境はない』を信条に、国内よりも世界に認められるテーマを追い求めてきた。

ニコライ2世と長井さんを結びつけたのはロシア科学警察研究所のＶ・ポーポフ教授だ。95年、フィンランドの学会でポーポフ博士はニコライ2世の遺骨への疑義を発表した。ＤＮＡ鑑定も得意な長井さんは『小さな研究室でも大きな仕事がでさる』とひらめいた。すぐポーポフ博士に共同研究を申し入れたが、全く相手にされない。が、押しの一手。98年、3度目の出会いでようやく了承を得た。ポーポフ博士はニコライ2世の弟、ゲオルギー・ロマノフ大公の墓の発掘に立ち会っていた。そのつてで入手してもらった毛髪のDNA鑑定をしたところ、なぜかジル博士らの結果と一致しなかった。

確実なニコライ2世の細胞を探し求めて、大津事件の際の皇帝の血染めのハンカチを保管している滋賀県教育委員会の協力を仰いだが、断られた。そこで、尿などから微量のDNAを検出する技術を磨いていた長井さんは、皇帝の衣類に着眼。ポーポフ博士は、サンクトペテルブルクの宮殿衣装室にニコライ2世のチョッキがあることを聞き出してきた。わきの下に広がっていた汗のはんこんを粘着テープで採取した。

さらに皇帝のおいティホン・クリコフスキー・ロマノフさんの血液が死後、亡命先のカナダに冷凍保存されていることもわかり、長井さんはロマノフさんの妻に何度もファクスを出して信頼を勝ち取り、今年2月に入手した。

いずれも、鑑定には、細胞質にあって細胞のエネルギーをつかさどる小器官ミトコンドリアのDNA＝図＝を使った。細胞の核にあるDNAと違い、母親から娘、孫娘へと女系に伝わり、母方の先祖をたどることができる。遺伝暗号であるDNAの塩基配列が突然変異を起こすのは3、4千年に一つ程度。類縁関係を調べる強力な手段だ。

このDNAを比較することで、たとえば、米国の研究者は87年、人類の母系の祖先がアフリカにいたと発表、「イブ」と命名した。また94年には、アルプスで見つかったミイラ「アイスマン」の親類が欧州で13人も見つかった。宝来聡・総合研究大学院大学教授らも、6千年前の縄文人の親類らしき東南アジア人を見つけている。

今は英国法科学局生物化学顧問であるジル博士のニコライ鑑定は、DNA鑑定の代表例として欧州の医学教科書にも載っている。穴にあった9人分の大たい骨を、年齢や性別などの特徴からだれのものかを推定、そのミトコンドリアDNAを、類縁者の血液のDNAと比較した。その結果、ニコライ2世とされる骨は、母方の親族の血液と一致、アレクサンドラ皇后と3人の皇女は、母方が重なる英国のフィリップ殿下の血液と一致した。このため、骨は皇帝一家と結論づけた。さらに、専門誌に、ニコライ2世とロマノフ大公は、特定の場所に2種類の塩基がある珍しいタイプと報告、これをロマノフ家の特徴とした。

長井さんと岡崎登志夫教授は、ニコライ2世の汗のついたテープののりを溶かし、ごくわずかなDNAを抽出して調べた。２人は目を疑った。ジル博士によれば、２種類あるはずの場所に、１種類しかなかったのだ。ロマノフ大公の毛髪やつめ、骨も同じ結果だった。

01年４月に調べたティホン氏の血液も１種類で、ニコライ２世、ロマノフ大公とミトコンドリアＤＮＡの全部が一致した。発表されたジル博士の論文とは５カ所が違っていた。『英国で鑑定した骨は皇帝ではありえない。『やったあ』と跳び上がった』と、長井さんは振り返る。

ＤＮＡ鑑定の最大のポイントは、骨や血液が本当にその人物のものであるかどうかだ。人体の骨は約２００あるが、エカテリンブルクでは折れたり砕けたり、ごっちゃになった骨は９人分で約千個しかなかった。ジル博士はイワノフ博士が運んだ大たい骨だけを鑑定した。

フィリップ殿下と共通との結果が正しければ、皇后や皇女は確実だ。一家のうちニコライ２世の大たい骨だけが以前の盗掘などで入れ替わった可能性があり、未鑑定の骨の中に皇帝の骨も混じっているかも知れない。

一方、長井さんらの結果からすると、ジル博士らがニコライ２世とした骨と、ロマノフ大公の骨が一致したはずはない。当時、ロシア政府は国内の団結を重視し、皇帝を支持するロシア正教会との関係改善を図っており、政治的な決着に研究者が手を貸した可能性もある。

イワノフ博士は93年、大津市の琵琶湖文化館を訪れ、知事の許可を得て、座布団の血痕や血染めハンカチの端を切り取って持ち帰った。「皇帝のＤＮＡと一致しなかった」との回答があったが、古い血液で、何人もが触ったことから、やむを得ないと思われていた。

応対した土井通弘・学芸主任は『学術調査といいながら、きちんとした報告書がいまだ来ていない。当時はニコライ２世の慰霊祭が予定されており、もし違っていたらどうなるのかとの私の質問に答えもなかった。調査はセレモニーにすぎないのではないかと感じた』と語る。ジル博士は取材に対し、『鑑定結果には自信を持っている。古いＤＮＡの鑑定を複数研究所で独立して行うことは重要だと思う』と答えた。

偽物説の再燃はロシアでも反響を呼び、長井さんにはウクライナの研究所などから講演の話も来た。皇帝の数奇な運命はなお、幕をおろしそうにない。」（朝日新聞二〇〇一年九月一四日）

〔ロマノフ家〕　　(注：★＝DNAを調査)

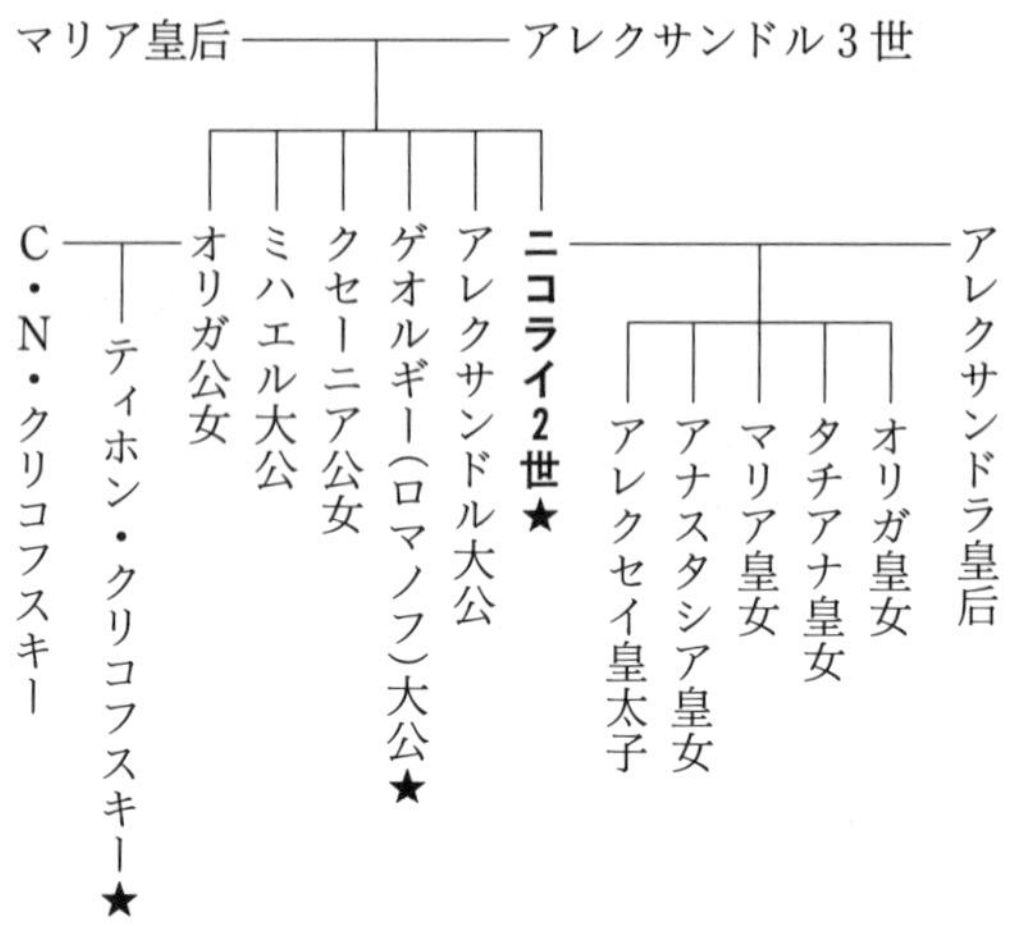
マリア皇后
アレクサンドル3世
オリガ公女
ミハエル大公
クセーニア公女
ゲオルギー(ロマノフ)大公★
アレクサンドル大公
ニコライ2世★
アレクサンドラ皇后
C・N・クリコフスキー
ティホン・クリコフスキー★
オリガ皇女
タチアナ皇女
マリア皇女
アナスタシア皇女
アレクセイ皇太子

〔DNAと地図〕

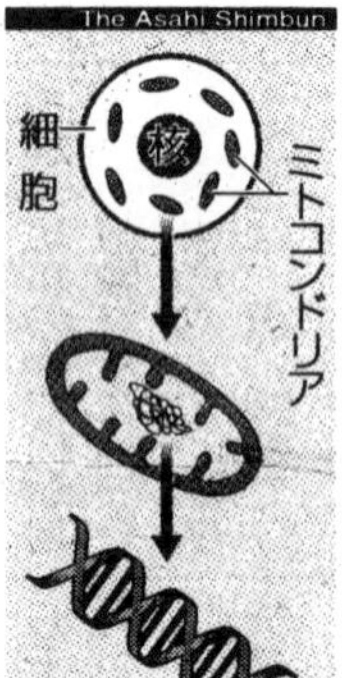
The Asahi Shimbun
細胞
核
ミトコンドリア
DNA

サンクトペテルブルク
モスクワ
ウラル山脈
ロシア
エカテリンブルク

〔ニコライ2世関係史〕

一八六八年	五月	誕生。アレクサンドル3世の長男
九一年	五月	皇太子時代、大津事件で負傷
九四年	十一月	18代皇帝に即位
一九〇五年	一月	血の日曜日事件
一七年	三月	ロシア革命で退位
一八年	七月	家族とともに処刑される
七九年	十二月	埋められた遺骨をひそかに発見
九二年	五月	英紙が遺骨確認と報道
九三年	六月	ロシア研究者が大津の遺品を調査
九三年	七月	英研究所がＤＮＡ鑑定で本物と発表
九四年	七月	弟ロマノフ大公の墓を発掘
九五年	九月	米軍病理研究所が本物と鑑定
九八年	七月	正式な葬儀後、大聖堂に埋葬
九八年	十二月	長井教授が再鑑定に着手
二〇〇一年	七月	長井教授が「偽物」と再鑑定

(12)「日清戦争後、明治政府が最優先の課題としたのは膨大な軍備拡張を行うことであった。その計画は、陸軍では全装備の近代化をはかりつつ常備兵力を従来の六師団（および近衛師団）から一二師団（および近衛師団）に倍増し、加えて独立騎兵二旅団、重砲装備した独立砲兵二旅団を新設することなどを中心としていた。海軍も一万トン級の新鋭甲鉄艦六隻を中核として各級巡洋艦・水雷艇など総計七四隻を新たに増強して大艦隊を創出するというものであった。」（井口和起編「日清・日露戦争」（一九九四年）七五頁）。

(13) 後掲・遠藤「第二回万国平和会議の開会」国際法雑誌六巻一号（明治四〇年）二三頁、オランダ外務大臣（オランダ女王の代理）の開会の辞参照。

(14) 倉知鐵吉・外務省参事官「第二回平和会議」国際法雑誌六巻七号（明治四一年）三頁以下。
(15) 倉知・前掲四頁以下。
(16) 遠藤源六「第二回平和会議の開会」国際法雑誌六巻一号（明治四〇年）二二頁以下。
(17) 遠藤・前掲二六頁以下。
(18) 倉知・前掲七頁以下。
(19) 倉知・前掲一〇頁以下。
(20) 無名氏「第二回萬國平和会議の成績」国際法雑誌六巻三号（明治四〇年）五七頁以下。
(21) 遠藤・前掲二五頁。
(22) 二章ドラゴー主義参照。
(23) この点に関しては、二章注（37）、（38）参照。

白《しら》 羽《は》 祐《ゆう》 三《ぞう》

略　歴

1925年　静岡県に生れる

1950年　中央大学法学部卒業

現　在　中央大学名誉教授・法学博士

著　書

現代契約法の理論（中央大学出版部）1982年

安全配慮義務法理とその背景（中央大学出版部）1994年

民法起草者　穂積陳重論（中央大学出版部）1995年

プロパティと現代的契約自由（中央大学出版部）1996年

「日本法理研究会」の分析（中央大学出版部）1998年

日清・日露戦争と法律学　　日本比較法研究所研究叢書（58）

2002年6月25日　初版第1刷発行

著者　白羽祐三

〈検印廃止〉

発行者　辰川弘敬

発行所　中央大学出版部

〒192-0393

東京都八王子市東中野742番地1

電話0426-74-2351　FAX0426-74-2354

ISBN4-8057-0557-4

十一房印刷工業／東京製本

法律扶助・弁護士保険の比較法的研究　小島武司著　A5判 二八〇〇円

CRIME AND DELINQUENCY AMONG THE JAPANESE-AMERICANS　藤本哲也著　菊判 一六〇〇円

アメリカ刑事法研究　塚本重頼著　A5判 二八〇〇円

オムブズマン制度の比較研究　小島武司 外間寛編　A5判 三五〇〇円

非嫡出子に対する親権の研究　田村五郎著　A5判 三二〇〇円

各国法律扶助制度の比較研究　小島武司編　A5判 四五〇〇円

仲裁・苦情処理の比較法的研究　小島武司著　A5判 三八〇〇円

英米民事法の研究　塚本重頼著　A5判 四八〇〇円

国際私法の諸相　桑田三郎著　A5判 五四〇〇円

Beiträge zum japanishen und ausländischen Bank- und Finanzrecht　山内惟介編　菊判 三六〇〇円

日独会社法の展開　木内宜彦 M・ルッター編著　A5判 二五〇〇円

海事国際私法の研究　山内惟介著　A5判 二八〇〇円

米国刑事判例の動向Ⅰ　渥美東洋編　A5判 四九〇〇円

日本比較法研究所研究叢書

調停と法	小島武司編著	A5判	四一七五円
裁判制度の国際比較	塚本重頼著	A5判	(品切)
米国刑事判例の動向Ⅱ	渥美東洋編	A5判	四八〇〇円
比較法の方法と今日的課題	日本比較法研究所編	A5判	三〇〇〇円
Perspectives On Civil Justice and ADR : Japan and the U. S. A	小島武司編	菊判	五〇〇〇円
フランスの裁判法制	小島・渥美 清水・外間編	A5判	(品切)
ロシア革命と良心の自由	小杉末吉著	A5判	四九〇〇円
アメリカの大司法システム(上)	小島・渥美 清水・外間編	A5判	二九〇〇円
Système juridique français	小島・渥美 清水・外間編	菊判	四〇〇〇円
アメリカの大司法システム(下)	小島・渥美 清水・外間編	A5判	一八〇〇円
韓国法の現在(上)	小島武司・韓相範編	A5判	四四〇〇円
ヨーロッパ裁判制度の源流	小島・渥美・川添 清水・外間編	A5判	二六〇〇円
労使関係法制の比較法的研究	塚本重頼著	A5判	二二〇〇円

日本比較法研究所研究叢書

韓国法の現在(下)	小島武司・韓相範 編	A5判	五〇〇〇円
米国刑事判例の動向Ⅲ	渥美東洋 編	A5判	三四〇〇円
Crime Problems in japan	藤本哲也 著	菊判	(品切)
The Grand Design of America's Justice System	小島・渥美・清水・外間 編	菊判	四五〇〇円
個人史としての民法学	川村泰啓 著	A5判	四八〇〇円
民法起草者穂積陳重論	白羽祐三 著	A5判	三三〇〇円
国際社会における法の普遍性と固有性	日本比較法研究所 編	A5判	三二〇〇円
ドイツ企業法判例の展開	丸山秀平 編著	A5判	二八〇〇円
プロパティと現代的契約自由	白羽祐三 著	A5判	一三〇〇〇円
諸外国の刑事政策	藤本哲也 著	A5判	四〇〇〇円
Europe's Judicial Systems	小島武司 他編	菊判	三一〇〇円
独占禁止政策と独占禁止法	伊従寛 著	A5判	九〇〇〇円
「日本法理研究会」の分析	白羽祐三 著	A5判	五七〇〇円

日本比較法研究所研究叢書

③

日本比較法研究所研究叢書

競争法の国際的調整と貿易問題	伊従・山内・ヘンリー編	A5判 二八〇〇円
日韓における立法の新展開	渥美・小島編	A5判 四三〇〇円
組織・企業犯罪を考える	渥美東洋編	A5判 三八〇〇円
続ドイツ企業法判例の展開	丸山秀平編著	A5判 二三〇〇円
学生はいかにして法律家となるか	住吉博著	A5判 四二〇〇円
刑事政策の諸問題	藤本哲也著	A5判 四四〇〇円
訴訟法における法族の再検討	小島武司編著	A5判 七一〇〇円
工業所有権法における国際的消耗論	桑田三郎著	A5判 五七〇〇円
国際私法の基本的課題	多喜寛著	A5判 五二〇〇円
国際仲裁と国際取引法	多喜寛著	A5判 六四〇〇円
イスラーム身分関係法	眞田・松村編著	A5判 七五〇〇円
ドイツ法・ヨーロッパ法の展開と判例	川添・小島編	A5判 一九〇〇円
今日の家族をめぐる日仏の法的諸問題	西見・山野目編	A5判 二二〇〇円
21世紀の女性政策	植野妙実子編著	A5判 四〇〇〇円

＊価格は本体価格です．別途消費税が必要です．

国際公序法の研究　山内惟介著　A5判　四一〇〇円

国際私法・国際経済法論集　山内惟介著　A5判　五四〇〇円

国連の紛争予防・解決機能　大内・西海編　A5判　七〇〇〇円

日本比較法研究所研究叢書

⑤

＊価格は本体価格です．別途消費税が必要です．